El estrés

Realización editorial: Bonalletra Alcompas, S. L.
Diseño e ilustración de cubierta: Pau Taverna
Diseño y maquetación: Kira Riera
© Ilustraciones: D. Acuña Castroviejo (pág. 80), Jordi Dacs (págs. 37), Designua/Shutterstock (pág. 109), gritsalak karalak/Shutterstock (pág. 31 a), joshya/Shutterstock (pág. 31 ab.), Gustavo E. Tafet (págs. 55, 75, 114).
© Fotografías: Dominio público: Alatryste (pág. 101), European Space Agency (pág. 135). Wikimedia Commons: imágenes generadas por Life Science Databases(LSDB). [CC BY-SA 2.1] (pág. 73).

Depósito legal: M-980-2018
ISBN: 978-84-17177-81-2
Impreso en España

EL ESTRÉS

Qué es y cómo nos afecta

GUSTAVO E. TAFET

Presidente de la Fundación Internacional
para el Desarrollo de las Neurociencias (FIDN)
y Profesor Honorífico del Instituto de Psiquiatras
de Lengua Española (IPLE)

CONTENIDO

INTRODUCCIÓN

El estrés es una experiencia habitual en la vida de toda persona. Sin duda, todos sabemos qué es el estrés, aunque no necesariamente todo el mundo se sienta en condiciones de poder definirlo o explicarlo claramente con sus propias palabras. Si bien el estrés nos acompaña desde los albores de la historia, o más precisamente desde la prehistoria, el término ha sido incorporado a nuestro lenguaje en tiempos no tan lejanos. La palabra *estrés* nos llega al idioma castellano a partir del término inglés *stress*, propuesto originalmente por el médico y fisiólogo austrohúngaro Hans Selye, quien desarrolló su carrera científica y académica en Canadá. Selye acuñó el término para referirse al conjunto de reacciones expresadas por un organismo en respuesta a una demanda o presión. Siempre me resultó interesante conocer las raíces etimológicas de esta palabra, tan ampliamente incorporada y generosamente utilizada en nuestra lengua. Originalmente, proviene del latín *strictus*, que significa 'ceñido', 'ajustado' o 'apretado', de donde pasa al francés antiguo como *estresse*, cuyo significado también hace referencia a la idea de estrechez u opresión. Por otra parte, la palabra latina *angustus*, que significa 'estrecho' o 'angosto', alude a un concepto similar, que en este caso llega al francés como *angoise*, al alemán como *Angst* y al castellano como *angustia*, un concepto fuertemente vinculado a las manifestaciones clínicas del estrés, en particular a aquellas relacionadas con los síntomas psicosomáticos. Del antiguo francés *estresse* toma su forma definitiva en la palabra *stress* en el inglés medieval, para referirse a la idea de dificultad o presión, que es de donde lo toma finalmente Selye para introducirlo en las ciencias de la salud. Se convirtió entonces en el concepto ampliamente aceptado en el léxico de la medicina en general, la psiquiatría en particular, la neurobiología y la psicología, así como en el lenguaje habitual de toda persona que sale a su encuentro día a día, afrontando su impacto o padeciendo sus consecuencias.

De esta manera, y de acuerdo con la definición propuesta por Selye en 1936, el concepto de estrés se puede explicar simplemente como la respuesta inespecífica de un organismo frente a cualquier demanda o exigencia, producida por diversos estímulos ambientales. Esa respuesta se basa en la capacidad de los organismos para mantener su medio interno en equilibrio, en interacción con el medio externo, según la idea originalmente descrita por el biólogo y médico francés Claude Bernard en 1865, quien además destacó el carácter indispensable de esta capacidad para la vida autónoma del organismo, posteriormente denominada «homeostasis» por el fisiólogo estadounidense Walter Cannon en 1926. Cannon describió, además, los procesos involucrados en las respuestas adaptativas del organismo frente a los desafíos del medio externo. Si bien todo organismo tiende a reaccionar con una respuesta adaptativa, orientada a preservar o recuperar la homeostasis, existen situaciones que le exigen un mayor esfuerzo del habitual, en las que los mecanismos homeostáticos ya no son suficientes para garantizar su supervivencia. Cuando describía estas situaciones, Cannon también empleaba el término *stress*, pero, en este caso, para referirse a los estímulos ambientales capaces de generar una reacción de lucha o huida. En 1935, observando el impacto producido en condiciones de extrema demanda en pilotos que habían combatido en la primera guerra mundial, Cannon empleó la expresión *critical stress* para referirse a los factores cuyo impacto exige un máximo esfuerzo al organismo, sobrepasando su capacidad de respuesta, y de esta manera provocando alteraciones en el equilibrio homeostático. Por otro lado, si bien Hans Selye comenzó sus estudios sobre la fisiopatología del estrés en la década de 1920, observando ciertos síntomas comunes en una población de pacientes internados, independientemente del diagnóstico, no fue hasta 1936 cuando introdujo el término *stress* para referirse a la respuesta causada por estímulos ambientales. En este punto es interesante destacar que Selye definió como *stress* las respuestas adaptativas, a diferencia de Cannon, que utilizó el mismo término para referirse a los estímulos que provocaban dichas respuestas. Si bien ambos conceptos se integran en la definición más aceptada y difundida actualmente, que concibe el estrés como un proceso que abarca tanto el conjunto de respuestas adaptativas como los factores desencadenantes, es la descripción propuesta por Selye la que ha persistido hasta nuestros dias.

Las tres fases del estrés: alarma, resistencia y agotamiento

Selye propone además que esa respuesta fisiológica forma parte de un síndrome general de adaptación, en el cual describe tres fases consecutivas: alarma, resistencia y agotamiento. La fase de alarma se desencadena en respuesta al impacto de un factor ambiental que amenaza la homeostasis, lo cual provoca la activación de los mecanismos necesarios para la defensa, preparando al organismo para la lucha o la huida. La fase de resistencia implica que los recursos necesarios para la defensa ya han sido adecuadamente movilizados y distribuidos en el organismo, lo que permite la contención de la reacción inicial y la redistribución de los recursos, en este caso con el fin de permitir la recuperación del organismo. Si la demanda continúa y la respuesta inicial no ha sido suficiente, se pasa inevitablemente a la fase de agotamiento, que se caracteriza por el desgaste y la extenuación de los recursos, lo cual se traduce en los diversos trastornos habitualmente asociados con el estrés.

En otras palabras, cuando las respuestas adaptativas dejan de serlo, ya sea porque no son suficientes o porque son excesivas, podemos introducir el concepto de «respuestas mal-adaptativas». Este mismo concepto ha sido utilizado durante gran parte de la historia de la medicina psicosomática para explicar el efecto del estrés psicológico en el origen y desarrollo de diversos cuadros clínicos cuyas manifestaciones se expresan en el cuerpo, es decir, que son eminentemente somáticas, no solo para comprender sus bases sino también para buscar abordajes psicoterapéuticos más adecuados y eficaces. Más recientemente, con el desarrollo de la psiconeuroinmunoendocrinología, también se ha utilizado este concepto para comprender y explicar, no solo las bases de numerosos cuadros clínicos psicosomáticos, sino también para comprender el origen y desarrollo de trastornos directamente relacionados con el estrés, entre los que se incluyen los de ansiedad y la depresión. En este sentido, la psiconeuroinmunoendocrinología no solo nos ofrece la que podría ser la palabra más larga del idioma castellano, sino que además representa una disciplina en constante desarrollo, que integra los conocimientos de aquellas especialidades que le dan origen (la psiquiatría, la psicología, la neurología, la inmunología y la endocrinología) y que nos permite comprender con una mayor riqueza los procesos que subyacen al estrés y a sus efectos en nuestra vida.

De esta manera, podemos comprender la idea de que convivimos con el estrés en nuestra vida cotidiana, cuya presencia resulta claramente perceptible en diversas situaciones, desde aquellas relacionadas con procesos que contribuyen a nuestra calidad de vida, hasta aquellas otras que muy frecuentemente se encuentran asociadas con el origen y desarrollo de numerosas patologías. Para comprender el efecto del estrés en dichos procesos nos proponemos hacer un recorrido a través de diversos aspectos, incluyendo los procesos psicológicos y neurobiológicos involucrados, que nos permitan abordar y entender todo lo que siempre quisimos saber acerca del estrés... pero nunca nos animamos a preguntar.

LOS FACTORES DE ESTRÉS Y LAS RESPUESTAS ADAPTATIVAS

Es evidente que, para que exista estrés, debe haber algún estímulo que lo provoque. Cualquier circunstancia de la vida cotidiana nos puede resultar útil para ilustrar claramente este concepto, desde salir a la calle en una gran ciudad para intentar llegar al lugar de trabajo en medio de un denso tráfico, hasta abandonar una cabaña aislada en la montaña con el fin de buscar alimento en pleno invierno y en medio de una intensa nevada. En todos los casos, al menos en principio, el estrés es provocado por factores o estímulos ambientales denominados «estresores» —otro neologismo que nos llega al castellano proveniente del inglés *stressors*—, frente a los cuales reaccionamos con una serie de respuestas adaptativas. Estos factores ambientales pueden ser de tipo «bioecológico», cuando están relacionados con fenómenos naturales, o bien de tipo «psicosocial», cuando los factores están vinculados con la interacción entre cada uno de nosotros y nuestro entorno social y cultural.

Estresores bioecológicos y psicosociales

Los estresores bioecológicos son aquellos que parten de la naturaleza, entre los que se incluyen cambios climáticos, fuertes lluvias o tormentas, terremotos, inundaciones, huracanes o tsunamis. Podemos incluir en esta categoría tanto aquellos factores que pueden ser habituales, y por lo tanto esperables en ciertos contextos (por ejemplo, una fuerte lluvia o una copiosa nevada en temporada invernal), como aquellos otros que por su magnitud exceden los parámetros esperables, y en consecuencia superan de manera abrumadora nuestra capacidad de respuesta (por ejemplo, un terremoto o la erupción de un volcán, que, si bien son esperables en ciertas partes del mundo, el momento exacto del impacto puede ser difícil de predecir). Los estresores bioecológicos ostentan el dudoso privilegio de impactar y afectar de igual manera, y por lo tanto de generar un tipo similar de respuesta, a las diversas especies animales, también al ser humano.

Por su parte, los estresores psicosociales son aquellos relacionados con la interacción entre las personas, ya sea en el entorno laboral, el escolar y el familiar o cualquier otro contexto donde un sujeto deba interactuar con las otras personas. De igual manera, podemos incluir en esta otra categoría una amplia variedad de circunstancias derivadas de las interacciones sociales habituales, aquellas que impliquen algún tipo de vínculo, como la pareja o la familia, el trabajo o la escuela, como así también todas aquellas situaciones asociadas con cualquier tipo de conflicto producido por una o más personas y que por su magnitud pueden afectar la calidad de vida de muchas otras. En este último punto podemos incluir una amplia gama de eventos, desde los conflictos políticos y económicos casi habituales, que forman parte de la realidad cotidiana, hasta los más extremos, como una guerra, la violencia urbana y el terrorismo, cuyo impacto puede superar de manera abrumadora nuestra capacidad de respuesta al estrés, pasando al terreno del trauma psíquico.

Los estresores psicosociales aparecen como resultado de la evolución social y cultural, aunque en este caso la palabra *evolución* puede resultar altamente dudosa. En efecto, este tipo de factores representan una consecuencia paradójica de la evolución, como un efecto adverso e indeseado, que puede observarse en diversas especies en las que los individuos comienzan a vivir en grupos organizados, con roles jerárquicos y tareas específicas, con interacciones cada vez más complejas entre los mismos individuos que conforman el grupo social. Obviamente, la especie humana ha alcanzado la mayor complejidad en este sentido.

Si bien ambos tipos de estresores pueden generar reacciones similares, podemos observar que la mayor parte de los trastornos derivados del estrés suelen estar asociados más frecuentemente a factores psicosociales, aunque en muchos casos es posible identificar una combinación de ambos, donde las consecuencias del impacto agudo de factores bioecológicos suelen estar agravadas por el efecto crónico de ciertos factores psicosociales. Esto se puede constatar en situaciones de extrema complejidad, por ejemplo cuando ocurre una catástrofe de origen natural, como un terremoto o una inundación, seguida de inmediato por una crisis humanitaria, donde la ayuda a los damnificados se demora, o en el peor de los casos nunca llega, debido a posibles conflictos de orden político o social, lo que complica aún más la situación de cada individuo y de la población en general.

Existen otras clasificaciones, como la que proponen Chrousos y Gold, que sugieren que los estresores son todos aquellos factores potencialmente adversos, físicos o emocionales, que representan una posible amenaza. Los factores físicos pueden ser fácilmente identificables y, en gran medida, asociados con los estímulos naturales o ambientales, mientras que los emocionales, o mentales, se asocian más a menudo a los estímulos psicosociales, con lo que se traza un cierto paralelismo con la clasificación anterior. En este punto es importante destacar que los factores emocionales pueden ser externos, y por lo tanto su impacto es percibido desde el medio ambiente circundante, como internos, es decir, que están asociados a nuestros procesos mentales. En el caso de los factores emocionales externos es fácil imaginar una amplia gama de situaciones, reales o hipotéticas, en las cuales debemos interactuar con otras personas, en diversos entornos como el laboral o escolar, en los que se puede presentar una variedad de conflictos. En ese sentido, a modo de ejemplo, podemos imaginar la carga emocional que tendríamos que soportar trabajando bajo las órdenes de un jefe torpe y autoritario, que necesita imponer sus órdenes de manera insistente y desconsiderada, solo para afianzar su posición de poder, rasgo que nos trae por la calle de la amargura al exigirnos repetir una y otra vez un sinnúmero de tareas innecesarias. De igual manera, podemos imaginar una típica situación de examen, en la cual un profesor, frustrado y resentido con la vida, nos hace víctimas de su frustración y, en lugar de evaluar nuestros conocimientos sobre el tema que nos convoca, nos somete a un interrogatorio infernal con la única finalidad de demostrarnos todo lo que él sabe y lo poco que sabemos nosotros.

Respecto a los factores emocionales internos, podemos identificarlos claramente en muchas situaciones habituales, como cuando evocamos algún recuerdo, antiguo o reciente, almacenado en nuestra memoria de largo plazo. La evocación trae el hecho al momento presente, ya sea de manera consciente o inconsciente, con lo que se pueden generar diversas reacciones de estrés, aun en ausencia de cualquier estímulo externo que podamos identificar. Esto se puede observar con frecuencia en personas que sufren depresión o diversos trastornos de ansiedad, en particular en aquellas que padecen estrés postraumático, donde la principal fuente de estrés no está en el medio ambiente sino dentro de ellos mismos, en sus propios procesos mentales. En este sentido, el efecto de los factores emocionales requiere de la interacción entre el procesamiento cognitivo y el procesamiento emocional, propiamente dicho. El procesamiento cognitivo implica la activación de una serie de complejas funciones mentales, que en conjunto sientan las bases psiconeurobiológicas de nuestra forma de pensar. Estos procesos se desarrollan fundamentalmente en determinadas regiones de nuestro cerebro, que, aunque abordaremos en otro punto del libro, explicamos aquí someramente. Decíamos que este procesamiento cognitivo se relaciona con ciertas áreas de nuestra corteza cerebral, en particular aquellas que forman parte de la corteza prefrontal (CPF), que nos permiten comprender las bases psiconeurobiológicas de nuestra forma de pensar. Pues bien, el procesamiento emocional implica la activación de estructuras más profundas, localizadas fundamentalmente en áreas que forman parte de nuestro sistema límbico, que nos permiten entender las bases psiconeurobiológicas de nuestra forma de sentir. De este modo, la interacción entre esos procesos mentales, entre estructuras límbicas y corticales, representan las bases subyacentes a los factores emocionales.

Respuestas adaptativas y mal-adaptativas

Las respuestas adaptativas implican la puesta en marcha de una serie de reacciones fisiológicas, por lo general producidas por el organismo con el propósito de mantener, proteger o recuperar la homeostasis. Estas respuestas dependen fundamentalmente de la activación rápida y coordinada del sistema nervioso autónomo (SNA) y del sistema neuroendocrino (SNE), que se ponen en marcha de manera secuencial, como si fueran dos oleadas sucesivas. El SNA consiste en una extensa red de conexiones nerviosas que parte del cerebro y se distribuye hacia la periferia, que participa en la regulación de diversas funciones vitales de manera automática, sin necesidad de pasar por el control voluntario de dichas funciones. El SNA se divide a su vez en dos subsistemas, conocidos como sistema simpático y sistema parasimpático. El simpático es el sistema que se activa de manera inmediata frente a situaciones de estrés, poniendo en funcionamiento las reacciones de defensa necesarias para hacer frente a la demanda. De esta manera, en presencia de ciertos estímulos ambientales, especialmente aquellos que objetivamente representan, o subjetivamente son interpretados como sugestivos de peligro, o cualquier tipo de amenaza, el sistema simpático es capaz de estimular ciertas funciones que nos permitan prepararnos para una rápida respuesta, incluyendo la posibilidad de luchar o escapar. La activación de dichas funciones vitales, incluyendo el aumento de la frecuencia cardíaca, la presión arterial y la frecuencia respiratoria, se traducen en un aumento de la irrigación sanguínea en ciertos órganos, especialmente aquellos que necesitan recibir un mayor volumen de sangre oxigenada, como por ejemplo los músculos de nuestros brazos, para poder luchar, y nuestras piernas, para poder escapar. Obviamente, el aumento del tono simpático también nos permite mantener cierto estado de alerta y cierta activación cognitiva, necesaria para poder afrontar eficazmente las situaciones de estrés. Casi al mismo tiempo, frente a las mismas situaciones de estrés y de manera complementaria, se activa también el sistema parasimpático. Dicho sistema se activa de manera coordinada, tras la activación inmediata del sistema simpático, con el fin de compensar y equilibrar las respuestas fisiológicas previamente activadas por dicho sistema. De esta manera, la activación del sistema parasimpático se traduce, entre otras cosas, en una cierta disminución de la frecuencia cardíaca, la presión arterial y la frecuencia respiratoria, lo cual permite a nuestro organismo comenzar a recuperar un cierto estado de equilibrio. Obviamente, podemos percibir la normalización de dichos cambios fisiológicos, lo cual a su vez también contribuye a moderar el estado de alerta y recuperar la calma.

La activación del SNA incluye también la estimulación, por parte del sistema simpático, de la porción interna de la glándula suprarrenal, conocida como médula adrenal y de cuyo nombre proviene la palabra «adrenalina», una molécula relacionada con la respuesta adaptativa al estrés, que puede funcionar como neurotransmisor en el cerebro y como hormona cuando es liberada al torrente sanguíneo. La estimulación simpática de la médula adrenal genera un aumento de la síntesis de adrenalina que, como toda hormona que se precie de tal, se libera al torrente sanguíneo, por donde viaja hasta alcanzar su destino en una amplia variedad de órganos. De esta manera, la adrenalina participa activamente de las respuestas adaptativas, fundamentalmente ante situaciones de estrés agudo, estimulando el aumento de la frecuencia cardíaca y respiratoria, lo cual se traduce en un aumento de las concentraciones de oxígeno, así como en la movilización de los recursos energéticos del organismo, aumentando la disponibilidad de glucosa y ácidos grasos en la sangre.

Por su parte, el SNE consiste en una serie de estructuras que funcionan de manera coordinada y sincronizada, responsables de mantener un adecuado balance a nivel celular y molecular, de modo que nos permita hacer frente a las demandas de forma constante y, en caso de que la situación lo requiera, por un tiempo más prolongado. Las estructuras que componen este sistema neuroendocrino incluyen, fundamentalmente, las que forman parte del eje hipotálamo-hipófiso-adrenal (*hypotalamic-pituitary-adrenal axis* o HPA), así como las estructuras cerebrales que participan de su regulación, como la amígdala y el hipocampo, en el sistema límbico, y la corteza prefrontal, a nivel superior. Con respecto al eje HPA, hablaremos en primer término del hipotálamo, que es una estructura neural ubicada en las profundidades del cerebro, conectada con la hipófisis, una glándula unida al cerebro por medio de un pequeño tallo; y finalmente a la glándula adrenal, o suprarrenal, que, como su nombre indica, se encuentra localizada a una distancia considerable, por encima de los riñones. Cuando se produce un evento estresante, el sistema nervioso autónomo reacciona con rapidez, fundamentalmente a través de la activación del sistema simpático, que además estimula a la médula adrenal, liberando adrenalina al torrente sanguíneo. De ahí la idea tan habitual de asociar la adrenalina con el estrés. Esta activación simpática, al aumentar la frecuencia cardíaca y respiratoria, así como la tensión arterial, es lo que nos permite prepararnos rápidamente para luchar o huir. Al mismo tiempo, en el cerebro se incrementa la producción y liberación de noradrenalina, también llamada norepinefrina, una molécula mensajera que nos permite mantener cierto estado de alerta. De forma paralela, la activación del eje HPA implica una cascada de hormonas que se van produciendo y liberando desde el hipotálamo y la hipófisis hasta la corteza adrenal, cuyo producto final es el cortisol, que, al ser liberado al torrente sanguíneo, nos permite mantener las concentraciones adecuadas de nutrientes en sangre, particularmente glucosa, lo cual resulta indispensable para enfrentar una situación de estrés durante mayor tiempo. En la próxima sección analizaremos el funcionamiento de todos estos sistemas con más detalle.

Tal como vimos previamente, además del origen de los factores, ya sean físicos o emocionales, internos o externos, existen otros aspectos que también desempeñan un rol fundamental en la generación de las respuestas adaptativas, como la intensidad y la duración del impacto. La intensidad es lo que nos permite medir, o ponderar de alguna manera, la magnitud de los estresores, que podemos clasificar de manera escalonada en leves, moderados o severos. De esta manera, evaluaremos si las respuestas generadas ante diversas situaciones de estrés son las adecuadas o esperables en función de la magnitud del impacto sufrido, o bien son exageradas o insuficientes. Dado que esta clasificación puede estar sesgada por la propia evaluación subjetiva de cada uno (por ejemplo, definir como severo un estímulo leve y viceversa), este sesgo también debe tenerse en cuenta en el relato de la persona afectada, es decir, en la forma como cada uno cuenta lo que le pasa. Muchas veces, para que el impacto de un estresor se considere severo no es necesario que realmente sea así, sino que basta con creer que lo es para que tenga ese efecto.

En la práctica clínica, como es lógico, siempre tomo seriamente los motivos de consulta de mis pacientes, intentando ponerme en su lugar por un momento para comprender claramente su punto de vista frente a la situación que lo perturba. Siempre escucho sus relatos con atención y con interés genuino, tratando de identificar la esencia de los problemas para poder encontrar juntos las mejores soluciones posibles, o al menos empezar a implementar nuevos enfoques, más creativos y adaptativos, con vistas a mejorar su capacidad de afrontamiento. Con frecuencia, estas soluciones son el resultado de una elaborada estrategia, que requiere una cuidadosa evaluación del problema y sus circunstancias, en la cual trabajamos juntos, como un equipo con roles bien definidos, con el fin de evaluar el valor relativo a los estresores que originan la preocupación. Parte de la estrategia consiste en reconocer las características de los factores que dieron origen a los problemas, que en un principio pueden ser definidos como severos, para comprobar o refutar esta calificación. Muchas veces, los estresores más severos pasan a ser moderados o leves cuando nos damos cuenta de que tenemos los recursos necesarios para afrontarlos y, por lo tanto, disminuye su intensidad. En otras ocasiones, los estresores más severos no son actuales, sino que están en nuestra memoria y nos perturban cada vez que los evocamos, de manera consciente o inconsciente e involuntaria. Estos estresores históricos también pueden disminuir sensiblemente su intensidad si logramos elaborar estrategias que nos permitan ubicarlos en su contexto temporal, es decir, como parte de la historia. Muchas de las estrategias de afrontamiento resultan eficaces en la medida en que contemplen la posibilidad de salir fortalecidos de la adversidad, desarrollando nuestra resiliencia.

Respecto a la duración del impacto o el tiempo de exposición a diversos factores de estrés, podemos comprender la función protectora y reparadora de las respuestas adaptativas dentro de un rango relativamente limitado, acotado al momento del impacto o la presencia de los estresores. Nuestras respuestas adaptativas han sido originalmente «diseñadas» y «desarrolladas» de manera subsecuente, es decir, que han cobrado forma en función de nuestra historia personal y la evolución de nuestra especie, para poder responder de inmediato a una demanda aguda, esto es, uno o más factores de estrés cuyo impacto ocurre en un momento preciso o por un tiempo limitado. De esta manera, nuestros sistemas de defensa, involucrados en la puesta en marcha de las funciones adaptativas, permiten activar y mantener estas funciones durante cierto tiempo, limitado al impacto agudo, puntual y concreto de diversos factores ambientales, el cual habitualmente se puede considerar agudo dentro de las primeras 48 horas. Esa activación debe mantenerse el tiempo suficiente y necesario para sostener una vigilancia activa y la atención focalizada en los eventos presentes. Además, deben garantizar una adecuada llegada de oxígeno y nutrientes al cerebro y a los órganos periféricos necesarios para las respuestas adaptativas al estrés agudo, incluyendo la opción de la lucha o la huida. Si el impacto de los factores ambientales se mantiene de manera sostenida y prolongada, o las situaciones de conflicto perduran de forma indefinida, la activación de los sistemas de respuesta ya no es suficiente, por lo que se puede entrar en una fase de disfunción o agotamiento, como ya hemos visto. De este modo, las respuestas adaptativas ya no lo son, sino que se producen respuestas mal-adaptativas, como suele ocurrir en las situaciones de estrés crónico. En este caso, independientemente de que se trate de factores naturales que amenazan la propia capacidad de supervivencia, como ciertos cambios climáticos que se prolongan más allá de las expectativas habituales para una cierta época del año, o factores sociales que alteran la capacidad de adaptarse adecuadamente, como en el caso de los cambios políticos y económicos que suelen generarnos tanta incertidumbre, es evidente que si el impacto se prolonga de manera excesiva, puede afectar sustancialmente la calidad de vida de toda persona, incluso generando una gran variedad de trastornos físicos y mentales.

Podemos entonces comprender que el impacto sostenido y prolongado de diversos factores de estrés podrá exigir respuestas acordes de mayor duración, las cuales intentan mantener su naturaleza adaptativa en la medida en que resulten eficaces para contrarrestar los efectos de la demanda constante y progresiva. No obstante, ante las típicas situaciones de estrés crónico, donde

Trastornos psicosomáticos

Se consideran trastornos psicosomáticos todos aquellos cuadros que incluyen síntomas corporales, pero cuyo origen se vincula a procesos o trastornos mentales, fundamentalmente aquellos relacionados con situaciones de estrés. Si bien la noción más aceptada en la medicina actual es que toda enfermedad que sufrimos con el cuerpo tiene su correlato en nuestra mente y, recíprocamente, todo proceso que sufrimos con la mente tiene su expresión en nuestro cuerpo, dicho concepto ha tenido una importante evolución histórica. El célebre médico y filósofo judío español Rabi Moshe Ben Maimón, más conocido como Maimónides (1135-1204), propuso que las «pasiones de la mente» producen grandes cambios en el cuerpo. Estos cambios pueden ser evidentes, de tal manera que si no resultan evidentes no se consideran «pasiones de la mente». El médico vienés Sigmund Freud (1856-1939), ampliamente conocido como el padre del psicoanálisis, mostró un profundo interés por la medicina psicosomática, lo cual se refleja en su obra, donde reconoce la importancia de los fenómenos psíquicos en el origen de ciertos síntomas somáticos, es decir que ocurren en el terreno corporal, y propone la posibilidad de abordar dichos síntomas por medio de la psicoterapia. Por su parte, el médico y científico francés Henri Laborit desarrolló en la década de 1970 una serie de experimentos en ratas, en los que observó que aquellos animales sometidos a situaciones de

resulta cada vez más evidente la dificultad para sostener la creciente demanda, ya sea por la intensidad o la duración del impacto sufrido, o porque los recursos disponibles ya no son suficientes, las respuestas crónicas y excesivas van perdiendo gradualmente su carácter adaptativo para convertirse en un factor mal-adaptativo. En ese sentido, se considera que el estrés crónico es responsable de numerosas respuestas mal-adaptativas, que a su vez se traducen en el origen y desarrollo de diversos trastornos, como depresión, ansiedad y una amplia gama de cuadros clínicos tradicionalmente identificados como «psicosomáticos», es decir, aquellos cuyos signos y síntomas pueden estrés inescapable mostraban signos de enfermedad, mientras que aquellos que podían moverse, ya sea para luchar o escapar, no presentaban problemas de salud. En ese mismo sentido, Laborit propuso que las enfermedades psicosomáticas que pueden desarrollar los seres humanos son el resultado de las restricciones que sufren las personas en su entorno social, lo cual representa una importante fuente de estrés psicosocial.

De esta manera, llegamos a la noción sustentada desde la psiconeuroinmunoendocrinología, según la cual el estrés puede impactar en nuestra salud afectando múltiples órganos y sistemas, generando trastornos o agravando los ya existentes, dependiendo del tipo de estrés, si es agudo o crónico, y de la vulnerabilidad particular de cada individuo. Desde esta perspectiva, el estrés puede generar importantes afecciones en diversos sistemas, incluyendo trastornos cardiovasculares, como las arritmias, la hipertensión arterial o las anginas de pecho, pudiendo llegar hasta el infarto agudo de miocardio, trastornos gastrointestinales, que van desde una gastritis o una esofagitis por reflujo hasta una úlcera gástrica, trastornos respiratorios, incluyendo bronco-espasmos, afecciones de la piel, alteraciones endocrinas y deficiencias inmunológicas, con todo lo que ello implica. Hemos descrito la relación entre el estrés y la depresión y los trastornos de ansiedad, que pueden ser considerados como síndromes constituidos por síntomas psicológicos, como la tristeza y la ansiedad, y los síntomas somáticos producidos por alteraciones neuroendócrinas y neurovegetativas, con lo cual podemos llegar a comprender el alcance actual de la medicina psicosomática.

encontrarse en cualquier parte del cuerpo, pero cuyo origen se asocia con los procesos mentales y sus alteraciones. De esta manera vamos conociendo en detalle el concepto de estrés, sus aspectos más relevantes, y qué es lo que ocurre con las respuestas fisiopatológicas, sobre todo cuando dejan de ser adaptativas y se prolongan de manera excesiva. En este libro veremos en detalle las diferencias entre el estrés agudo y el estrés crónico, a nivel psicológico y neurobiológico, y sus consecuencias en nuestra salud física y mental.

La neurobiología de las respuestas adaptativas, o cómo se prepara nuestro cuerpo para la elección «lucha o huida»

Para poder comprender las bases neurobiológicas de las respuestas adaptativas al estrés es necesario conocer algunos detalles básicos sobre el sistema nervioso central, responsable de coordinar la mayor parte de esas respuestas. Podemos introducirnos al conocimiento desde diversos niveles de complejidad, como el celular, el molecular y el de los órganos que componen cada sistema. Comenzaremos con el nivel celular, y concretamente con las neuronas, que son las principales células que constituyen el sistema nervioso. A diferencia de las otras células del organismo, las neuronas tienen ciertas características distintivas. Respecto a su morfología, existe una amplia variedad de formas, aunque en todas ellas se pueden apreciar características comunes. Todas tienen un cuerpo neuronal, denominado «soma» (en griego, 'cuerpo'). Dentro del cuerpo celular se ubica el núcleo, donde se encuentra almacenado el material genético de la célula.

El cuerpo celular emite prolongaciones, entre las cuales se destaca una principal, que se puede observar como un largo brazo, denominado «axón» (en griego, 'eje'), y numerosas prolongaciones más pequeñas, las «dendritas» (derivada del griego *dendron*, 'arbusto'). El axón permite transmitir información desde el cuerpo celular, mientras que las dendritas pueden recibir información desde los axones de otras neuronas, al igual que el soma y el propio axón. La forma de transmitir información puede ser mediante impulsos eléctricos, que recorren el axón hasta su extremo, denominado «botón axónico», o bien mediante moléculas mensajeras, llamadas «neurotransmisores». En este punto cabe destacar que las neuronas son células excitables, es decir,

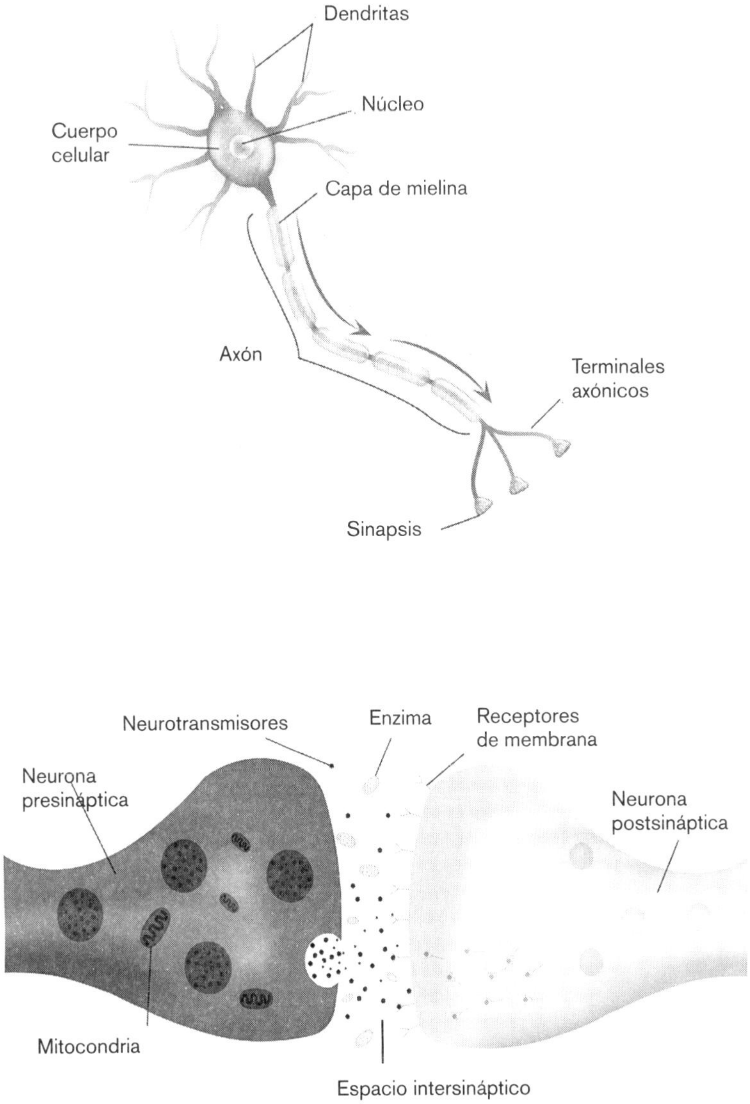

Figura 1: Partes de la neurona. En la ilustración superior se puede identificar el lugar que ocupa el soma, el axón, las dendritas, el núcleo dentro del cuerpo neuronal y el botón axónico. En la inferior, se aprecia un esquema que ilustra los componentes de la sinapsis.

que reciben estímulos y trasmiten impulsos eléctricos, como parte de su capacidad de comunicación, junto con la de liberar moléculas mensajeras.

Pasando al nivel celular, podemos decir que las neuronas son células muy sociables, ya que se comunican entre sí mediante neurotransmisores, que, como hemos visto, son las moléculas encargadas de transmitir o llevar la información de una neurona a otra. El sitio donde se ponen en contacto dos neuronas se llama «sinapsis», que es lo que le da nombre a todo lo que se encuentra a su alrededor. Consiste en un pequeño espacio, el «espacio sináptico», que, por un lado, se encuentra delimitado por el extremo del axón (el botón axónico) y que constituye la terminal presináptica, y, por el otro, ya sea en el soma, las dendritas o en el trayecto de otro axón, la terminal postsináptica. De esta manera, los neurotransmisores son liberados por una neurona a través de su axón en el espacio sináptico, donde tendrá oportunidad de unirse a sus receptores específicos, moléculas capaces de reconocer al neurotransmisor para poder interpretar su mensaje, mayormente ubicadas en las terminales postsinápticas, con lo que permiten que el mensaje molecular se transmita de una neurona a otra.

Existen muchos tipos de neurotransmisores, con diversas funciones y diferentes efectos, muchas veces determinados por el tipo de receptores a los cuales se unen o por las estructuras neurales o regiones cerebrales donde se encuentren. Entre los principales se destacan las bioaminas o monoaminas, que incluyen a la serotonina, la dopamina, la noradrenalina, la histamina y la acetilcolina. Otro importante grupo son aquellos neurotransmisores que tienen estructura de aminoácidos, como el glutamato y el ácido gamaamino butírico, o simplemente GABA. El tercer grupo que vamos a introducir son aquellos neurotransmisores que tienen una estructura de mayor tamaño, formada por una pequeña cadena de aminoácidos, como el factor liberador de la corticotrofina, o CRF. Esta molécula puede actuar como neurotransmisor cuando es liberada en el espacio sináptico para unirse a sus receptores específicos, permitiendo la comunicación entre una neurona y otra, y también puede actuar como una hormona, cuando es liberada al torrente sanguíneo para llevar su mensaje allí donde encuentre receptores específicos, en cuyo caso se la llama «hormona liberadora de la corticotrofina», o CRH. Entre los neurotransmisores también existe un equilibrio homeostático, de manera que las alteraciones de este equilibrio pueden traducirse en diversos trastornos cognitivos, conductuales o, fundamentalmente emocionales. El ejemplo más ilustrativo es el de la depresión, donde una serie de alteraciones en diversos circuitos de neurotransmisión, entre los que destaca el de la serotonina, se asocian con una baja tolerancia a los estímulos adversos, con una mayor irritabilidad y una marcada tendencia a sentirse triste y desmotivado. Estos síntomas emocionales suelen ir acompañados de alteraciones en ciertas funciones cognitivas, incluyendo la atención, la memoria y el aprendizaje, como así también en el procesamiento cognitivo, es decir en la capacidad de pensar y desarrollar claramente ideas y formular opiniones.

Pasando al siguiente nivel de complejidad, el de los órganos y los sistemas, nuestro sistema nervioso consta de dos partes, o divisiones principales, que son el sistema nervioso central (SNC), que incluye el cerebro y la médula espinal, y el sistema nervioso periférico (SNP), que está formado por una gran cantidad de fibras nerviosas que parten de la médula espinal y llegan a todas partes, también los rincones más lejanos e insospechados de nuestra fascinante anatomía. De esta manera, nuestro cerebro envía mensajes a través de la médula espinal y los nervios periféricos hacia todo el organismo, básicamente enviando información motora, es decir aquella información necesaria para poner en marcha nuestros músculos y así desarrollar nuestros movimientos voluntarios, y trayendo información sensorial, es decir aquella relacionada con los órganos de los sentidos, en un constante flujo de actividad neural que le permite a nuestro cerebro controlar voluntariamente el movimiento de todos los músculos y la función de todos los órganos internos. A su vez, dentro de la compleja trama del sistema nervioso, identificamos el mismo SNA que presentamos previamente, también llamado «neurovegetativo», responsable del control automático e involuntario de las diversas funciones vitales del organismo.

Para comprender los procesos psiconeuroendocrinológicos del estrés, conviene hacer un repaso de las estructuras cerebrales más comprometidas en ellos. Para conocerlas partiremos del esquema propuesto por el médico norteamericano Paul McLean en 1952, quien a su vez ha sido un importante pionero en el campo de las neurociencias. Este modelo permite concebir al cerebro como una gran estructura central en la cual se puede identificar tres regiones, que han ido evolucionando en diferentes niveles de complejidad en función de la propia evolución de las especies. Siguiendo la descripción de este modelo, podemos identificar un cerebro primitivo, al que llamó «reptiliano», un cerebro medio o límbico, el «paleomamífero», y el territorio más extenso y evolucionado, el «neomamífero», que abarca toda la neocorteza cerebral.

A su vez, el cerebro constituye una unidad formada por dos mitades bien definidas, los hemisferios derecho e izquierdo, fusionadas en el centro por el cuerpo calloso, una estructura que hace las veces de puente de conexión entre ambos hemisferios.

El cerebro primitivo se ubica en la región conocida como «tallo cerebral» o «tronco encefálico», localizado precisamente en la interfase entre el sistema nervioso central y el periférico, haciendo las veces de puente y permitiendo la comunicación entre el cerebro y la médula espinal. Esta estructura es crucial para la supervivencia y participa en la regulación de funciones autonómicas relacionadas con la homeostasis, incluyendo la respiración y el ritmo cardíaco. Cabe destacar que en esta noble región podemos encontrar además ciertos grupos de neuronas, los núcleos neuronales, responsables de los principales sistemas de neurotransmisión del cerebro, es decir, son las fuentes donde nacen las vías nerviosas que transportan y liberan serotonina, dopamina y noradrenalina en diversas estructuras cerebrales involucradas en la regulación de múltiples funciones cognitivas y emocionales, que más adelante veremos con más detalle.

Alrededor del cuerpo calloso se localiza el sistema límbico, que recibe su nombre de la palabra latina *limbus* ('límite'), que se encuentra precisamente en el lugar donde comienza y termina cada hemisferio cerebral. El sistema límbico consiste en un importante grupo de estructuras involucradas en la regulación de diversas funciones cognitivas y emocionales, tales como la amígdala, el hipocampo, el tálamo, el hipotálamo y la corteza cingulada, las cuales participan activamente en las respuestas adaptativas al estrés. En primer lugar hablaremos de la amígdala ('almendra', en griego), un complejo grupo de neuronas que es la principal estructura límbica involucrada en el procesamiento de las emociones. Participa en la adquisición de memoria y en la carga emocional de los recuerdos, en la regulación de respuestas fisiológicas y conductuales y, debido a sus conexiones con ciertas áreas corticales, en la regulación emocional de los procesos cognitivos, tanto en la evaluación de la relevancia emocional de los estímulos ambientales como de los internos, provenientes de nuestra propia memoria. En efecto, la amígdala desempeña un rol central en la regulación de las emociones y literalmente tiene conexiones con otras estructuras del cerebro, como si fuera el eje de una rueda de carreta, de donde parten rayos en diversas direcciones.

El hipocampo constituye otra importante estructura neural, naturalmente formada por diversos grupos de neuronas, cuyo nombre se debe al parecido con la forma de un «caballito de mar», según la imaginación de un neuroanatomista del siglo XVI que lo describió por primera vez. Esta estructura participa en la formación de recuerdos, tanto en lo que respecta a la incorporación de información adquirida como también autobiográfica, producto de la propia experiencia, transfiriéndola a otras estructuras del cerebro para su almacenamiento en la memoria de largo plazo. Colabora también en los procesos de memoria emocional, asociando emociones positivas o negativas a los acontecimientos vividos y evocados, y en la orientación y memoria espacial, fundamental para una adecuada interacción con el contexto. Tanto la amígdala como el hipocampo son estructuras que se encuentran a ambos lados del cerebro, en las profundidades de cada hemisferio cerebral y ambas participan activamente en la regulación de respuestas fisiológicas. En este sentido, sabemos que la respuesta adaptativa al estrés requiere la activación del sistema nervioso autónomo y el sistema neuroendocrino.

La neocorteza cerebral o neocórtex constituye la región más evolucionada de nuestro cerebro. Precisamente, es el área involucrada en importantes funciones cognitivas, como la memoria de trabajo, es decir, la capacidad de pensar conscientemente, la regulación emocional, el razonamiento, el lenguaje, la memoria, la percepción sensorial y la puesta en marcha de la conducta. La corteza cerebral se divide topográficamente en lóbulos, que a su vez se subdividen en regiones más específicas, cada una de las cua-

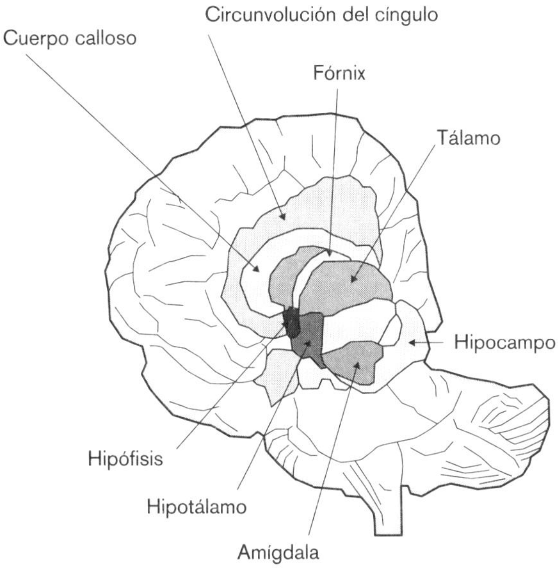

Figura 2: El hemisferio cerebral visto en su cara interior. El cerebro constituye una unidad formada por dos mitades bien definidas, conocidas como hemisferios, unidas en el centro por el cuerpo calloso, una estructura que hace las veces de puente de conexión entre ambos. En la ilustración se pueden identificar las principales estructuras neurales, incluyendo el sistema límbico.

les se caracteriza por la presencia de diversos grupos neuronales relacionados con sus respectivas funciones. De esta manera podemos identificar en la parte más anterior, por encima de los ojos y al frente de todos los demás, el lóbulo frontal; en la más posterior, por encima de la nuca, el lóbulo occipital; en la lateral superior, donde apoyamos nuestras manos cada vez que «nos agarramos la cabeza» por algún motivo extraordinario, el lóbulo parietal; y en la parte lateral media, a la altura de las orejas, el lóbulo temporal. De todos ellos, sin duda el que presenta mayor complejidad, y por lo tanto ofrece la mayor diversidad de subregiones, es el lóbulo frontal. Si bien este se ubica en la parte más anterior del cerebro, se denomina «prefrontal» a la región más anterior de todas. A su vez, la corteza prefrontal (CPF) es sin duda la que presenta el mayor número de divisiones: regiones dorsales, mediales, ventrales y laterales, de las cuales se destacan la dorsolateral (CPFDL) y la ventromedial (CPFVM), además de ciertas denominaciones especiales, como la corteza orbitofrontal (COF), ubicada exactamente por encima de las órbitas oculares, y la cingulada anterior (CCA), localizada por encima del cuerpo calloso.

Las neuronas de la corteza cerebral están conectadas entre sí por una enorme cantidad de conexiones interneuronales, que a su vez tienen la capacidad de crear y reforzar nuevas conexiones sinápticas, denominada «neuroplasticidad», que es lo que permite a la corteza funcionar como una red dinámica de circuitos neurales, capaces de regular eficazmente nuestros procesos cognitivos, afectivos y conductuales. Junto con la neuroplasticidad, existe otro proceso, llamado «neurogénesis», que permite al cerebro regenerar sus neuronas a partir de células precursoras ubicadas en ciertas estructuras, como el giro dentado del hipocampo.

Ahora estamos en condiciones de comprender con mayor detalle los mecanismos neurobiológicos involucrados en las respuestas adaptativas al estrés. Tal como dijimos, la respuesta adaptativa al estrés se caracteriza por la rápida activación de una respuesta neural, mediada por la activación del SNA, seguida por una respuesta neuroendocrina, mediada por la activación del SNE, como si fueran dos oleadas sucesivas. Frente a situaciones de estrés, la activación del sistema simpático nos permite prepararnos rápidamente para la lucha o la huida. Por eso es responsable del aumento de la frecuencia cardíaca, para llevar mayor volumen de sangre donde sea necesario con el fin de hacer frente a la demanda; del incremento de frecuencia respiratoria, para aumentar la concentración de oxígeno en la sangre; y, en la misma sintonía, del incremento de la presión arterial, preparando rápidamente al organismo para una respuesta defensiva. El sistema simpático también incluye a la médula adrenal, que es la porción interior de la glándula suprarrenal, ubicada encima de los riñones y responsable de producir y liberar adrenalina —la principal hormona relacionada con el estrés en su etapa aguda—, y en menor medida noradrenalina, al torrente sanguíneo.

Inmediatamente después de la activación del SNA se pone en marcha la respuesta neuroendocrina, que integra la reacción del sistema nervioso con la del endócrino, mediado por el eje hipotálamo hipófiso-adrenal (*hypothalamic-pituitary-adrenal,* HPA). Este sistema está formado por tres estructuras, que actúan de manera conjunta, y se activan especialmente en situaciones de estrés. La primera de ellas es el hipotálamo, una estructura neuroendocrina formada por diversos grupos de neuronas, agrupadas entre sí componiendo diversos núcleos, que a su vez cumplen funciones específicas. Uno de ellos, el núcleo paraventricular (NPV), es responsable de la síntesis de la «hormona liberadora de corticotrofina» (*corticotropin releasing hormone* o CRH), que, una vez liberada, es capaz de llegar a la hipófisis, una pequeña glándula conectada al cerebro por un pequeño tallo, donde estimula la síntesis de otra hormona, la adrenocorticotrofina, o simplemente corticotrofina (*adrenocorticotropin hormone* o ACTH). Esta otra hormona es descargada al torrente sanguíneo y viaja una considerable distancia para llegar hasta la glándula suprarrenal, más precisamente a la parte más externa, denominada «corteza suprarrenal», donde estimula la síntesis y liberación de glucocorticoides, otro tipo de hormonas, de los cuales, la más importante en la especie humana es el cortisol. Esta hormona permite mantener una adecuada concentración de glucosa en sangre, la principal fuente de energía de las células del organismo, durante el tiempo necesario para poder responder de manera adecuada y sostenida a la creciente demanda, como parte de la respuesta adaptativa. Para que los niveles de cortisol en sangre se mantengan dentro de los rangos fisiológicos, este sistema es regulado por circuitos de *feedback* o retroalimentación negativa, es decir, que el cortisol es capaz de controlar su propia síntesis y liberación, inhibiendo la producción de CRH a nivel hipotalámico y de ACTH a nivel hipofisario. Más adelante veremos estos mecanismos en detalle.

Sabemos que ciertas estructuras límbicas controlan el eje HPA. La amígdala cumple una función activadora, mientras que el hipocampo tiene una función inhibidora. Estas estructuras a su vez interactúan y de alguna manera son reguladas por otras estructuras corticales, más precisamente por la corteza prefrontal (CPF). Por ese motivo, a este conjunto también se lo denomina «sistema córtico-límbico-hipotálamo-hipófiso-adrenal» (CL-HPA). En este punto es interesante destacar que el cortisol es capaz de estimular al hipocampo, que de esta manera tiene un efecto inhibitorio sobre el eje HPA, que en última instancia se traduce en la regulación del propio cortisol. Estos circuitos de retroalimentación negativa funcionan habitualmente en condiciones normales o frente a situaciones de estrés agudo. Si las condiciones de estrés se prolongan de manera indefinida, estos mecanismos tienden a dejar de funcionar, lo cual se traduce en un aumento sostenido de los niveles de cortisol.

Obviamente, la respuesta adaptativa no solo se limita a preparar fisiológicamente el organismo para la defensa frente a una amenaza, o bien para la supervivencia, es decir, para la lucha o la huida, sino que en la especie humana existen otras opciones que permiten una mayor variedad de respuestas adaptativas. Estas opciones implican una compleja interacción entre los aspectos cognitivos y emocionales que forman parte del procesamiento de la información actualmente percibida y la información guardada en la memoria, todo lo cual permite responder ante situaciones de estrés, no solo de forma automática y estereotipada, sino de una manera mucho más eficaz, y por lo tanto más adaptativa, mediante estrategias de afrontamiento. Estas estrategias son posibles gracias a un complejo procesamiento cognitivo, que veremos en detalle en el siguiente capítulo.

EL PROCESAMIENTO PSICOLÓGICO DEL ESTRÉS

Para que un estímulo ambiental pueda convertirse en un factor de estrés debe cumplir con determinadas características. En primer lugar, debe ser capaz de ser percibido por alguno de nuestros sentidos para que se transforme en una señal, es decir, un estímulo sensorial que el cerebro sea capaz de reconocer y procesar. Esta percepción debe poner en funcionamiento una secuencia de eventos cognitivos, esto es, que se activen aquellos procesos que nos permitan reconocer, apreciar y evaluar las características de cada estímulo. El psicólogo estadounidense Richard Lazarus describió con claridad este procesamiento cognitivo, al que llamó «evaluación cognitiva (*cognitive appraisal*).

En este proceso podemos identificar varias etapas. En primer lugar, se produce una evaluación primaria, que es casi automática, espontánea y esencialmente de carácter emocional, el tipo de evaluación que nos permite adjudicar rápidamente una primera impresión al estímulo que estamos percibiendo: una valencia positiva o negativa. Es interesante observar cómo influye esa primera impresión en diferentes eventos de nuestra vida diaria, cuando sentimos esa tendencia apetitiva o aversiva, de manera breve pero poderosa, que nos orienta en nuestra toma de decisiones, es decir, nuestra predisposición a acercarnos o alejarnos de ciertos estímulos, ya sean personas, lugares o situaciones. En ese sentido, sabemos que el estrés puede provocar un amplio espectro de respuestas emocionales, aunque de todas ellas cabe destacar que el miedo es la emoción primaria más estrechamente relacionada con la supervivencia. De esta manera, la evaluación primaria nos permite reaccionar con rapidez a un estímulo ambiental potencialmente peligroso, poniendo en marcha todos los mecanismos para una rápida respuesta adaptativa que nos permita evitar el peligro y ponernos a salvo, mientras experimentamos síntomas de miedo. La evaluación primaria, así pues, se asocia simultáneamente con una rápida respuesta primaria, que es básicamente autonómica, y una evaluación secundaria, fundamentalmente cognitiva.

La respuesta primaria se activa de manera automática y se dispara de forma inconsciente, aunque sus resultados pueden ser percibidos, y muy frecuentemente también padecidos, de manera consciente. Esta respuesta está mediada por la rápida activación del SNA, que, con su amplio espectro de acciones centrales y periféricas, nos prepara, una vez más, para la lucha o la huida. Precisamente, la activación de este sistema, con el aumento de las funciones autonómicas, produce síntomas que a su vez pueden ser percibidos como estímulos internos, lo cual nos puede indicar que estamos viviendo una situación de estrés aun antes de que podamos darnos cuenta conscientemente de cuál fue el estímulo externo que desencadenó este proceso. Son los síntomas producidos por la activación del sistema simpático, como el aumento de la frecuencia cardíaca y respiratoria, los que son percibidos como estímulos internos, ya que es nuestro cuerpo el que los genera, indicándonos que estamos ante una situación de estrés. En este caso podemos sentir miedo, como una respuesta emocional primaria ante un estímulo amenazante, y simultáneamente percibir los síntomas que acompañan esta sensación en el cuerpo, como parte de esa misma respuesta primaria que confirma, de alguna manera, que estamos frente a algo potencialmente peligroso. La percepción de estos síntomas, al ser asociados con situaciones de estrés, retroalimenta el sistema, potenciando la percepción de los estresores externos con los internos. De esta manera, la percepción del estímulo externo puede generarnos miedo, lo cual a su vez genera una respuesta primaria, es decir la puesta en marcha del SNA para una rápida reacción de defensa frente al peligro, que produce los síntomas corporales que a su vez son percibidos como estímulos internos que refuerzan la sensación de miedo.

Imaginemos la situación de una persona que se encuentra nadando en el mar, una tranquila tarde de verano, mientras se distrae y se aleja de sus preocupaciones cotidianas. De pronto percibe que, además de alejarse de sus propias preocupaciones, también se aleja de la costa. Aunque intenta retornar, siente que la corriente lo lleva mar adentro y, a pesar de sus esfuerzos, continúa alejándose cada vez más de la playa, que poco a poco se va confundiendo con el horizonte. De repente, intenta tocar la arena del fondo del mar con la punta del pie y, al comprobar que ya no es posible, que ya no «hace pie» en ese lugar, siente que su corazón se acelera. Desesperado por regresar a la costa y extenuado por el creciente esfuerzo, que empieza a percibir que es en vano, se siente invadido por el miedo. La sensación subjetiva de miedo se asocia con la percepción de su corazón acelerado y descontrolado, latiendo tan fuerte que siente que se le va a salir por la boca, lo cual a su vez retroalimenta, una vez más, la sensación de miedo.

Con este ejemplo, podemos comprobar que el miedo puede ser provocado por los estímulos externos, que en este caso incluyen las olas del mar, que arrastran a nuestro protagonista despiadadamente, la mirada puesta en la costa, que se aleja de manera inexorable, la oscuridad de la tarde, que ya comienza a convertirse en noche, y los estímulos internos, que en este caso incluyen a los propios síntomas de miedo, como la taquicardia y la sensación de agotamiento, que refuerzan dramáticamente la sensación de miedo. En este caso, la evaluación primaria se orienta claramente en la dirección del miedo, donde una persona se siente amenazada por una situación evidentemente estresante, generada por un medio externo, inicialmente amigable pero que se torna impredecible y crecientemente hostil, y estímulos internos, provocados por la respuesta primaria, que refuerzan la propia desesperación y el miedo.

Este mismo circuito de retroalimentación podemos observarlo claramente en las personas que sufren un ataque de pánico. En principio perciben un estímulo ambiental que consideran potencialmente amenazante, lo que les produce miedo, por lo cual se activa su SNA, fundamentalmente la rama simpática, con el propósito de prepararse para responder a la amenaza. Pero los síntomas de miedo no se reconocen como una reacción normal dentro de su sistema de defensa, sino que se interpretan como parte de una amenaza mayor, algo diferente que no pueden identificar de manera clara en el medio ambiente, y que al sentirse incapaces de explicarlo como respuesta a un estímulo externo lo atribuyen a causas internas, generalmente algún trastorno en su propio organismo, de origen desconocido y fuera de todo control. Cuando los síntomas autonómicos se interpretan de modo erróneo como parte de otra amenaza mayor, muy frecuentemente las fantasías se orientan hacia el lado de un infarto agudo de miocardio o un accidente cerebrovascular, la sensación de miedo aumenta de forma desmesurada, lo cual incrementa la intensidad de los síntomas, retroalimentando el círculo vicioso que termina generando la suma de todos los miedos, es decir, un ataque de pánico. En ese sentido, es esperable que, ante una situación de estrés, frente a la cual se activa inmediatamente el sistema simpático, se produzca un aumento de la frecuencia cardíaca, lo cual a su vez puede ser percibido como taquicardia o palpitaciones. Dichos síntomas pueden ser fácilmente reconocidos como parte de la respuesta al estrés, o bien pueden ser interpretados de manera exagerada, despertando las peores fantasías de que algo terrible está por suceder.

Entre las fantasías catastróficas más frecuentes se incluye la creencia de estar sufriendo un infarto agudo de miocardio o un accidente cerebrovascular, aunque no hay nada que lo justifique, solo una simple taquicardia. Es como confundir las olas del mar embravecido con un tsunami. Obviamente, si alguien cree estar sufriendo un infarto, es normal que tenga una reacción de ansiedad o miedo, lo cual retroalimenta los síntomas con mayor intensidad. Para evitar esto, cortar este círculo vicioso o prevenirlo, debemos ejercitar nuestros recursos cognitivos, nuestra capacidad de pensar en las causas de nuestros síntomas, en el origen de nuestros miedos y en las herramientas que tenemos para afrontarlos, lo cual se traduce en una buena evaluación secundaria. Este procesamiento cognitivo, que, a diferencia del anterior, es mucho más racional que emocional, contempla el balance entre los diferentes aspectos de los factores de estrés, como la intensidad y duración del impacto o la amenaza percibida, aspectos pertinentes al contexto ambiental, la evocación de aspectos asociados aprendidos previamente, almacenados en la memoria de largo plazo, que fundamentalmente nos permite encontrarnos con nuestros recursos personales. A su vez, esto nos ayuda a poner en la balanza cognitiva, por un lado, los aspectos que percibimos, sabemos y recordamos respecto al evento estresante, y, por otro, los recursos con los que contamos para poder afrontarlo eficazmente, lo cual nos permite coordinar, e implementar en última instancia, una respuesta secundaria. Por supuesto, podemos poner en marcha este mecanismo en diversas situaciones de ansiedad, aunque una vez que se activa un círculo vicioso, como el que ocurre durante un ataque de pánico, resulta muy difícil realizar este procesamiento cognitivo sin ayuda profesional. En el ejemplo anterior, volviendo a la escena del hombre luchando por su vida en medio del mar, la evaluación secundaria es la que le permite poner en la balanza el impacto de los factores amenazantes, por una parte, y, por la otra, sus recursos, incluyendo el recuerdo de experiencias anteriores, y fundamentalmente sus recursos físicos, aunque en este caso resulten en principio limitados a causa del agotamiento. En función de este juicio valorativo, del balance entre las características de los estresores y de nuestros propios recursos, estaremos en condiciones de elaborar una estrategia de afrontamiento. Este concepto fue también propuesto por Lazarus, quien lo describió como *coping strategies*, para referirse al proceso cognitivo que nos lleva a elaborar y planificar una estrategia, basada en nuestros recursos, que nos permita hacer frente a las demandas. La creación de una estrategia de afrontamiento implica el desarrollo y la implementación de una respuesta secundaria, que en última instancia se refleja en nuestra conducta, todo lo que hacemos y lo que decimos, en el marco de la respuesta adaptativa. La eficacia de las estrategias de afrontamiento depende en gran medida del control que puede ejercer un adecuado procesamiento cognitivo sobre un posible descontrol emocional. Si bien ambas funciones son esenciales para el ser humano, y nos permiten gozar de una buena calidad de vida, es evidente que ciertas situaciones de estrés pueden generar una amplia gama de emociones negativas, de manera exagerada y mal-adaptativa, muchas de las cuales pueden afectarnos seriamente si no anteponemos los recursos necesarios para una adecuada regulación emocional. Estos recursos son el resultado de nuestra propia experiencia, en la cual hemos aprendido que sabemos responder eficazmente a ciertas demandas, que dominamos ciertas habilidades y destrezas, que sabemos desarrollar e implementar ciertas estrategias, que contamos con un equipo que nos apoya o que ciertas condiciones nos afectan favorablemente.

Volviendo una vez más al ejemplo del hombre que luchaba por su vida en medio del mar, su estrategia de afrontamiento se vio sensiblemente enriquecida cuando hizo su ingreso en escena un recurso inesperado, que logró torcer su destino, inclinando claramente la balanza a su favor. Finalmente aparece en el horizonte la silueta de un pequeño velero. Se trata de un pescador, que esa tarde salió a navegar y, regresando de su excursión de pesca, casualmente pasaba por allí en su embarcación. El hombre, que aún no sale de su asombro al ver lo que representa su posible salvación, desesperadamente le hace señas con las manos, mientras comienza a gritarle pidiendo ayuda. De esta manera, la estrategia de afrontamiento se modifica ante la aparición de un nuevo recurso externo, lo que da origen a una exitosa respuesta secundaria, claramente adaptativa. De más está decir que el pescador se acercó a rescatarlo justo a tiempo y lo llevó de regreso a la costa, sano y salvo.

Así pues, las respuestas adaptativas están determinadas, por un lado, por las características de los estresores: su intensidad (leves, moderados o severos) y su duración (agudos o crónicos); y por otro, por nuestros procesos cognitivos y emocionales: evaluación subjetiva y recursos para afrontar eficazmente la situación.

Estrés positivo y estrés negativo

Si bien nos referimos habitualmente al estrés como una circunstancia negativa en nuestra vida, existen ciertas características que nos permiten distinguir entre un tipo de estrés positivo, que se asocia a diversos desafíos que suelen estimular nuestra creatividad y nuestra motivación, y uno negativo, que ya hemos descrito en relación con situaciones de amenaza, que se asocia con diferentes procesos fisiopatológicos vinculados con el origen y desarrollo de diversos trastornos. La distinción entre ambos tipos de estrés fue también propuesta por Hans Selye, quien denominó «eustress» al estrés positivo, agregándole al estrés el prefijo griego *eu*, que alude a la idea de que algo es bueno o verdadero. De esta manera, experimentamos un *eustress* cada vez que nos encontramos ante una situación novedosa, en la cual interactuamos con factores ambientales que nos resultan positivos, o que percibimos y evaluamos de manera subjetivamente positiva. Reconocemos este tipo de estrés por ciertas características, que obviamente no hacen referencia a los factores que lo provocan, sino a la percepción subjetiva, producto de la evaluación cognitiva y emocional. Así, decimos que el estrés positivo es deseable, predecible y controlable, o al menos esa es la forma en que lo experimentamos. Se incluyen en esta categoría aquellas situaciones que elegimos afrontar, y por lo tanto son claramente deseables, aquellos eventos que no generen demasiada incertidumbre, sino que, por el contrario, ofrezcan cierto grado de seguridad y predecibles, y aquellas situaciones frente a las cuales nos sentimos seguros de nosotros mismos y de nuestros recursos para poder afrontarlas, esto es, son controlables. Son aquellos desafíos que nos motivan día a día, contribuyendo a nuestra buena calidad de vida: desafíos deportivos, profesionales, académicos o de cualquier índole, individuales o grupales, que nos ofrecen una oportunidad de crecimiento o desarrollo personal, o que elegimos afrontar por el simple placer de hacerlo.

Por el contrario, se denomina «distress» al estrés negativo, el cual se asocia con situaciones indeseables, impredecibles e incontrolables, aquellas que no deseamos ni elegimos, sino que sencillamente nos toca experimentarlas, y por lo tanto son indeseables y muchas veces inevitables. Estos eventos nos generan incertidumbre, pues no podemos predecir claramente los resultados, y por tanto son impredecibles, frente a los cuales nos sentimos inseguros, y esa misma inseguridad nos hace dudar de la eficacia de nuestros recursos, y nos resultan incontrolables. En este punto es importante destacar la importancia de la evaluación cognitiva, según la cual basta con creer que una situación es incontrolable, ya sea porque hemos perdido el control o porque nunca lo hemos tenido, para que las respuestas sean acordes con esa creencia.

Tal como hemos visto, el estrés puede provocar un amplio espectro de respuestas emocionales, que van desde un extremo positivo hasta el extremo negativo. En este punto cabe recordar que, si bien existen situaciones que pueden ser calificadas negativamente de manera objetiva, es decir, que a nadie en su sano juicio se le ocurriría calificar un naufragio como experiencia positiva, existen también muchas otras que pueden ser evaluadas subjetivamente de manera diferente, con una amplia gama de opciones que van desde lo positivo hasta lo negativo. Por ejemplo, el sonido de una alarma antiaérea, seguido de una explosión, es sin duda una situación de estrés fuertemente negativa. Cualquier persona que resulte sorprendida en este contexto podrá experimentar una cruda respuesta emocional, claramente negativa en el marco de una rápida pero eficaz evaluación primaria. Esta respuesta, regida fundamentalmente por el miedo, es lo que le impulsa a correr en busca de refugio. No obstante, el subsecuente procesamiento cognitivo le permitirá, como parte de su evaluación secundaria, identificar diferentes aspectos de la situación, donde intervienen no solamente el sonido de la alarma y la explosión como factores de estrés ambiental, sino sus recursos para poder afrontarlo. Nuevamente, queda claro que la evaluación cognitiva es el paso necesario para poder desarrollar una estrategia de afrontamiento. En este caso, según el rol asignado a cada persona ante este tipo de emergencias, o simplemente en función de su propia evaluación cognitiva y emocional, podrá orientar sus recursos para implementar la defensa, ya sea participando activamente en alguna acción militar para repeler el ataque, por ejemplo, mediante el manejo de un cañón antiaéreo, o bien asistiendo a las personas que resultaron heridas o víctimas de trauma psíquico (veáse la figura 3). Si el ataque se prolonga, y sus recursos no son suficientes para una respuesta activa, como la defensa o la lucha, puede optar por una pasiva: quedarse en el refugio antiaéreo de manera indefinida, hasta que pase la alarma, o emprender la retirada o la huida a un lugar más seguro.

Lamentablemente, esto último lo sabe por su propia experiencia cualquiera que haya tenido que escapar de su entorno, sometido a situaciones de extrema violencia. Aunque en este ejemplo no nos cabe duda de que los factores de estrés pueden ser extremadamente indeseables, impredecibles e incontrolables, siempre existe una evaluación primaria que nos permite reaccionar con rapidez para salvar la vida, seguida de una evaluación secundaria, que a su vez nos habilita para implementar una estrategia de afrontamiento, que tome en cuenta no solo los aspectos de la situación de estrés, sino también nuestros propios recursos para afrontarla exitosamente. De esta manera, las funciones involucradas en el procesamiento cognitivo incluyen la percepción de los estímulos, la atención focalizada en sus características distintivas, la evocación de toda información pertinente, lo cual nos permite reconocer al estímulo dentro de un repertorio de categorías conocidas, o bien crear una nueva cate-

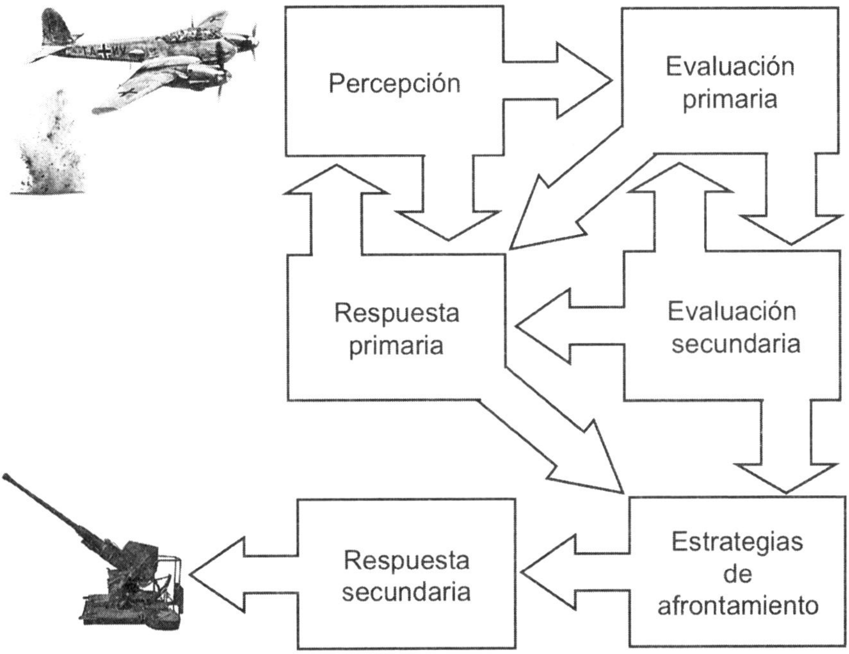

Figura 3: Circuito del procesamiento cognitivo del estrés. En él se incluye la percepción, la evaluación primaria, la respuesta primaria, la evaluación secundaria, la planificación de estrategias de afrontamiento y la respuesta secundaria.

goría, y la integración con aspectos emocionales, lo que nos faculta para emitir un juicio de valor mucho más rico y adaptativo.

Veamos ahora un ejemplo de estresor bioecológico. Si alguna vez paseamos por un bosque, podemos encontrarnos con algunas sorpresas. Mientras caminamos por una senda percibimos un estímulo visual de forma alargada que presenta cierto movimiento. De inmediato experimentamos una respuesta primaria, que es la que nos pone en estado de alerta, listos para cualquier acción adaptativa autonómica que puede ser generada por cualquier característica saliente, como la forma del objeto o sus movimientos.

Al mismo tiempo, la evaluación primaria nos indica que el objeto puede ser reconocido como una serpiente, lo cual entra en la categoría de animales potencialmente peligrosos, aspecto que a su vez refuerza la respuesta primaria y da origen a la evaluación secundaria. Los recursos personales desempeñan un rol crítico y pueden inclinar la balanza cognitiva hacia el lado de las respuestas adaptativas o hacia el contrario. De esta manera estamos en condiciones de distinguir una peligrosa serpiente de una simple rama que acaba de caer de un árbol, y cómo reaccionar en cada caso, con una estrategia de afrontamiento acorde con la circunstancia.

En cuanto a los estresores psicosociales, podemos describir un procesamiento similar al anterior, donde, al igual que en el paseo por el bosque, nos encontramos con una enorme variedad de estímulos positivos y negativos en el trabajo o en los centros de estudio. En este caso, si bien la evaluación y la respuesta primarias pueden ser muy similares a las anteriores, la evaluación secundaria implica una tarea de mayor complejidad, en la que los factores de estrés se evalúan desde una perspectiva mucho más subjetiva. Cuando los estresores adquieren características humanas, y toman la forma de un jefe, un compañero de trabajo, un compañero de clase o el docente que me examina, la variedad de aspectos que intervienen en su evaluación cognitiva se dispara exponencialmente. Pero no debemos desesperarnos, ya que la diversidad de recursos que tenemos a nuestra disposición también se multiplica de manera considerable, lo que se traduce en la creatividad y pluralidad de las estrategias de afrontamiento que vamos desarrollando, en paralelo con las crecientes demandas. Entre los recursos disponibles también se incluyen a todas aquellas personas, más o menos cercanas, con las que podamos contar como parte de nuestra propia red social. Es importante destacar que no es lo mismo sentirse solo frente a la adversidad que saber que contamos con otras personas que van a estar cerca para ayudarnos: amigos, padres, hijos o un buen profesional.

El carácter positivo y adaptativo depende, en gran medida, de nuestra capacidad para percibir y valorar nuestros recursos, de manera que la evaluación cognitiva que hagamos de ellos nos permita alcanzar una buena evaluación emocional. Es decir, que no solo podamos «entender» racionalmente que tenemos dominio sobre una situación, sino que podamos «sentir» que contamos con algún tipo de control sobre los estresores. Esta valoración positiva y adaptativa de los recursos, de las posibilidades de actuar y defendernos exitosamente, puede resultar afectada bajo ciertas condiciones, como puede observarse en el estrés crónico, en cuyo caso, el impacto sostenido y prolongado de diversos estresores, percibidos negativamente nos puede llevar a la percepción subjetiva de que los recursos ya no son suficientes, o no resultan tan eficientes. Independientemente de que esto pueda ser cierto, es suficiente con «creer» que es así para que resulte cierto, alterando de esta manera la capacidad de afrontamiento. Esta creencia ha sido asociada con el desarrollo de sentimientos de desesperanza aprendida, lo cual se puede entender, bajo condiciones de estrés crónico, como la antesala de la depresión.

Este concepto fue desarrollado por Martin Seligman, que observó que un animal sometido a ciertas condiciones experimentales, conocidas como «condicionamiento aversivo», en las cuales se le aplicaba un estímulo adverso mientras se le impedía escapar del mismo, terminaba por «aprender» a no hacer ningún esfuerzo por escapar en presencia de ese mismo estímulo, aun cuando se le permitiera hacerlo libremente en eventos posteriores. Dadas las circunstancias experimentales en que fueron administrados dichos estímulos adversos, es evidente que resultan indeseables, inevitables e inescapables. El problema surge con la aplicación repetitiva de los estímulos bajo las mismas condiciones, lo que lleva a una situación en la cual el animal «aprende» a no buscar ninguna salida. Si las condiciones llegaran a cambiar, de tal manera que se le permitiera buscar una salida y escapar del estímulo adverso, el animal que aprendió a no reaccionar, ya que subjetivamente cree que todos sus esfuerzos serán en vano, seguirá sin hacerlo, aunque objetivamente pueda vislumbrarse que hay una salida. A esta situación se la denominó originalmente en inglés como «learned helplessness», que ha sido libremente traducido al castellano como 'desesperanza aprendida', 'indefensión', 'impotencia', 'desamparo' o 'desvalimiento', términos que pueden utilizarse indistintamente, aunque ninguno alude cabalmente al concepto de «sensación subjetiva de falta de ayuda» o simplemente la creencia aprendida de que «haga lo que haga no tendrá ningún impacto en el mundo real». Esta misma situación se ha observado y reconocido en nuestra especie, muy frecuentemente en el entorno psicosocial en el cual vivimos y coexistimos, de manera imperceptible y casi sin darnos cuenta. Diversos factores ambientales se perciben como simples estímulos, o bien, en función del contexto, de las características del mismo estímulo o de la evaluación que hagamos de él, pondrán en marcha la cadena de eventos cognitivos y emocionales que caracterizan a las respuestas adaptativas o mal-adaptativas, lo que nos puede llevar por el camino de la salud o de la enfermedad.

El modelo cognitivo del estrés

Según el modelo cognitivo propuesto por el psiquiatra estadounidense Aaron Beck, desde las primeras experiencias de la vida vamos formando los conocimientos y creencias que todos tenemos acerca de nosotros mismos y del mundo que nos rodea. Así, procesamos toda información que aprendemos, desde las experiencias más tempranas de la vida hasta todos los conocimientos y las creencias que a su vez vamos incorporando a lo largo de esta. Los conocimientos son aquellos conceptos que aprendemos por nuestra experiencia o por la enseñanza de nuestros referentes mayores, nuestros padres y maestros, que pueden ser demostrados de alguna manera o comprobados científicamente, mientras que las creencias, que incorporamos de la misma manera, no requieren ningún tipo de comprobación ni demostración objetiva, lo que las convierte en una verdad subjetiva. Si bien en el lenguaje cotidiano no nos tomamos el trabajo de analizar y discernir constantemente entre ambos conceptos, es una tarea bastante habitual en el contexto de una psicoterapia, en especial si se trata de psicoterapia cognitiva. No obstante, para facilitar la explicación de este proceso en el contexto académico, incluimos ambos conceptos, sean conocimientos o creencias, en la categoría de las cogniciones.

Podemos adquirir cierto tipo de información que solo conservamos por breves períodos, lo suficiente y necesario para cumplir tareas muy específicas, y dado que no tienen mayor importancia y no nos generan ningún impacto emocional, solo permanecen en la memoria de corto plazo. Los conocimientos y las creencias acerca de nosotros mismos y todo lo que nos rodea evidentemente han podido superar cierto umbral de importancia o relevancia emocional, por lo que se va almacenando en nuestra memoria de largo plazo. Estas cogniciones se integran y organizan en esquemas cognitivos, que a su vez nos permiten interpretar y procesar toda información adquirida de manera eficaz, potencialmente adaptativa. De esta manera, podemos formar esquemas cognitivos con respecto a muchas cosas, e interactuar permanentemente con una gran cantidad de situaciones sin necesidad de volver a evaluar e interpretar cada estímulo y cada evento como si fueran totalmente nuevos. Los esquemas cognitivos nos permiten construir nuestra escala de valores, reglas sociales y culturales, protocolos de trabajo y también desarrollar nuestra identidad. En ese sentido, identificamos diversas creencias que, según su relevancia, clasificamos en diferentes categorías. En primer lugar, aquellas profundas, las que aceptamos con mayor grado de certeza y que rigen mayormente nuestros razonamientos y nuestras conductas. Dentro de esta categoría reconocemos algunas creencias esenciales, las que construyen nuestra identidad, y por lo tanto las que aceptamos con mayor certeza y no están sujetas a discusión. Existen otras más superficiales, que aceptamos automáticamente como válidas pero que muchas veces llegamos a cuestionar y modificar de acuerdo con ciertos cambios que experimentamos en nuestra vida. De esta manera, una persona que sufre una situación de acoso u hostigamiento, en uno o más de sus primeros trabajos, puede incorporar ciertas creencias que le permiten sobrevivir en un entorno hostil, pero que al cambiar de trabajo, y ante la posibilidad de crecer y desarrollarse en un entorno más saludable y en condiciones mucho más favorables, se permite cambiar por otras más adaptativas, con el fin de interactuar de manera más sana y fluida, sin la necesidad de desconfiar permanentemente de todos.

En ese mismo sentido, se ha demostrado que el impacto de ciertos eventos adversos en etapas tempranas de la vida puede contribuir a la formación de esquemas cognitivos disfuncionales. Si bien la presencia de hechos adversos, más o menos tolerables, no escapa a la biografía de nadie, existen algunos que por su intensidad pueden generar efectos mucho más nocivos y duraderos, como situaciones de violencia, maltrato, abuso y abandono. También se incluye en esta categoría un tipo de maltrato psicológico, que en inglés se denomina «neglect», que se traduce difícilmente al castellano como 'negligencia', aunque esta palabra carece del aspecto intencional y malicioso de la primera. Estos eventos adversos no solo provocan un importante grado de sufrimiento en el momento en que ocurren, sino que pueden ser posteriormente evocados como vivencias traumáticas y generar creencias limitantes y distorsionadas que se incorporan a un esquema cognitivo, en este caso mal-adaptativo. Estos esquemas pueden estar activos o permanecer latentes durante largos períodos para reactivarse ante nuevas situaciones de estrés en la edad adulta y, así, inducir un sesgo negativo en la interpretación y el procesamiento de toda nueva información. Algunas de las creencias más comunes son la atribución del sujeto a sí mismo de la culpa por todo lo que le sucede, ignorando que hay otras personas que han tenido mayor responsabilidad; la globalidad, que implica la creencia de que todo lo malo le pasa en todos los órdenes de la vida; y la estabilidad en el tiempo, que implica la creencia de que todo lo malo le pasa desde siempre, le pasa actualmente y le seguirá pasando en el futuro.

Estos sesgos negativos pueden traducirse en distorsiones cognitivas, que son las alteraciones que influyen negativamente en el procesamiento de la información, es decir, en nuestra forma de pensar, que en última instancia se traducen en reacciones emocionales y respuestas conductuales acordes con este procesamiento sesgado, constituyendo factores de vulnerabilidad cognitiva. De esta manera, estos esquemas disfuncionales formados en etapas tempranas de la vida, con sus sistemáticos y constantes sesgos negativos, pueden influir sobre las evaluaciones cognitivas subsecuentes, sesgando y limitando el procesamiento cognitivo. Esto resulta evidente en las personas que van perdiendo confianza en sus propios recursos y en su capacidad para afrontar las situaciones adversas, muchas veces como consecuencia de repetidas distorsiones en el procesamiento cognitivo. Si esto se sostiene, y no se interpone ningún cuestionamiento, o ninguna intervención terapéutica que les permita corregirlo, pueden llegar a la creencia de que no tienen control sobre la situación, de que nada de lo que hagan podrá tener ningún efecto para afrontar los eventos adversos, lo que se traduce en sentimientos de desesperanza aprendida, que muchas veces son la antesala de la depresión.

El procesamiento cognitivo nos permite procesar la información pertinente a cada estímulo ambiental, incluyendo las características del estresor y del contexto que lo rodea, es decir, el lugar donde ocurre y el momento en el cual sucede. Esto nos permite expandir la percepción del estrés en el tiempo, de manera que podemos anticipar una respuesta adaptativa en la medida en que podamos prever una situación potencialmente estresante en el futuro, un mecanismo que puede resultar muy beneficioso si nos genera cierto grado de alerta y nos permite prepararnos de manera adecuada para una situación de conflicto o demanda, algunas veces evitándola, otras mejorando nuestras posibilidades de salir indemnes, o al menos de minimizar las consecuencias del impacto. También puede tener cierto valor adaptativo si contempla el recuerdo de experiencias pasadas, donde la evocación de estas permite crear las condiciones óptimas para el aprendizaje de destrezas y la incorporación de recursos cognitivos, aprender de la experiencia para evitar que se repitan situaciones de riesgo y mejorar ampliamente la capacidad de respuesta frente a eventos similares en el futuro. Pero como era de esperar, estos mecanismos cognitivos, donde el registro subjetivo del futuro y del pasado no solo no convergen armónicamente, sino que se superponen con el registro del presente, al punto de anularlo por completo, dejan de ser adaptativos cuando pasan a ser exagerados, abrumadores o invasivos. En este punto es fácil comprender lo que ocurre cuando la percepción anticipatoria del estrés deja de mirar al futuro y se impone con fuerza en el presente, generando síntomas de ansiedad anticipatoria. Del mismo modo, la evocación persistente de experiencias adversas superpone el pasado con el presente, de tal forma que también llega a anularlo para instalar en el presente los síntomas de angustia derivados del pasado, como si fueran producto de situaciones actuales.

Es evidente la importancia del procesamiento psicológico, donde las variables cognitivas y emocionales modulan la respuesta al estrés hasta el punto de que, incluso en ausencia de cambios fisiológicos reales, provocados por estímulos presentes, pueden provocar respuestas de estrés por sí solas, como si el escenario mental, basado en la evocación del pasado o la imaginación del futuro, fuera el mundo real. Así, las respuestas al estrés pueden surgir no solo en presencia de diversos estresores ambientales, sino en respuesta a la evocación de estos, basta tan solo pensar en ellos para que el organismo responda como si fueran reales y actuales. Esto resulta evidente cuando nos anticipamos más de lo necesario a una situación de examen o una entrevista de trabajo, lo cual ya no cumple ninguna función adaptativa, sino que nos genera un nivel de ansiedad absolutamente innecesario. Estas preocupaciones excesivas, mal-adaptativas y exageradas, llevadas al extremo, son comunes en personas que sufren ciertos trastornos de ansiedad, como por ejemplo el trastorno de ansiedad generalizada. De la misma manera, se producen cuando recordamos situaciones estresantes que ocurrieron con anterioridad, muchas de las cuales pudimos superar pero a un coste demasiado alto o con alguna pérdida irreparable. Evocamos los hechos para aprender de nuestra experiencia, pero cuando esta evocación ocurre de manera automática, generándonos sensaciones de culpa y autorreproche, que interfieren con nuestra capacidad de afrontar situaciones presentes, nuevamente estamos entrando en el terreno de la patología, tal como ocurre en personas que sufren de un trastorno de estrés postraumático o, más frecuentemente, depresión.

Para poder evaluar un estresor, en el marco de una situación o un evento, y los recursos con que contamos para afrontar una amenaza o un desafío, el procesamiento cognitivo requiere del manejo de cierta información. Obviamente, por un lado necesita información relativa al momento actual, a los estresores y al contexto en el cual se desarrolla la escena, y por otro lado nuestra información, conocimientos y habilidades, todo lo cual se puede concebir como parte de nuestros esquemas cognitivos. Estos esquemas son los que confieren matices subjetivos a una evaluación que intenta ser objetiva, al menos eso es lo que creemos, de tal manera que pueden inclinar la balanza cognitiva en un sentido positivo o negativo. Nuestras cogniciones son las que nos llevan a conferir el valor relativo a las cosas, a los eventos y a las personas, en función de ciertos esquemas cognitivos: la escala de valores y muy especialmente el dominio personal.

El dominio personal es un esquema cognitivo que nos permite ubicarnos a nosotros mismos y a todo lo que tiene algo que ver con nosotros, en función de nuestra persona. Si tratamos de dibujar un mapa de nuestro dominio personal, lo que hacemos muy frecuentemente en el contexto psicoterapéutico, podemos imaginarlo como una serie de círculos concéntricos en el cual, en el mejor de los casos, cada uno se ubica a sí mismo en el centro del esquema. En el círculo más cercano al centro coloca a las personas más significativas en su propio mundo (padres, hijos, pareja o amigos muy íntimos); en el siguiente nivel, en el círculo que rodea al anterior, puede localizar a las otras personas significativas, aunque menos cercanas que las del nivel anterior; y en el siguiente, aquellas cosas que tienen algo que ver con su identidad pero no necesariamente son personas, sino aspectos que conforman su identidad social, cultural, religiosa y todo lo que podamos imaginar (la pertenencia a un país, a una ciudad, el idioma que hablamos todos los días, o nuestro equipo de futbol favorito). Todo tiene que ver de alguna manera con nosotros y por eso lo incorporamos a nuestro dominio personal; de ahí que forme parte de nuestro mapa, en cuyo centro nos ubicamos nosotros mismos. De esta manera, el significado subjetivo que adjudicamos a los diversos estímulos ambientales, situaciones o eventos, estará fuertemente marcado por nuestra evaluación cognitiva y esquemas cognitivos, entre los cuales destacamos aquí el dominio personal.

En ese sentido, concebimos la mayor o menor relevancia de los diversos estresores en función del impacto que tengan sobre nuestro dominio personal, dependiendo de qué parte afecte, en qué medida, con qué intensidad y por cuánto tiempo. Así, una situación que comprometa la región central tendrá un impacto mucho mayor que si afecta una región periférica. De acuerdo con este esquema, la evaluación emocional estará determinada por la percepción subjetiva de ganancia, pérdida o amenaza de pérdida en relación con el dominio personal, de manera que, si gano un premio u obtengo alguna recompensa, esto es interpretado como ganancia y por lo tanto me produce alegría. Si me roban algo valioso (por ejemplo el ordenador en el que estoy escribiendo este libro), esto es interpretado como pérdida, y por lo tanto me produce tristeza. Si estoy sentado escribiendo tranquilamente en un lugar público, y alguien se me acerca sigilosamente (con un antifaz negro o una media en la cabeza, una bolsa cargada sobre un hombro y un arma en la otra mano), es probable que me sienta amenazado, y ante la amenaza de perder algo valioso voy a experimentar miedo. Si pierdo algo valioso puedo sentir tristeza, pero si puedo identificar la fuente, el origen o el responsable de que yo lo perdiera, sentiré ira hacia esa persona. Del mismo modo, si la selección de fútbol de nuestro país gana la copa del mundo, sentimos una ganancia para nuestro dominio personal, lo cual nos alegra mucho, y si estamos lejos de nuestro país y nos enteramos de que hubo un huracán que provocó grandes destrozos, sentimos una importante pérdida, lo cual nos provoca una gran tristeza.

En definitiva, el modelo cognitivo nos permite comprender con mayor riqueza el procesamiento cognitivo que realizamos frente a diversas situaciones de estrés, nuestra forma de interpretar el impacto de diversos estresores, nuestras reacciones emocionales y sus posibles alteraciones, todo lo cual nos permite abordar desde esta perspectiva el origen y desarrollo de los trastornos derivados del estrés.

DEL MEDIO AMBIENTE AL CEREBRO: EL PROCESAMIENTO NEUROBIOLÓGICO DEL ESTRÉS

Toda información que proviene del medio ambiente que nos rodea es percibida por los órganos de los sentidos, que tienen la capacidad de transformar los diversos estímulos ambientales en señales que pueden transmitirse por las vías sensoriales hasta las estructuras cerebrales involucradas en el procesamiento de esta información. Así, toda la información que vemos, tocamos, oímos o escuchamos, olemos y saboreamos, se transmite desde nuestros órganos sensoriales por medio de las correspondientes vías que componen nuestro sistema nervioso periférico (SNP) hasta nuestro cerebro, el principal órgano del sistema nervioso central (SNC).

Las vías sensoriales, aquellas que transmiten la información sensorial desde el medio ambiente, convergen en el tálamo, una estructura ubicada en las profundidades del cerebro —entre ambos hemisferios y por encima del hipotálamo—, desde donde parten otras vías que llevan la información hacia las regiones corticales y las estructuras subcorticales, en ambos hemisferios cerebrales, para continuar con su procesamiento. De esta manera, en presencia de diversos factores ambientales, y de acuerdo con el tipo de estímulo sensorial percibido, el tálamo recibe información visual, auditiva, gustativa o táctil, para luego transmitirla a las cortezas sensoriales respectivas. Estas regiones corticales procesan la información correspondiente a cada modalidad sensorial para luego compartir su información en las cortezas asociativas, donde la información sensorial unimodal, correspondiente a cada modalidad sensorial, se integra en un registro de información polimodal, es decir, que constituye la información táctil, visual, auditiva y gustativa para producir una percepción mucho más rica que tenga en cuenta todos los sentidos en conjunto.

A diferencia de la información sensorial correspondiente a estas modalidades, la información olfativa no pasa por el tálamo, sino que se procesa directamente en la corteza específica para luego converger con la información gustativa en la corteza asociativa, donde se integran ambas modalidades. A su vez, las cortezas asociativas envían información sensorial a una región intermedia, formada por un grupo de cortezas ubicadas en las proximidades del sistema límbico, denominadas «cortezas de transición», o «cortezas transicionales». Esta región incluye a las cortezas entorrinal, perirrinal y parahipocámpica, estructuras relacionadas con información previamente adquirida, almacenada en la memoria de largo plazo. Desde esta región intermedia, la información procesada a través de las diversas cortezas transicionales converge en una sola de ellas, la corteza entorrinal, desde donde la información nuevamente se transmite a través de una especie de puente neural —denominado «subiculum»— al mismísimo sistema límbico, donde hace su entrada nada menos que al hipocampo. Tal como lo hemos descrito, esta importante estructura límbica participa fundamentalmente en procesos de memoria y aprendizaje, y cumple un rol crucial en el procesamiento de información sensorial, en este caso proveyendo aspectos relacionados con las variables contextuales, es decir, aquellos relacionados con el momento y el lugar en el cual se generó la información percibida del medio ambiente. De este modo, el hipocampo permite adjudicar las variables contextuales a la información percibida, para poder entonces enviar esta información a la otra gran protagonista del sistema límbico: la amígdala.

Tal como hemos descrito previamente, la amígdala es la principal estructura neural relacionada con el procesamiento emocional, de manera que la llegada de información a esta estructura permite conferirle su aspecto emocional, aunque en algunos casos podemos hablar más precisamente de «carga emocional». A su vez, cabe acotar que la amígdala va recibiendo información directamente desde cada una de las estructuras mencionadas, a través de vías que conectan directamente cada estructura con la propia amígdala. Así, va recibiendo información más cruda y primitiva desde el tálamo, más procesada desde cada una de las cortezas mencionadas, hasta llegar a la información más elaborada provista desde el hipocampo. De esta manera, se puede describir una vía rápida que comunica directamente el tálamo con la amígdala, y una vía más lenta, que es la que hace todo el recorrido descrito previamente para llegar a la amígdala a través de las conexiones que recibe desde el hipocampo. La ventaja de la vía rápida es que, en presencia de cualquier estresor ambiental, permite estimular rápidamente la amígdala para generar reacciones de defensa, lo que nos prepara para la lucha o la huida, antes de que logremos tener un registro consciente de la situación y podamos conocer las características de los estresores. Por otra parte, la vía más lenta permite un procesamiento mucho más rico y elaborado, y en última instancia, mucho más adaptativo.

La amígdala recibe múltiples vías de información, conocidas habitualmente como «proyecciones», desde varias estructuras neurales, y, de la misma manera, envía también proyecciones a diversas estructuras, relacionadas con el procesamiento de la información y con la puesta en marcha de las respuestas adaptativas. Esta imagen de la amígdala ubicada en el centro de la escena, con tantas proyecciones que llegan y salen en diversas direcciones, fue lo que motivó a Joseph LeDoux a describirla, como ya sabemos, como si fuera «el eje de una rueda de carreta», en sus trabajos sobre la neurobiología de las emociones. Así pues, la amígdala envía proyecciones al núcleo posterior-lateral del hipotálamo, desde donde estimula la activación del sistema simpático, lo que nos permite prepararnos rápidamente para luchar o escapar frente a un factor de estrés. De igual manera, la amígdala envía proyecciones al núcleo paraventricular del hipotálamo, estimulando la activación del eje HPA, lo que posibilita mantener nuestros recursos energéticos frente a una demanda más prolongada y exigente. Como parte de la activación de las respuestas adaptativas, este órgano también mantiene un diálogo fluido con los diversos sistemas de neurotransmisión, que también participan de dicha respuesta. Entre ellos se destaca el principal núcleo que produce y libera noradrenalina en el cerebro, denominado «locus coeruleus» y ubicado en el tronco encefálico. La activación de este sistema, que a su vez sostiene conexiones recíprocas con la amígdala, es lo que nos permite mantener cierto estado de alerta, necesario de alguna forma para poder afrontar exitosamente las situaciones de estrés. Así, la amígdala puede activar los diversos sistemas que se precisan para una rápida y eficaz respuesta adaptativa, aun antes de que podamos tener registro consciente de los estresores.

Para poder llegar a tener consciencia de la situación, necesitamos la activación de ciertas áreas de la corteza prefrontal (CPF), lo que también puede pasar por la amígdala, aunque no de manera exclusiva. Tanto las cortezas sensoriales, correspondientes a cada modalidad, como las asociativas tienen conexiones con la CPF, incluyendo la órbito-frontal (COF), la prefrontal medial (CPFM) y la cingulada anterior (CCA). Estas áreas poseen además conexiones recíprocas entre ellas, así como también con la amígdala. La COF representa una región asociativa, donde diversos

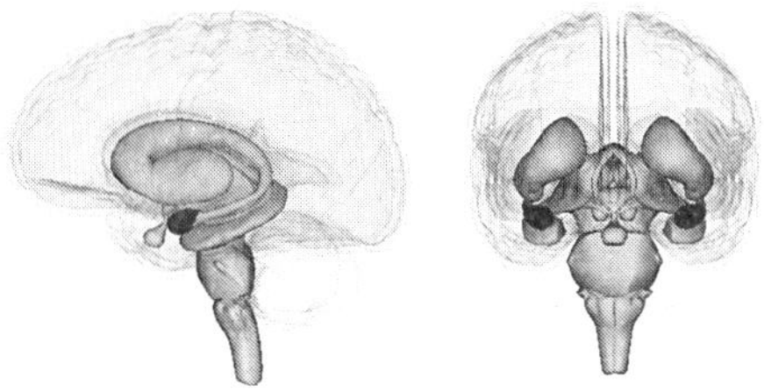

Figura 4: Vista lateral y posterior de las amígdalas.

estímulos correspondientes a distintas modalidades sensoriales se integran para dar origen a un registro polimodal, y asimismo está involucrada en la evaluación primaria de la valencia positiva o negativa, es decir, en el proceso que nos orienta a percibir un estímulo como positivo o negativo, participando de esta manera en la evaluación emocional.

La corteza prefrontal ventromedial (CPFVM) se encuentra estrechamente vinculada con la CCA y ambas participan en la regulación de las respuestas emocionales generadas por la amígdala. Es interesante destacar que hasta aquí, incluyendo cada paso de todo el proceso que acabamos de describir, el procesamiento de la información se desarrolla de manera inconsciente, pero estas mismas estructuras mantienen comunicación con otra importante región cortical, como es la corteza prefrontal dorsolateral (CPFDL) que, junto con la corteza prefrontal ventrolateral (CPFVL), participa en el control cognitivo y la regulación voluntaria de las emociones. En esta noble región cortical se desarrolla el proceso conocido como «memoria de trabajo» o «memoria operativa», lo cual representa el procesamiento cognitivo consciente. Podemos decir, entonces, que cuando la información, que ha sido previamente procesada por todas las estructuras neurales que hemos descrito, finalmente alcanza la corteza prefrontal dorsolateral, estamos en condiciones de procesar y darnos cuenta conscientemente de la información, lo que nos permite el control cognitivo sobre las emociones. La importancia de este proceso se traduce en la capacidad para evaluar nuestros recursos, para tomar decisiones y planificar respuestas, incluyendo las estrategias de afrontamiento necesarias para una buena respuesta adaptativa.

El circuito continúa: la corteza prefrontal dorsolateral se comunica con la amígdala mediante proyecciones indirectas que pasan por la CPFVM y la CCA. Recientemente se ha descrito una pequeña región dentro de esta última, conocida como «corteza cingulada anterior subgenual» (CCAsg), que tiene control modulatorio sobre la amígdala. Si recordamos que la amígdala tiene un efecto estimulante sobre el hipotálamo, y por lo tanto sobre el eje HPA, el efecto modulatorio de esta corteza sobre la amígdala se puede extender también al control indirecto sobre el eje HPA. En estudios de neuroimágenes que se realizaron en pacientes depresivos se observaron alteraciones funcionales en la amígdala y el hipocampo, junto con una menor actividad de la corteza prefrontal dorsolateral y menor volumen de la corteza cingulada anterior subgenual, lo que nos ilustra acerca del papel que desempeña esta estructura en la interacción entre el procesamiento cognitivo y la regulación emocional.

Ahora estamos en condiciones de entender, por un lado, la importancia de la amígdala en los procesos emocionales, es decir, en nuestra forma de sentir; y, por el otro, la importancia de la corteza prefrontal dorsolateral en los procesos cognitivos, esto es, en nuestra forma de pensar. Además, tenemos las herramientas necesarias para comprender cómo el diálogo entre la corteza y el sistema límbico, representado por la amígdala, determina la relación entre nuestros pensamientos y nuestras emociones. Ambos son imprescindibles para la supervivencia y para que podamos gozar de una buena calidad de vida. No obstante, el estrés puede provocar desequilibrios y alteraciones que se traducen en diversos trastornos, y recíprocamente, estas alteraciones pueden comprometer seriamente nuestra capacidad de respuesta al estrés.

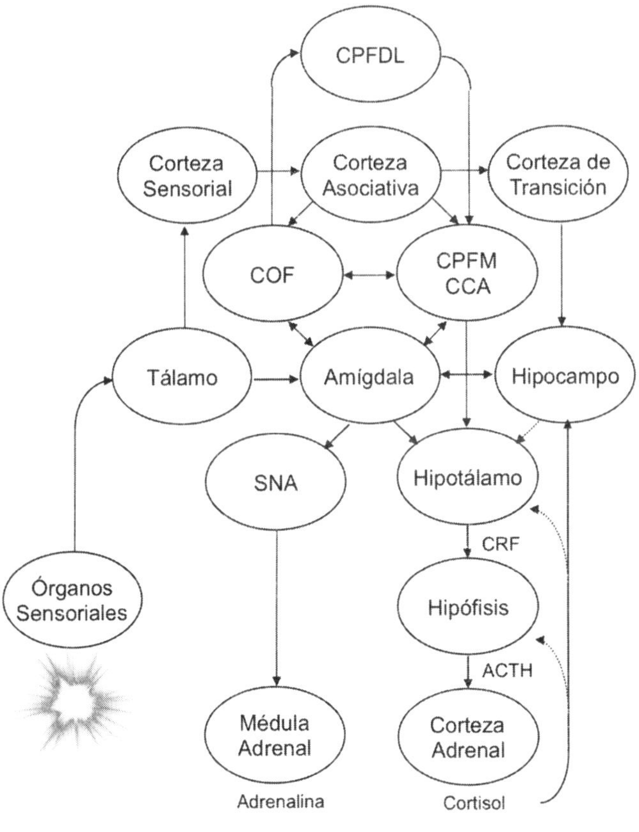

Figura 5: Conexiones funcionales. La imagen presenta un esquema integrador de las redes de conexiones funcionales entre las diferentes estructuras neurales involucradas en la respuesta adaptativa al estrés, incluyendo el procesamiento de estímulos ambientales a través de diversas estructuras corticales y subcorticales, y la regulación del eje HPA. (Modificado de Tafet GE y Nemeroff CB, 2016.)

Psiconeuroendocrinología del estrés: el eje HPA

Tal como hemos visto, el eje HPA desempeña un papel fundamental en las respuestas adaptativas al estrés. La activación de este sistema depende en gran medida de aquellas estructuras límbicas que hemos presentado con tanta insistencia, como la amígdala y el hipocampo. La amígdala, una estructura con forma de almendra, ejerce un efecto estimulante sobre el eje HPA, que se inicia en las vías directas que conectan al núcleo central de la amígdala con el núcleo paraventricular del hipotálamo (NPV); o por medio de una vía indirecta, que pasa por el núcleo de la base de la estría terminal (BNST), que igualmente converge en el mismo núcleo hipotalámico. El núcleo paraventricular es la principal estructura hipotalámica responsable de la síntesis y liberación de la hormona que inicia la cascada del eje HPA, la hormona liberadora de la corticotrifina, a la cual nos referimos comúnmente como CRH. Esta hormona constituye un péptido (una pequeña cadena de aminoácidos, las unidades que componen las proteínas), que es liberado al torrente sanguíneo para interactuar con sus receptores específicos en cualquier célula del organismo. En este caso, dado que se libera a la circulación portal, constituida por el circuito sanguíneo que fluye entre el hipotálamo y la hipófisis, tiene mayores oportunidades de interactuar con sus receptores en las células hipofisiarias, aunque también se encuentra en la sangre sistémica, aquella que viaja por todo el organismo.

Una vez allí, la CRH estimula la síntesis de otro péptido, el pro-opio-melano-cortina (POMC), precursor de otros tres elementos: otros tres péptidos específicos, entre los que se encuentra la hormona adrenocorticotrofa (ACTH, por sus siglas en inglés). Esta hormona hipofisiaria es liberada al torrente sanguíneo, y por medio de la circulación general llega a la corteza adrenal, que, como sabemos, se encuentra por encima de los riñones, cubriendo a la médula adrenal, para lo cual debe viajar una considerable distancia desde su origen. Una vez allí, la ACTH estimula la síntesis de otra hormona, que en este caso no tiene la misma estructura peptídica, como las dos anteriores, sino que se trata de una de tipo esteroide, una clase de estructura lipídica que se sintetiza a partir del colesterol.

El cortisol es una hormona de tipo glucocorticoide, es decir, que contribuye a mantener los niveles de glucosa en sangre dentro de rangos normales, en función de la demanda de energía que requiera el organismo. Normalmente, la secreción de cortisol sigue un ritmo circadiano: su liberación varía a lo largo del día, aunque por lo general las concentraciones más altas se registran por la mañana y las más bajas por la tarde. Este ritmo se mantiene estable gracias a los circuitos de *feedback* o retroalimentación negativa que ejerce el mismo cortisol sobre la síntesis y liberación de CRH y ACTH. Es decir, que, inhibiendo aquellas moléculas que lo estimulan, el cortisol logra regular eficazmente su síntesis y liberación. De esta manera, el cortisol que se descarga al torrente sanguíneo alcanza el hipotálamo, donde inhibe la síntesis y liberación de CRH. De la misma forma alcanza también la hipófisis, donde inhibe la síntesis de POMC, lo que disminuye la síntesis y liberación de ACTH al torrente sanguíneo. Un circuito de control adicional es el que le permite al cortisol estimular al hipocampo, que al ejercer un rol inhibitorio sobre el núcleo paraventricular del hipotálamo, también resulta un eficaz mecanismo para la regulación del eje HPA y del propio cortisol. Este delicado equilibrio se mantiene en condiciones normales y puede incluso sostenerse en situaciones de estrés agudo, cuando las demandas se suscriben a un episodio o un evento concreto. En situaciones de estrés crónico, cuando las exigencias se prolongan de manera sostenida e indefinida, estos circuitos de control resultan abolidos, con el consiguiente aumento del cortisol de forma permanente, cuyas consecuencias resultan evidentes a nivel molecular. Así, el ritmo habitual de secreción, con valores normalmente elevados por la mañana y sensiblemente menores por la tarde, se altera de tal forma que podemos alcanzar valores elevados tanto por la mañana como por la tarde de un mismo día. Cabe destacar que esta es una de las alteraciones psiconeuroendocrinológicas más estudiadas en personas con estrés crónico y también en gran parte de los pacientes con depresión. Para poder comprender la importancia de esta observación y sus consecuencias en la salud, es necesario entender algunos detalles acerca del mecanismo de acción del cortisol a nivel molecular.

Psiconeuroendocrinología molecular del estrés

A nivel celular, tanto las neuronas como las células del sistema endocrino se comunican entre ellas por medio de moléculas mensajeras. Toda molécula mensajera, incluyendo los neurotransmisores en el sistema nervioso y las hormonas en el sistema endocrino, necesita unirse a un receptor específico que sea capaz de comprender su mensaje, es decir, que la unión de la molécula mensajera a su receptor tenga algún efecto. Obviamente, si no hay ningún efecto, no hay mensaje.

Los receptores están formados por grandes moléculas de tipo proteico, largas cadenas de aminoácidos que se pliegan para formar una estructura tridimensional que se ubican en sitios específicos para cumplir las funciones para las cuales fueron diseñadas. En ese sentido, todas las células se encuentran recubiertas por una membrana formada por lípidos y proteínas, donde se localizan los receptores para los neurotransmisores. Naturalmente, en el caso de las neuronas, esta membrana plasmática recubre toda la célula, también el cuerpo neuronal, el soma y las dendritas. Para ser más exactos, los receptores se encuentran integrados como parte de la membrana que recubre las terminales sinápticas, a ambos lados del espacio sináptico, donde pueden interactuar con los neurotransmisores que son liberados en ese mismo espacio.

Puesto que los neurotransmisores liberados al espacio sináptico no atraviesan las membranas plasmáticas, sus receptores deben estar ubicados en la cara exterior de estas, para poder tener contacto con ellos. Los neurotransmisores solo atraviesan la membrana cuando, al finalizar un evento sináptico, son retirados del espacio sináptico por medio de un proceso de «recaptación», que llevan a cabo los «transportadores», que, al igual que los receptores, son grandes moléculas proteicas que se encuentran ubicadas en la membrana plasmática de la misma neurona desde donde fueron liberados los neurotransmisores, más precisamente en aquella región conocida como «terminal axónico presináptico». De esta manera, así como existen receptores específicos para cada neurotransmisor, también existe un transportador específico, responsable de recaptar los neurotransmisores, es decir, que absorben como una aspiradora a los neurotransmisores que han quedado sueltos en el espacio sináptico luego de haber cumplido su misión. Así pues, podemos describir (al menos hasta ahora) 14 tipos de receptores específicos para la serotonina, 5 para la dopamina, 4 para la noradrenalina, 3 para la histamina, 2 para la acetilcolina y 1 transportador específico para cada uno de ellos. Cabe recordar que todos son proteínas, y por lo tanto existe un gen para cada uno, que codifica la información necesaria para poder sintetizarlos.

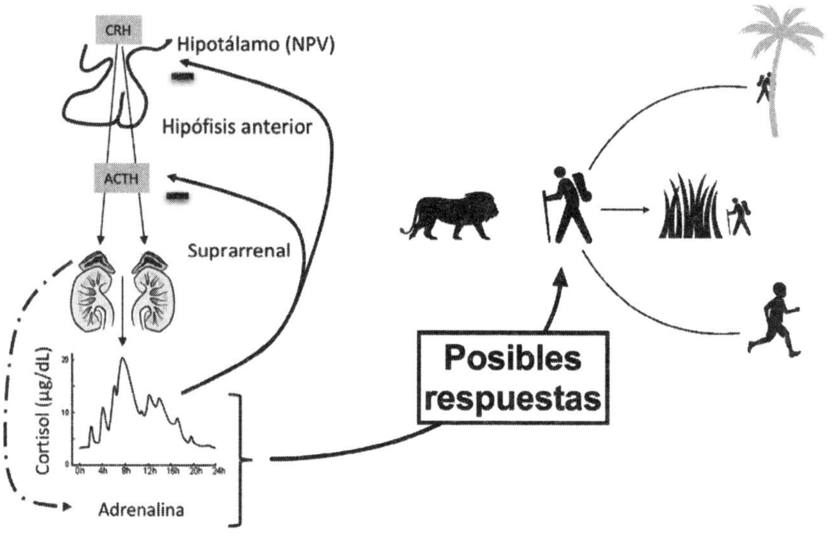

Figura 6: El cortisol y la respuesta al estrés. El eje hipotálamo-hipofisario-suprarrenal controla la producción de cortisol. El hipotálamo produce CRH, que actúa sobre la hipófisis para producir ACTH, la cual pasa a la sangre y llega a las suprarrenales, donde estimula la síntesis de cortisol. El cortisol a su vez retroalimenta negativamente para regular su propia producción, inhibiendo ACTH y CRH. De esta forma se produce el ritmo circadiano de cortisol, con un pico hacia las 8 de la mañana. El cortisol es una hormona de estrés, y como tal aumenta ante estos estados. Pero, cuando la situación es muy comprometida, se activa el llamado «cuadro de alarma hipotalámico», que no solo libera mayores cantidades de cortisol, sino también de catecolaminas, incluyendo la adrenalina de la médula suprarrenal. La figura de la derecha ilustra el ejemplo del turista y el león. Ante la aparición inesperada del animal cuando el primero pasea por la selva, este activa una alarma para provocar una respuesta aguda de supervivencia. El turista puede, entonces, correr para escaparse, subirse a un árbol o esconderse. Pero, a veces, el estrés nos juega una mala pasada y provoca que nos quedemos literalmente bloqueados, lo que significará un festín para el león.

Los receptores para las hormonas también son grandes proteínas, que pueden estar ubicadas en la membrana plasmática, al igual que los receptores para los neurotransmisores, o bien en el espacio citoplasmático, esto es, en el interior de cada célula, dependiendo del tipo de hormona. Por ejemplo, las hormonas peptídicas, como la CRH y la ACTH, se unen a receptores específicos ubicados en la membrana que recubre a las células, mientras que las de tipo esteroide, como el cortisol, se unen a receptores citoplasmáticos, localizados en el interior de las células. De este modo, el cortisol atraviesa la membrana y, una vez que se encuentra en el interior de la célula, puede unirse a dos tipos diferentes de receptores citoplasmáticos: los de tipo I, o mineralocorticoides, y los de tipo II, o glucocorticoides. Una vez que se ha anexado el cortisol a su receptor, constituyen un complejo hormona-receptor que funciona como una unidad. Esta unidad molecular puede introducirse en el núcleo de las células, donde se encuentra el material genético, con el cual podrá interactuar para cumplir su rol regulador de la expresión genética. Tal como hemos descrito previamente, el cortisol se libera de acuerdo con un ritmo circadiano. En el estrés crónico, este ritmo se altera, de tal manera que el cortisol tiende a permanecer elevado permanentemente, con las consecuencias que esto trae aparejado en otros sistemas de comunicación celular, como los neurotransmisores.

Dentro de la amplia familia de los neurotransmisores, en este punto vamos a referirnos a aquellas bioaminas que se encuentran más involucradas en la psiconeuroinmunoendocrinología del estrés. En primer lugar, mencionaremos la serotonina (también llamada «5-hidroxi-tripamina», o simplemente «5-HT»), que desempeña un papel fundamental en nuestro estado de ánimo. Las neuronas donde se produce este neurotransmisor en el cerebro se encuentran en los núcleos del rafe (NR), un conjunto de neuronas ubicado en el tronco cerebral desde donde salen vías que distribuyen serotonina en diversas estructuras, incluyendo la corteza cerebral y ciertas estructuras límbicas, como la amígdala y el hipocampo. Los núcleos del rafe dorsal (NRD) envían proyecciones hacia diversas estructuras, de las cuales destacamos la corteza prefrontal y la amígdala. Este sistema participa en la producción de estados de ansiedad anticipatoria, particularmente durante reacciones de alarma, lo que tiene una función adaptativa ante situaciones de estrés. La alteración de este sistema se ha asociado con síntomas de ansiedad y el origen de ciertos trastornos de ansiedad. Los núcleos del rafe medial (NRM) envían proyecciones hacia otras estructuras, entre las cuales destacamos el hipocampo, y participa en la tolerancia a estímulos adversos, indeseables o inevitables, como aquellos que suelen estar relacionados con el estrés crónico. También participa en el control adaptativo de las experiencias emocionales negativas, de manera que la alteración de este sistema se ha vinculado con intolerancia a estímulos adversos y en última instancia con el desarrollo de sentimientos de desesperanza aprendida. Las neuronas serotoninérgicas de los núcleos del rafe se encuentran interconectadas con neuronas noradrenérgicas y dopaminérgicas, integrando los principales circuitos de neurotransmisión en nuestro cerebro. Así pues, la serotonina se produce y se libera al espacio sináptico para interactuar con sus receptores específicos, tanto pre- como postsinápticos. La neurotransmisión serotoninérgica se encuentra regulada principalmente por su transportador específico, que es responsable de la recaptación de serotonina, lo que permite determinar sus concentraciones en el espacio sináptico, como su duración y permanencia, con lo que se regula su disponibilidad para unirse a sus receptores específicos.

Respecto a la dopamina, las neuronas donde se produce se encuentran en la sustancia nigra, una pequeña región ubicada en la base del cerebro, y fundamentalmente en el área ventrotegmental

(AVT), un conjunto de neuronas localizadas en el tronco cerebral desde donde salen vías que llevan este neurotransmisor hacia diversas estructuras cerebrales. Estas vías dopaminérgicas incluyen un circuito meso-límbico, que lleva dopamina hacia estructuras límbicas, entre las que se incluiyen la amígdala, el hipocampo y el núcleo *accumbens*, y el circuito meso-cortical, que lleva dopamina hacia la corteza prefrontal. El circuito mesolímbico, la vía dopaminérgica que comunica el área ventrotegmental con el núcleo accumbens, ha sido reconocido como el circuito de la «recompensa», que participa en el procesamiento y reforzamiento de los estímulos agradables y recompensantes, nada menos que en la experiencia subjetiva del placer y en la motivación de conductas orientadas en ese sentido. Este circuito es muy sensible al estrés, de manera que las situaciones indeseables, inevitables o incontrolables, pueden disminuir la liberación de dopamina en el núcleo accumbens. Dicha estructura participa en el procesamiento de experiencias placenteras, reconfortantes y recompensantes, en conjunto con la corteza órbito-frontal, la cual a su vez participa en la evaluación subjetiva del valor recompensante de los estímulos, confiriéndoles su valencia positiva. La disminución de dopamina en el núcleo accumbens lleva a la pérdida de interés y dificultad para encontrar el placer, un síntoma que se denomina «anhedonia» y que acompaña al agravamiento de los síntomas depresivos inducidos por estrés. Además existe una importante interacción entre el área ventro-tegmental y los núcleos del rafe, lo cual permite comprender el diálogo existente entre ambas estructuras, es decir entre los sistemas de neurotransmisión mediados por la dopamina y la serotonina. Se trata de un concepto de gran importancia en el procesamiento emocional.

Respecto a la noradrenalina, las neuronas donde se produce se encuentran principalmente en un núcleo ubicado en el tronco cerebral denominado «locus coeruleus», como vimos, un conjunto de neuronas desde donde salen vías que llevan este neurotransmisor hacia diversas estructuras cerebrales: la amígdala, el hipocampo y el núcleo paraventricular del hipotálamo, entre otras. También existen conexiones recíprocas con el área ventrotegmental y los núcleos del rafe. En situaciones de estrés agudo se libera noradrenalina en diferentes áreas, lo que se traduce en un estado de mayor consciencia o registro consciente de la situación (*arousal*), y mayor vigilancia, como parte de las respuestas adaptativas. Es importante destacar que hay proyecciones noradrenérgicas que llegan hasta el núcleo lateral del hipotálamo, responsable de la activación del sistema nervioso simpático, y otras que alcanzan el núcleo paraventricular del hipotálamo, estimulando la liberación de CRH, todo lo cual es parte fundamental del conjunto de respuestas adaptativas. Por el contrario, en situaciones de estrés crónico, particularmente indeseables, impredecibles o incontrolables, se produce cierta alteración en la síntesis y liberación de noradrenalina, lo que ha sido asociado a alteraciones cognitivas, como la atención y la memoria, frecuentemente observadas en la depresión, y ciertas alteraciones en los estados de conciencia y registro, por lo general observadas en la depresión y los trastornos de ansiedad.

Además de los neurotransmisores y las hormonas, existen otras moléculas que cumplen importantes funciones en los procesos cognitivos y emocionales, y que también resultan afectadas por el estrés. Es el caso de las neurotrofinas, moléculas que participan en el desarrollo y crecimiento de las neuronas, entre las cuales destaca el factor neurotrófico derivado del cerebro (*brain derived neurotrophic factor*, BDNF). Esta neurotrofina participa en el desarrollo del cerebro y en importantes procesos como la neuroplasticidad y la neurogénesis. La neuroplasticidad es la capacidad que tienen las neuronas de crear nuevas conexiones sinápticas, modificando de esta manera sus circuitos. Se trata de un proceso fundamental para el aprendizaje y la memoria a largo plazo. Como vimos páginas atrás, con el término «neurogénesis» se hace referencia a la capacidad del cerebro de producir nuevas neuronas, lo que solo ocurre en pocas regiones del cerebro adulto. Dado que el estrés puede disminuir las concentraciones de BDNF, podemos inferir que puede afectar negativamente o, dicho en otras palabras, limitar la neuroplasticidad de nuestro cerebro.

Estrés, homeostasis y alostasis

Un factor de estrés es prácticamente cualquier estímulo ambiental que venga a desafiar la homeostasis, ante el cual nuestro cuerpo reacciona con una respuesta orientada a proteger o recuperar el equilibrio amenazado o perdido. La homeostasis representa ese estado de equilibrio en el cual todas las variables fisiológicas se encuentran dentro de rangos adecuados, que además lo son en mayor o menor medida en función de otras variables, como por ejemplo esfuerzo físico, cambios de temperatura ambiental, el momento del día, del año o de la vida misma. En todo caso, podemos afirmar que la evolución de la especie humana ha permitido que nuestro cerebro esté siempre dispuesto a proteger y restablecer la homeostasis. Esta idea, que mantiene su vigencia desde que fuera originalmente propuesta por Walter Cannon, ha sido enriquecida más recientemente por los trabajos de Peter Sterling y Joseph Eyer, quienes propusieron en 1988 un proceso complementario al que denominaron «alostasis». Ampliada y desarrollada por Bruce McEwen y difundido por Robert Sapolsky, esta concepción propone ciertas modificaciones en su definición que permiten una mejor articulación dentro del actual modelo integrador, que generosamente nos ofrece la psiconeuroinmunoendocrinología. En este sentido, la alostasis destaca una diferencia crítica entre ciertos parámetros biológicos que requieren una mayor constancia, y por lo tanto solo admiten variaciones muy sutiles y por períodos muy limitados, y otros que pueden experimentar variaciones más amplias y por períodos más extensos, lo que permite una mayor capacidad de adaptación en función de diversos factores ambientales. Así, tenemos, por ejemplo, la temperatura corporal, cuya estabilidad solo admite variaciones mínimas, dentro de rangos muy específicos, y por otro lado parámetros autonómicos o neurovegetativos, como la presión arterial, que posibilita registrar un rango mayor de variaciones, dependiendo del estado de reposo o en respuesta a las posibles demandas, o también parámetros neuroendócrinos, como la actividad del eje HPA, que puede experimentar cambios sostenidos durante períodos mucho más prolongados, sin que eso signifique un riesgo sustancial para la supervivencia. Si bien esta mayor tolerancia a un amplio rango de respuestas del SNA y del SNE no implica un riesgo inmediato, en el largo plazo puede afectar seriamente nuestra salud, y por ende también nuestra calidad de vida, pues es posible que origine diversos trastornos. De esta manera, a diferencia de la homeostasis, que hace hincapié en los mecanismos fisiológicos específicos que nos permiten mantener la estabilidad de nuestro medio interno, la alostasis se basa en la capacidad de nuestro organismo de conservar la estabilidad pero a través del cambio, es decir, adaptándose y respondiendo de igual manera a los cambios que van ocurriendo en el medio.

Naturalmente, frente a exigencias mayores, o durante períodos más prolongados, nuestro organismo deberá experimentar cambios más intensos o más sostenidos, lo que McEwen llamó «carga alostática», una forma de referirse al «coste» que debe «pagar» cada individuo por mantener la estabilidad de su medio interno. Por otra parte, el concepto de homeostasis destaca la presencia de mecanismos fisiológicos para la regulación de cada función, mientras que la alostasis aporta la noción de que cada función puede ser regulada a múltiples niveles, como en el caso del eje HPA, que se regula mediante sus circuitos de retroalimentación negativa, así como también a través de mecanismos límbicos o corticales que involucran funciones cognitivas o emocionales y sus posibles variaciones. La activación de todos estos mecanismos se puede traducir en distintos cambios fisiopatológicos, que su vez nos permiten concebir estas alteraciones en el contexto de los diversos trastornos relacionados con el estrés.

Las consecuencias del estrés: los trastornos de ansiedad

Tras un generoso recorrido sobre el vasto campo del estrés, a lo largo y a lo ancho de su extensa geografía, abarcando su diversa superficie y su compleja profundidad, ya podemos sentirnos en condiciones de responder a las preguntas con las que iniciamos este interesante itinerario. Hemos definido qué es el estrés, podemos identificar qué lo provoca y comprender el alcance de sus consecuencias. Respecto a los mecanismos involucrados, ya podemos entender cómo nos afecta a nivel psicológico y neurobiológico, incluyendo diversos procesos cognitivos y moleculares. Ahora vamos a referirnos a esta misma pregunta pero desde otra perspectiva: cómo nos afecta el estrés en nuestra vida, cómo puede perjudicar nuestra salud y qué podemos hacer para preservarla, y si fuera necesario recuperarla.

Si nos enfocamos con más detalle en las funciones cognitivas y en su rol en la regulación emocional, probablemente nos vengan a la mente algunas situaciones en las cuales nos hemos sentido sobrepasados por estados emocionales intensos, entre los cuales posiblemente se destaquen aquellos relacionados con el miedo. Ya nos hemos referido al miedo como una emoción necesaria para la supervivencia, y esto resulta evidente en ciertas situaciones de estrés agudo, donde el miedo repentino, breve y acotado a esa situación nos permite reaccionar de forma inmediata, como una respuesta primaria en función de una breve evaluación primaria, aun antes de que podamos tener registro consciente de lo que está sucediendo, tal como ocurre frente a diversas situaciones de peligro ante las cuales reaccionamos rápidamente para ponernos a salvo. La evaluación secundaria nos permitirá juzgar el evento en su justa medida, y en la medida de nuestros recursos para poder afrontarlo, de manera que podamos bajar el nivel de alerta y moderar nuestras respuestas, o mantenerlo elevado para una respuesta constante y prolongada. Todavía estamos en condiciones de valorar el miedo como una emoción adaptativa. No obstante, si el miedo nos invade o nos paraliza, si nos afecta de manera excesiva, ya sea porque subjetivamente percibimos un peligro mayor al que objetivamente representa cierto estímulo, o porque percibimos una amenaza en ausencia de estímulos ambientales reales, es muy probable que nuestros procesos cognitivos no estén en condiciones de ejercer una buena regulación sobre nuestros procesos emocionales. Esto resulta evidente en las personas que sufren diversos trastornos de ansiedad, donde ese tipo de miedo constante y difuso supera la capacidad de respuesta.

Habitualmente podemos notar miedo cuando nos sentimos amenazados por un factor de estrés ambiental, por una situación o por un evento que amenaza nuestra seguridad o pone en riesgo nuestro dominio personal. En estos casos somos capaces de identificar el factor de estrés que nos genera miedo y podemos generar respuestas adaptativas acordes con dichos factores, incluyendo la huida y la evitación, cuando sentimos que no tenemos otras opciones, o bien la lucha y la defensa, en el momento en el que creemos que podemos afrontarlo exitosamente.

La ansiedad es una especie de miedo difuso, que nos invade ante ciertas situaciones en las cuales sabemos (o creemos) que tenemos motivos para temer aunque por el momento no podamos distinguir exactamente cuáles son esos motivos, ni por qué hay razones para ello. En ese sentido, concebimos la ansiedad como una emoción vinculada al miedo, pero en la cual no siempre podemos identificar claramente al factor amenazante que la provoca. Por lo general, la ansiedad se asocia con una sensación de nerviosismo y sentimientos de preocupación acerca de algo que está ocurriendo o puede llegar a ocurrir en un futuro cercano o inmediato, lo que puede tener funciones adaptativas si ocurre en determinados momentos y en cierta medida. La ansiedad puede conducirnos a optimizar nuestros recursos, a cuidarnos, a tomar recaudos, a evitar riesgos innecesarios, pero si es excesiva nos conduce a situaciones cada vez más complicadas y menos adaptativas, lo que constituye las bases de un trastorno de ansiedad.

Podemos percibir fácilmente nuestra ansiedad, es decir, somos capaces de inferir que estamos ansiosos, cuando experimentamos un sentimiento de preocupación, por motivos reales o exagerados, cuando nos sentimos nerviosos y reaccionamos de manera excesiva frente a cualquier estímulo, cuando experimentamos un estado de alerta e hipervigilancia permanente, o cuando sentimos ciertos síntomas autonómicos, también llamados «síntomas neurovegetativos», debido a la excitación de nuestro SNA. Entre los más frecuentes se destaca la taquicardia, la aceleración en los latidos de nuestro corazón. En ciertas ocasiones, cuando el grado de ansiedad es muy intenso, las personas afectadas sienten los latidos del corazón en el pecho o en el cuello con intensidad, lo que se conoce como «palpitaciones». También se destaca cierta sensación de dificultad respiratoria, como si quisiéramos insuflar más aire del que entra en los pulmones, lo que recibe el nombre de «disnea suspirosa», pero que comúnmente se describe como una sensación de «falta de aire». Esto se puede asociar con una sensación de opresión en el pecho y de «nudo en la garganta», una sensación de angustia. También se producen molestias digestivas, incluyendo sensaciones de malestar gastrointestinal y alteraciones en la alimentación y en la evacuación. Asimismo se producen alteraciones en el ritmo del sueño: nos cuesta dormir o bien nos dormimos fácilmente, y si nos despertamos espontáneamente en medio de la noche cuesta volver a conciliar el sueño, lo que genera cansancio y falta de atención en las tareas diurnas. Podemos sentir sensaciones diversas en los miembros, incluyendo temblores y hormigueo en manos y piernas, así como cierta inquietud que genera movimientos automáticos en las piernas, que no podemos controlar voluntariamente. Se suelen sufrir sensaciones de tensión muscular, que resultan muy evidentes en la espalda, muy especialmente en la región cervical, donde la tensión puede ser tan intensa que parezca que estamos cargando un gran peso, e incluso puede provocarnos mareo y sensación de inestabilidad. La tensión y rigidez puede ser especialmente intensa en los músculos de la mandíbula, donde podemos experimentar esa tendencia a rechinar o apretar los dientes involuntariamente, el «bruxismo». Además, es frecuente la sudoración profusa y la sensación de tener la boca seca. Todos estos síntomas no pasan desapercibidos a la persona que sufre un trastorno de ansiedad; es más: la sola percepción de los mismos es una fuente de mayor ansiedad, lo que muy probablemente nos lleve a entrar en el círculo vicioso de los trastornos de ansiedad.

LAS DIFERENTES CARAS DEL ESTRÉS Y SUS CONSECUENCIAS

Ya hemos visto que el estrés es parte de nuestra vida cotidiana. Puede ser una experiencia gratamente positiva o lamentablemente negativa, pero es difícil concebir la vida sin estrés. En ese sentido, el estrés es la experiencia que más comúnmente compartimos con nuestros pacientes quienes trabajamos en el área de salud mental, de tal manera que cuando alguien viene a la consulta y nos relata una situación estresante podemos comprenderlo con facilidad, ya sea por experiencia propia, porque su historia se parece a la nuestra, o porque alguien en nuestro entorno cercano ha estado en situaciones parecidas. Además, las manifestaciones clínicas del estrés suelen abarcar entre un 50 y un 80% de las consultas, según las estadísticas de diversos países, que además pueden variar en diferentes períodos. Del total de personas cuyas consultas se encuentran relacionadas de alguna manera con el estrés, podemos distinguir aquellas que han sufrido un episodio de estrés agudo de aquellas otras que son víctimas de estrés crónico, además de las personas que consultan por diversas patologías somáticas, es decir, que sufren diversos síntomas evidentemente orgánicos, cuyos orígenes parten del estrés. En ciertas ocasiones podemos también encontrarnos con personas que han sido víctimas de episodios traumáticos, cuya intensidad extrema nos obliga a agregar una categoría adicional en la larga lista de trastornos producidos por estrés. De todo ello hablaremos en este capítulo.

El estrés agudo

Todos conocemos el estrés agudo, dentro del cual se identifican situaciones positivas de *eustress* o situaciones negativas de *distress*. Si pensamos en el estrés positivo, podemos imaginar diversos desafíos, en los cuales nos permitimos disfrutar de nuestros recursos puestos al servicio de un objetivo deseable, predecible y controlable. Esto puede ser fácilmente evocado o imaginado en situaciones de desafíos deportivos, si corremos una carrera o escalamos una montaña; desafíos científicos, si nos dedicamos a desarrollar un proyecto de investigación orientado a descubrir un nuevo tratamiento para un viejo trastorno; desafíos académicos, si damos una clase o una conferencia sobre el tema que nos interesa y en el cual nos sentimos seguros; o cualquier otra situación que elegimos afrontar porque nos gusta, porque sabemos hacerlo y tenemos los recursos para poder alcanzar nuestros objetivos. Tendremos éxito en nuestro afrontamiento o quizá no, pero en todo caso el resultado está dentro de las opciones predecibles. Además, cualquiera que sea el resultado, siempre sabemos (o creemos) y sentimos que tenemos cierto grado de control sobre la situación.

Si pensamos en el estrés agudo de tipo negativo, que es el que nos preocupa cuando hablamos de los efectos nocivos del estrés, solo es necesario salir a la calle para comenzar nuestro día, cualquier día normal de nuestra vida cotidiana, un día de trabajo o de estudio, para encontrarnos inmediatamente con infinidad de factores de este tipo de estrés. La lista puede ser increíblemente extensa, pero a modo de ejemplo podemos mencionar el simple hecho de ir conduciendo y encontrarnos con caravana. En primer lugar, debemos pasar por la dificultad para avanzar por una calle atestada de coches y luego por la de encontrar un sitio para aparcar.

Somos víctimas del estrés agudo que nos generan las señales de tránsito que no están ubicadas en sitios claramente visibles, los semáforos mal sincronizados y que no respetan el flujo del tránsito a ciertas horas del día, los otros conductores que están apurados y, en su afán por avanzar a pesar de todo, algunos de ellos intentando obstinadamente abrirse paso contra viento y marea, o mejor dicho contra chapa y pintura, nos amenazan con chocarnos a cada momento, los peatones que cruzan por cualquier parte, poniendo en riesgo su vida y la de los demás, y en algunas ciudades tenemos que agregar los cortes en algunas calles, ya sea porque están haciendo arreglos o porque alguien se levantó esa mañana con ganas de protestar por algo, que independientemente de que su reclamo pueda ser genuino y legítimo, decide hacerlo en la misma calle por donde debemos pasar en ese momento, obstruyendo indefectiblemente nuestro camino, impidiéndonos llegar a nuestro destino.

Si vamos en un medio de transporte público podemos encontrarnos con que esa mañana no funciona correctamente, ya sea por desperfectos técnicos o por conflictos políticos. En el caso de que todo fluya, pueden venir atestados de gente, en cuyo caso, no solo debemos lidiar con otros pasajeros, que intentan pasar por la misma puerta de acceso al mismo tiempo que nosotros, sino con los oportunistas, amigos de lo ajeno, que aprovechan la ocasión para meter mano en bolsos y bolsillos, intentando sustraer cualquier objeto que consideren valioso, con lo cual debemos agregar un factor más que requiere de nuestra atención.

Si vamos andando junto a otros peatones, podemos ser víctimas de la imprudencia ajena, de algunos conductores que nos ven como un obstáculo en su camino, o en el peor de los casos como un blanco móvil, con el consecuente maltrato, violencia o el peligro de un accidente.

Si, finalmente, tenemos la fortuna de llegar a destino, probablemente comience otro capítulo de estrés psicosocial, que puede variar entre los eventos puntuales y concretos, que suelen ocurrir con mayor frecuencia en lugares nuevos de trabajo y que constituyen factores agudos o situaciones constantes de estrés crónico, mucho más frecuentes en espacios donde ya llevamos cierto tiempo de interacción con el medio. En estos escenarios, donde todo puede funcionar como siempre, en cuyo caso los factores de estrés agudo pueden superarse con facilidad, al punto de pasar totalmente desapercibidos, podemos imaginar lo que puede ocurrir si algo sale mal de manera imprevista. Si en medio del tránsito presenciamos un accidente, con todo el movimiento que eso provoca alrededor, incluyendo la afluencia de ambulancias, si presenciamos un atraco o un asalto a mano armada y la intervención de la policía, si presenciamos un incendio y la intervención de los bomberos, o si nos sorprende un atentado terrorista, es muy probable que la magnitud de los hechos nos impacten de una manera diferente, cada vez más intensa, en la cual pondremos todos nuestros recursos al servicio de una respuesta adaptativa frente a un episodio de estrés agudo.

Vayamos un poco más allá en este ejercicio de evocación e imaginación. Ubiquémonos en medio de la escena, donde podemos ser víctimas directas de un accidente, de un atraco, de un atentado terrorista, o de cualquier otro episodio de violencia. Es posible que aún tengamos la capacidad de poner nuestros recursos al servicio de una respuesta adaptativa frente a semejante episodio de estrés agudo, pero también es muy probable que en estas circunstancias tan dramáticas nuestros recursos ya no sean suficientemente eficaces para afrontar los hechos. En este caso, cuando sufrimos el impacto agudo de un factor de estrés, que por su intensidad o magnitud supera significativamente las experiencias habituales, nos encontramos en presencia de una experiencia traumática.

Tras una experiencia traumática

La palabra *trauma* proviene del griego, lengua en la que significa 'herida'. Si bien el mismo término se utiliza en otras especialidades médicas en sentido literal, es decir, para referirse a un traumatismo físico, en nuestro caso (las consecuencias del estrés traumático), se trata de una excelente metáfora para definir una suerte de herida psicológica, más emocional que cognitiva, que, si bien no se puede localizar en ningún lugar del cerebro, podemos representarla en la memoria de largo plazo. De esta manera, las personas que sufren una experiencia traumática pueden padecer ciertos síntomas característicos, que incluyen la tendencia a revivir el episodio traumático de forma automática e involuntaria, como si el recuerdo de lo vivido emergiera de las profundidades de la memoria para hacerse presente sin que nadie lo llame.

Los episodios en que la persona vuelve a experimentar las sensaciones de estrés, como si estuviera ocurriendo nuevamente, reciben el nombre de «flashbacks», que se puede traducir como la aparición súbita e involuntaria de un mal recuerdo, en este caso un evento traumático. Los sujetos que sufren una experiencia traumática tienden a evitar el estímulo traumático, o cualquier cosa que se asocie a él, en todas sus formas. Esta tendencia incluye la evitación del lugar donde ocurrió, los sonidos que oyó en aquel momento, las imágenes que puedan evocarlo, o simplemente escuchar hablar del episodio traumático. En todo caso, la evocación de la experiencia en cualquiera de sus formas suele desencadenar una reacción de estrés agudo, con todos los síntomas autonómicos característicos, como si el evento estuviera ocurriendo nuevamente en ese preciso momento. Es frecuente también la aparición de trastornos del sueño, donde la persona suele tener sueños desagradables relacionados con el trauma, y pueden aparecer todos los síntomas característicos de los trastornos de ansiedad, que hemos visto en el capítulo anterior.

La experiencia traumática, tanto en el caso de quien la sufre en forma directa, como en el de quien es testigo circunstancial del evento traumático, junto con la aparición posterior de dichos síntomas característicos, nos permiten hablar de un «trastorno por estrés postraumático», cuya sigla en castellano sería TEPT, aunque en muchos textos, incluso en español, suele aparecer según las siglas en inglés de *pos-traumatic stress disorder*, o sea, PTSD. Debido a su aparición, en forma más temprana o más tardía, pero fundamentalmente debido a su duración, el TEPT puede considerarse dentro de los trastornos por estrés crónico, aunque en los hechos se caracteriza por la aparición abrupta, de manera repetida a lo largo del tiempo, de episodios agudos de ansiedad. Existe además un cuadro clínico de características similares, pero cuya duración es mucho más breve y acotada, conocido como «trastorno por estrés agudo» (TEA). Tanto el TEPT como el TEA se consideran trastornos de ansiedad asociados a factores, eventos o situaciones de estrés agudo.

Estrés agudo, fobias y pánico

Ante una situación de estrés, es indudable que no todas las personas experimentan los mismos síntomas, ni todas perciben cada síntoma con la misma intensidad. En ese sentido, la valoración excesiva o exagerada de ciertos estímulos ambientales puede observarse muy claramente en aquellos sujetos que sufren de una fobia.

Muy probablemente, el lector habrá escuchado esta palabra en alguna ocasión, por lo general precedida de otro término, que es

Agorafobia

Podemos comprender fácilmente este trastorno con el siguiente ejemplo. Cualquiera que haya estado en una ciudad desconocida, con intenciones de recorrerla y conocerla, visitando el centro histórico o cualquier área de interés cultural, y haya caminado, especialmente por la noche, alejándose unas pocas calles del distrito turístico (en algunos casos unos pocos metros son suficientes), es muy probable que sintiese cierto grado de ansiedad, que puede ser perfectamente adaptativo. Es el miedo natural que percibimos frente a lo desconocido, a lo que podemos intuir como potencialmente peligroso, y que muchas veces nos puede salvar la vida. Pero si preguntamos a la gente del lugar y nos dicen que no hay ningún problema, si observamos a nuestro alrededor y no notamos nada que pueda indicarnos peligro, si vemos que toda la gente se mueve de un lugar a otro con total naturalidad, recorriendo despreocupadamente el mismo centro histórico, disfrutando de un agradable paseo, y a pesar de todo eso optamos por quedarnos encerrados en el hotel por temor a que «algo malo» nos pase, estamos padeciendo un tipo de ansiedad que deja de ser adaptativa para convertirse en una emoción negativa limitante.

Así como la claustrofobia es el temor a los lugares cerrados, de donde resulta difícil escapar, paradójicamente la agorafobia representa el temor a los lugares abiertos, de donde también puede resultar difícil escapar, pedir ayuda o buscar refugio. Tanto el pánico como la agorafobia, y la frecuente asociación entre ambos representan trastornos de ansiedad de curso crónico, pero marcados por episodios de estrés agudo.

Figura 7: Temor al espacio abierto. Las calles transitadas y los grandes espacios abiertos suelen provocar temor en las personas agorafóbicas.

el que designa aquello que la persona que lo sufre intenta evitar. De todas las fobias conocidas, probablemente la más común, o si se prefiere la más frecuente, sea la agorafobia. Podemos decir que el sujeto que padece agorafobia teme exageradamente los lugares abiertos y con una gran cantidad de gente. El término griego *ágora* hace referencia al lugar donde se reunían antiguamente los atenienses para hablar de política, que, según dicen los historiadores, era un gran lugar abierto al que acudía mucha gente. Este cuadro clínico suele ir asociado a otro importante trastorno: el pánico.

El término *pánico* tiene su origen en el nombre de un personaje de la mitología griega conocido como Pan, que en griego significa literalmente 'todo'. Dice la tradición que este semidiós se encontraba en todos los lugares de la naturaleza, habitualmente escondido en los bosques, entre los árboles o detrás de alguna cascada, y asustaba a los viajeros desprevenidos que atravesaban el lugar o se perdían en algún recóndito paraje, probablemente haciendo algún ruido propio de la naturaleza que no podía ser claramente atribuido al viento, al agua o al movimiento de algún animal, sino al temido Pan. De la misma manera en que los antiguos viajeros sufrían del miedo exagerado que les provocaban los diversos estímulos de la naturaleza, podemos imaginar lo que nos puede ocurrir si interpretamos de manera exagerada los síntomas de nuestro propio cuerpo, donde además, a diferencia de los antiguos viajeros, no tenemos la posibilidad de huir ni de escondernos en ninguna parte, porque esos estímulos provienen de nuestro interior. De esta manera, si por algún motivo tenemos cierto grado previo de ansiedad, excitación o alerta, seremos más sensibles ante cualquier estímulo, incluso en ausencia de factores ambientales o corporales. En este contexto, es posible que tendamos a percibir cualquier estímulo externo como potencialmente amenazante, ya sea cierto o no. La percepción subjetiva de la amenaza genera una rápida activación del SNA, fundamentalmente de nuestro sistema simpático, con todos los síntomas neurovegetativos que hemos descrito con anterioridad.

En este mismo contexto, es posible que no podamos interpretar los síntomas de ansiedad como tales, sino que tendamos a interpretarlos arbitrariamente como síntomas de algún trastorno, generalmente algún problema desconocido que afecta nuestra salud, lo que nos puede despertar nuestros peores miedos, como el de perder el conocimiento, el control, la razón, sufrir una crisis aguda o incluso a morir. Las fantasías con las que nos encontramos más frecuentemente se orientan hacia alguna enfermedad grave, por lo cual nuestro grado de ansiedad aumenta de manera abrupta y excesiva, lo que a su vez nos provoca un aumento sustancial en la intensidad de nuestros síntomas, retroalimentando el círculo vicioso que puede acabar generándonos un ataque de pánico.

El estrés crónico

Si retornamos por un momento a las definiciones de estrés con las que comenzamos nuestro recorrido, podemos continuar avanzando sobre la base conceptual del estrés como un conjunto de respuestas adaptativas frente al impacto de diversos estímulos ambientales. Sabemos que estas respuestas nos ayudan a prepararnos rápidamente para un exitoso enfrentamiento, o una exitosa huida, pero además tenemos la posibilidad de generar respuestas más elaboradas, y por lo tanto más adaptativas, apropiadas al entorno social en el cual nos movemos de manera habitual. Estas respuestas, que forman parte de nuestro arsenal de estrategias de afrontamiento, dependen en gran medida del control que podamos ejercer mediante un adecuado procesamiento cognitivo sobre un posible descontrol emocional. Si bien ambas funciones son esenciales para poder gozar de una buena calidad de vida, y de hecho es esperable que tengamos una correcta integración entre ambos procesos, cognitivos y emocionales, es evidente que ante ciertas situaciones de estrés, especialmente si nos encontramos sometidos a situaciones de estrés crónico, podemos sufrir una amplia gama de emociones negativas, muchas de las cuales pueden ser adaptativas bajo ciertas circunstancias y en su justa medida. No obstante, si se mantienen de forma excesiva o prolongada, pueden comprometer seriamente nuestra salud y afectar nuestra calidad de vida.

El estrés crónico se produce por el impacto sostenido y prolongado de diversos estresores. En principio nos referimos siempre a factores ambientales, aunque en el caso de este trastorno cabe destacar que los internos suelen superar a los externos, tanto en su duración como en su intensidad. A diferencia del estrés agudo, donde tenemos la posibilidad de utilizar nuestros recursos para responder a una demanda puntual, en el crónico la magnitud y duración de las respuestas ya no resultan adaptativas, sino que empiezan a provocar cambios que en última instancia resultan mal-adaptativos. A su vez, estos cambios fisiopatológicos contribuyen al desarrollo de diversos cuadros clínicos, entre los que se incluyen trastornos de ansiedad y depresión, en especial en aquellas personas más vulnerables. En ese sentido, la vulnerabilidad depende de diversos factores psicológicos y neurobiológicos, genéticos y ambientales. Entre los psicológicos podemos incluir los antecedentes de experiencias adversas en los primeros años de vida, tales como situaciones de maltrato, abandono, abuso, el hecho de haber estado expuesto a diversas situaciones de violencia, fundamentalmente dentro de la familia y en el propio hogar, y de negligencia, en las que los padres ignoran a sus hijos de manera premeditada y maliciosa (*neglect*, en inglés). Debido a la intensidad y duración de estas experiencias, y a sus nefastas consecuencias en el largo plazo, también se las llama «traumas infantiles».

Otro tipo de factores psicológicos incluyen los esquemas cognitivos disfuncionales, en los cuales podemos identificar numerosas creencias limitantes, articuladas con otras tantas distorsiones cognitivas, es decir, que, frente a una situación de estrés, en lugar de procesar la información de un modo adaptativo, de manera que nos permita aprovechar nuestros recursos para desarrollar estrategias de afrontamiento más eficaces, nos invaden pensamientos disfuncionales que impiden una adecuada evaluación cognitiva, lo que provoca una visión distorsionada de la realidad. Estas distorsiones suelen atentar contra nuestra autoestima, haciéndonos creer, entre otras cosas, que tenemos la culpa de todo lo que nos pasa, y suelen generar ciertos sesgos cognitivos, como por ejemplo la creencia global según la cual «todo» nos sale mal y «nada» nos va bien, o la creencia inexorable de que «siempre» nos sale todo mal o «nunca» nos sale, ni tampoco nos ha salido, nada bien, y lo que es peor aún, esto nos viene sucediendo «desde siempre» y nada indica que algo vaya a cambiar en el futuro.

Entre los factores neurobiológicos es importante destacar el efecto que produce la actividad excesiva del SNA y del SNE. Respecto al primero, el estrés crónico conlleva una activación constante del sistema simpático, con todos los típicos síntomas neurovegetativos, que a su vez generan síntomas de ansiedad crónica. Respecto al segundo, la hiperactividad del eje HPA, con el consecuente aumento sostenido de los niveles de cortisol, representa una de las alteraciones más características y mejor estudiadas en el estrés crónico. A su vez, se ha demostrado que los niveles elevados de cortisol, de manera constante como ocurre en el estrés crónico, pueden generar alteraciones en otros sistemas, con las consecuencias que ello trae aparejado en nuestra salud. En ese sentido, dado que el cortisol es una hormona de tipo glucocorticoide, es decir que participa en el mantenimiento de adecuados niveles de glucosa en sangre, el exceso de cortisol ha sido asociado con un aumento sostenido de la glucemia, hiperlipidemia —aumento del colesterol y triglicéridos en sangre—, y resistencia a la insulina, todo lo cual forma parte de un cuadro clínico conocido como «síndrome metabólico». Además de las alteraciones metabólicas mencionadas, este trastorno puede producir aumento de la obesidad visceral, tendencia a desarrollar diabetes e hipertensión arterial. El aumento agudo del cortisol, o la administración aguda de un corticoide sintético, tiene efecto antiinflamatorio, pero el aumento crónico del cortisol ha sido asociado con una deficiencia del sistema inmune. A nivel molecular, el cortisol inhibe al BDNF, con lo cual afecta negativamente los procesos de neuroplasticidad y neurogénesis, fundamentalmente en el hipocampo, y también afecta al sistema de la serotonina, disminuyendo sus concentraciones sinápticas, aspecto evidente en el desarrollo de la depresión.

Otro aspecto importante dentro de los factores neurobiológicos es el desequilibrio que puede establecerse entre los diversos neurotransmisores, como las consecuencias negativas de una disminución en las concentraciones de serotonina, particularmente en ciertas regiones del cerebro, como entre los núcleos del rafe y el hipocampo. Entre los factores neurobiológicos que pueden generar mayor vulnerabilidad frente al estrés podemos incluir también la predisposición genética, fundamentalmente a causa de polimorfismos genéticos, que pueden ser factores predisponentes, con lo que aumenta la vulnerabilidad, pero que no son determinantes en el origen y desarrollo de los trastornos producidos por el estrés crónico. En este sentido, es importante destacar que los factores de vulnerabilidad suelen combinarse con otros, de manera especial con aquellos estímulos ambientales, como eventos estresantes que actúan como disparadores, lo que produce un panorama mucho más complejo. Al mismo tiempo, estas situaciones nos ofrecen una mayor posibilidad de comprender las bases que subyacen al estrés y sus trastornos, y por consiguiente una mayor diversidad de recursos y estrategias psicofarmacológicas y psicoterapéuticas para intentar abordar exitosamente estos trastornos, tanto para el tratamiento como en cuanto a la prevención.

Podemos entender fácilmente el concepto de estrés crónico si apelamos, una vez más, al mismo ejercicio de evocación e imaginación. Si nos ubicamos de nuevo en el centro de la historia y conectamos con una imagen representativa de nuestra vida diaria, podremos observar que existe una gran variedad de situaciones que requieren de nuestra atención y dedicación. Continuamente se nos presentan diversos contextos de estrés que manejamos de manera habitual, y afrontamos como algo normal. En numerosas ocasiones debemos ocuparnos de resolver diferentes problemas, para los cuales por lo general tenemos soluciones, pero si no logramos resolverlos en el tiempo y la forma correctos, o la cantidad de dificultades supera nuestra capacidad de respuesta, de modo que las demandas se van acumulando, es muy probable que esto tenga consecuencias. Es evidente que, si podemos resolver esas situaciones, vamos a ocuparnos —de la misma manera que, si no podemos hacerlo, nos preocuparemos— de las posibles consecuencias. Si bien las preocupaciones pueden ser normales hasta cierto punto, ya que nos permiten tomar recaudos y medidas para resolver los problemas con anticipación, cuando se tornan

Continúa en la p. 110

Vulnerabilidad genética: el rol de los polimorfismos

Toda la información que sirve para crearnos a cada uno de nosotros está inscrita en nuestros genes, que son pequeñas unidades de información, constituidas por fragmentos de ácido desoxirribonucleico, más conocido como ADN, que a su vez está formado por largas cadenas de eslabones que se combinan entre sí, denominados «nucleótidos». A su vez, nuestro ADN se encuentra densamente enrollado en el núcleo de cada célula de nuestro organismo, formando estructuras microscópicas denominadas «cromosomas». A lo largo de las cadenas de ADN podemos identificar numerosas secuencias de nucleótidos, que constituyen nuestros queridos genes. Cada gen contiene la información para sintetizar una proteína específica, que solo se expresa cuando se pone en marcha un proceso denominado «transcripción genética», que permite «leer» el mensaje inscrito en cada gen y traducirlo en la síntesis de una proteína. Para poner en marcha este proceso es necesaria la presencia de ciertos factores moleculares, denominados «factores de transcripción». De esta manera, la sola presencia de un gen no garantiza su expresión, sino que existen procesos de regulación transcripcional mediados por dichos factores, que tienen la capacidad de estimular o inhibir la expresión de los genes, si bien no todos los factores de transcripción tienen la capacidad de regular a todos los genes.

Cada gen contiene una región «codificadora» y una región «reguladora». La región reguladora es la que contiene todos los sitios que son capaces de interactuar con los factores de transcripción, ya sea para «encender» o «apagar» el proceso de transcripción genética, es decir para estimular o inhibir la expresión de ese gen. La región codificadora es la porción más extensa que contiene las instrucciones para la síntesis de una proteína determinada. Esas proteínas pueden ser estructurales, como aquellas que forman parte de las membranas plasmáticas, de los axones y de las dendritas, o bien pueden cumplir funciones más complejas y específicas. En ese sentido, todos los receptores para todos los neurotransmisores, los receptores para todas las hormonas, todas las enzimas que participan en la síntesis y en la degradación de cada neurotransmisor y los transportadores que participan en su recaptación, son proteínas. De esta manera, dentro de nuestro genoma podemos identificar algunos genes que codifican proteínas que cumplen funciones esenciales para la vida, otros genes que se expresan en determinados momentos, en función de ciertos estímulos, y otros que pueden permanecer en silencio durante largos períodos, hasta que es activado por algún factor que estimula su expresión.

Cada gen lleva incorporado un mensaje, escrito en un código molecular de solo cuatro letras, que son las que se combinan para dar forma a cada cadena de ADN.

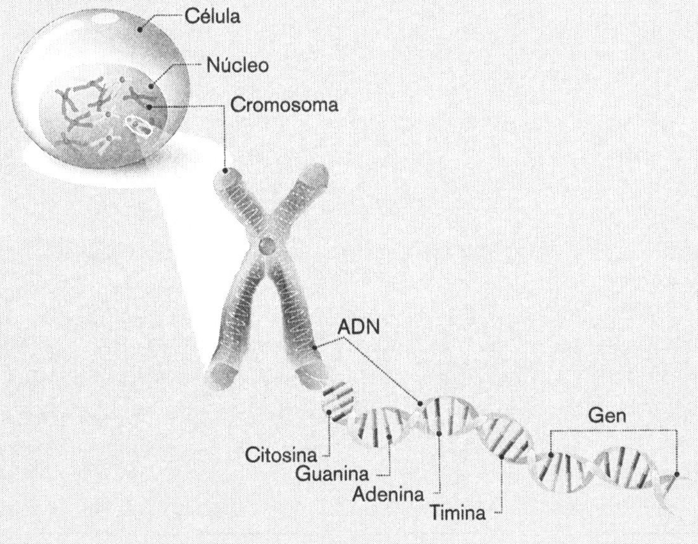

Figura 8: Célula, cromosoma, ADN y gen. Se entiende por *gen* una región funcional formada por una secuencia de ADN. Estas regiones se encuentran en los cromosomas, unas estructuras filiformes microscópicas presentes en el núcleo de las células. Los genes regulan la estructura y las funciones metabólicas de las células, puesto que contienen las «instrucciones» específicas para la composición de las proteínas.

Dichas letras son las iniciales de cada uno de los nucleótidos. Los cuatro nucleótidos que se combinan para formar los genes son Adenina, Timina, Citosina y Guanina, de ahí que las cuatro letras siempre sean A,T,C y G. Estas letras se combinan en grupos de a tres, formando pequeñas unidades denominadas «codones». Cada codón codifica el sitio donde se va a ubicar cada aminoácido en la futura proteína que vamos a sintetizar en base a las instrucciones que se encuentran inscriptas en la región codificadora de cada gen. La región reguladora también está compuesta por diversas combinaciones de nucleótidos, que de alguna manera son las que permiten que algunos factores de transcripción tengan la capacidad de estimular ese gen, otros podrán tener la capacidad de inhibirlo, y otros simplemente no tendrán capacidad de afectarlo en lo más mínimo. Entre dichos factores se encuentra el cortisol, que se une a su receptor para formar una unidad que funciona como factor de transcripción, estimulando la expresión de ciertos genes e inhibiendo la expresión de otros. Para cumplir esta función, esta unidad debe unirse a un sitio específico, ubicado en la región reguladora de ciertos genes, denominada «elemento de respuesta a glucocorticoides» (glucocorticoid response element, GRE). De esta manera, el cortisol tiene la capacidad de inhibir la síntesis de ciertos genes, como por ejemplo el gen de la CRH y de la POMC, que es el precursor de la ACTH. La inhibición de la expresión de estos genes lleva a la disminución de sus productos finales, es decir de la CRH hipotalámica y la ACTH hipofisiaria, inhibiendo de esta manera su propia síntesis y liberación, completando su circuito de retroalimentación negativa. De igual manera, el cortisol tiene la capacidad de estimular la expresión de otros genes, entre los cuales se encuentra el gen del transportador de serotonina, lo cual se traduce en ciertos efectos negativos del cortisol, especialmente cuando se encuentra crónicamente elevado, como en el estrés crónico y en la depresión.

Es importante destacar que la estructura molecular de nuestros genes no varía a lo largo de la vida. Lo que puede variar es la expresión de los mismos, en función de una mayor o menor presencia de ciertos factores de transcripción. Sabemos que cada gen contiene la información codificada para la síntesis de una proteína. De manera que solo existe un gen para cada proteína. No obstante, en algunos casos existen ciertas variaciones en la secuencia de nucleótidos, con lo cual dichos genes continúan codificando la misma proteína, pero con algunas variaciones mínimas que pueden llegar a alterar sutilmente su normal funcionamiento. A estas variaciones en la estructura de ciertos genes se les llama «polimorfismos» genéticos, algunos de los cuales han sido identificados como factores predisponentes, es decir que podrían aumentar la vulnerabilidad de las personas que tienen dicho polimorfismo, por ejemplo frente a ciertas situaciones de estrés, pero que no son determinantes en el origen y desarrollo de los trastornos producidos por estrés.

Varios polimorfismos han sido identificados, particularmente en aquellos genes que han sido considerados de especial interés por su posible vinculación con una mayor vulnerabilidad frente al estrés. Dichos polimorfismos estarían involucrados en el desarrollo de depresión o trastornos de ansiedad en respuesta a diversos estresores, ya sea en la edad adulta o en aquellas personas que han sido víctimas de experiencias adversas en la infancia (Nemeroff y Binder, 2014).

excesivas derivarán en un fuerte motivo de ansiedad, así como la ansiedad puede ser un fuerte motivo de preocupación, lo que genera un nuevo círculo vicioso.

Cuando el desasosiego es excesivo y se extiende a todos los ámbitos de la vida, es muy probable que comencemos a sentir-

Sin duda el polimorfismo mejor estudiado es el que se ha descrito en la región reguladora del gen del transportador de serotonina (5HTT), en una región regulatoria particular, denominada región polimórfica vinculada al gen 5HTT (5HTT gene-linked-polymorphic-region, 5HTTLPR), donde se han identificado un alelo corto (*short*, «S») y un alelo largo (*long*, «L»). Para cada gen contamos con dos alelos, uno heredado de nuestro padre y uno de nuestra madre. La presencia de un alelo corto (5HTTLPR-S) ha sido asociada con una expresión genética deficiente, en comparación con la presencia de un alelo largo (5HTTLPR-L), lo cual se traduce en una deficiente expresión del gen 5HTT, lo cual se traduce en cierta alteración en la actividad serotoninérgica en respuesta al estrés (Caspi *et al*, 2003). Estudios realizados por medio de neuroimágenes funcionales en sujetos portadores de un alelo corto mostraron una mayor reactividad de la amígdala ante ciertos factores de estrés, en comparación con aquellos sujetos portadores del alelo largo (Hariri *et al*, 2002). Dado que la amígdala participa en la regulación de respuestas emocionales, una respuesta aumentada frente a situaciones de estrés ha sido asociada con ansiedad y depresión. La activación de la amígdala también conduce a una mayor estimulación del eje HPA, lo cual se traduce en una mayor síntesis y liberación de cortisol. En ese sentido, se ha demostrado que los sujetos portadores del alelo corto tienen una mayor actividad de la amígdala y mayores niveles de cortisol en respuesta a ciertos factores de estrés (Gotlib *et al*, 2008).

Otro gen ampliamente estudiado es el del BDNF, en el cual se ha descrito un polimorfismo en la región codificante, donde una guanina (G) es reemplazada por una adenina (A). En este caso la sustitución de un nucleótido por otro se traduce en la sustitución de un aminoácido por otro en la estructura final del BDNF, por lo cual se lo denomina «Val66Met» (Duman y Monteggia, 2006). La presencia de un alelo «Met» ha sido asociada con una disminución en la liberación de BDNF, la cual ha sido asociada con cierta disminución en el volumen del hipocampo (Gatt *et al*, 2009), incluso con cierta hipofunción hipocampal y alteraciones en funciones cognitivas, que a su vez también han sido relacionadas con cierta inestabilidad emocional y mayor vulnerabilidad frente al estrés.

nos desbordados y abrumados. Estas preocupaciones pueden ser pertinentes, basadas en situaciones reales, o bien exageradas y desmedidas, debido a las mismas situaciones reales o incluso irreales. El menú de malestares abarca temas tan diversos como la salud, la economía, la continuidad en el trabajo, el rendimiento académico, la preparación de un examen, la posibilidad de concertar una entrevista de trabajo, o cualquier tipo de compromiso que debamos cumplir y que por algún motivo no podamos hacerlo de acuerdo a lo previsto. Las preocupaciones pueden variar de un tema a otro, pero el grado de ansiedad, si bien fluctúa, se mantiene de forma permanente, acompañado de diversos síntomas neurovegetativos, que a su vez también pueden ir variando. Esta situación resulta tan común que muchas personas llegan a creer que es normal, cuando en realidad se trata de un trastorno de ansiedad, probablemente el más característico de todo el espectro del estrés crónico, conocido como «trastorno de ansiedad generalizada» (TAG).

Este trastorno se caracteriza por un estado de ansiedad persistente, que se ve reflejado en ese temor constante y difuso, asociado a continuas preocupaciones acerca de diversos temas. Como debe de estar sospechando el lector, estas preocupaciones no cumplen un papel adaptativo, sino todo lo contrario: interfieren con el normal desarrollo de las tareas habituales, con el desempeño laboral, con el rendimiento académico o con las relaciones sociales. Suelen generar mayor ansiedad, que a su vez justifica más preocupaciones, pues surgen aún más dudas acerca de la propia salud. Como es de esperar, este círculo vicioso suele producir un conjunto de síntomas autonómicos, que sumado a alteraciones a nivel cognitivo y emocional, se van retroalimentando de manera continua. Si padecemos un trastorno de ansiedad generalizada, nos sentimos ostensiblemente estresados y permanentemente cansados al enfrentarnos a nuestras tareas habituales, tenemos dificultad para concentrarnos e incluso nos puede pasar que, en medio de una conversación, una clase o una conferencia, nos desconectamos del contexto, al punto de sentir que se nos pone «la mente en blanco». Es probable que estemos inusualmente irritables, con poca paciencia para escuchar a los demás y siempre apurados para ir a ninguna parte, con una sensación de incomodidad continua, dificultad para relajarnos y disfrutar de un momento tranquilos. Incluso es posible que padezcamos trastornos del sueño. Para completar el cuadro, es posible sentir dolores difusos en todo el cuerpo, producto de la tensión muscular constante, lo que se traduce en dolores de espalda, en especial en las regiones lumbar y cervical, y frecuentes dolores de cabeza.

La ansiedad generalizada es sin duda el trastorno por estrés crónico más frecuente, y a veces pasa desapercibido, pues el sujeto que lo padece puede pensar que su estado es normal. Por eso suelen consultar a diferentes especialistas con el fin de resolver muchos de sus síntomas de manera puntual, ignorando que estos son parte de un mal mayor. Si bien existe la posibilidad de sostener esta situación de forma permanente durante largos períodos, por lo general el impacto sostenido y prolongado de diversos factores de estrés no solo genera síntomas de ansiedad, con el consiguiente aumento de la actividad autonómica y síntomas neurovegetativos, sino también se produce una hiperactividad del eje HPA, que, aunque no produce síntomas de forma inmediata, acabará provocando importantes alteraciones en diversos sistemas. Estas alteraciones, si se mantienen el tiempo suficiente, pueden dar origen a diversos trastornos, entre los cuales destaca la depresión.

El estrés crónico y la depresión

La relación entre el estrés crónico y la depresión ha sido extensamente estudiada y ampliamente demostrada a varios niveles.

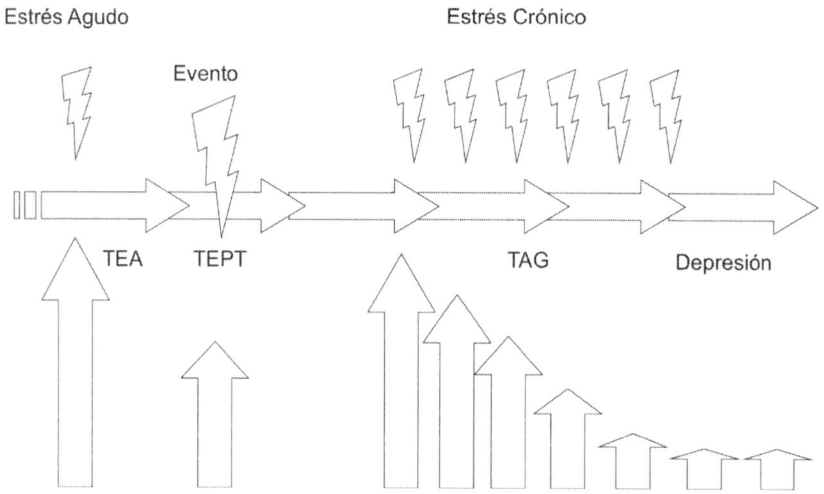

Figura 9: Del estrés agudo al crónico y a la depresión. Imagen que ilustra en un esquema secuencial la relación entre el estrés agudo, el estrés crónico y la depresión.

Es probable que las primeras evidencias provengan de la práctica clínica, en la que se ha observado que una gran parte de los pacientes que asisten a la consulta con síntomas de depresión suelen referir un historial de estrés crónico. En ese sentido, sabemos que una persona sometida al constante impacto de diversos factores de estrés, más aún si se trata de una situación indeseable, impredecible o incontrolable, va perdiendo su capacidad de respuesta, ya sea porque sus recursos disminuyen, se van agotando, o porque empieza a creer que ya no son suficientes para poder afrontar la situación. De esta manera, cuando consideramos que el estrés crónico se ha tornado incontrolable e inescapable, es decir, cuando creemos que nada de lo que hagamos podrá surtir ningún efecto para cambiar las circunstancias, estamos entrando en una situación de desesperanza aprendida.

Como ya hemos visto, podemos responder al estrés con una reacción defensiva cuando creemos que contamos con los recursos suficientes y estamos en condiciones de afrontar exitosamente la situación, mientras que ocurre lo contrario cuando pensamos que nuestros recursos ya no son suficientes, o el estrés es demasiado intenso o duradero, con lo cual nuestra respuesta ya no es de defensa sino de derrota, y finalmente entramos en la desesperanza aprendida, que es la antesala de la depresión. Recordemos cómo funcionamos en estas situaciones: en el primer caso activamos nuestro SNA para prepararnos para una rápida respuesta adaptativa, con aumento de la adrenalina y mayor distribución de los recursos energéticos del organismo, mientras que en el segundo caso activamos principalmente nuestro sistema SNE, es decir, que se activa el eje HPA, con aumento de la síntesis y liberación de cortisol. El ritmo circadiano del cortisol, con picos matutinos y caídas vespertinas, queda abolido, para mantenerse relativamente elevado de manera continua.

De este modo, el estado de alerta inicial, propio del estrés agudo, puede transformarse en un estado disfórico de hiperalerta y ansiedad, característicos del estrés crónico. De la misma forma, otros procesos cognitivos, incluyendo la atención, la memoria, y muy especialmente la memoria de trabajo, pierden sus funciones adaptativas, características del afrontamiento en el estrés agudo, para focalizarse de manera obsesiva en ideas negativas y depresogénicas, lo que afecta seriamente a la capacidad del individuo para concentrarse en la resolución de problemas actuales o en cuestiones pertinentes a los desafíos presentes. En el estrés crónico, las funciones cognitivas escapan al momento presente para enfocarse en pesados recuerdos del pasado, que alimentan interminables círculos viciosos matizados con culpa y remordimiento, o en excesivas preocupaciones de cara al futuro, que alimentan otros círculos viciosos, típicos de los trastornos de ansiedad y los cuadros depresivos.

A nivel molecular ya hemos visto que el cortisol se une a sus receptores para formar un complejo hormona-receptor, que ingresa en el núcleo de las células con el fin de actuar como factor de transcripción, ya sea para estimular o inhibir la expresión de ciertos genes. Entre los genes que van a estar sujetos a la regulación negativa por parte del cortisol se encuentran precisamente aquellos relacionados con el funcionamiento del propio eje HPA, como los de la CRH y la POMC. Así pues, participan en su síntesis y liberación. El cortisol también concurre en la regulación negativa del gen del BDNF. Tal como hemos visto, las neurotrofinas son moléculas relacionadas con el desarrollo, crecimiento y nutrición del sistema nervioso, entre las cuales se destaca el BDNF, debido a su importante participación en los procesos de neuroplasticidad y neurogénesis. Si bien la neuroplasticidad ocurre en numerosas regiones del cerebro, es muy significativo en el hipocampo, donde resulta fundamental para el normal desarrollo de la memoria y el aprendizaje. Así, el efecto inhibitorio del cortisol en la expresión del gen del BDNF, y por lo tanto en la síntesis y liberación de la neurotrofina, permite comprender uno de los mecanismos por los que el estrés crónico, mediante la hiperactividad del eje HPA, afecta el normal funcionamiento del hipocampo y sus funciones, lo que predispone al desarrollo de depresión en personas sometidas a situaciones de estrés crónico.

Respecto a los genes que van a estar sujetos a la regulación positiva, en el año 2000 descubrimos, junto con el investigador y neurocientífico israelí Meir Shinitzky en su laboratorio del Instituto Científico Weizmann, que el cortisol ejerce un efecto estimulante en la regulación del transportador de serotonina, conocido como SERT. Sabemos que este transportador participa en la recaptación o recaptura de la serotonina que ha sido previamente liberada al espacio sináptico, transportándola nuevamente al interior de la célula desde donde fue liberada, con lo que pone un límite a un evento sináptico. A nivel molecular, esta función es fundamental, ya que permite regular las concentraciones de serotonina en el espacio sináptico, así como también el tiempo de permanencia del neurotransmisor, con lo que se evitan excesos y se permite la adecuada interacción con sus receptores específicos. El problema aparece cuando hay una mayor recaptación de serotonina, con lo que disminuyen sus concentraciones o se limita excesivamente su presencia en el espacio sináptico. En ese sentido, sabemos que el mecanismo de acción de muchos antidepresivos se basa precisamente en bloquear al transportador para aumentar la concentración de serotonina, y por un lapso más duradero, permitiendo de esta manera que la serotonina tenga mayores posibilidades de interactuar con sus receptores específicos. Si el cortisol estimula la expresión del gen del SERT, esto se traduce en una mayor síntesis de esta molécula, lo cual a su vez conduce a un aumento de la recaptación de serotonina, con lo que sus concentraciones en el espacio sináptico se verán afectadas.

La serotonina es fundamental para poder mantener una buena tolerancia a la adversidad y un buen estado de ánimo, por lo que una disminución en sus concentraciones puede afectar seriamente nuestro humor y nuestro estado de ánimo, predisponiéndonos a la depresión. Así pues, el efecto estimulante del cortisol en la expresión del gen del SERT, con el consecuente aumento en la síntesis del transportador, y la consiguiente disminución en la concentración de serotonina, permite comprender otro de los mecanismos por los que el estrés crónico, mediante la hiperactividad del eje HPA, afecta el normal funcionamiento del sistema serotoninérgico, con lo que predispone al desarrollo de depresión en personas sometidas a situaciones de estrés crónico. Estos mecanismos moleculares pueden influir en el desarrollo de síntomas depresivos en cualquier sujeto, aunque en algunos casos podemos identificar factores de vulnerabilidad, como la presencia de ciertos polimorfismos genéticos o un historial de experiencias traumáticas en edades tempranas de la vida, que pueden contribuir a esta predisposición.

El estrés en el entorno laboral

Existen muchas formas de estrés crónico, entre las cuales destacan ciertas formas de estrés psicosocial. Si bien el estrés puede aparecer en cualquier ámbito donde interactuemos con otras personas, es probablemente el ámbito laboral el que más se asocia con el estrés crónico de tipo psicosocial. En este caso podemos identificar diversas modalidades, tanto por el tipo de estresores, como por el tipo de interacción que podamos establecer con dichos factores.

Imaginemos un escenario donde el estrés forma parte del paisaje como un elemento más, donde podemos ver gente motivada, trabajando en equipo, con objetivos claros y bien establecidos, para beneficio de todos y de cada uno, afrontando de manera creativa y constructiva cada desafío. Si bien este escenario es posible, lamentablemente también es frecuente encontrarnos con lo opuesto: uno en el que el estrés se establece en el contexto laboral como una situación netamente negativa, como parte de una trama que despierta nuestros peores sentimientos, aquello que detestamos, que no podemos controlar ni de lo que tampoco podemos escapar. Este panorama ominoso puede ser resultado de muchos factores, entre los que despuntan una mala comunicación entre las partes, con mensajes cruzados y tergiversados, donde no son claros con las responsabilidades con las que debe cumplir cada uno ni las tareas pertinentes a esos roles. A veces no son claras las reglas de juego, o estas reglas van cambiando de manera desordenada y caprichosa, ni son claras ni precisas las instrucciones que debe cumplir cada uno para un normal funcionamiento del sistema, por lo que nunca se sabe si se cumple satisfactoriamente con lo esperado. Todo esto genera sensaciones de insatisfacción y malestar, que a veces se traducen en fricciones o enfrentamientos absolutamente innecesarios e improductivos. Si nos ubicamos en este contexto laboral, podemos comprender los múltiples efectos del estrés crónico.

Sucede a menudo que nos incorporamos a un puesto de trabajo donde creemos que tenemos una misión que cumplir y estamos preparados para hacerlo, podemos tomar el desafío con ganas y motivación y nos disponemos a realizar las tareas previstas con buenas expectativas. Podemos tener nuestras mejores intenciones, pero lamentablemente el sistema del que formamos parte no nos reconoce, no nos valora ni nos recompensa por nuestro buen desempeño. Entonces es posible que lleguemos a la conclusión de que estamos fallando en algo, con lo que redoblamos la apuesta y comprobamos, una vez más, que, a pesar de todos nuestros esfuerzos, no se nos valora de acuerdo con nuestras expectativas, sino que, al contrario, se nos castiga con indiferencia o simplemente se nos considera como un engranaje más dentro de una maquinaria, donde no hay ningún tipo de recompensa ni incentivo.

En este contexto es muy probable que empecemos a sufrir algunos de los síntomas del estrés crónico y posiblemente empecemos a faltar a nuestro trabajo por motivos diversos. Si tenemos la suerte de no enfermar y de participar del día a día, es muy probable que tengamos nuestras primeras fricciones con algunos compañeros o que incurramos en un sutil maltrato, hacia nuestros semejantes, nuestros pares y otras víctimas del sistema, que son los destinatarios de nuestros servicios: clientes, pacientes, alumnos, etc. Poco a poco, los conflictos se van acentuando, y los síntomas de ansiedad y depresión se vuelven casi habituales. Nos sentimos «quemados», o decimos que estamos «con la cabeza quemada», lo que tiene mucho que ver con el cuadro clínico que estamos sufriendo, conocido como «síndrome de *burnout*» ('quemado').

Esta condición constituye un tipo de trastorno ansioso-depresivo, aunque no exclusivamente, con el entorno laboral. En este caso existe una percepción subjetiva de maltrato, por parte de un sistema agresivo e insensible, pero cuando la situación de estrés crónico se asocia con un maltrato ostensible, donde se puede identificar claramente el acoso moral o psicológico, ejercido de manera maliciosa por una parte del entorno laboral contra una persona en particular, estamos en presencia de otro tipo de situación, no menos complicada que la anterior. Ubiquémonos en este contexto para comprender ciertos efectos adicionales del estrés crónico. Comenzamos un nuevo trabajo en un ambiente sobre el que creemos que todo funciona correctamente, las reglas de juego son claras y, una vez más, nos disponemos a realizar nuestro trabajo con buenas expectativas. Así pues, encaramos el desafío con nuestras mejores intenciones. No obstante, por desgracia, el sistema al cual nos incorporamos tiene reglas que no conocemos y algunos de sus integrantes participan de un juego perverso, un juego de poder al que no se nos ha invitado pero en el que terminamos involucrados muy a nuestro pesar. En principio se observa un entorno más o menos estable en el que se van estableciendo conflictos sobre la base de algún evento irrelevante pero al que se le atribuye cierta importancia, lo que nos puede tomar por sorpresa. Mientras el conflicto va creciendo se establecen los supuestos argumentos que permiten estigmatizarnos, lo que a su vez empuja al aislamiento, al acoso y al hostigamiento. Como nos cuesta creer que somos víctimas de un juego perverso, intentamos corregir nuestros supuestos errores, pero dado que no son tales, cualquier intento de corregirlos resulta infructuoso. Esto nos genera mayor inseguridad, sentimientos de culpabilidad y una creciente frustración, ante lo que podemos reaccionar de manera agresiva, lo que permite a los acosadores «confirmar» los argumentos sobre los que basan su hostilidad, ignorando de manera deliberada y maliciosa el hecho de que ellos mismos provocaron el conflicto. Si no logramos percatarnos a tiempo, es posible que lleguemos a creer que los argumentos en nuestra contra son válidos, y será cada vez más difícil implementar cualquier estrategia de afrontamiento. Esto, en última instancia, conduce a una sensación abrumadora de desesperanza aprendida. Si llegamos a este punto, y aún no nos damos cuenta de lo que está pasando, es muy probable que estemos sufriendo las consecuencias de este otro cuadro ansioso-depresivo de origen psicosocial.

Se denomina *mobbing* al acoso moral o psicológico, palabra que se refiere a toda clase de agresión u hostigamiento en el entorno laboral. Si bien no existe una diferencia sustancial, habitualmente se utiliza el término *bullying* para aludir al acoso u hostigamiento en el entorno escolar. Tanto el *mobbing* como el *bullying* constituyen importantes factores de estrés crónico de tipo psicosocial, cuyas consecuencias clínicas hemos agrupado en un solo cuadro, denominado «síndrome ansioso-depresivo por acoso moral», en el cual se observa un conjunto de síntomas provocados por estas situaciones de estrés crónico, donde se puede identificar el origen de este en las acciones de los agresores. Una vez que logramos identificar el proceso del cual somos víctimas, es probable que podamos comenzar a defendernos de múltiples maneras, implementando diversas estrategias de afrontamiento, para así empezar a revertir muchos de los síntomas del estrés crónico.

El estrés y sus consecuencias psiconeuroendocrinológicas

No cabe duda acerca de los efectos nocivos del estrés crónico, que nos predispone a sufrir diferentes trastornos de ansiedad y depresión, como ya hemos visto. El aumento sostenido en la actividad del sistema HPA puede provocar alteraciones en otros sistemas, entre los cuales destacan otros ejes neuroendocrinos. En primer lugar haremos referencia al eje hipotálamo-hipófiso-tiroideo, que se encuentra formado por el hipotálamo, que en este caso produce la hormona liberadora de la tirotrofina (*tyrotrophin releasing hormone* o TRH). Esta hormona se libera a la circulación portal para alcanzar la hipófisis, que produce la hormona estimulante de la tiroides (*thyroid stimulating hormone* o TSH), también llamada «tirotrofina», que se descarga al torrente sanguíneo para llegar a la glándula tiroides, ubicada en el cuello. Una vez allí, la tirotrofina estimula la producción y liberación de las hormonas tiroideas, tiroxina (también conocida como «T4») y triyodotironina (también llamada «T3»). Estas hormonas participan activamente en la regulación del metabolismo, incluyendo el consumo de energía y la regulación de la temperatura corporal. En segundo lugar encontramos el eje hipotálamo-hipófiso-gonadal, que se encuentra formado por el hipotálamo, que en este caso produce la hormona liberadora de la gonadotrofina (*gonadotrophin releasing hormone* o GnRH), que se libera a la circulación portal para alcanzar la hipófisis, que en este caso produce la hormona luteinizante (LH) y la hormona folículo-erstimulante (FSH), descargadas al torrente sanguíneo para llegar hasta los ovarios y los testículos. Una vez allí, la LH estimula la producción de testosterona en el hombre y progesterona en la mujer, mientras que la FSH es responsable de la estimulación de estrógenos y la maduración de los ovocitos, así como la maduración de los espermatozoides. En tercer lugar hallamos el eje de la hormona de crecimiento (*growth hormone* o GH), en el cual el hipotálamo produce la hormona liberadora de la GH (*growth hormone releasing hormone* o GHRH), liberada a la circulación portal para alcanzar la hipófisis, donde estimula la síntesis y liberación de GH, que participa en los procesos de crecimiento, así como también en el trofismo, es decir en lo relativo a la nutrición y desarrollo de de los tejidos y la reproducción celular.

Al igual que el eje HPA, todos estos sistemas tienen mecanismos propios de autorregulación, formados por circuitos de retroalimentación o *feedback*, así como también mecanismos adicionales mediante los que pueden ser regulados por otros sistemas, como el mismo eje HPA, a través de los efectos del cortisol y de la CRH. En este sentido, en situaciones de estrés crónico, donde existe una hiperactividad del eje HPA, el cortisol elevado puede ejercer un efecto inhibitorio en la síntesis y liberación de las hormonas tiroideas, así como también sobre la TSH y la GH hipofisiaria, afectando el normal funcionamiento de ambos ejes. Del mismo modo, el cortisol elevado puede tener un efecto inhibitorio en la síntesis y liberación de las hormonas sexuales, tanto de la testosterona como del estradiol, así como en la síntesis de LH y FSH a nivel hipofisiario, y GnRH a nivel hipotalámico, que a su vez puede ser inhibida por la CRH. Con lo descrito en este apartado estamos en condiciones de entender el efecto del estrés crónico en el funcionamiento de otros sistemas, que pueden verse afectados por el cortisol cuando se encuentra elevado de forma crónica. En ese sentido, cabe destacar el efecto del exceso de cortisol en el origen y desarrollo de la depresión, de diversos trastornos de ansiedad, como el trastorno de ansiedad generalizada, y del síndrome metabólico, con sus consecuencias clínicas.

Estrés y resiliencia: el camino hacia el *eustress*

El estudio del estrés resulta apasionante, en especial cuando tenemos la posibilidad de entender qué es lo que nos pasa cuando nos sentimos inmersos en ese tipo de situaciones cotidianas que habitualmente quisiéramos evitar. Por un lado, es reconfortante la posibilidad de concebir nuestro propio estrés en el marco de un contexto «normal», donde podemos comprender nuestras reacciones dentro de los parámetros normalmente aceptables. Dicha «normalización» nos permite observar y aceptar nuestros pensamientos y sentimientos dentro de un ambiente más amplio, como resultado de los procesos cognitivos y emocionales esperables frente a las situaciones de estrés con las que nos toca convivir día a día. La vida en sociedad nos ofrece múltiples oportunidades de crecimiento y desarrollo, pero al mismo tiempo constituye una importante fuente de estrés. En este sentido, es evidente que todas las especies podrán enfrentar, cada una a su manera, las diversas situaciones de estrés bioecológico que resulten más o menos habituales en su entorno natural. Esto incluye contextos tan dramáticos como la lucha por la supervivencia, observables entre diferentes especies, o los conflictos que surgen por el rango social o el control territorial entre individuos de una misma especie. En este aspecto, el ser humano ha sido extremadamente eficaz en su evolución, tanto en su desarrollo social y cultural, como en la generación de una compleja trama de conflictos y enfrentamientos, que a su vez representan la principal fuente de estrés psicosocial. Es difícil imaginar una sociedad sin estrés; sin embargo, podemos identificar diversos mecanismos que permiten afrontar estas situaciones con éxito, como la posibilidad de transformar un evento eminentemente negativo en una oportunidad inesperada, un desafío cuyos alcances pueden llegar a ser positivos.

Si bien puede resultar muy difícil, aunque no imposible, transformar un evento indeseable en algo positivo y deseable, es importante focalizarnos en otros aspectos sobre los cuales podremos operar de manera mucho más exitosa: la predictibilidad y la controlabilidad.

La capacidad de predecir es lo que nos permite saber con cierto grado de exactitud cuándo va a ocurrir un evento estresante, y por lo tanto también cuándo no es esperable que ocurra. También nos permite inferir ciertas características del evento que, aunque sean negativas, al menos ponen un límite a nuestras expectativas catastróficas. Podemos saber que algo va a ser malo pero también inferir que no va a ser peor. Podemos saber la duración, con lo cual el hecho de conocer cuándo se termina esa mala situación nos permite poner la atención en ese punto, lo que nos puede generar un gran alivio. Como parte de la capacidad de predecir se incluye el fenómeno de habituación. En este caso, el impacto repetitivo de un factor negativo, cuyas consecuencias ya son conocidas y limitadas, es posible que genere una respuesta cada vez menor, que puede llegar a ser lisa y llanamente insignificante. Conocer la probabilidad del impacto de un estresor permite disminuir la ansiedad anticipatoria el resto del tiempo. Por ejemplo, cuando iniciamos un tratamiento con un antidepresivo y sabemos qué es lo esperable en cada fase, qué efectos indeseables pueden aparecer los primeros días o cuánto tiempo esperamos que pase hasta alcanzar cierta mejoría clínica. De esta manera, la predictibilidad disminuye significativamente la sensación de ansiedad e incertidumbre, lo que nos permite mejorar nuestras condiciones para elaborar una respuesta adaptativa.

Respecto a la controlabilidad, es importante comprender la idea de que no siempre es necesario tener el control de una situación, sino que a veces es suficiente con saber (o creer) que se tiene. En ese sentido, la percepción subjetiva del control surge como resultado de nuestra evaluación cognitiva, en la que podemos valorar la situación de estrés, diversos aspectos pertinentes a los estresores, y sobre todo nuestros recursos. La posibilidad de desarrollar una estrategia de afrontamiento eficaz dependerá en gran medida de la información de que disponemos, tanto acerca de los estresores como de nuestros recursos, del manejo de esa información y de la posibilidad de transmitir y traducir el resultado de nuestros pensamientos, es decir, de nuestro procesamiento cognitivo, a nuestros sentimientos, esto es, a nuestro procesamiento emocional. Si estamos en condiciones de saber, y comprobar, que tenemos una situación bajo control, que podemos afrontar la amenaza exitosamente, estamos ante un contexto ideal. Aunque si no contamos con toda la información necesaria, pero podemos inferir que es suficiente para creer que tenemos el control, nos bastará para reforzar nuestra motivación y de esta manera manejarnos con una conducta mucho más eficiente, y probablemente más exitosa.

Es evidente que no todos reaccionamos de la misma manera frente a un mismo factor de estrés. Tal como hemos visto, nuestras reacciones pueden variar considerablemente entre diferentes sujetos, dependiendo de diversos aspectos específicos de los estresores y de nuestra valoración subjetiva, de acuerdo con nuestros procesos cognitivos y emocionales. Esta valoración subjetiva es la que nos permite poner en la balanza nuestros recursos para hacer frente a las diversas fuentes de estrés. Así, nuestras estrategias de afrontamiento estarán condicionadas por estos recursos, así como también por nuestros esquemas cognitivos, moldeados en gran medida por los aprendizajes y las experiencias propios. La posibilidad de implementar estas estrategias permite inclinar la balanza de la evaluación subjetiva del estrés hacia el lado positivo o negativo, es decir, podremos valorar y reaccionar frente a un evento estresante, ya sea como si se tratara de una amenaza o de un desafío, de un *distress* o un *eustress*.

En el caso de tratarse de una experiencia negativa, de acuerdo con nuestras capacidades, reconoceremos que estamos respondiendo de manera adaptativa y superaremos la situación, o bien de forma resiliente, con lo que no solo superaremos el conflicto sino que además podremos salir fortalecidos. En ese sentido, el concepto de resiliencia se refiere a la relativa resistencia que desarrollamos en nuestra interacción con el medio ambiente, particularmente en función de ciertas situaciones adversas, frente a las cuales podemos crear nuevos recursos y salir fortalecidos. En definitiva, la resiliencia representa la capacidad de las personas para generar y cultivar sus fortalezas frente a la adversidad. Si bien hay personas más resilientes que otras, al extremo de poder afirmar que algunas son resilientes mientras que otras son vulnerables, la resiliencia es una capacidad que se puede enseñar y aprender, ejercer de manera habitual y desarrollar con la práctica.

Aunque no existe una metodología única para enseñar y desarrollar resiliencia, es interesante destacar ciertos fundamentos que resultan comunes a los diversos abordajes. Algunos estudios realizados en niños, nacidos y criados en condiciones de extrema pobreza, muchas veces sometidos a situaciones de violencia y maltrato, permiten inferir que los que lograron desarrollar aspectos resilientes fueron aquellos que pudieron contar con un referente, al menos un adulto, ya sea padre o madre, un familiar o un maestro, que se mostrara interesado en ellos, en sus vidas y en sus logros. Alguien que les ofreciera contención, que les ayudara a buscar soluciones a sus problemas y a construir nuevos recursos. En ese mismo sentido, otros estudios destacan la importancia de construir buenos lazos de apoyo, incluyendo relaciones de afecto, cariño y respeto, dentro y fuera de la familia, también en el entorno escolar y laboral. La capacidad de crear lazos de apoyo y de cooperación constituye un aspecto fundamental, que se refleja en la capacidad que tienen las personas resilientes para luchar por un objetivo en forma grupal, es decir, que tienen facilidad para unirse a otras personas que también luchan por un mismo objetivo, independientemente de que cumplan un rol de liderazgo. Otro aspecto fundamental es el hecho de que en su escala de valores suelen adjudicar un alto valor al altruismo. Así, no solamente poseen una buena capacidad para trabajar en grupo, sino que además tienen buena predisposición para ayudar a los otros. Respecto al altruismo, es interesante destacar que disfrutan sinceramente del hecho de poder colaborar, un aspecto sanamente egoísta: tienden a desarrollar un apropiado equilibrio entre un sano altruismo y un sano egoísmo, y son capaces de ayudar a los demás sin por eso descuidarse a sí mismos.

Respecto al trato con los demás, las personas resilientes ponen mucho énfasis en la buena comunicación, intentando desarrollar todos los códigos posibles, ya sea de manera verbal o no verbal. A su vez, la buena comunicación representa una vía idónea para aportar soluciones a los problemas. Las personas resilientes se nutren de los buenos lazos y de la buena comunicación que establecen con los otros, aunque no dependan exclusivamente de ellos, de manera que van desarrollando una mayor seguridad, autoestima y confianza en sí mismas, lo que a su vez se puede ir consolidando en la medida en que van poniendo en práctica sus fortalezas y sus habilidades.

Los sujetos resilientes suelen desarrollar un adecuado equilibrio entre sus funciones cognitivas y emocionales, de modo que en presencia de factores de estrés amenazante pueden sentir miedo pero son capaces de actuar solos o en grupo. El miedo no los paraliza, simplemente lo toman como parte de una respuesta emocional normal frente a ciertas situaciones que son dignas de temer, y manejan adecuadamente sus sentimientos y sus respuestas emocionales al respecto. Las personas resilientes tienen la capacidad de valorar una situación, no solo como negativa o positiva, sino que pueden evaluar qué hay de negativo en ello, ya sea para transformarlo en positivo, o al menos para neutralizarlo. Tal como hemos visto, el estrés puede provocar un amplio espectro de respuestas emocionales, desde un extremo positivo hasta el extremo negativo. En este punto cabe recordar que, si bien existen situaciones que pueden ser calificadas negativamente de manera objetiva, hay también muchas otras que pueden evaluarse subjetivamente de otra forma.

EPÍLOGO
ENTENDIENDO EL ESTRÉS EN DIFERENTES IDIOMAS: UNA NUEVA PIEDRA DE ROSETTA

Habitualmente me gusta comenzar, o terminar, muchas de mis clases y conferencias con una imagen de la piedra de Rosetta. Siempre pregunto al público si alguien sabe qué es y para mi grata sorpresa, aunque más o menos la mitad de la gente contesta de forma afirmativa, la otra mitad no tiene idea. Así pues, todos quieren escuchar mi relato, y mi explicación acerca de qué tiene que ver con el tema que estamos abordando, por ejemplo, la salud mental o las neurociencias.

La piedra de Rosetta es un fragmento de una antigua estela egipcia, un trozo de piedra de poco más de un metro de alto, que se encuentra escrita, o mejor dicho grabada, en tres tipos diferentes de escritura: jeroglífico, demótico y griego. Se denomina «jeroglífico», que en griego significa 'escritura sagrada', a las antiguas escrituras halladas en templos, tumbas y otros monumentos egipcios, que durante siglos podían ser valoradas por su estética y por su valor histórico, pero nadie estaba en condiciones de poder leer y traducir su significado. Mientras que el demótico era una simplificación de la escritura jeroglífica, el griego era ampliamente conocido y por lo tanto podía leerse e interpretarse con facilidad. La piedra recibe su nombre por el simple hecho de haber sido encontrada en la localidad de Rosetta, en Egipto. Siempre me llamó la atención la extraña asociación entre este bonito nombre italiano y su ubicación geográfica. Efectivamente, «Rosetta», que significa 'pequeña rosa' es el nombre que dieron los franceses a la antigua ciudad egipcia de Rashid, que en árabe se refiere a alguien 'bien guiado' o 'justamente guiado'. Esta piedra fue hallada accidentalmente en 1799 por un soldado francés de nombre Bouchard durante una campaña militar de Napoleón Bonaparte en Egipto. Al regreso de la campaña, una vez trasladada a París, la piedra llegó a manos de un experto egiptólogo, Champollion, que la estudió minuciosamente y observó que se trataba de un mismo texto, con un mismo significado posible, escrito en tres tipos diferentes de escritura, algo así como un traductor (o si os gusta más, una especie de *Google translator* de la antigüedad). Esta interesante observación, y sus consecuentes investigaciones, permitieron a Champollion en 1824 traducir por primera vez el significado de los jeroglíficos, primero al griego, luego obviamente al francés. El significado del texto es de muy escasa relevancia histórica, si es que tiene alguna, pero el hecho de que un mismo mensaje estuviera escrito en diferentes tipos de escritura, de las cuales al menos una era conocida, fue lo que permitió llegar a descifrar un código que había permanecido oculto durante siglos, como el jeroglífico, lo cual a su vez abrió las puertas al conocimiento de una gran variedad de documentos históricos.

Indudablemente se trata de una bella metáfora, que en este caso nos sirve para referirnos al estudio del estrés desde diferentes perspectivas, como si fueran distintos tipos de escritura, o más exactamente, diferentes idiomas. Hace algún tiempo, cuando estaba realizando mis últimos años de formación en psiquiatría clínica en un hospital y al mismo tiempo comenzaba con mi formación en neurociencias en un instituto de investigación científica, empezaba a asumir el desafío de integrar en mi mente los conocimientos de cada disciplina en la que me estaba instruyendo. Así, cada vez que teníamos alguna reunión en el hospital, donde discutíamos algún caso clínico, incluyendo los diagnósticos

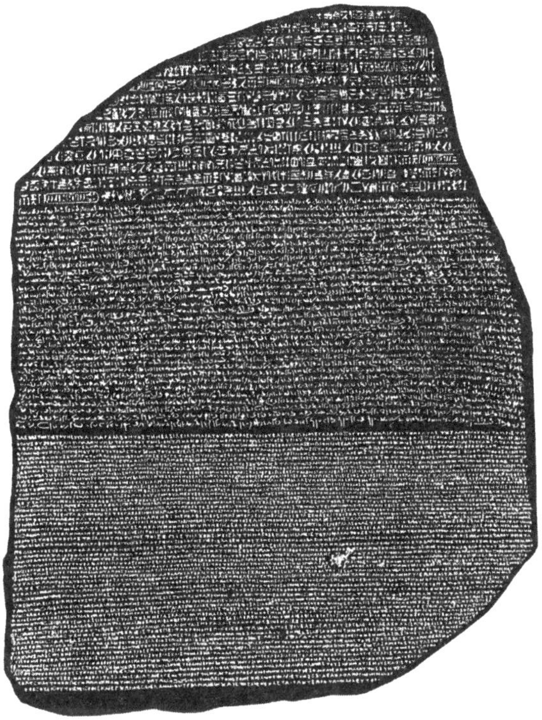

Figura 10: La piedra de Rosetta.

diferenciales y sus posibles tratamientos, yo intentaba hacer mis aportes desde la neurobiología, procurando enriquecer la discusión, compartiendo mis conocimientos acerca de las neuronas y los neurotransmisores. De la misma manera, cada vez que teníamos alguna reunión en el instituto, donde discutíamos los detalles de algún proyecto científico, yo intentaba hacer mis aportes desde la psiquiatría clínica, procurando enriquecer esta otra discusión, compartiendo mis conocimientos acerca de los posibles alcances del proyecto en la práctica clínica. Pero a pesar de mis esfuerzos por construir puentes entre las distintas disciplinas, era inevitable que en el hospital me trataran de «biologista», por el solo hecho de pretender explicar las bases biológicas de los fenómenos mentales, mientras que en el instituto era el «psicologista», que hablaba de temas demasiado abstractos para ser explicados por las ciencias duras. Aunque hablaba ambos idiomas, siempre resultaba difícil la traducción, y siempre que me comunicaba en uno de los idiomas con la gente del lugar, inevitablemente tenía cierto acento que recordaba a la otra lengua, y viceversa. A pesar de eso, nunca me di por vencido, sino que seguí participando en la construcción del puente, de manera simultánea, a ambos lados del abismo. En el camino tuve la suerte de conocer personalmente a Eric Kandel, uno de los padres de las neurociencias, hablando de estrés y depresión durante una conferencia que dio en el Instituto Científico Weizmann, y a Aaron Beck, el padre de la psicoterapia cognitiva, hablando sobre las bases neurobiológicas de su modelo durante una conferencia que dio en un congreso en Filadelfia. El puente ya estaba casi terminado, y me encontraba recorriéndolo de un extremo al otro cuando tuve la fortuna de conocer a Charles Nemeroff, Alan Schatzberg y Ned Kalin, los arquitectos de la psiconeuroinmunoendocrinología, quienes me enseñaron la importancia de seguir construyendo puentes.

La piedra de Rosetta representa ese puente entre los diferentes idiomas en los cuales podemos entender el fenómeno del estrés. Al principio podíamos entender el estrés como un fenómeno psicológico, donde observábamos sus manifestaciones, entendíamos sus síntomas y sus consecuencias en la práctica clínica. Luego pudimos comprender su fisiopatología, con el estudio de los sistemas involucrados y las consecuencias de sus alteraciones. Más adelante desciframos el funcionamiento de esos sistemas a nivel celular y molecular, incluyendo los circuitos involucrados en su normal funcionamiento y en el desarrollo de sus trastornos. Luego pudimos conocer las raíces biológicas inscritas en los genes y los procesos de regulación transcripcional que nos permiten explicar las bases genéticas de esos procesos, así como el efecto de los estresores ambientales en la expresión genética. Actualmente podemos discernir el procesamiento cognitivo y emocional de esos estresores desde diferentes perspectivas, que ya no son desconocidas entre sí, ni mucho menos antagónicas, sino totalmente complementarias.

Ya encontramos nuestra piedra de Rosetta, que nos permite comprender las bases del estrés en los diferentes idiomas en que podamos leerlo. No es necesario leer todos los idiomas a la vez, sino saber que están allí, a nuestra disposición para poder utilizar los diferentes conocimientos cuando lo creamos necesario. La integración de estos conocimientos es lo que nos permitirá desarrollar abordajes más eficaces para el tratamiento del estrés y sus trastornos, incluyendo mejores estrategias de afrontamiento y también de prevención, así como la posibilidad de disfrutar de los aspectos positivos del estrés en nuestro día a día.

BIBLIOGRAFÍA CONSULTADA

Beck, A. T., Rush, A. J., Shaw, B. F., Emery, G. (1979). *Cognitive Therapy of Depression.* Guilford Press, Nueva York.

Cannon, W. B. (1935), Stresses and strains of homeostasis, *Am. J. Med. Sci.* 189:1-14.

Caspi, A., Sugden, K., Moffitt, T. E., *et al* (2003). Influence of life stress on depression: moderation by a polymorphism in the 5-HTT gene. *Science*; 301:386-389.

Chrousos, G. P. y Gold, P. W. (1992). The concepts of stress and stress system disorders. Overview of physical and behavioral homeostasis. *JAMA*; 267(9):1244-52.

Duman, R. S., Monteggia, L. M. (2006). A neurotrophic model for stress-related mood disorders. *Biol Psychiatry*; 59:1116-1127.

Gatt, J. M., Nemeroff, C. B., Dobson-Stone, C., *et al* (2009). Interactions between BDNF Val66Met polymorphism and early life stress predict brain and arousal pathways to syndromal depression and anxiety. *Mol Psychiatry*; 14:681-95.

Gotlib, I. H., Joormann, J., Minor, K., *et al* (2008). HPA axis reactivity: A mechanism underlying the associations among 5-HTTLPR, stress, and depression. *Biol Psychiatry*; 63:847–851.

Hariri, A. R., Mattay, V. S., Tessitore, A., *et al* (2002). Serotonin transporter genetic variation and the response of the human amygdala. *Science*; 297:400-403.

Hariri, A. R, Drabant, E. M., Munoz, K. E., *et al* (2005). A susceptibility gene for affective disorders and the response of the human amygdala. *Arch Gen Psychiatry*; 62:146-52.

Heim, C., Nemeroff, C. B. (2001). The role of childhood trauma in the neurobiology of mood and anxiety disorders: preclinical and clinical studies. *Biol Psychiatry*; 49:1023-39.

Lazarus, R. S. y Folkman, S. (1984). *Stress, Appraisal and Coping.* Springer, Nueva York.

LeDoux, J. (1996). *The Emotional Brain: The Mysterious Underpinnings of Emotional Life.* Simon and Schuster, Nueva York.

Lesch, K. P. (2004). Gene-environment interaction and the genetics of depression. *J Psychiatry Neurosci*; 29:174-184.

MacLean, P. D. (1952). Some psychiatric implications of physiological studies on fronto-temporal portion of limbic system (visceral brain). *Electroencephalogr Clin Neurophysiol.* 4 (4): 407–418.

Maier, S. F., y Seligman, M. E. P. (1976). Learned Helplessness: Theory and Evidence. *Journal of Experimental Psychology: General*, 105, 3-46.

McEwen, B. S. y Brinton, R. E. (1987). Neuroendocrine aspects of adaptation. *Prog. Brain Res.* 72, 11-26.

McEwen, B.S., Sapolsky, R.M. (1995). Stress and cognitive function. *Curr. Opin. Neurobiol.* 5, 205-216.

Nemeroff, C. B., Binder, E. (2014). The preeminent role of childhood abuse and neglect in vulnerability to major psychiatric disorders: toward elucidating the underlying neurobiological mechanisms. *J Am Acad Child Adolesc Psychiatry*; 53:395-397.

Sapolsky, R. M. (1998). *Why zebras don't get ulcers: An updated guide to stress, stress related diseases, and coping.* 2nd Rev Ed. W. H. Freeman.

Selye, H. (1936). A syndrome produced by diverse nocuous agents. *Nature*; 138: 32.

Selye, H. (1956). *The stress of life.* Nueva York: McGraw-Hill.

Tafet, G. E., Toister-Achituv, M. y Shinitzky, M. (2001), Enhancement of serotonin uptake by cortisol: a possible link between stress and depression. *Cogn Affect Behav Neurosci*; 1:96–104.

Tafet, G. E. y Bernardini, R. (2003) Psychoneuroendocrinological links between chronic stress and depression. *Prog Neuropsychopharmacol Biol Psychiatry*. 27(6):893-903.

Tafet, G. E. y Nemeroff, C.B. (2016). The Links Between Stress and Depression: Psychoneuroendocrinological, Genetic, and Environmental Interactions. *J Neuropsychiatry Clin Neurosci.* 28(2):77-88.

BIBLIOGRAFÍA RECOMENDADA

A.T. Beck, G. Emery, R. L. Greenberg, *Trastornos de ansiedad y fobias: una perspectiva cognitiva*, Desclee de Brouwer, Bilbao, 2014.

Los autores muestran cómo los conceptos básicos de la terapia cognitiva, empleados con éxito tras muchos años tratando la depresión, son también sumamente eficaces para tratar a personas con trastornos de ansiedad y fobias. El universalmente aclamado padre de la psicoterapia cognitiva ha escrito un nuevo prólogo para este libro-referencia sobre los trastornos de ansiedad. La primera parte del libro, escrita por el Dr. Beck, desarrolla un modelo explicativo de la complejidad de los trastornos de ansiedad y de las fobias. Una redacción fácil, típica de los que tienen claridad respecto de lo que quieren transmitir, conduce al lector a sentirse atrapado en la trama narrativa. La segunda parte, que corresponde a Gary Emery, es el complemento perfecto. En ella se desarrollan los principios terapéuticos, estrategias y tácticas. Ruth Greenberg aporta lo valioso de su evaluación crítica, así como sugerencias técnicas y material clínico.

R. M. Sapolsky, *¿Por qué las cebras no tienen úlcera? La guía del estrés*, Alianza Editorial, Madrid, 2008.

Gracias a los avances en la medicina y en la sanidad pública, nuestros patrones de enfermedad han cambiado. Actualmente padecemos enfermedades distintas y tenemos más probabilidades de morir de forma diferente que la mayor parte de nuestros antepasados. Lo que nos preocupa y nos quita el sueño es otro tipo de enfermedades. Y una de ellas es el estrés: atascos de tráfico, problemas económicos, exceso de trabajo, relaciones sociales... Y el estrés sí puede generar enfermedades. En nuestra vida privilegiada, hemos sido los únicos (del mundo animal) con la suficiente inteligencia como para inventarnos esos agentes estresantes, y los únicos lo bastante estúpidos como para permitir que dominen nuestras vidas. Ante el gran muro de un agente estresante no hay que suponer que existe una solución especial que logrará derribar el muro, lo que hay que asumir es que, a menudo, mediante el control de una serie de puntos de apoyo, podemos escalarlo. Este libro es una útil guía para ello. Esta nueva edición totalmente actualizada incluye nuevos capítulos y nuevas perspectivas sobre cómo responde el sistema nervioso al estrés y cómo se pueden controlar estas respuestas.

HERMAN JOHANNES LAM (1892-1977)

M. JACOBS

HERMAN JOHANNES LAM (1892-1977)

M. JACOBS

HERMAN JOHANNES LAM (1892-1977),

THE LIFE AND WORK OF A DUTCH BOTANIST

Rodopi

AMSTERDAM 1984

CIP-GEGEVENS

Jacobs, M.

Herman Johannes Lam (1892-1977), the life and work of a Dutch botanist / M. Jacobs. – Amsterdam : Rodopi. – Ill., foto's, fig.
Met bibliogr., lit. opg., reg.
ISBN 90–6203–545–0
SISO 571 UDC 929 Lam, H.J.
Trefw. : Lam, Herman Johannes ; biografieën / plantkunde.

Printed in the Netherlands

FOREWORD

Dr. Marius Jacobs, the author of this biography, died unexpectedly after a heart attack, on 28 April 1983. The production of this book was at that time already in an advanced state. I took over the responsibility for seeing the book through the press, which included some minor adjustments in and the final correction of the text, a few decisions on lay-out and illustrations which had not yet been made by the author, and the proof-reading. My exertions did not go further than that and I am certain that the book is now as it would have been if dr. Jacobs had lived.

In the course of the years the writing of this biography became very dear to dr. Jacobs and it is very sad indeed that he did not live to see the book in a finished state. His personality will, to those who have known him, be visible "between the lines" of this biography.

To the acknowledgements prepared by the writer (p. 6) I want to add my gratitude to mrs. E.H. Prillwitz who collaborated in preparing the index.

C. Kalkman

CONTENTS

I. ABOUT THIS BOOK

RATIO OPERIS

In 1949 I had a summer to spare, and the best way I could think of to fill it was to occupy myself with the basics of plant taxonomy at the Rijksherbarium, Leiden. I wrote a letter to the Director, and his reply ended with the words: "There is certainly something nice for you to do." Soon I presented myself before Professor Doctor H.J. Lam. I was 19, he was the second professor I saw in the flesh. The first had been G. van Iterson, who in Delft taught Technical Botany – an impressive-looking gentleman with a sad face dominated by a heavy grey moustache.

Lam impressed me even more and was not sad at all. He was sitting commandingly in a tall, square, wooden swivel-chair, his short legs dangling playfully, his large blue eyes examining me with a critical but friendly look over the crescents of a golden lorgnette which found ample room on his long nose. His motions were quick, his body was lean, broad-shouldered. His hands were broad and firm, with a wedding ring and a signet ring. In his buttonhole he wore what I later learned was the Order of Oranje-Nassau, and on his necktie, a kind of silver horse-fly, of which we come to speak later. His voice was brisk and a bit hoarse, but all his words were kind, and he handed me over to J.J. Barkman, his assistant.

Barkman found me a place in the basement, in a darkish room crammed with books. This was the library of the Botanical Society of The Netherlands, and H.J. van Hattum was in charge of it. With him I shared the bench by the low windows. At that time, Van Hattum still belonged to the technical personnel of the Herbarium, but because of his zeal and scientific interest, he had been given encouragement and facilities by Professor Lam to study biology at the University; he later became taxonomist of the Hortus Botanicus, part of which we could now see from our windows. Van Hattum enlightened me on the Prof's new theory on Stachyospory and Phyllospory. He also called him "a great geographer", who had made an expedition to New Guinea, of which the account during the War had been translated into English in the United States. Lam had also visited the exotic island of Madagascar and had published a work on the plant geography of Celebes. He was the author of a booklet on evolution, which gave me the first real acquaintance with the subject.

In the autumn of that same year I could take up the study of biology, with plant taxonomy as a major theme, and continued to visit the Herbarium. The place was indeed bristling with activity, well on its way to become the world's leading institute for the botany of the Malay Archipelago and surroundings. There were close connections with Bogor in Indonesia, where Lam had worked as a botanist before in 1933 he came to Leiden, and where I was craving to go.

I sensed at the Rijksherbarium a spirit of freedom on the one hand and of responsibility on the other, and it occurred to me that it was the Director who somehow created this. He seemed a rare mixture of spontaneity and formality, and in all company effortlessly showed what in French is called *présence.* He was fluent in English, French, and German, and perfectly at ease with the various top botanists from abroad who came to visit the Herbarium. Through his other staff members, too (who respected him without a trace of fear), I learned more about him as a scientist and a man, and it dawned upon me that for all his composure and straightforwardness, he might be quite a complex personality.

I followed his lectures on the Plant Kingdom, on Phylogeny, and Plant Geography. Like everything, he seemed to enjoy what he was doing in a most natural manner, with an air of casualness now and then. Once, while dealing with the Algae, on which he had never worked, he proceeded for some time *ex tempore*, and on seeing in his notes that he had been right, chuckled: "Ah yes, I know more than I thought." The times that I asked for his advice or comment, I found him trenchant yet benevolent, carefully going over details, and to my surprise let me quickly arrive at the right conclusion. I did not do research under his guidance, since C.G.G.J. van Steenis became my mentor and thus – perhaps to my good fortune – escaped the labour on genera of the dreaded Sapotaceae which fellow students had to endure.

On festive occasions in the Herbarium, Lam never failed to make a speech, shot through with unexpected funny observations. The address he delivered as Dean of the Faculty to open the academic year in 1951 was so good, that at the request of many it was afterwards stencilled, and it revealed him as a man who had thought deeply and fruitfully on a variety of matters other than botany.

In March 1955 I left for Bogor, and so could participate only by mail in his 25th anniversary as Director, in 1958. On my return, soon thereafter, I was employed at the Rijksherbarium, again under Van Steenis, who kept me busy with Flora Malesiana affairs while Lam was serving as Rector Magnificus, and was very much occupied with the precarious expedition to the Star Mountains in New Guinea, and had to spend much time in looking for space that could house his institute which was now bursting at the seams. Only just before his retirement, in spite of his fame and administrative abilities, did he succeed in finding a 'Provisorium'. So many people wanted to attend his farewell in 1962, that no University hall was big enough to seat them; the ceremony had to be held in the City Theatre, which was filled to capacity.

It was about that time that I spoke to him about writing his autobiography, convinced as I was that a man with his sensitivity and curiosity about his inner self would come up with something of interest. However, Lam had to look after his ailing wife, ceased to do botanical work, and for a long time we did not see much of each other, while he was growing older. Once on a fine morning I saw him walking alone, slowly with his stick, and knowing how much old people like a chat, stopped my bicycle and accosted him. But he curtly told me to ride on.

In November 1974, I went to the annual meeting of the Treub Society, of which I believe Lam had made me a member. As it was being held at Utrecht and I felt indebted to him, I offered him a ride in my car. On the way back, we came to talk. I said that after his retirement the atmosphere of the Herbarium was filled with an abundance of certainty and determination, in which I missed the grain of detachment and academic doubt that had been there in his time. He spoke to me about some of his reflexions of recent years, and again I suggested that he write up his remarkable and varied life. He declined, but rather tacitly it was somehow agreed that I would make an effort.

Most of his publications I knew already. There were also his Annual Reports as Director with an abundance of facts, and I set out to make notes. He granted me an interview, which still sits fresh in my memory, and which was followed by others. Then Van Steenis announced that he wanted to dedicate Flora Malesiana Volume 7 to Lam, in recognition to what he had done to accommodate the project in the Rijksherbarium. But after having read the draft of Van Steenis's text, Lam replied that for all his gratitude, the emphasis on his efforts as a botanist was too strong for a complete picture as he saw it. So we continued. His memory was quick and detailed; courteous and sharp, he had all his wits about him, and there was always that element of surprise. At irregular intervals, we had a number of biographical talks, sometimes in his study amidst the many books, portraits, ethnographical objects, paintings, pipes, and papers that he had carefully kept, or sometimes in the living room we talked, each in an armchair on one side of the small table under the lamp, enjoying a drink. He suggested that like his senior staff had done, I should call him Herman.

After a couple of interviews, he lent me 17 albums of photographs, and the 9 volumes of his diary which he had kept during the first 15 years of his directorship. When these had been extracted and returned, he lent me piles of other material. Then came the Rijksherbarium files which fortunately Dr. A. Touw had put in order shortly before. Certainly Lam was joking when in hindsight he called himself lazy!

On my request, he gave me the names of some persons whom I could interview, and so I heard a variety of people (see Source 31) about their recollections and opinions. All were in firm agreement on the main features, yet each contributed new aspects. On 3 January 1976, his 84th birthday, I showed him a draft synopsis of the Contents, and of 'A visit by Mattfeld'; these he returned a few days later with very useful and well-argued criticism. Yet it was quickly understood between us, that notwithstanding his cooperation and suggestions, the responsibility would be completely mine.

We went on piecemeal in this manner, as the work proceeded. It was done in spare time, or when a bout of cold kept me at home, but sometimes months went by without progress. The task proved complicated as I had expected, and the amounts of information to be digested grew and grew. Few people have kept their papers with such assiduity as he. In his later years he arranged everything, and provided all his photographs with identifying captions; he left everything in the most perfect order.

Of course, when he died I felt regret that no more had been done, and that I now had to go on without his critical, also self-critical interest which, however, he never pressed upon me.

When the work was near completion, a good friend asked me if the subject had really been worth the effort. That is for the readers to decide. Part of the pleasure I took in this job was, that I felt free to bring out failure as well as success, problems as well as opportunities lost and taken. Lam was always after the truth, and so helped others finding theirs. He lived to the full, and showed to others, biology as a supreme endeavour. I feel the deepest gratitude for my association with the Rijksherbarium and with him, the greatest of its directors.

STRUCTURE

As for the present work, Lam's Publications (Chapter X) can be regarded as its backbone. Many references are made to it, by year and letter. Accordingly, in Chapter III on his Life, not much botany is mentioned, and Chapter IV, in which his development as a Scientist is sketched, is brief for the same reason. While these three Chapters cover the whole span of his life, three others deal with the Leiden period only. These are the ones on him as a Professor of Botany (Chapter V), as Director of the Rijkherbarium (Chapter VI), and on his Other Functions (Chapter VII).

The year 1933, when he came to Leiden, halfway through his life, is the main turning point, which is reflected in the composition of this work. Before that time, he fulfilled functions and gained experiences one after another. After it, he played all parts simultaneously. So much did these activities dominate his life, that what remains to be described of the Leiden period seems very non-professional.

To facilitate enquiry about persons who played an important role in his career, a number of them have been listed alphabetically in Chapter IX, entitled People, and some details on them have been compiled, mostly from published sources.

Documentation is extensive, and has been brought together in Chapter XI, entitled 'Sources'. This also cites a number of works which further elucidate the background which had to be sketched in some chapters.

The manuscript was completed in 1978, so that it could be published on the occasion of the 150th anniversary of the Rijksherbarium on 31 March 1979. But only much later could a publisher be found. In September 1982, the text was given a final revision.

NOTES TO THE READER

1. References to Lam's publications are by year and letter.
2. References to published sources are by year, to unpublished sources by number.
3. IVON stands for Instituut voor Vegetatie Onderzoek van Nederland, which was a club of (mostly amateur) botanists who made an inventory of the nation's flora by mapping species distributions according to a grid system.
4. KNAG stands for Koninklijk Nederlands Aardrijkskundig Genootschap, which means Royal Netherlands geographical society; it has its headquarters at Amsterdam.
5. KNBV stands for Koninklijke Nederlandse Botanische Vereniging, which means Royal Netherlands botanical society. It became 'Royal' in 1945, but the four letters have here been used to denote it in the previous period as well.
6. General Botany is meant to be the translation of the Dutch term 'Algemene Plantkunde'. The division of botany in two branches, the other being 'Special Botany', was common in The Netherlands for several decades. Under General Botany came everything experimental, like cytology, genetics, physiology, and also anatomy and morphology insofar as they were generally applicable to the flowering plants.
7. Special Botany is meant to be the translation of 'Bijzondere Plantkunde'. Under it came everything descriptive, like taxonomy and plant geography,

both in the widest sense, and also phylogeny. Since Lam's time, other systems of the biological sciences have replaced the above subdivision; yet the Chair of the Director of the Rijksherbarium is still named the one of Bijzondere Plantkunde.

8. The Netherlands Indies after 1949 inclusive is called Indonesia; likewise Batavia is now called Jakarta, Buitenzorg is now Bogor, 's Lands Plantentuin in that place is now Lembaga Biologi Nasional. The Herbarium Bogoriense has retained its name.

ACKNOWLEDGEMENTS

My early love for biohistory was welcomed and nurtured by Professor F. Verdoorn, and the hours spent in the Biohistorical Institute at Utrecht, with its atmosphere of taste and *noblesse*, are to be looked upon as a genuine 'formative period'. His successor, Professor P. Smit, was kind enough to read the manuscript, to find a publisher, and to give me encouragement all the way.

Lam himself is the one to whom this book owes most, because he kept so much material and put it at my disposal in the most gracious manner. Next to name are his wife, Mrs. J.H. Lam-van Drunick, daughter, Mrs. E.H. Mertens-Lam, and son-in-law, Mr. W.K.H. Mertens, who gave essential and highly valued cooperation, and kindly supplied many of the photographs. All these kind persons deserved better than waiting so many years for the publication. The list of unpublished sources contains many names of persons who gave me interviews and answered questions. In the text there is a sprinkling of names of persons who also gave help in certain cases. I am highly indebted to all of them, but feel that the pleasure all these people took in the work is also a credit to Lam's memory.

In a variety of unobtrusive ways, this book has benefitted from the existence at the Rijksherbarium of a noteworthy biographical tradition. For a substantial part, this tradition was created by Lam, when he dedicated Blumea Supplements to botanists of particular merit to his institute. It was continued and enriched by Professor C.G.G.J. van Steenis and his wife, Mrs. M.J. Van Steenis-Kruseman, who made biography an essential and highly recognizeable element of Flora Malesiana, the Flora Malesiana Bulletin, and Blumea. The staff of the Rijksherbarium library contributed to this tradition by setting up a collection of biographica which, under the care of Mr. C.W.J. Lut, has already reached impressive proportions and considerable value.

The use I could make of the archives of the Rijksherbarium, which shortly before were put into order by Dr. A. Touw, and the kind approval of the present Director, Professor C. Kalkman, have naturally been essential factors in the preparation of this book. Interest among Rijksherbarium staff members (in the wide sense) often led to historical small talk, and was highly stimulating. That the typesetting could be done at the Rijksherbarium itself, on the newly acquired composing machine, by Ms. Hanneke de Wolf (after Ms. Emmy van Nieuwkoop had lent her expertise to the design of this book), was no less than a stroke of good fortune. The illustrations have been the work of Mr. B.N. Kieft and Mr. J.H. van Os. Especially the former had quite a difficult job in making old photographs fit for reproduction.

The Leiden Universiteits Fonds at Leiden, the Hollandsche Maatschappij der Wetenschappen at Haarlem, and the Rijksherbariumfonds Professor Lam at Leiden, are here mentioned with deep gratitude for the financial support they gave to make publication of this book easier, perhaps possible.

Sincere thanks be to all.

II. LANDMARKS

1892, January 3: born at Veendam. – **1893**, August 1: father appointed chemist at Rotterdam. – **1898**, August or September: enters general primary school, at Rotterdam. – **1904**, August or September: enters Gymnasium Erasmianum, at Rotterdam. Sometime treasurer of the society of pupils. – **1911**, September: enters State University at Utrecht, to study biology. Member of the Utrechtsch Studenten Corps. – **1912**, July: drafted into military service, till October 1918, with interruptions. – **1913**, October 25: member of KNBV. – **1914**, June 24: passes the 'candidaatsexamen', which equals a B.Sc. degree. November: chairman of the students' faculty club. – **1915**, July: engaged to Johanna Lina Margaretha (Hans) de Bruïne (born 18 November 1894 at Rotterdam, died 17 October 1981 at The Hague). – **1917**, July 7: passes 'doctoraal examen', which equals an M.Sc. degree. – **1918**, September 20: death of father. – **1919**, April 7: takes Ph.D. degree; thereafter married. April 26: placed at the disposal of the Governor General of the Netherlands East Indies, by Royal Decree no. 52 of 22 August 1918. May 3 to June 14: journey to Buitenzorg, Java, there appointed Assistant at the Herbarium Bogoriense, by Governmental Decree no. 30 of 25 August 1919. – **1920**, May 4: appointed a member of the scientific expedition to central New Guinea, by Governmental Decree no. 57; leaves on May 13. – **1921**, February: returns to Bogor; thereafter divorced. – **1922**, May 10-14: secretary, section Biology, Second Netherlands Indies Scientific Congress, at Bandung. June 3: married to Cornelia Josephine Blanche Moorrees (born 3 April 1886 at Soerakarta, died 21 December 1965 at Leiden) – **1923**, First Secretary, Nederlandsch-Indische Vereeniging tot Natuurbescherming, the conservation society, till 1928. – **1924**, First general secretary of the Third Netherlands Indies Scientific Congress, at Bogor. – **1925**, Secretary, Nederlandsch-Indische Natuurhistorische Vereeniging, afdeeling Buitenzorg, the Bogor branch of the naturalists' society. December 18: daughter Ellen Hermine Lam born at Buitenzorg. – **1926**, April to July: exploration of Talaud and Morotai Islands, in the Moluccas. – **1927**, January 13: appointed First General Secretary of the Fourth Pacific Science Congress. June 24: council member, Koninklijke Natuurkundige Vereeniging in Nederlandsch-

Indië, the society for science in the Netherlands Indies, till 1933. – **1929**, May 11 to June 4: Fourth Pacific Science Congress held, at various places in Java. July 2: goes on leave to Europe. August 28: awarded the distinction 'Officier in de Orde van Oranje-Nassau', by the Queen of The Netherlands. – **1930**, July 23: promoted to the rank of botanist at the Herbarium Bogoriense. – **1932**, February 13: death of mother. July 31: appointed Professor Extraordinarius at the Medical School, Batavia, by Governmental Decree no. 62 of 27 June 1932. December 31: appointed Head of the Treub Laboratory in the Bogor Botanic Gardens, by Governmental Decree no. 36 of 8 December 1932. – **1933**, July 28: leaves Bogor, to travel by way of Manila, Shanghai, Japan, the United States, and England, to Leiden. July 31: honorably dismissed from government service, by Governmental Decree no. 21 of 11 July 1933. August 1: appointed Professor Extraordinarius at the State University of Leiden, also Director of the Rijksherbarium, by Royal Decrees no. 16 of 26 May 1933 and no. 21 of 12 July 1933. October 2: assumes duties. October 20: Second Secretary of the 6th International Botanical Congress, Amsterdam, to be held in 1935; also a member of the Nomenclature Committee. October 27: chairman of the foundation Hortus Botanicus, Leiden. – **1934**, January 4: council member, IVON. April 6: co-founder, New Guinea study circle, Amsterdam. June 9: 'advising member', Treub Maatschappij, a society to promote exploration of the colonies. August 25: first issue of Blumea, of which founder and editor, till 1962. December 19: council member, Leidsch Muziek Lyceum, a local school for music. – **1935**: council member, KNAG. Editor for Europe of the Annales du Jardin Botanique de Buitenzorg, till 1940. Early summer: external examiner for grammar schools, till 1957 inclusive, again in 1961. – **1936**, January 26: Vice-President, KNBV, till 1940 inclusive. – **1937**: honorary president of the philosophy circle of the Leiden student union 'Unitas'. September: somewhat overworked, depressive moods. – **1938**: convener (together with L.F. de Beaufort) of the section Biogeography, 15th International Geographical Congress, held at Amsterdam on 18-28 July. August: leaves for a visit to biological institutes in South Africa, followed by botanical field work in Madagascar, accompanied by A.D.J. Meeuse, return on 22 January. – **1939**: council member, horticultural school for girls 'Huis te Lande' at Rijswijk. Vice-President, section Taxonomy and Nomenclature, 7th International Botanical Congress, to be held at Stockholm next year, but delayed till 1950. July 8 to September 12: journey to attend the 6th Pacific Science Congress in California; there appointed Chairman of the Standing Committee on Pacific Plant Areas. Late in the year: member of a committee of professors to give lectures to soldiers in garrison. – **1940**: member of the editorial board, Vakblad voor Biologen, the main monthly for biologists in The Netherlands and the Dutch-speaking part of Belgium.

Member of a committee for a Flora Neerlandica, to mark the centenary of KNBV in 1945. Council member, KNAG. May 10: invasion of German troops to occupy The Netherlands, completed five days later. – **1942**, May 2: submits resignation as professor, in protest against efforts at nazification of the University by the Germans. September 1: acting editor, Vakblad voor Biologen, till September 1944. – **1943**, February 1: request for resignation is granted; stays on as caretaking director. – **1945**, May 5: liberation from the Germans. July 26 to August 22: journey to Switzerland, with a company of Leiden professors, for recuperation and strengthening of relations with colleagues. August 28: appointed Professor Ordinarius and re-instated as Director, retro-active to May 5, by Ministerial Decree no. 1584. Later in the year: member of a committee to assess cases of collaboration with nazis among University personnel. October 18: President, Natuurkundig Gezelschap te Leiden, a physical society, till 1949. – **1946**: member, advisory committee of the Centraal Instituut voor Materiaalonderzoek, afdeling Hout, at Rijswijk, an institute for wood technology. Member of the council, KNAG. January 10: promotor of P. Jansen, A.W. Kloos, and W.H. Wachter, who become *doctores honoris causa* of Leiden University. April 27: chairman of the council, horticultural school for girls 'Huis te Lande' at Rijswijk, till c. 1950. May: member of a committee to promote exploration of western New Guinea, till 1949. September 18 to December 6: chairman of a committee to redraft the exams for botanical analyst. – **1947**: editor, yearbook of the University, presumably for one year. June 17: convener of a meeting at Utrecht to discuss a plan for a central national Herbarium; not enough support is forthcoming. August 25 to September 6: journey to Scotland to give a lecture in which theory of phyllo- and stachyospory is set forth. November 6: the 'BIOS' club of Leiden professors is revived, with Lam as co-founder. – **1948**: coordinator for botany on the International Circum-Pacific Research Committee, on behalf of the Royal Netherlands Academy of Arts and Sciences. May 3: board member, Linnaeus Fund, to support work of young biologists. June 13-19: representative of The Netherlands at the symposium on botanical nomenclature, held at Utrecht, in preparation of the Stockholm Botanical Congress. July 6-20: excursion to Scotland, with 2nd and 3rd year students. October 23: chairman, committee for systematics and plant geography, KNBV, till 1951, again from 1959 to 1960, then member till 1963. – **1949**. Chairman, section Taxonomy (phanerogams) of the Stockholm Congress. January 8 to March 30: journey to New Zealand to attend the 7th Pacific Science Congress, visits places in the Pacific on the way. June: secretary, Buitenzorg Fonds, a foundation to enable biologists to work at Bogor, till 1961. July 1: secretary of the Science Faculty, Leiden University, for two years. – **1950**: member, Netherlands New Guinea committee, to promote exploration. Examiner for teachers in biology (currently known as the K IV exam). July 2 to August 2: journey to Sweden to attend the Stockholm congress, representing the Netherlands Government. August 3: attends a conference to draft a charter for the Flora Malesiana Foundation, established 21 October of that same year; becomes a Trustee of this foundation. October: member, advisory committee for biological sciences of the Netherlands Organization for the Advancement of Pure Research (ZWO), till 1955. – **1951**, spring: three months' absence for stomach surgery. July 5: marriage of daughter Ellen to Mr. W.K.H. Mertens, an economist at Hoogovens Steel, Beverwijk. September: dean of the Science Faculty, till November 1953. – **1952**, March 23 to 29: gives three lectures at Montpellier, France. May 15 to 20: attends international symposium on evolution at Paris. – **1953**: secretary of the Pan Indian Ocean Science (PIOSA) Committee, under the Royal Netherlands Academy of Arts and Sciences, till 1961. Chairman of a committee for making an expedition to western New Guinea; on May 8 this became the SENNG-foundation, which existed till 1961. January 3: member, Biologische Raad van Nederland, the national council for biological affairs, under the Royal Academy, till 1961. March 15: co-founder and board member, later Vice-President of the Nederlandse Stichting voor Hooggebergte-Exploratie, a foundation to promote high mountain exploration, which existed till 1968. – **1954**, May 22: member, Hollandsche Maatschappij der Wetenschappen, Haarlem, a prestigious scientific society; till 1968 or later. June 22: leaves Leiden to embark on a freighter, by way of Ceylon to Australia, to attend the 2nd PIOSA congress. On the way back, visits New Guinea. August 19: receives an honorary D.Sc. degree of the University of West Australia at Perth, on the occasion of the congress, as leader of the Dutch delegation, October 28: back at Leiden. – **1955**: Editor-in-Chief of the journal Nova Guinea, till it was discontinued in 1966. Council-member, later Vice-President, of Leiden University Press, till 1961. April 21 to 26: jury member, 23rd Floralia Festival at Ghent, Belgium. May 2: secretary, Treub Maatschappij, till 1964. November 28: Trustee, Leids Universiteits Fonds, the general fund for special expenditures in the interest of the University. – **1956**: co-founder of a study circle for New Guinea, with the journal planned, called Nieuw Guinea Studiën. October 27: Trustee, Greshoff's Rumphius Fonds, a private fund to promote research on Indonesia, till 1965. – **1957**: May 23: presides over a commemoration of the 250th birthday of Linnaeus, at Haarlem. June 19: Honorary Fellow, Botanical Society of Edinburgh. September 1: Secretary of the Senate, Leiden University, for one year. October: trustee of the government foundation for research on western New Guinea (WONG). – **1958**, September 15: assumes duties as Rector Magnificus of Leiden University, for one year. October 2: on the occasion of his 25 years' jubilee, Blumea Supplement 4 is dedicated to him. – **1959**, spring: wife fractures hip-bone, never fully to recover. March 18: appointed foreign member, Koninklijke Vlaamsche Akademie voor Wetenschap en Schoone Kunsten van België, the Royal Flemish academy of arts and sciences of Belgium, at Brussels, by Royal Decree of February 24. – **1960**: member, UNESCO Committee for Humid Tropics Research, June 25: installed as member, Royal Netherlands Academy of Arts and Sciences, Amsterdam (appointment dated May 31). – **1961**, early: breakdown, for a period works half time, resigns a number of functions, recovers in the course of the year. – **1962**, April 25: awarded the distinction 'Ridder in de Orde van de Nederlandse Leeuw', bestowed by the Queen of the Netherlands (by Royal Decree no. 1). June 1: farewell ceremony, in the city theatre; delivers *Tradenda* (1962a), his portrait is unvealed. August 31, midnight: during a festive evening with the Rijksherbarium staff present, hands key of the Director's desk to his successor, C.G.G.J. van Steenis. September 1: honorable dismissal from government service, by Royal Decree no. 17. – **1963**, January 9: establishment of the Rijksherbariumfonds Professor Lam, a fund for the encouragement and promotion of Special Botany at the Rijksherbarium. May 28: honorary member, Koninklijk Natuurwetenschappelijk Genootschap 'Dodonaea' te Gent, a scientific society at Ghent, Belgium. June 6 to July 12: journey to Burma, Malaya, Singapore, and The Philippines, as a member of the UNESCO Visiting Committee for Tropical Herbaria. – **1964**: honorary Vice-President of the 9th International Botanical Congress, held at Edinburgh from 3 to 12 August. – **1965**, May 8: honorary member, KNAG. December 21: after a long period of invalidity, wife dies. – **1967**, January 19: married to Johanna Hendrika van Drunick, born 30 April 1921. – **1970**, September 12: honorary member, KNBV. – **1976**, March 31: resigns honorary membership of KNAG, over a misunderstanding of the Society's policy towards South Africa. – **1977**, February 15: sudden death of cerebral haemorrhage, at Leiden.

III. LIFE

BACKGROUND, UPBRINGING

The name Lam is rare in The Netherlands. In the language, as a noun, it means lamb, as an adjective, paralyzed or limp. Herman Johannes told me that he was never concerned about his small stature – 1.683 m when he entered military service (Source 14) – but that he did hate his surname, initially.

The family hails from the northern part of the country, of which the province of Friesland (Frisia) occupies the western part, and that of Groningen, the eastern. The men, of Frisian stock, traced back to 1724, were baker, church minister, apothecary, chemist, and three of them (H.J.'s father, grandfather, and great-grandfather) married a lady from Groningen (Source 11). One uncle of H.J.'s, Dirk de Vries Lam (1866-1937) was an artist, another, Willem Lam (1872-1944) became a high-ranking officer in the Navy.

Anske Lam, Herman's father (born on 1 May 1860 at Leeuwarden; died on 20 September 1918 at The Hague) grew up and studied chemistry at Groningen, where on 19 December 1887 he married Margien Winter (born 14 July 1865 at Groningen; died 13 February 1932 at The Hague), and took his Ph.D. in 1888. He then became a teacher of chemistry at the nearby town of Veendam, for five years. His only child, Herman Johannes Lam, was born there on 3 January 1892. The next year, he was appointed chemist at the food inspection department of the city of Rotterdam, to become its director in 1909; the family lived at 's Gravendijkwal 6. So Herman grew up in Rotterdam, which was then well on its way to becoming one of the world's largest ports. He loved the city, and acquired several books about it.

"I know my father as a rather small, later somewhat portly man, a typical intellectual, with a sharp mind, an excellent organizer and hard worker. So well did he manage his department, that all such departments in the country were modelled on it. He was chairman of the society of directors of food-inspection departments, and of the Dutch society of chemists ('Nederlandsche Chemische Vereeniging'); during World War I he was director of the city's food distribution. More important was his chairmanship of the Codex

Fig. 1. Sketch-map of The Netherlands. Places mentioned in this book are indicated. The distance between Leiden and Apeldoorn (where Lam spent time in garrison) is 100 km as the crow flies.

Alimentarius committee. At the Rotterdam food-inspection department, he is still remembered, and portraits of him are kept there. One of his sayings was: "It is my task to teach people honesty". His scientific interest was wide and thorough, but he was rather an experimenter than a philosopher." He is credited with the application of paper chromatography as early as 1895 (by Prins, see Sources, 1977; an obituary was published by Jansen: Sources, 1919).

His uncle Willem was "next to my father, to my child's eyes, the great man in the family. He too was small of stature, but impressive in his demeanour (commander's voice). A most amiable man, physically strong (handshake).

During his many journeys at sea he never failed to send me postcards from ports. He became commander of the navy officers' school at Den Helder and was commissioned to sail a replica of 'De Halve Maen' with the crew in 17th century costumes up the Hudson River, in commemoration of the founding of Nieuw Amsterdam (now New York) in 1609. What a glory" (Source 11).

Lam recalled the whole family as perfectly decent, bourgeois, protestant by tradition, antipapist, and (but slightly) antisemitic. His upbringing was not suffused with outspoken principles. His father was, in his recollection, not brilliant as a scientist, but one who had much common sense. About his mother, his utterances were rather indifferent, he did not think her a remarkable person; yet his old friend, P.J. van der Feen, who remembers her as a cordial, good-humoured woman, suggested that the ties between him and his mother were strong and enduring.

If Lam was at the time money-conscious as he told me he was, so were his parents. Even when his mother inherited a nice sum from her father (1916?) no car was purchased. "The only luxury was a small journey abroad every year: in later years with me (Teutoburgerwald, Schwarzwald, England, Belgium, Switzerland), apparently as part of my education."

No recollections of the primary school period (1898-1904) survive. Grammar school where he then was sent, was and is a school for the intellectual élite. It taught, in a six year course, classical and modern languages and sciences, also history, mathematics, geography; thus providing its pupils with a background for university. The Gymnasium Erasmianum had a reputation for excellence. Herman Lam went through it in seven years (1904-1911). All his life he kept an interest in etymology and mathematical puzzles: kept several school books of physics and mathematics, and a number of dictionaries.

The notebooks he left (mathematics) are models of orderliness (Source 23). He also learnt to take photographs. An album survives from the period 1908-1915 with a variety of snapshots from all over the country, many depicting ships but also railway stations, landscapes, farms, country houses, of an excellent composition and finesse; they show us an orderly world in pro-

Fig. 2. Coat-of-arms of the Lam family (drawing by Mr. J.H. van Os, after photographs of the seal in wax from H.J.'s signet ring, kindly supplied by Mr. W.K.H. Mertens, Beverwijk).

gress, where life was pleasant, without extravagance (Source 25). He also was a member of the rowing club for the well-to-do 'De Maas'.

He received some teaching in piano playing, but not after 18; however, it remained his hobby. Chopin was his favourite composer, whose waltzes, polonaises, and ballads he played (the études he found too difficult), also Haydn, and sonatas by Schubert. He owned a piano at Bogor, and later a grand in Leiden, on which he played, according to Professor H.C.D. de Wit, surprisingly well.

The Lam family belonged to the Netherlands Reformed Church but (presumably owing to his mother), the religion of his youth was Remonstrant (Arminian), a less orthodox variety of liberal-protestantism, which had many well-to-do bourgeois among its followers. As a boy of about 17 he was a collector of alms during service, "and it was also a place to meet nice girls". When at Utrecht a deacon called upon him to ask for the annual contribution, he sent the man away empty-handed, and never had anything further to do with church organization.

It is not entirely clear what determined his choice of discipline and university. He told me that there was no inspiring teacher of biology at the Erasmianum, that he had been thinking of geology and also had a mind for geography, but the latter was at the time not yet fully recognized as an academic specialization. My hypothesis is that J.F. Niermeijer indirectly influenced him. Niermeijer (see People) was a teacher of geography at the Erasmianum for the first four years of Lam's time there, until in 1908 he became Professor of Geography at Utrecht. He is described as well-travelled and erudite geographer, held in high esteem by his pupils. Niermeijer was deeply interested in the Malay Archipelago, and might have directed young Lam's attention to its scientific riches. He is credited with an aptitude for languages and for description, and emphasized a general understanding of things – all qualities we find in Lam, too. Later, Lam sent P.J. van der Feen photographs from New Guinea, asking him to show them to Niermeijer. Utrecht, the second university of the country, was a respectable choice; biology, for a son of a rather well-to-do family, was somewhat out of the way.

UTRECHT

Herman's parents found him a room and landlady, at Predikheerenstraat 2bis, in the centre of the town. Later he lived at Heerenstraat 11. The curriculum included physics, chemistry and geology as compulsory subsidiary disciplines, and an all-round biological education with lectures, practicals, excursions and later, research. It was much the same as forty years later, as described below, but simpler and with fewer extras.

For biology, there were four professors (see People). The most important of all was F.A.F.C. Went (plant morphology and physiology), author of a textbook on general botany, sometime President of the Royal Netherlands Academy of Arts and Sciences, a man of great influence, also in the Netherlands Indies, and as an 'empire builder' to be regarded as counterpart and successor of Melchior Treub (see also Sources, 1924).

A.A. Pulle (plant systematics) had been attracted by Went. Pulle did field work in Suriname in 1902–1903 and in New Guinea in 1912–1913. He was director of what at the time was the only active Herbarium in the Netherlands and founded a school of plant taxonomists, of whom D.F. van Slooten was the first to take a Ph.D. and Lam the second (both in 1919), followed by C.G.G.J. van Steenis in 1927, P.J. Eijma in 1932, M.A. Donk in 1933, S.J. van Ooststroom in 1934, A.J.G.H. Kostermans in 1936, and others.

H.F. Nierstrasz (descriptive zoology) was Lam's favourite professor, an entertaining talker, who sometimes expressed himself in terse, cynical aphorisms (see 1916b, p. 48), versatile and broad-minded. Lam worked with him for some time on an anatomical subject, which resulted in a considerable publication (1920a). It was also Nierstrasz who taught him how to compose a scientific paper.

H.J. Jordan (animal physiology) also earned distinction. His book on the life of animals in water describes many experiments of elegant simplicity. Lam was Jordan's first assistant, and at the time enjoyed it (Source 12), although his utterances much later, as Rector Magnificus, were less positive. A small publication (1918a) resulted from Lam's efforts in the realm of animal physiology.

Yet what was foremost in his memory of his entering university was the thought that leapt up in his mind and excited him: "Here I can learn all I want."

On arrival, he joined the local student corporation ('Utrechtsch Studenten Corps'). In each university town such a corporation existed, all similarly organized, and in the possession of a building ('sociëteit'), inside not unlike the Athenaeum Club in London (see Sources, 1936).

Things were strictly unisexual; the girls had a club of their own. The social élite of the students were member of the Corps, and so were all others who wanted to join under the strict seniority rule and elaborate system of 'mores'. Freshmen were subjected to a 'rag-time' after having shaved their head. Three weeks of forcible introduction, with fun and tears, made them acquainted with the town, the university, the Corps, customs and manners, and united a year class as a group, which was divided into clubs of about 12 (Lam was 'ab-actis', i.e. secretary of his). There was a father-son system (by adoption), there were sub-societies for rowing, music, drama, sports, and mock soldiering, also local societies for men from the same town or region, and one faculty club. Thus all people who had anything in common were bound to meet, learnt how to be youngsters and how to be elders all in a playful atmosphere with alcohol galore. People of all faculties, all personalities, all ambitions met, criticized, and got to know each other; the existence of the system for well over a century testifies to its usefulness, until in the 1970's, it was swept away on the waves of democracy and the sexual revolution. What I want to affirm here is that Lam, as a pupil of the Erasmian Grammar School, a student of biology at Utrecht, and a member of the Utrechtsch Studenten Corps received the best education that at the time in The Netherlands was available to a biologist *in spe*.

Biologists, with their busy programme of lectures, practicals and excursions, have not much time to spend on Corps activities, and Lam was not a prominent member.

He worked hard, yet found time to serve as ab-actis of the venerable society 'Christiaan Huygens', for students in the natural sciences (see Sources 1936, p. 372-374). Installation ceremonies were held in white tie and tails; lectures were the main official activity; ladies were sometimes introduced. Second, he was Praeses of the student's faculty club. In this capacity he conceived and edited a guidebook (1916b) which was the first of its kind at Utrecht. One aim, also expressed in the preface of his thesis, was to end the 'splendid isolation' of the students' corporation, a theme to which he reverted in Leiden in 1945. He was at the time already interested in evolution, and as Praeses invited Professor L. Dollo to give a lecture at Utrecht, delivered on 18 March 1914. He was also ab-actis of the local society 'Roterodamum', and played a role in the ballet piece 'Sylvia' by Léo Delibes.

Accompanied by Professor and Mrs. Went, Lam was one of the 19 students of biology who from 1 to 10 July 1913 made an excursion to Valais, Switzerland. He and G.J. van Oordt, both in their second year, made friends with two (already engaged) girls, both in their fourth year. This diary of the trip (Source 55) is detailed and well-kept, and illustrated with fine photographs, with next to each a sketch in ink giving altitudes and names. Postcards in colour illustrate the list of plant names. The cost was announced as almost Dfl. 80. They greatly enjoyed it. He became a member of the Netherlands Botanical Society (KNBV) on 25 October 1913.

It was a rather conventional beginning, with sparks of originality. One of them was his interest in A. Wegener's theory of continental drift, published in 1912. Decades elapsed before this was absorbed into common biogeographical thinking, but Lam was won over while a student, and devoted a 'referate' to it, a discussion presided over by a professor. Another was a question which he wrote down on a scrap of paper: 'If evolution exists, does God evolve along with it?' The question continued to possess him.

His then fellow-student P.J. van der Feen discerned three permanent features which were already apparent before his 'candidate' exam, viz. an interest in taxonomy, especially of angiosperms, an interest in theoretical aspects of evolution, and an interest in landscapes, which were present with Lam *in nuce* when he came to Utrecht. There Lam selected from lectures, literature and excursions what suited him (Source 12).

He was drafted into military service at the age of 20, and between July 1912 and August 1918 served a total of c. 24 months, divided over six periods, with the infantry. He soon became a sergeant, but never passed the periodical selections for officer; he was unruly, always trying to have his own way ("and what this way was is none of your business" he said to me), and occasionally was under arrest. But he enjoyed it. "I am learning so much. For if one uses one's eyes and takes advantage of the occasion, one sees such a variety of people from all sectors of society, that one can collect considerable knowledge about human beings, and one learns (what is so valuable, too) how to keep oneself in a position of responsibility, and as a commander of fifty men who all come to me with their interests and non-interests, each of them claiming full attention, and who must be made to feel one's power and prestige, so that they do everything if necessary.

Besides, to him who knows how to use the opportunity, there are all sorts of things to learn. And not only have I learnt and still am learning, many useful things, but how I have enjoyed this summer! Enjoyed it alone, away from all those men who talked about everything without noticing the marvellous scenery when I peered into the heather shrubs to the finely branched trees of mosses and lichens, or let my eyes wander over the heath (how beautiful it was, this year), the dark forests, and the wide rolling valleys and hills, the moraines of Nordic glaciers" (21 September 1914, Source 12). He was at Apeldoorn, in the central-eastern part of the country, not lodged in barracks but in a rented room.

In that same autumn he took a book on fungi with him on the march, and together with a student of classics read the Odyssey in Greek. In April 1915 he wrote excitedly about the herbs in the forest. "About birds I know so little that I am of no value for counting of migrations". On 30 November 1915 he wrote: "You have no idea how I am sometimes longing for a microscope, or for scientific work. I have subscribed to the English journal 'Nature'." He also gave lessons to students who were in a similar position. While on leave he worked; on 24 June 1914 he passed the 'candidate' exam, on 7 July 1917 the 'doctoral' exam.

On 20 July 1915 he wrote a postcard to Van der Feen announcing his engagement, to Hans de Bruïne, of Rotterdam, nearly 21. She and his friend 'Pico' van der Feen got to know each other and sometimes corresponded. Through her, Lam came in touch with some 'big shots' of the Rotterdam business world, and developed an admiration for them, he told me; but the point was not pursued further.

His reasons for seeking a Ph.D. in plant taxonomy, as he recalled them later, were simple: he thought plants were easier than animals and fewer in numbers, and he wanted to go to the Indies. Pulle gave him the Verbenaceae of that area to work up. Again, he must have worked hard, since he was able to write up the more than 300 species in approximately two years, without any help from Pulle. He took his degree on 7 April 1919, at the age of 27.

No photographs or other souvenirs of the occasion and the festive dinner were among the papers he gave me. "These are from a period in my life which I have suppressed, in connection with my then fiancée and later first wife, who was also on those photographs", he said.

Among his fellow-students, Van der Feen recalled, he was well-liked, with a touch of the pride of gentlemen-farmers in the north of the country (not pretentious, however), and outwardly a little clumsy, but by the time of his Ph.D. this had worn off. In accordance with his upbringing and the Victorian customs of the time, he and his fiancée were inexperienced when they were married. The wedding probably took place shortly after the Ph.D. ceremony. On 3 May 1919 they boarded ship for The Netherlands Indies (now Indonesia), where he had been appointed as 'assistant botanist' at the Herbarium Bogoriense, one of the institutes of the famous 's Lands Plantentuin (now Lembaga Biologi Nasional), at Buitenzorg (now Bogor) in west Java.

BUITENZORG

Arrival

Went, the powerful professor, offered him a choice between two jobs, one at the Experimental Station at Djember in east Java, another at the Herbarium Bogoriense. The former, wrote Lam's fiancée to P.J. van der Feen on 1 December 1918, was more instructive, and better for his development as a biologist. "It is so funny," she added, "that all people think we go to the Indies to get rich. This is not the case at all. It is in the first place the wish to see that country, for the general knowledge that such a journey brings and, more particularly for H., the greater development in his own field."

But owing to bureaucratic manoeuvering, Djember fell through, and Buitenzorg it was to be. On 9 September 1919 he wrote enthusiastically to his friend: "Docters van Leeuwen is very nice to us ... took us out on excursions; we have been with him in the mangrove already, and next Sunday up the ravine on Mt. Salak. ... So we like it here. It's a lovely country" (Source 12).

's Lands Plantentuin (now Lembaga Biologi Nasional) of which W.M. Docters van Leeuwen was director was, in fact, a collection of biological institutes. The best-known was the magnificent Garden, founded in 1817; others were the Herbarium Bogoriense of 1844, the Tjibodas (now Cibodas) Mountain Garden of 1852, the Treub Laboratory with facilities for visiting botanists, established in 1884, the Zoological Museum of 1901, a pharmaceutical laboratory, and in Batavia near the sea, the marine station Pasar Ikan (1904). Bibliotheca Bogoriensis (1842) was at the time under a different ministry. Many other institutes in the village-like town of Bogor testified to the initiative and clever management of M. Treub as director of the Gardens (1880-1909)*.

* A fine concise description of all these institutions gives *Buitenzorg Scientific Centre* (Sources, 1948). For background information, see various chapters in P. Honig & F. Verdoorn, *Science and Scientists in the Netherlands Indies* (Sources, 1945), and in H.C.D. de Wit's essay on the history of Malesian phytography (Sources, 1949).

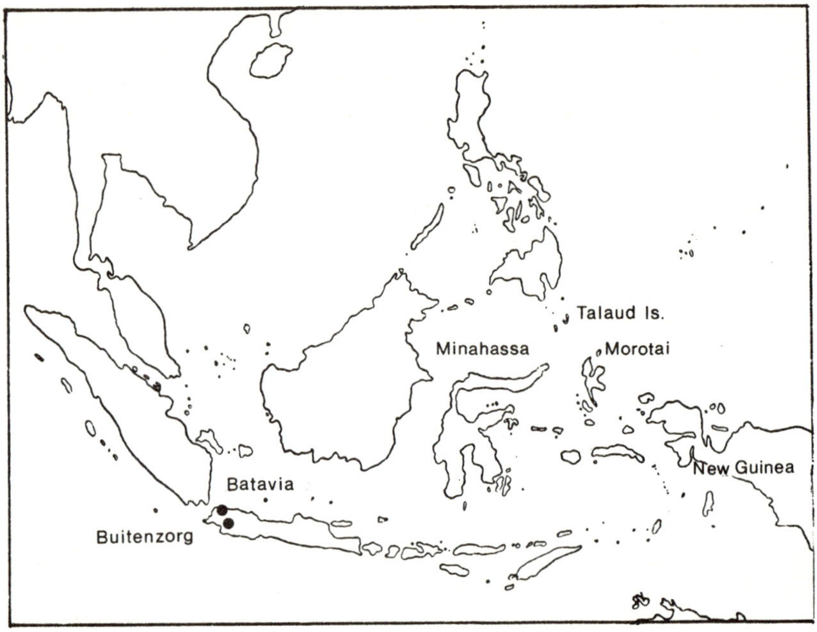

Fig. 3. Main places in Indonesia where Lam worked.

The Keeper of the Herbarium was J.J. Smith (see 1947a), a horticulturist by training, not exactly a leader but a fine personality, and he and Lam became good friends. There was also Captain C.R.W.K. van Alderwerelt van Rosenburgh, who had retired from the army because of deafness; he was working on ferns. C.A. Backer was studying the flora of Java, with emphasis on herbs. He was a self-taught botanist who had been trained as a school teacher, very energetic, outspoken, critical, and not widely liked, although he was helpful to those whom he found worth it, and provided K. Heyne (who manned the Museum for Economic Botany) with identifications for a standard work on useful plants. R.C. Bakhuizen van den Brink (the elder) had been a planter; he too worked on Verbenaceae and the two had to marry their rather different works in an uneasy sort of cooperation (see 1921a); the younger Bakhuizen recalled that Lam advised his father to be silent as he had not studied at a university. Thus Van Slooten and Lam, the first graduates from the school of Pulle, were the first professional taxonomists to join the Herbarium staff. Lam found Van Slooten a dull fellow, but they got along well (see 1953j).

This lack of professional taxonomists for Malesia, which made itself felt in The Netherlands as well as in Bogor, has been traced to the previous half century. F.A.W. Miquel (1811-1862), who was a professor of botany at

Utrecht, director of the Rijksherbarium, and author of the first and only finished Flora of Indonesia (1855-1861), did not succeed in consolidating botanical interest in Malesia. F.A. Stafleu, in an article on Miquel (which contains bits of early Rijksherbarium history), concluded: "Forty years had to go by before tropical botany was revived again in The Netherlands, thanks to the foresight of F.A.F.C. Went and through the activities of his pupil A.A. Pulle, both Utrecht scientists and successors to the heritage of Miquel" (Sources, 1978).

The main Herbarium building (demolished in the 1960's for construction of the present one) was quite stately in its classical style.

The same air of nobility of the white temple-like building comes towards us from all sectors of public life in that colonial era. A work like the *Handbook of the Netherlands East Indies* to which Lam contributed (1930d), gave everybody to understand that something great was achieved. It was impossible not to believe in its permanence. At the time, living in that splendid and orderly world, Lam never had an idea that this might come to an end.

After the Verbenaceae he was given another family of useful trees, the Sapotaceae. The choice of this family with many trees of commercial value was made for the benefit of foresters (see the remark in the annual report of 's Lands Plantentuin over 1919, p. 217; Sources, 1920-1929). On 9 March 1920, he wrote about them to Van der Feen: "It is nice work. Although the biological-scientific value may be slight, I always find some satisfaction in bringing about order where it was lacking. Eventually, one might become peevish over it, however, if there were nothing more, altough I neither hope, nor expect such. But I feel more and more that I am unfit for specialised deep-digging research and therefore hope to attain something comprehensive in science.

For quite some time I have been gathering abstracts from literature that may be useful for the New Guinea expedition. All sorts of things are in them: earlier tour reports (only what seemed useful of course) of Lorentz and Pulle, the Bulletins of the Treub Society. It is the first time that an expedition is completely prepared in the Indies, and as I heard, people in Holland clap their hands together in surprise. (...) I get many valuable things in the Yearbook of Mines and especially of the Topographical Service.

With Docters van Leeuwen always fine, fresh and young in spirit, is biologist as well as human in the best sense of the word, and tells good stories.

I also have a note book in which I take down all nature observations. There is already much nice material in it, on Tjibodas & Mt. Pangrango; extensive description of a flood; germination in Loranthaceae; geocarpy; drawings of several flowers, of plankton, of butterfly pupae, of insects, quite amateurish of course, but full of interest" [I have never seen such a book. – M.J.] (Source 12).

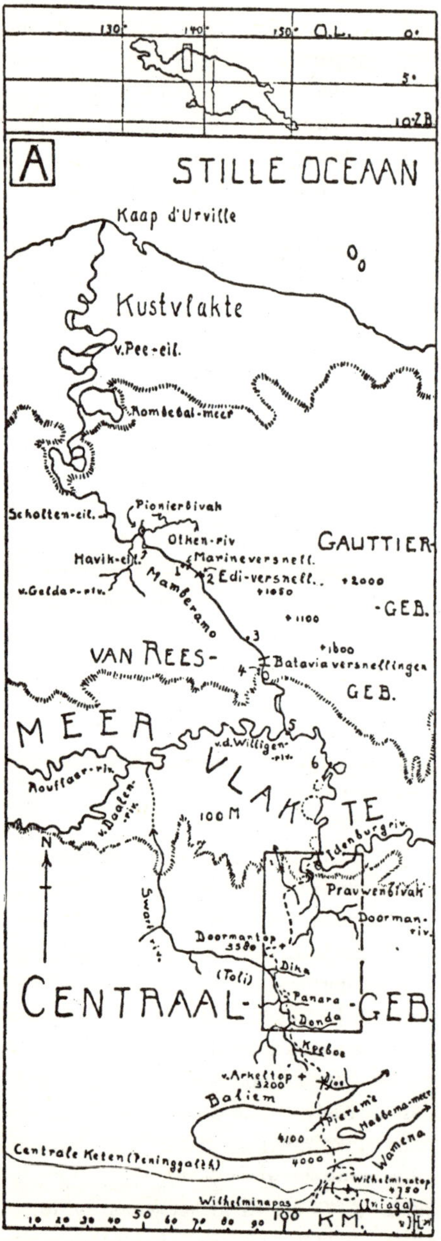

KAART A.

Legenda

1. Tulband-bivak
2. Edi-bivak
3. Wand-bivak
4. Batavia-bivak
5. Kalong-bivak
6. Veen-bivak.

N. B. Het omraamde gebied is op kaart B. op kleiner schaal weergegeven.

Fig. 4. Map, drawn by Lam, of the area explored by the Mamberamo Expedition, 1920–1921 (from 1927d).

To New Guinea

The 'Van Overeem Expedition' was the first part of a large exploration effort to penetrate the central part of western New Guinea, up the Mamberamo River. There was a considerable staff; Lam was the only botanist. He had asked himself for the assignment. After a year in the tropics, with some experience gained during an excursion to Mt. Mandalagiri in W. Java he left Bogor, and participated in the expedition for the rest of 1920. He went up all the way to Mt. Doorman (3580 m) and somewhat beyond, where a new tribe was studied. On arrival he made friends with H.J.T. Bijlmer, a medical anthropologist, and they became 'verklebte Urwaldgenossen', (see 1959f). It became a turning point in his life; he had sensations of coming home: "Sometimes I felt as one who, after an absence of many ten-thousands of years, again comes to take a look around in antediluvial world and environment and, to his own amazement, becomes aware that he seems very well able to recall that primitive state, and to sympathize with the life of the roving human animal. *The sleeper awakes*; but notwithstanding his modern comfort and the effect of civilized life, he finds it back as he left it: as something which has remained dear to him and almost indispensable" (translated from 1929c, p. 273; 1945a, p. 76).

For his further adventures we must refer to his 'Fragmenta Papuana' which he published several years later. It ranks among the finest travel accounts from the Malesian region (1927d, 1927e, 1928a, 1929c, 1929d, 1929e, 1945a) and established his name as a geographer. For the rest of his life he loved New Guinea, and promoted its exploration wherever he could.

Personal Life

A long letter to Van der Feen, dated 11 March 1921, one month after return from New Guinea, to which his wife Hans contributed 3½ page in a very positive vein, is followed by one dated 15 March 1921: "Forgive me my brevity, which you will appreciate, to inform you that Hans – after a long and difficult struggle – has decided to seek her happiness without me. Later you'll hear for whom a love stronger than for me entered her life. May this suffice for now and can I count on your friendship and support?" (Source 12). Afterwards the Annual Report of the Plantentuin (Sources 1920-1929) for that year said: "After the unpacking, ordering and preliminary sorting out of the collection, which suffered much delay owing to a long illness, Dr. Lam again took up the interrupted study of the Sapotaceae" (p. 4).

But consolation came. Mrs. Corrie or Blanche Slangen-Moorrees was appointed at the Herbarium Bogoriense as 'assistant-conservator' in February 1921, till 1924. Born in 1886, in Java, she was married to a civil servant,

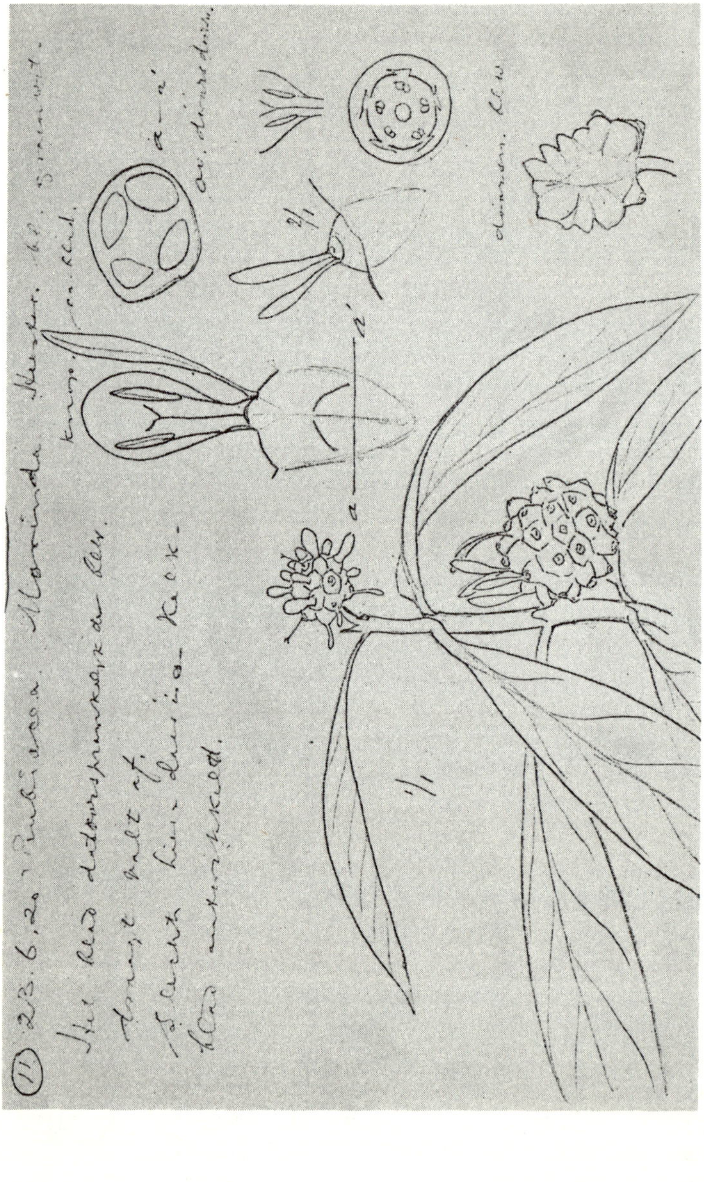

Fig. 5. Sketch of *Morinda* (Rubiaceae), made in New Guinea, dated 23 June 1920. “Heester. bl. groenwit. knop ca. blad. Het blad dat oorspronkelijk de blw. draagt valt af. Slechts hier en daar is een kelk-blad ontwikkeld. Ov. dwarsdoorsn. doorsn. blw.” (Source 44, fig. 11).

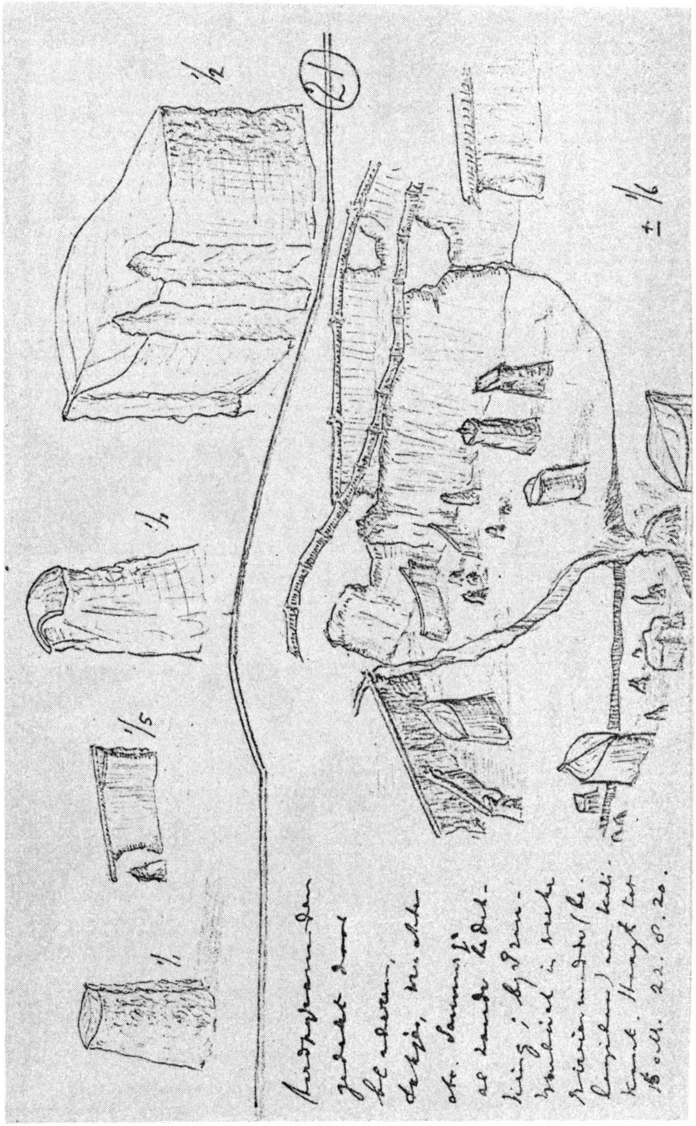

Fig. 6. Sketch of erosion patterns at a minute scale, made in New Guinea in mud by a river: the soil has been washed away except where covered by leaves and twigs which protect it from rain. The text reads: "Aardpyramiden gedekt door bladeren, takjes, vruchten, etc. Sommige al zonder bedekking; bij Prauwenbivak in weeke riviermodder (beloopbaar) aan kalikant. Hoogte tot 15 cM. 22.8.20. (Source 44, fig. 21).

Fig. 7. Sketch, made by Lam, of an outcrop of sediment by the Mamberamo River, New Guinea (1927e, fig. 10).

with whom she had been on lonely, dangerous posts. She had lost a daughter and now, as a widow was left with a boy of about 8. The first photographs of them together are dated Easter 1922. And there is a letter of 15 January 1923: "For it is only my second marriage through which I have come to understand life; the process is still going on with full intensity. It was only Cor who taught me to view and to be myself, yes, also in grief and in great but now fruitful struggle. Her vision was clear".

In 1924 they had a house built at Van Imhoffweg 16 (now Jalan Salak), across the Ciliwung valley, with a magnificent view on the Gardens and Mount Salak. In December 1925 their daughter Ellen was born. They had hoped for a girl. A page in the book of photographs of this time has been inscribed: 'The happy years'.

Socially, he did not mix much in clubs. Reading and piano playing were a major recreation, and he liked long walks in the country, often accompanied by O. de Vries. With Van Steenis, who arrived late in 1927, there was little contact; Mrs. W.S.S. van der Feen-van Benthem Jutting too, who before her marriage worked at Bogor in 1930-2, found him rather kept to himself. The contacts he sought were rather of the professional, than of the personal kind.

Fig. 8. Sketch, made by Lam, of the Mamberamo River upstream from Camp Edi, New Guinea (1927e, fig. 11).

Work at Buitenzorg

The 'Vereeniging Nederlandsch-Indisch Natuurwetenschappelijk Congres', i.e. society to organize scientific congresses in and about the Netherlands Indies, was established on 22 June 1918. Docters van Leeuwen was President, and on 17 February 1923, at a meeting which Lam attended, it was probably agreed that he would be First General Secretary of the Third Congress, held at Bogor on 25-28 September 1924. It was a rather important affair, supported in various quarters, with 53 lectures held in 5 sections; mathematics & physics, chemistry, medicine, biology and geography & geology. Lam coordinated it all (see 1925d), and edited the 483-page proceedings. No doubt this job qualified him for the Fourth Pacific Science Congress.

That he held the pen so more often than the gavel seems to me a matter of disposition. His command of Dutch was superb; grammar, syntax and idiom held no secrets from him, and also in English, French and German he was very good. He did not shun the work it involved. The summons, the stationery he designed, are in fine taste and style. On the one hand, he was born modest, on the other, he liked to be in a position of prominence. He found, however, that in debate the right word did not always come to him at the right time. Secretary was the natural outcome. At smaller, orderly meetings he was an excellent chairman.

He developed ideas about position and function of the Herbarium Bogoriense, and Docters van Leeuwen asked him to put them on paper. On 10 April 1923, he submitted a 9-page report on the subject. It still seems a very good memo. It gives a definition and formulates the aim of Herbaria, outlines a future course, deals with relations to the Forest Research Institute and the Museum for Economic Botany and to the main Herbaria abroad, especially Leiden, and finally discusses the position of Keeper and botanists. It recommends thoroughness as a standard of working, rather than haste. Docters van Leeuwen's reply thankfully acknowledged the memo and added confidentially that he rated Lam a very serious candidate for the post of Keeper of the Herbarium (Source 39).

When J.J. Smith retired as Keeper, on 3 May 1924, he was, however, succeeded by J.G.B. Beumée, a forester who had arrived at the Herbarium in 1922. We may assume that this shocked Lam's faith in the Director. The appointment of Beumée meant an emphasis on practically useful work, such as was demanded from the Herbarium by the Forestry Service (which collected large amounts of herbarium specimens) and by the Museum for Economic Botany, also by the Agricultural Service. It was at their urging that the Herbarium staff had been extended with Van Slooten, Lam and others, to produce revisions, predominantly of economic tree families for the whole of Indonesia.

But botany has a variety of other enticing aspects, particularly in the tropics. Lam, who after hard work had finished the difficult Sapotaceae and had *Canarium* of the Burseraceae already well in hand, was looking for a change. This came when Hans Winkler prepared an expedition to central Borneo, and wanted a companion. When no botanist but P.M.W. Dakkus, a horticulturist of the Gardens was sent, Lam was deeply disppointed and felt curbed in his scientific aspirations. Things did not improve when the zoologist K.W. Dammerman was sent to explore Sumba without a botanist, the forester F.H. Endert was attached to the Central East Borneo Expedition for botanical work, and another forester, C. Coster, was appointed Head of the Treub Laboratory.

On 21 January 1925, Lam and Van Slooten sent a 6-page memo, also signed by C. van Overeem, the mycologist, to the Director, Docters van Leeuwen. They complained that the Herbarium was losing its autonomy and position as a scientific institution, and that it was made subordinate to the demands of others. The staff were allowed neither the study of floristic and plant geographical problems nor participation in field work as a source of inspiration and activity. A plea was made for a more liberal arrangement of tasks.

Docters van Leeuwen, in a 7-page reply, affirmed his policy of emphasis on directly useful work, argued his decisions somewhat haughtily, and added a few snubs for good measure. Lam attached 8 pages of bitter comment. Docters van Leeuwen (who himself was always engaged in genuine 'biological' work) had conceded nothing: Lam quoted Winkler's words: "Man soll diesem Mensch die Sachen ganz kolossalerweise sagen, sonst versteht er es nicht" (Source 39).

Yet something had apparently happened: the next year, Lam was sent to the Moluccas on a plant-geographical expedition. Thereafter, he published the Fragmenta Papuana; in 1929 Beumée arranged that Kew would send material on loan to Bogor, and the proportion of 'pure' scientific work emerging from the Herbarium was not bad at all. Frictions between botanists and foresters recurred, though, and Lam distrusted Docters van Leeuwen forever; in papers of 8 July 1929 and 18 February 1931, other unpleasantries are found. The impression remains that he was over-suspicious at the time. Between suspicion and honesty, his mind was ground to its characteristic sharpness.

On the Talaud-Morotai-Miangas expedition he was, half a century later, still lyrical: "Oh, those wonderful Moluccas". In 1974 he typed the diary of this expedition, and had it bound (Source 48). At this expedition, carrying his New Guinea experiences with him, he was his own master, penetrating the islands along the rivers, which he mapped. He developed his photographs on the way, washed the prints in the river. While standing on the Peak of Talaud, with forests all around him and the sea in the distance, a thought came up: all organisms parasitize each other, and the earth. He elaborated the idea in his address as Rector Magnificus (1959a). The results of the Moluccas journey are given in 1927c, 1928b, 1931b, 1932a, and 1942d. They include many comparative linguistic observations. Lam knew Malay well, and on this and later journeys (for instance the one to Madagascar) systematically asked people for certain words, to find a common derivation. We do not know if this interest was implanted at Grammar School, as often is done by comparing the several Indo-Germanic language elements.

Not only in private life and as an explorer did he establish himself in these years: the Burseraceae, his next family for taxonomic revision, was also greatly to his liking. Work on them liberated something in him as he later recalled, they gave him the 'emotional dimension' of the hitherto 'Strenge Wissenschaft' in which he had come to believe in Utrecht. I asked him if there had been people who in talks or otherwise had helped him, perhaps by force, in finding his destination? "I wish there had", he said. As it was, he said, he was often torn between pride and self doubt. But that gradually improved, and he got along quite well with a variety of people.

The Pacific Science Congress

The first Pan-Pacific Scientific Conference, held at Honolulu in 1920, was attended by 55 scientists from overseas; the Second Pan-Pacific Science Congress in Melbourne and Sydney in 1923 drew 80; the Third Pan-Pacific Science Congress in Tokyo in 1926 had 142 (see Sources, 1930, vol. 1: 44-54). A fourth congress was to be held in The Netherlands Indies in 1929; for the government, it was a prestige affair from the beginning. The Royal Academy of Arts and Sciences in The Netherlands was involved at an early stage; F.A.F.C. Went was its president at the time. When, perhaps on his advice, Lam was asked to be First General Secretary of this congress, he felt strongly attracted to the honour and the variety of experience it would bring. It was a full-time job for 2½ years; he was given a staff of 2-3 clerks and an extra salary.

On 29 January 1927 the Executive Committee was appointed (see Sources, 1930, vol. 1, the photograph opposite p. 4). Lam's friend O. de Vries became President. He was the son of Hugo de Vries who, according to Lam, considered one botanist enough to bear this name and forbade his sons to study biology; this one became a chemist. How complicated the organization was can be seen from Volume 1 of the Proceedings (see Sources, 1930) which reports in great detail in English on the whole congress.

There were over 250 scientists from overseas. The Governor-General gave a magnificent party. An exhibition at Batavia of native industries drew 10,000 visitors. After the opening ceremonies at Batavia, the working meetings were held at Bandung; 270 papers had been submitted. There was a great variety of excursions; at Nusa Kembangan, *Rafflesia patma* presented the botanists with two open flowers, and the geologists on their visit to Malabar volcano were treated to a mild earthquake. Gradually, the congress moved eastward across Java to Surabaya where on 4 June a farewell dinner was held. All this made good publicity for the beauty of Java and the enlightened way in which it was governed.

The congress was a resounding success, to which certainly contributed the various festive occasions and keepsakes to please the delegates: the stationery (which survives in the Rijksherbarium archive) is in excellent taste, good maps were specially prepared by the Topographical Service, each member received a very fine badge, as well as a bound copy of Science in the Netherlands East Indies (edited by L.M.R. Rutten), giving substantial summaries of the state of knowledge in all fields, attractively illustrated. For his contribution to this book (1929f) Lam was complimented by Went in the opening address.

We get the impression that Lam, as Secretary, worked with modesty and efficiency. His minutes of the Committee meetings – some exceeding 20 pages – are clear, detailed, balanced, and to the point (Source 26). He was 37 when the congress took place, which seems some ten years younger than the average of the other members. During the 2½ years that he ran the congress machinery he came to admire O. de Vries who was a splendid organizer and chairman, saw some of the workings of government from within, became versed in matters of protocol and prestige, and cultivated what in retrospect he called 'a certain flair for moving about'. In August 1929 he received a royal award: Officer in the Order of Oranje-Nassau. At the time he was in Holland where in July he had gone on leave, ten years after his arrival in Java; although he was entitled to leave for some time, he had delayed it because of the congress.

He acquired another treasure. When the congress was about to be opened, he received a delegation of the Chinese newspaper Sin Po. They presented him with a so-called hanging scroll, made of cream-coloured silk, about two metres long and half a metre wide, with Chinese characters in black. He asked a Chinese professor who attended the congress for the translation, and learnt that it read something like: *Seek the happiness of mankind, Discover the secret of the universe.* It hung in his room at the Rijksherbarium all the time of his directorship, and in several of his speeches he commented on the wisdom laid down, in the sequence of the two imperatives.

Away from the Herbarium Bogoriense

After the Congress, the family went on European leave, from mid-1929 till mid-1930. They travelled in Spain and France. At the Rijksherbarium, Leiden, Lam worked up a collection of Sapotaceae from New Guinea (1931a). At Amsterdam he delivered a lecture, full of ideas, *'Experiences and thoughts of a biologist in the Malay Archipelago'.* Its publication in print (1930c) caused a stir, because of an appended remark that botanists are better qualified for taxonomic and plant-geographic work than foresters are. This was followed by a plea for interaction of pure and applied science. The editors of Tectona, the journal read by every forester in Indonesia, quoted it with a long vitriolic comment (23: 983-987. 1930), and it seems that Lam's gentleman-like reply (1930e) had little effect. J. Jeswiet wrote from Wageningen that Lam's good name was much harmed by the remark. Lam, in his reply on 31 March 1931, explained everything: Beumée was about to retire as Keeper of the Herbarium, and Lam, worried that again a forester instead of a botanist would succeed him, inserted the remark on purpose, because he felt that he could not make it the subject of a separate article. It spoiled whatever chances he may have had to become Keeper, but perhaps as a result (or Lam thought so), D.F. van Slooten was appointed, a botanist after all! "You say this affair has damaged my name," he wrote. "Do you really believe that someone's name suffers in the long run, if he puts forth his ideas honestly and quietly defends his opinion; if he comes up for his corps and his institute? I don't believe so. I really mean that I am right on this point, and that the future sooner or later will bear me out. That I now have become a victim of sorts, bureaucratically, is of course of very little importance" (Source 39).

In November 1930, he was assigned for two days a week to K.W. Dammerman, the Keeper of the Zoological Museum who was a leading conservationist, to assist the latter in conservation work with special reference to plants, which at the time were mainly endangered orchids. Previously, after a brief period as Treasurer and Acting Secretary of the Netherlands Indies Society for Nature Protection, he had become its First Secretary in mid-1922, and in this capacity published three reports (1923a, 1924e, 1929a). If Lam did more in this field it is unknown to me. A Conservation Department was established under Dammerman's directorship, after Lam's time.

Docters van Leeuwen was on leave from 14 May 1930 to 13 February 1931; his lectures at the Medical School in Batavia, where he was a professor of botany, were given in his place by F.W. Went. The latter, son of F.A.F.C. Went, also a plant physiologist, became Head of the Treub laboratory in March 1931, until he left for the United States at the end of 1932.

When in July 1932 Docters van Leeuwen retired, Dammerman succeeded him as Director of the Plantentuin and Lam (on Docters van Leeuwen's recommendation) as Professor of Botany Extraordinarius at Batavia, for propaedeusis. These simple facts are the outcome of the usual amount of machinations, coloured by the economic depression and threatening budgetary cuts (Source 7). Lam followed it all with great intensity.

The Road to Leiden

His duties at Batavia took him two days a week. When on 3 August 1932 he delivered his inaugural address (1932c), nothing was yet certain about Leiden. It was then already five years ago that Pulle – no doubt with the consent of F.A.F.C. Went – had written to him (on 20 August 1927) about a future vacancy at the Rijksherbarium. The director's post as lecturer might be converted into a professorship; would Lam be interested? Yes, Lam replied on 25 September, but he liked Bogor, also financially. He awaited further news from Pulle.

On 9 October 1930 G.L. Funke, mutual friend of L.G.M. Baas Becking and Lam, wrote the latter that Baas Becking had agreed to take the Chair of General Botany at Leiden, on condition that another professor be appointed to deal with Special Botany, and that he had an eye on Lam for the post. After all, the situation in Leiden was such that no degree in plant taxonomy could be obtained at the university which possessed the largest Herbarium in the country. Lam and Baas Becking (see People) knew each other at Utrecht; they had made an excursion to the island of Terschelling, and a spark of mutual esteem had leapt across. Lam wrote to Baas Becking in terms of unhurried interest at first; letters began to be exchanged and gradually, between the two men, matters took shape (see Source 36). On 28 April 1931, Lam in all frankness expressed a feeling that they would harmonize and accept much of each other, in honesty. "So if you want to accept as collaborator a man of mediocre abilities and character, without particular excellence and with many faults, but with a capacity for work, diligence and devotion, then, if I am right, we agree on the nucleus of the matter."

He did not take things easy. On 23 June 1931: "I know very well that in an earlier period I sometimes made enemies, although rather through awkwardness and unwise outspokenness than through anything else. I believe, however, that those times have passed, and suppose that you'll get the same impression from people who have been in closer contact with me lately. The fact is that I can't accept much from those whom I am unable to respect (and least of all stand criticism of my faults); I am unable to give myself to such people. (...) However, I can give myself entirely to those whom I do respect, no matter how many faults they may have, and, if I can be myself, I can give the best that is in me. From those I can accept very much, including criticism of my real faults, if given in friendship." And he added, that he wants to win sympathy and solve difficulties "when I have my wife beside me in my work, with her friendly support, who often assists me in such matters, through her finer intuition" (Source 36).

Complications came from the outgoing Director, J.W.C. Goethart (see People, and Source 28). Although Goethart retired on 31 December 1931, his action against a professorship (see Director: Historical Background) continued, and delayed the possibility to place it on the budget. As a result, the budget with a Chair of Special Botany on it was the one for 1933. As a contender for the Chair, B.H. Danser was named, but Lam was preferred, as he thought himself, for a difference in breeding and personal distinction.

He left the Herbarium Bogoriense on 31 December 1932, to succeed F.W. Went as Head of the Treub Laboratory. With the upward course of his career, his position had become somewhat ambiguous; we may presume that from now on his thoughts were often occupied with the future. The Treub Lab meant a promotion in certain resprects; it was connected with a reduction of personnel because of budgetary cuts; his post at the Herbarium was not filled again. He and Van Slooten drew up an agreement for cooperation between the Leiden and Bogor Herbaria. When the tedious details about his pension at last were settled, he left Bogor for ever. His family went directly to Holland by mail steamer; he sailed on 28 July 1933 by way of Manila, Shanghai, Japan, Honolulu to the United States, travelled across North America, and so to Britain, everywhere visiting Herbaria and in advance establishing relations for the benefit of the institute that would be his.

LEIDEN, WORKING YEARS

The Setting

Miss J.Th. Koster remembers his arrival at the Rijksherbarium: "He was like a ball of energy." It was 2 October 1933: the new Director was 41. He had been growing steadily, his life's journey going upward to this post which he had really wanted. His time had come. "It was a difficult decision for us," he wrote to Van der Feen on 27 June 1933, "but the future counts most, and also the fact that I now will be able to continue work in my own field. The prospect after ten years, when I'll be 51, to live in Holland as a retired colonial officer with nothing to do but perhaps being tolerated in an unpaid job, holds no attraction at all for me, so I better take a few difficult years in the bargain."

Difficulties there were. The institute was neglected, and although in the 1920's Bogor sent tens of thousands of duplicates, no work on Malesia to speak of had been done for a decade. Staff and budget were at a minimum*, and the economic depression was at its worst. A routine of teaching existed, but only at an elementary level (for Lam's view on the foregoing period, see Director: Historical Background).

He had two powerful supporters, who happened to be the Herbarium's physical neighbours. Although they had their own business to mind, they took at least a positive attitude. The one was L.G.M. Baas Becking, Professor of General Botany, Director of the Botanical Laboratory and of the Hortus Botanicus (see People). He had arranged for Lam' s appointment, fully realizing the potential of the Rijksherbarium for the University. An extremely cunning organizer, he managed to obtain funds from various quarters for several projects, notwithstanding the recession. The relation with Baas Becking had its problems (see Professor). The other was P.J. Idenburg, Secretary of

* As Dr. S.J. van Ooststroom recalled, the previous Director often found it easier to pay expenses out of his own pocket than to submit accounts, thus letting these budget items dwindle.

the Curatores (see People), who resided in the University buildings. He was an exceedingly able administrator, whose arrival in 1928 ended a long period of sloppiness in the affairs of the University. He was to handle the budget cuts, and his support was moral in the first place. Yet initiatives from Lam were taken seriously. One of the first was, to replace the antiquated journal *Mededeelingen van 's Rijks Herbarium te Leiden* by *Blumea*, named after the founder of the institute, C.L. Blume. Idenburg actively supported it and, taking pleasure in Lam's careful management and optimistic tenacity, always had an open eye for the needs of the Rijksherbarium. The opportunity came during the War. Mr. Idenburg well remembered the situation. It occurred when the occupying German authorities removed the pre-war checks against inflation. They were indifferent about the value of the guilder, but found it good for their prestige to promote non-political scientific work, especially after the University was closed. When, in response to a report by Lam on the bad conditions at the Rijksherbarium, Idenburg saw a chance to allocate more funds and personnel, he made most of them, and thus made possible the first major expansion of the institute. The second expansion came with the advent of the Flora Malesiana.

The Family

With his wife, stepson* and daughter he settled at Rijnsburgerweg 127, Leiden. According to custom, he and Mrs. Lam were at home for six consecutive Sunday afternoons to receive acquaintance calls from other professors. The house was spacious, in a fine area, and ELLEN was painted on the front. Here he lived for the rest of his life.

He always worked, and also tried to improve the achievements of his wife who had a flair for painting and sculpturing, and of his daughter when she was studying French or piano; this sometimes diminished their pleasure. Yet ties were strong; birthdays were always celebrated on the very day, whenever that might be, and New Year's Eve too was made much of. His wife had great patience with him. Although a plan for holidays was made every year, he mostly let it happen that they fetched up in France, the country he loved. He was fond of walking in rough terrain; when she was unable to keep up, she waited for hours. At her initiative, he bought a houseboat at De Kaag, a nearby lake, where in the summer they spent time; his secretary daily came with the mail and to take down the letters which he dictated. From the

* Hermanus M.H. ('Noes') Slangen (1909–1963). He was sent to Holland earlier, for his education. He completed his studies of indology in 1936, followed a training for police officer, became a civil servant, and finally an archivist at Leiden University. His wife and three children survive him. They, too, were treated as members of the family.

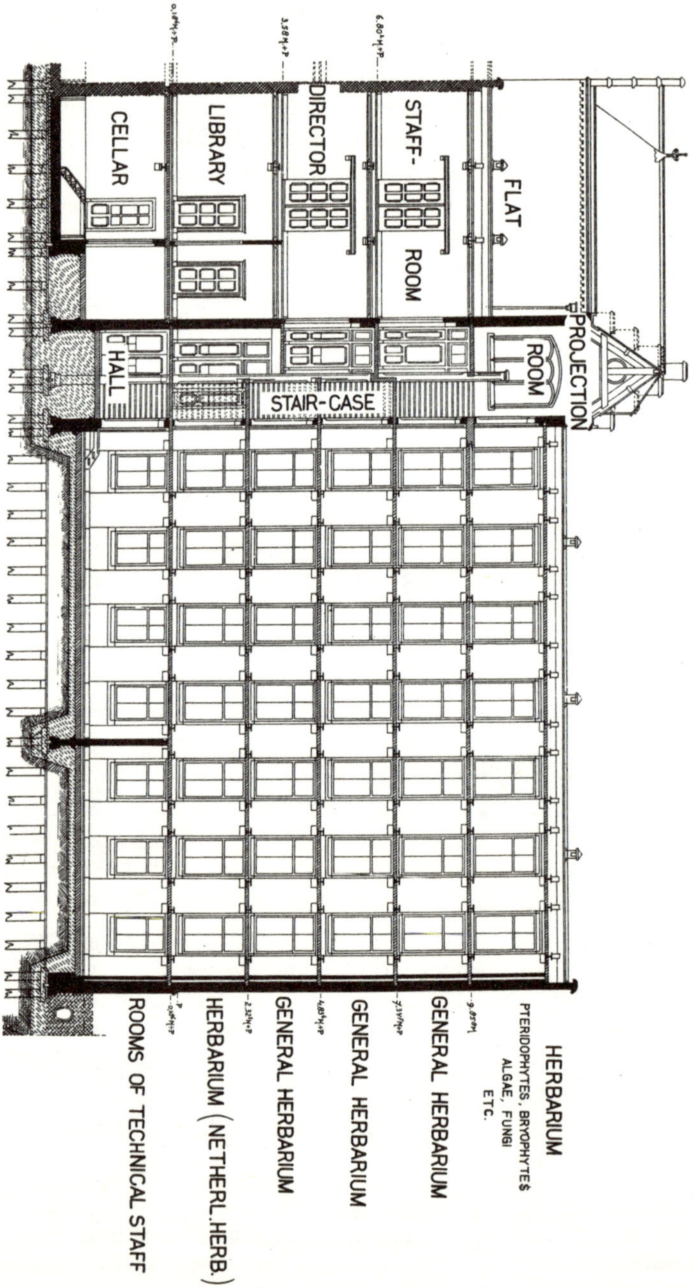
CELLAR
LIBRARY
DIRECTOR
STAFF-ROOM
FLAT
PROJECTION ROOM
HALL
STAIR-CASE
HERBARIUM
PTERIDOPHYTES, BRYOPHYTES
ALGAE, FUNGI
ETC.
GENERAL HERBARIUM
GENERAL HERBARIUM
GENERAL HERBARIUM
HERBARIUM (NETHERL.HERB.)
ROOMS OF TECHNICAL STAFF

houseboat as a base, he taught himself (and Ellen) sailing, at 50. In winter, when ice permitted, he went skating, making long trips with amazing fitness and swagger. A lovely photograph survives of what Professor H.B.G. Casimir remembered as an awfully cold enterprise. He also liked car driving, in his Lancia – not the meanest of automobiles. There is a story, told by his daughter, about him as a really absent-minded professor. Mostly he went to the Herbarium on bicycle, for which in Holland special paths exist. One day for some reason he took the car and, the road being unusually quiet, he was stopped by a policeman because in his car he was riding on the bicycle path! This must have been an exception; he was always extremely alert and quick-witted. All people to whom I talked about him were struck by his intense, sometimes whimsical interest in people. He wanted to know where he stood with them. This is illustrated by the story on the journey to South Africa.

South Africa, Madagascar, California

Cultural ties between The Netherlands and South Africa are of long standing. When Mr. Idenburg returned from a trip there, he recommended that cooperation in the biological sciences be initiated between universities in the two countries. Idenburg's idea was taken up by the Biological Council of The Netherlands (See Other Functions), which delegated seven professors of biology of the various universities to go on a journey to South Africa. Lam represented Leiden. Some other biologists found the funds to join the group, so there were 16 altogether, among them A.D.J. Meeuse, then Lam's assistant, and J. Lanjouw, a young taxonomist at Utrecht who eventually succeeded Pulle, but by then was still working for his Ph.D.

On the ship to South Africa, Lam, Lanjouw, and Meeuse shared a cabin. Lanjouw told me that Lam, ten years his senior, naturally called him by name which Lanjouw, somewhat hesitatingly, reciprocated. On a morning,

---

Fig. 9. Rijksherbarium building, in section, as seen from the Nonnensteeg side. Heights in metres are indicated as from the P near the first floor. The library room was extended into the adjoining Botanical Laboratory, on the left. The opening towards the left as drawn in the Director's room is apocryphous. The doors in the Staff room and the Director's room opened to similar rooms on the Hortus side. On the 'flat' location, later a working room was built. Between the stairway and the herbarium floors there was a small goods elevator, later enlarged to accommodate persons. The herbarium floors could be closed by thick fireproof doors. The 'cellar' housed the KNBV library in one part, and the boiler of the central heating in the other part, on the street side. As the architect is named Jacobus van Lokhorst. The building still stands; the Rijksherbarium occupied it till 1964 (Origin of this sketch unknown).

after Meeuse (who was again much younger than Lanjouw) had left, Lam said: "Lanjouw, I have noticed that a certain *tutoyement* has developed between us in both ways, while I am in fact the Professor and Director of the Rijksherbarium. I also call Van Ooststroom by name, who is your age, but he would never think of doing the same to me." "Lam," replied Lanjouw, "Van Ooststroom is your subordinate and we are, on this trip, fellow taxonomists." Lam suddenly brightened and said: "Well, you are right, I had not yet seen it that way." And from that moment, Lanjouw said, dated their unbroken friendship.

The group arrived on 2 September 1938 in Cape Town. They were officially received and toured universities, museums, botanical gardens, experimental gardens, laboratories, Herbaria, excursion sites and nature reserves, with talks and lectures in between, all over the country, to leave from Durban on 28 October. Lam and Meeuse, however, had already left on the 23rd for Madagascar. The stencilled report on the journey, edited by M.J. Sirks, the leader, may have a certain historical interest. Lam contributed 15 pages on the state of descriptive botany. He pointed to an emphasis on teaching and on applied science, to the neglect of theoretical systematics and of fundamental research in general. Taxonomy was mainly floristic; he found the local botanists well up in ecology. He noted the existence of 9 separate Herbaria and recommended the merger of some. He saw a future only for bright scientists who were prepared to live at their own expense during the three years needed for naturalization. The report ends with an account of the plant collections made (Sources, 1981, also 3). Eventually, several Dutch botanists found the way to South Africa: W.J. Lütjeharms, A.D.J. Meeuse, H.C.D. de Wit, J.S. Zaneveld, and E.M. van Zinderen Bakker.

The reasons for Lam and Meeuse's going to Madagascar were 1) the opportunity to combine it with the journey to South Africa, 2) Lam's plant geographical curiosity in this island with its many ancient forms, 3) an affinity in the flora between Malesia and Madagascar, 4) a general lack of materials from Madagascar in the European Herbaria outside Paris. With financial support from various quarters, they visited Réunion and Mauritius, then landed at Tamatave on 4 November. Helped by French support they explored many parts of the island, at various altitudes up to 1550 m, and collected a total of 1030 numbers (Source 22 for specification). It was mainly a collecting trip; the one resulting publication (1940f) is essentially a compilation of geographical data, with comparisons between Malagasy and Malay linguistic elements (see also 1953b). Many maps and publications were acquired, and photographs taken.

After a visit to the Comoro Islands, they returned by ship, through the Red Sea, to Marseille, and by train to Holland, where they arrived on 22 January 1939.

Hardly was he back in Leiden, when he was invited to the 6th Pacific Science Congress, in California. He left on 8 July 1939, and returned on 12 September. During the Congress, at his instigation, a committee was set up to compile maps of Pacific Plant Areas (see 1953h, 1957i) which eventually, in Van Steenis's hands, led to the publication of three considerable volumes. He also delivered a plant-geographical paper (1940c), visited Herbaria at Chicago, Cambridge, Mass., Washington and New York, and collected 143 numbers, mainly in Yosemite National Park (Source 21).

The German Occupation

World War II, begun in September 1939, did not reach Holland until 10 May 1940; resistance was broken in five days. What this meant to the University was summarized by Lam himself much later, when he was Rector (see Other Functions). For the Rijksherbarium, it meant a sharp decline in international contacts; this situation created time for much-needed curatorial work (see also 1945c and Director). While Baas Becking, whose departure for Bogor was frustrated by the war, made (unsuccessful) efforts to escape to England, Lam stayed on duty. Patriotic as he was, finding the right attitude was no problem to him, as is shown by the Mattfeld story (see Director), and by the facilities he gave, not without risk to himself and his institution, to the young men on scientific and technical staff to go in hiding from the Germans, in the Herbarium building, just under the roof.

What the Germans did to the occupied country is well summarized in the first paragraph of Lam's account of a 'hunger expedition' to forage on the land. From 25 February to 7 March 1945 he, his daughter Ellen, and Mies Winkler set out, on nearly succumbing bicycles, to purchase food. The 33-page diary (Source 33) tells the story; here we quote the reason why.

"Late in February 1945, conditions in the western part of The Netherlands amounted to complete famine. After 17 September 1944, no trains ran any more, from the end of December to the end of January the waterways were blocked by ice and the roads by heavy snow. The usurper carried off as much food as he was able to, and incorrectly ascribed to the railway strike the shortages that followed. Moreover, he did everything to aggravate the famine, for instance by holding up Red Cross shipments from abroad, to promote his own political goals. So there was, after October, no gas, electricity, or fuel supply whatever, in one town somewhat later than in another. Public kitchens reduced their ration to half a litre per diem. There were weeks when daily their peasoup was served without fat or meat. Early in February, when the frost was over, some potatoes came again, but rarely, together with tulip bulbs and beetroot. The great majority of the population had no potatoes, no fat, seldom a little meat, no milk – the last skimmed milk was handed out in November – and many vital supplies were wanting, like soap and matches. Laundry services had stopped, transport was lacking because of confiscations of vehicles, and because of air strafings on the main roads, want of horse fodder, &c. Bathing was impossible or very difficult. Clothes were changed once in two or three weeks; many men shaved every second day or grew a beard. Many public services were in disarray as men under 40 had gone into hiding, fearing to be carried off as slaves in the innumerable round-ups in streets and sometimes in houses.

Under the circumstances no regular work could be done any more. A few hours of working a week was fine for me. At the Rijksherbarium, where all of us – 20 persons – sat together in my rooms, around a stove which had been purchased for that goal, there were always a few people. Everyone needed most of his time to look for food or firewood in the vicinity of the town."

Thus began an incredible journey, during which Lam at a farm bartered his coat against four pounds of fine bacon. Upon their return, they found their house occupied by Germans who had confiscated it at short notice. Fortunately, P.A.H. de Boer, professor of theology, had arranged for help to bring furniture and belongings (including Mrs. Lam's many hat boxes) to his own house in safety. For the last weeks of the war the Lam family camped in the Rijksherbarium. He never spoke or wrote German any more if he could avoid it.

An account of the events which led to the closing of the University by the Germans was given by Lam as Rector and is printed below (see Other Functions). He was among the 58 professors and lecturers (out of 93) who early in 1942 submitted their resignation in protest against the intended nazification of the University, although he did so "with a bleeding heart", according to his diary. First, the Germans did not react; on 24 June 1942 he repeated his request, and on 1 February 1943 was indeed relieved from his professorship, but stayed on as 'acting director' on a curator's salary. Mr. Idenburg continued, more or less underground, to be active in finding funds, comfort, and later also food for the university people, especially those in captivity.

On 5 May 1945 the Germans surrendered. Lam stood on the bridge in front of the University when the flag went up from the bell tower. Reconstruction could begin. Some of the money Mr. Idenburg had collected was still unused; it was spent to manufacture, for all professors and lecturers who had resigned, a copy of the silver fly I had noticed in Lam's necktie, and which he always wore. It was a hornet, in remembrance and defiance of the words of a nazi professor who wanted this 'hornet's nest eradicated'. On 6 September 1945 Lam received the letter which brought his rehabilitation and, at last, his appointment as Professor Ordinarius, effective 5 May 1945.

Attitudes

As early as 1943, faculty members secretly met to discuss plans for reconstruction and reform once the war was over. Late in 1944 or early in 1945, another such circle was set up, of which Lam was an active member. On 24 April 1945 he made a 7-page speech to this 'Small Circle'. Idenburg had spoken on the autonomy of the University, H. Kraemer and S.T. Bok on the Studium Generale. Lam's subject was the Civitas Academica. He explained the connexion between the three, in order to make the University "an organic entity, a living unity, instead of the present collection of disparate professional colleges and institutions." The idea behind the Civitas Academica is "the unity of all and everything". He saw the need to bridge the gaps between the faculties, between the professors and lecturers and demonstrators in the same discipline, among the students now divided over a motley of corporations, between ex-alumni and the university, between the university and similar institutions and scholars abroad. He also noted an excess of intellectualism at the expense of character breeding and physical development.

As remedies he suggested that student corporations be reduced in numbers, to one for males and one for females; that a Civitas organization be set up; the organization, by faculty, of debating clubs, excursions, and weekends; meetings of teachers and students; strenghtening of ties with ex-alumni through annual celebration of the Dies Natalis, holiday courses, and local clubs of alumni. He also advocated the mention of moral values in speeches and discussions, and made a plea for stimulation of music, art, and reading under the *aegis* of the University. A building would be needed where all these activities could be housed, open to all 'academic citizens'; a Civitas Council should be set up, and also a University doctor and social worker should be appointed. Only then, in Lam's view, would the University again come to function as a focus of civilization (Source 30).

Shortly after liberation, committees were set up to work out such plans. Lam, who had the Rijksherbarium to take care of, did not sit on them. It is curious to realize that none of these provisions existed before 1940, and to see the completeness of Lam's list of desiderata. By 1949, virtually this whole programme was fulfilled. Academic life was happy in those years. No-one foresaw the enormous expansion of the universities which in its wake brought the disruption of almost the entire traditional structure, and led to the disintegration of whatever unity there might have been – which Lam in his old days watched with anguish and regret.

His political attitude was entirely in the tradition of liberalism. This tradition focussed on freedom combined with personal responsibility for every citizen, and within this framework a maximum development of everyone's individual gifts, in the conviction that this is best for society. In the search for truth, and in dealings with others, reason should prevail over emotion. Human value was determined by value for the good of society: a natural criterion in an age of 'progress'. Respect for these values, and good manners, were a necessity. The concept of 'progress' also offered a hierarchy: unknown worlds had to be conquered, with initiative and risk; testing and judgment was severe. Men were naturally better suited than women for the dangerous role of pioneer, so men dominated society.*

In the non-religious sectors of society in The Netherlands – science, trade, industry, the military – before the War these liberal tenets were crystallized throughout. Lam was well-suited to this climate. Taxonomy, too – that is, those branches which deal with badly known parts of the world – has many traditions with those of liberalism in common. He saw, however, the constraints of the traditions and throughout worked towards a 'civitas taxonomica', more as a doer than as a preacher.

A revolutionary he certainly was not. He viewed the independence of Indonesia with a very critical eye, and in 1951 started a (moderately successful) action, among all professors in the country, to sign a petition to Parliament that western New Guinea be retained and developed by The Netherlands (Source 2); he also published a pamphlet to that effect (1950j). To him, the matter was plain: "Sukarno bets on the scare of some of our countrymen and indeed succeeded in intimidating a number. (...) Not he is our worst enemy, but some of our fellow-Dutchmen are, too many, for my taste. I am convinced that if we hold on to our present rightful course, we need not be afraid of anything. (...) As for myself, I have good faith, except in our own Government. Keep your courage, and try to prevent morale around you from slipping, too. If we lose this cause and abandon the Papuans, it is our own fault and our own disgrace" (letter to W. Vink, 10 January 1962; Source 34).

When after the War political life in The Netherlands was resumed, he attended some meetings to revive the liberal party, the Volkspartij voor Vrijheid en Democratie (VVD), of which at every election time he put up a poster in a window of his house. I do not know about any more of his political activities.

He could have a good laugh at himself. When on 26 June 1948 Pulle returned, Lam gave a dinner speech, of which one passage dealt with a plant

---

* According to a remark in his diary on 12 October 1937, he did not want a ♀ on the scientific staff; Miss J.Th. Koster was apparently an exception, although during coffee breaks he took great pleasure in making her blush. There is no doubt that he was interested in women. "Aren't you curious", he once asked Mrs. Hesselink, who from 1936 to 1942 was his secretary, "if my hair is stiff or soft?" He wore it *en brosse* at the time. And when she replied yes, he told her to stroke it. To her surprise, it was soft! (Source 31).

of his thesis. "A month after taking my degree I left for the Indies, and certainly your teaching cannot be blamed for an incident that happened when the young taxonomist was taken by Docters van Leeuwen – whose habit this was – on an excursion to the islets in the Bay of Batavia. I took material from a small shrub behind the beach, and with fitting modesty came to ask Docters van Leeuwen the name of this plant. 'Man', he laughed, 'that is what you took your degree on!' The plant was *Premna integrifolia*, which had occupied me for months to reduce its innumerable forms to one species" (Source 49).

Abroad

In 1949 he made a journey to New Zealand, as a delegate to the 7th Pacific Science Congress. On this occasion, he acquainted himself with the organization of science in the Pacific, with its far-reaching developments after his own congress of 1929 (see 1950d, 1950e, 1950f). He also visited Fiji twice, New Caledonia, Hawaii, and California, collecting 490 numbers in all. His diary of the journey was typed (Source 18).

He was fond of the sea, and always interested in winds, currents, and navigation, and the great journey he enjoyed most of all was the one on a freighter with passenger accommodation, by way of Ceylon to Australia to attend a congress (see 1955c). Afterwards, he visited New Guinea. The trip lasted from 22 June to 28 October 1954, during it, he regularly sent portions of diary for typing and circulation, the whole text covering 177 pages (Source 20). One fragment, written in Ceylon, is translated here. It reflects his sentiments about the Buitenzorg years. 1954 July 29. "Satisfied with my purchases, I called a taxi to take me and my luggage to the station in the afternoon, and walked, for the last time, up the zigzagging road to the forest, near the 'Tank', which goes up at King's Cottage now in use as country mansion for the (native) Governor-General. Around me the oriental life was buzzing with the affairs of the morning. Strolling slowly up the quiet broad track, I came into a reflective mood. Not without sentimentality – now that the farewell was near – I looked at the almost blackish green foliage of a dense rain tree, which shaded the path, I stepped over the freshly fallen light purple flowers of *Thunbergia grandiflora*. I realized that these ten days I had lived under an enormous strain: I have again been 15 years in Java. There have been days that I had not only completely forgotten the ship and everything in it, but even had difficulty in remembering her name and those of my fellow-passengers. During those ten days – or rather, the middle part of the period, free from recent past and near future – I have again lived, incomprehensibly condensed, all that from 1919 to 1933 I relished in the Indies. It was the bitter-sweet relish of the European who, after having lived in the tropics, will always have two home countries, and always will have to long for that country where he is not. During these years I have drunk, revelled in, everything tropical which here so strongly resembles Java, hoping that I would over-drink myself, that I would become satisfied, for the rest of my life. With all my senses I absorbed everything as deeply and as much as I could, but I have got no further than the remembrance of a life past, compared with which the years in Holland are a sort of chilly and not always pleasant dream. I did not succeed in overdrinking, I only got so far that I with resignation said to myself: Now, it's over again, I belong after all to the West, and found it pleasant to board ship again with the name 'Abbekerk', I saw it already: "Well, Professor, back again, did you enjoy yourself?" – "Yes, madam, I had a wonderful time, I will presently tell you about it, and how are you?" Damned western convention, those questions nobody wants answered. What I lived through I am unable to tell anybody, and I would not have lived through these things if I had had anyone with me, no matter who. These are things to be alone with, a pity, for it would be nice if someone else could be made happy with them. But that is impossible, it is so purely personal, as personal as memory itself. Never will I forget this last walk on the quiet, zigzagging path, each moment, every impression was different and was a memory from the past, the smells, the rustling of bamboo leaves underfoot, the noiseless passing of a dark man, the sound of laundry being slapped on a rock in a small river, the familiar plants on the roadside, innumerable, ruderals, escapees from the old forest, animals too, less familiar but part of the whole, the shrill crows, the loudly flapping kalongs, a snake moving up hill through grass and dead leaves. If Java is out of our reach, for whatever reason, Ceylon is by far the best approach. Its flora is the most westerly of Malesia, like New Guinea is in many respects the most easterly. The endemics, part of which I know from literature or the Peradeniya garden, are soon recognized. A number of genera are the same as in Java, the whole flora is familiar."

In Australia, on the occasion of the congress, he received an honorary doctor's degree of Perth University, in his capacity as leader of the Dutch delegation. Originally this was to be F.A. Vening Meinesz, who was prevented from attending by a traffic accident.

After some travel in Australia, he flew to New Guinea, the eastern and western (then still Dutch) parts, to make excursions, and to meet people; it was the second time that he visited this island to which he felt so deeply attached (his later efforts to promote its exploration are described under Other Functions). More facts about the journey and names of the many persons he met are in his Annual Report (1954j, p. 5–7). He collected 535 numbers in all.

Rector, Honours, and Farewell

The boat trip had served as a much-needed holiday, but it put his work almost a year behind schedule. And he had been named for the office of Rector Magnificus of the University. He was on the verge of declining. A 2-page concept dated February 1956, sums up his arguments convincingly. The Rijksherbarium, still expanding, would need him; he had nearly a dozen other functions, and from the beginning found the combination of professor and director too much for one man. Moreover, the function of Rector, he declared, held no special interest or attraction to him; he viewed it rather as an interruption of his task, and saw the dangers of half work (Source 41).

But no such letter was mailed. His wife was not indifferent to glory, and he probably accepted because of her. An idea of his duties during the time (1958/9) and a translation of some speeches is given under Other Functions. According to P.A.H. de Boer, who preceded him by two years as Rector, and watched him closely, he did very well. So did his wife, who in the spring of 1959 owing to misconduct of a few boys in the street fell and fractured her hip. But by hook or by crook she wanted to accept the invitation for a royal dinner, during a visit of the Shah of Iran, and there she was, on crutches!

It is also possible, that he hoped, through his Rectorate, to earn a new building for the Rijksherbarium; I clearly remember his words to that effect. It may have been a bit naïve, but actually the lack of space at the time was incredible. Two more years elapsed, however (in which some resultless scouting was done) before he was certain – but the design of the 'Provisorium Schelpenkade' and the orchestration of the removal are all Van Steenis's work.

Meanwhile, on 2 October 1958, his silver jubilee as Director was commemorated with the issue of a special volume of Blumea, dedicated to him, with portrait, bibliography, and brief appreciation (see Sources, 1958). About the same time, he became Foreign Member of the Royal Flemish Academy for Sciences and Arts. And more honours were to come.

The Royal Netherlands Academy of Arts and Sciences at Amsterdam is the most prestigious assembly of scholars and scientists in the country, comparable to the Royal Society of London. Lam was installed as a member on 25 June 1960, at the comparatively advanced age of 68; quite a few members are twenty years younger. He certainly was fully qualified: a distinguished career in the Indies, with considerable merits for the exploration of New Guinea, taxonomist and plant geographer of repute, director of the country's largest Herbarium, prodigious writer in several fields, one of the first to introduce dynamism into biological thinking, author of a theory which had added to his international renown, one of the most widely travelled Dutch botanists who had collected plants in four continents, and a fine gentleman not without pride, faithful servant of the nation's first university in several high offices.

This election pleased his vanity but did not, after all, make him particularly happy, and perhaps became an unexpected turning point in his life, away from science; his own account is given in the next paragraph. He did not play a major role in the Academy, in his own view, but always attended the sessions, did his share of advisory and committee work, published an important paper in the Proceedings (1961d) and, as is a privilege of members, submitted many contributions of others, in this case of Rijksherbarium botanists. (See also his obituary by J. Lanjouw, Sources 1978).

One more high honour was awarded him: on 25 April 1962 he became Knight of the Dutch Lion ('Ridder in de Orde van de Nederlandse Leeuw'), the highest honour the Queen can bestow on a person who is not exceptionally high-placed; annually, about a dozen professors receive it.

Professors were allowed to stay on untill the end of the academic year in which their 70th birthday occurs, and this Lam did. So it was on 31 August 1962, at 24.00 that he handed the keys of the Director's roll-top desk to Van Steenis, appointed as his successor, the one of his choice. This happened during a festive evening in a restaurant, for the Herbarium personnel, with cabaret and refreshments and, of course, a long witty speech by Lam, not without a note of regret.

The official farewell ceremony was held earlier, on 1 June. A 65-member honorary committee was set up, with S.J. van Ooststroom as chairman and C.G.G.J. van Steenis as secretary. Attendance was unexpectedly large; 570 persons, among whom C. Baehni, R.E. Holttum, W. Robijns, and W.T. Stearn who had come from abroad. The published text of his 'Tradenda' (1962a) contains the complete proceedings of the ceremony, and a photograph of the portrait of himself that he was offered, and passed on to the Rijksherbarium, where it still is (see Sources, 1962). Seven hundred people sent a contribution and signature (Source 5). Reprints of papers by his pupils, bound in five volumes entitled 'Bibit dari Lam' were presented (Source 8). When afterwards some money was left, Lam used it to establish a fund (see Other Functions), and in his will bequeathed more money to it.

LEIDEN, LATER YEARS

Looking Back

After the farewell, Lam sent me a letter of thanks for a book I had sent him. This letter, of 9 October 1962, offers a glimpse of his reflection on it all. Some passages are here quoted in translation. "Why all this, I wonder. The many people who, like now again you, always want to say things-straight-from-the-heart without having to – I would not have noticed if they had said nothing; I would not have viewed them differently, and so to speak 'would not have been the happier' because of them, but this I place between '', for actually it is not so; on the contrary, I have definitely become much happier through them, to witness and receive all this. Now you are apparently the drop which makes the bucket flow over – the bucket of amazement – and makes me give vent to my feelings, to you of all people (and why not?). Time and again I have been surprised and often I've asked myself; what, for heaven's sake, have you (little herman lam, who about 1900 roamed through old Rotterdam, and who – then and later – made his parents worry, I believe, about his future), what have you said or done, or not said and not done, to induce so many people to bring you time and again the same words at your farewell, sometimes almost verbatim the same? I must tell you that I still have not a clear idea, and that I only believe half of them. I am unaware of anything, and have raised my (inner) eyebrows high, when at my farewell the people sang: 'a singular person is leaving us' ...

All my lifetime I have been immersed in myself and compared myself with others (as far as that is possible); I have viewed my life as a perpetual struggle, often walking along a precipice, but some or other guardian angel (as the Roman Catholics would say) has always kept me from falling. However, I always have felt this struggle as half lost, and there were moments – optimistic as I am – that I realized with happiness: but half lost is the same as half won (just like a half full glass of wine or other precious liquid). My introspection left me room for satisfaction but never for contentedness, as there always remained an awareness of inability to achieve what I, largely unconsciously, had seen as my ideal. Perhaps it is what a man demands of himself that determines his judgment of himself as well. Hence all the praise and honours, including those from the government (but the personal ones I rate higher), left me without a feeling of pride or vanity; after all I pretend to know myself better than anyone else does, and the one honour makes me nod approvingly, while the other makes me mutter: hm ...

Well, Marius, I give you my best wishes for a happy and harmonious development of your personality; you certainly have talents, use them well and in your own struggle win at least half" (Source 34).

Like Sisyphus

Lam's struggle was, however, far from over. He had intended to finalize the taxonomy of *Haplolobus* (Burseraceae), but did not succeed. He virtually ceased working, although occasionally he came to the Herbarium to hear a lecture, and regularly attended the meetings of the Royal Academy and other learned societies. The health of his wife deteriorated; she became bedridden; he nursed her at home. Sometimes, if other help could be found, he went to his beloved France for a short vacation. She died late in 1965, and according to R.A. Maas Geesteranus, who at the time was his neighbour, the traumas of this period broke him to an extent.

His recovery was remarkable. Miss J.H. van Drunick became secretary at the Herbarium in 1958, and during their working together for four years, the two came to form a well-founded opinion of each other. After his retirement, he kept regular contact with several of the staff. He and Joke van Drunick were married on 19 January 1967. She kept working at the Herbarium. The marriage was a very happy one, and later I came to admire the friendly, thoughtful efficiency with which she executed her husband's will, a large task which took a year of her spare time.

Shortly after the marriage, as had been planned, he undertook – again by freighter – a journey to South America, the only continent he had not yet visited. In 1968, they made a journey together to the Caribbean, and in 1974 they went to Madeira by ship. At the time, his mobility had become quite limited, but this did not prevent him from enjoying a storm as the zenith of the whole trip. At home, he slowly moved about with a stick, but seemed not to mind.

Thoughts on the problems of matter, life and spirit continued to occupy him, and he remained interested in literature on the subject. Thus he encountered R.W. Broekman, an emeritus professor of dentistry, author of a book 'From stone tablets to computer' (1973). Like Lam, Broekman was all his life intrigued by these problems, and wrestled with the relations between religion and evolution. A correspondence sprang up between the two, about the end of 1971 (Source 37). In one letter (dated 5 August 1974, unmailed, given to me by Lam during his lifetime), he reflected on Corrie as "the queen, no, the goddess of my life, ... a woman who, although intellectually rather simple, stood spiritually and morally at a level which for me was unattainable, and only to admire, who silently suffered it all, always spoke good of me, pointed out my errors innumerable times, and always knew the right way out. Her death has been a truly irreplaceable loss to me, and she will accompany me until I die. It is the great sorrow of my life that I did not attain a great age together with her. And then my beloved Joke van Drunick, who is the balm of my later years, a woman of high ideas, complete purity, intuitive wisdom, and strict righteousness. With her unlimited devotion she conducts me on my path, speaking with true feminine wisdom when speaking in order, and is silent when speaking would be painful. This is what gladdens and comforts my old age."

In the letters to Broekman, Lam took a good look at himself. Here is an excerpt from one dated 16 February 1972, when he had just turned 80.

"I have wrestled with it alone, and not without pain. Thirty years of my 'scientific' life I have devoted to thinking about the phylogeny of vascular plants. I had constructed a splendid system, in which everything fitted, only it rested on a (controvertible) axiom that means, not an axiom but an arbitrary presumption). With fine drawings and all. Innocent, romantic people stared admiringly at a professor, so full of wisdom, but not the 'cool customers'*. Unconsciously I had already enough self-criticism that I gave my Rector's address (on the same subject, of course, I was brimming with it, there I stood and could not do otherwise), the title 'The Green Blush of our Earth' with as subtitle 'A Conducted Dream' (1959a).

So I felt, nay, I knew (?) that what I had erected was something like a dream, and you know: dreams fool. And here the 'cool customers' were to be fooled! That appeared when I courageously set out to fool (not yet quite intentionally) the nation's highest scientific society, the Royal Netherlands Academy of Arts and Sciences. I had earned membership at an advanced age and in a rather strange manner, owing to friends who felt that this membership was one of my most ardent desires, friends who felt that I was committing foolery, although in so innocent, natural a manner that I was forgiven, i.e. by those friends, not by the 'cool customers'. I was nervous, as befits a proper criminal. I mean a criminal who hides half-consciously behind noble considerations. So I delivered that lecture [1961a] as is expected of a new member, before at 70 he becomes retired member. I had quite a lot to say after thirty years of thought, and was granted half an hour, the red light flashed on, and I grew more nervous, I wanted to say everything, so I began to hurry, with beautiful slides.

It was over, the usual silence fell, usual because 'cool customers' never applaud in Royal Academy sessions; there were two 'questions': one by a somewhat acid, probably jealous colleague, which I should have answered differently from now (I am a poor debater, always late in thinking of the good reply), and one by a justly famous 'cool customer' who apparently smelled a rat and asked a pointless question, obviously out of sympathy.

That was all, I felt it as a blow, but it was a healthy, deserved blow, and I should be thankful that the 'cool customers' there and then did not rip me up (this I sometimes need more than acclamation, however flattering). Another friendly colleague who, like most of my customers had not understood a bit of what I had intended to convey, said afterwards: "It was too long, old man, and too difficult". That was some consolation, yet, consolation does not heal wounds, and the healing I had to do myself, during some painful years".

---

* The original reads: koele donders, a personal expression used between the two to denote scientists who coolly analyse the world reducing everything to measurable phenomena.

While he was detaching himself from botany and became critical of the scientific purpose of his work, he was increasingly aware of religious aspects of his own existence and wondered about their implications. A letter to Broekman (19 October 1972) gives an illustration.

"Now one more funny story, to show you what a crazy fellow I am, and how complex. A couple of times in my life I had the experience of God taking me by the hand, or send me a guardian angel as a representative, for instance in the car when myself or someone else might have caused a fatal accident. Sometimes conditions were so improbable that I said to myself, damn it, this is impossible, such a mad coincidence does not exist, such an improbable series of causalities!

And one of these days, at a morning just before waking up, there was again something like that: in my customary frustrations I sometimes dream that if such a thing as reincarnation exists, I well might return as a dog, or a dirty swine, or an unworthy earthworm – are these really unworthy? Not at all! Only we blockheads think so in our imaginations – and then, like the late Sisyphus, desperately start over again to roll the heavy rock up the Himalaya, knowing that it eventually will come down again.

Well, on that morning I suddenly dreamt, why all this, who knows, perhaps you are standing, unawares, just near the highest frontier and all you had to do, when lifting the curtain, was to drop ruefully and sobbingly at God's feet. Yes, Roelof, you have done this to me, who so often shamefully defamed and ignored that same God – that was the surreptitious ' and yet' in a previous letter. And after that dream, obviously a wishful dream, I saw myself – false hope, of course – already promoted to a higher state, careless, and in happy certainty!"

Climbing the Ladder

His longtime theologian friend, P.A.H. de Boer, saw him indeed as a genuine seeker, a vulnerable man and very faithful, who was occupied with religion throughout his life. But when once he acknowledged a paper De Boer had written, he added: "and God fortunately does not occur in it". He always kept God at a distance, yet could not resist talking about Him. He had long discussions with E.A.D.E. Carp, emeritus professor of psychiatry and a converted Roman Catholic. After a long period of superficial acquaintance, a personal friendship between them sprang up about mid-1975, and during weekly visits they debated a whole range of things, doubt against certainty.

We get the impression, that the problems of matter, life and spirit, about origin and destiny, harrassed him, vexed him, afflicted him, to a degree I thought only some privileged adolescents were open to. But surprise there always was, also spiritually. One day he said he wanted to dictate to me, for the biography, a statement about the period of his retirement, with its religious problems and perspectives. This he did, in English (Source 31). We got as far as two sessions; at the second, on 24 October 1976, he dictated his account of the dream which occupied him so much. It had occurred a few months before. Editing has been very minor only.

"About this time, a most unusual and unexpected event happened to me. Once one morning, after a night of quiet sleep, I awoke with a singular uncertain and un-understood feeling that something was wrong with me. The longer this lasted, the worse it became, and it seemed to me that I was split asunder, into two beings, one a material corpse, and the other quite immaterial. I did at the moment not analyse this, but underwent the phenomenon as I was lying still in my bed."

Later, in the hospital, at night, ... "it started by my becoming colder and colder, and I immediately thought: is this death approaching? And I asked for another blanket. After all, I think, it was a dream, I had fallen into a dream, but a dream so particularly vivid and real, that I could not remember having experienced a thing like this. I did not realize that I was dreaming, but I took it for true experience, and I knew that this was my chance to witness my own death.

On thinking this, I laughed to myself: I have been thinking of life and death all the time, and now apparently get the chance, and I must be absolutely part of it. I felt my own pulse, checking that I was still alive. I then felt it to be my duty to try and look into the other world, as it had been a lifelong problem, death/life and, more particularly, man. As I could observe with my senses, man always appears to be a monistic being of which, moreover, the two assembling parts acted under the strict rules of what he has found to be the laws of genetics. I could not bear the conclusion, at the time, that this could be right and I still was seeking a way to look at the entire personality, materially and immaterially, through the same senses.

Now I seemed to get my chance: in front of me, there was a wall, something like a garden wall; and against it a ladder was standing. Without hesitation I started to climb it, fully convinced that I would be able to reach the top and to look down at the other side, hoping to see something of the nonmaterial part of the human being. However, the longer the climb lasted, the more trying it was, and at last I had to give up from sheer exhaustion, and slipped down to the place I came from."

On 15 November 1976 he sent me a last letter, in unsteady typescript, asking me to add: "My vision seems to be closest akin to some of the (Zen-) Buddhistical ideas and, as far as Christianity is concerned, to the mystical part of the Roman-Christian religion. And although they adopt a God, one of my friends mockingly suggested to call them: a sort of superhumanism.

But so far as I understood Buddhism in its present form and history, it is my firm impression that this philosophy has offered mankind the most noble, the purest, the most impartial and least sophisticated philosophy, which could relieve us from all selfishness which might be the greatest gift to mankind. On behalf of the entire Cosmos: Amen!"

The reason why he went into hospital was an attack of cerebral hemorrhage, from which he recovered remarkably well. Small attacks sometimes came, but they left him essentially unbroken, and he said he had no objection against becoming one hundred years old. On 15 February 1977, shortly after his 85th birthday, he was found dead. After the cremation, his ashes were strewn out over the sea. In fact, he had always hoped for a sailor's funeral.

IV. THE MAN OF SCIENCE

INTRODUCTION

Lam began his career as a taxonomist, and such he remained. Gradually he developed into an explorer, and plant geographer, also a plant morphologist, who combined it all into phylogeny. Here an effort is made to sketch his wanderings in the realm of natural science, the main events only, with frequent reference to his publications, the abstracts of which will help the reader in obtaining a quick idea of the contents and significance of each. The present sketch is, of course, a personal one; the reader should take up Lam's publications himself for enlightenment. If nothing else, they give fine pictures of the contemporary state of knowledge, for Lam read widely and with great respect digested and acknowledged others' contributions.

VERBENACEAE

The Verbenaceae of the Netherlands Indies and adjacent regions was his first botanical assignment, and quite a large one, the subject of his thesis (1919a). He scarcely looked again at them. In 'Tradenda' he describes them as "a rather insignificant, insipid, unprepossessing group, a kind of woody Labiatae poor in challenging problems; any music that may be in them is monotonous, with few possibilities for variation" (1962a, p. 8).

But this is a very personal view. A botanist of different disposition might well have become fascinated by the polymorphism in *Premna* and in *Avicennia* in relation (if any) to their distribution and/or ecology, or he might have been drawn to economic botany by the value of *Vitex* as timber trees, the horticultural potential of *Clerodendron*, and problems like an ancient introduction of *Tectona*. Through further study in the order Tubiflorae, he might have become a world authority on this difficult group of closely related families or, if experimental work were more to his liking, he could have anticipated the studies devoted by B.H. Danser to *Stachytarpheta*. What I mean to say is that the scientific opportunities offered by the Verbenaceae show us what sort of botanist Lam was *not*. And there were other reasons why he may have felt inclined to part with the Verbenaceae: work on them had coincided with the time of his betrothal and first marriage which ended in failure, and the not altogether fortunate cooperation with Bakhuizen van den Brink which circumstances had forced upon him (see 1921a), so we can imagine that the commission to join the New Guinea expedition was a welcome one in relation to taxonomy. But his interleaved copy of the thesis at the Rijksherbarium is full of additional notes and pencil-sketches from specimens. And he remained intrigued by the plant-geographical position of the Philippines (discussed in 1919a, p. 350-355).

He acknowledged little influence from his professor, A.A. Pulle: in the Preface to his thesis he thanked him "... for the opportunity you gave me to keep you informed about the progress of the work." He owed much more to H.F. Nierstrasz, whom he addressed: "Your ideas of the values of science, and the manner in which you so freely defend them, have always held a strong attraction for me. It occurs to me, that I owe a considerable portion of my education as a scientist to you, in whom I have often admired a contempt for small facts without great lines. And gratefully I remember the hours during which you allowed me, in personal conversation, to get better acquainted with you as a man of science."

EXPLORATION

The opportunity to join the Van Overeem Expedition up the Mamberamo River in west New Guinea came very shortly after Lam's arrival in the tropics. He prepared himself as well as he could, asked his more experienced companions for guidance, and made the most of it. The expedition took him from the coast across a low range and a wide flood plain up to 3580 m, far into the Central Cordillera. In six months, Lam thus became personally acquainted with a fine representation of Malesian landscape, along a grandiose transect. His *Fragmenta Papuana* (1927d, 1927e, 1928a, 1929c, 1929d, 1929e) makes an outstanding travel book, fresh and full of keen, original observations in many fields. During World War II, it was translated into English (1945a), and found an even wider appreciation. New Guinea always remained dear to him. He made an extensive plant geographical analysis of the island, with a review of the available knowledge, which made a fine basis for further work by others (1934c). Later he took considerable effort to promote more exploration of New Guinea (see Other Functions: Chairman of SENNG).

One remarkable concept Lam hit upon as a result of his field work in New Guinea was the *profile diagram*, i.e. a vertical section through a forest to demonstrate its structure. In 1921b he presented it in embryonic form; in 1927e he published it with considerable improvements, long after the

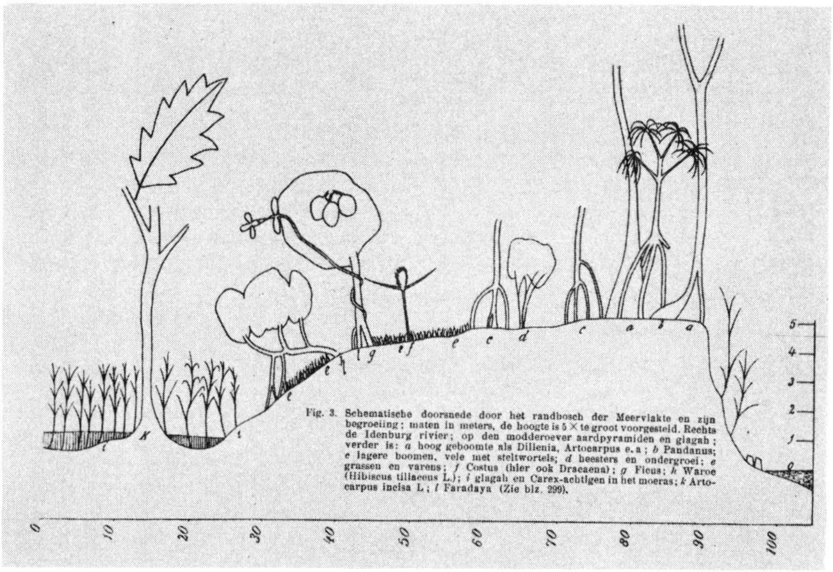

Fig. 10. An early profile diagram, first version. A transect across a levee along the Idenburg River, New Guinea (1921b, fig. 3).

expedition (fig. 10 and 11, the latter dating of 1927). He used it to compare the gross structure of a rain forest with a conservatory, yet it remained a by-product. He never worked it out to the instrument of quantitative study which it became in the hands of P.W. Richards. Nowadays, we find profile diagrams everywhere*.

The second expedition he made, to Talaud and Morotai, in 1926, was his own. During it, he matured as an explorer, and in fact published the *Fragmenta Papuana* only thereafter. This expedition was made at the instigation of E.D. Merrill, who surmised that the fractured region of Mindanao, Celebes and the Moluccas formerly acted as a bridge for plant migrations between Borneo and New Guinea. Some Indonesian islands on this former track were unexplored, and Merrill called upon Lam to do this. The flora was found to be poor, but the results (published mainly in 1942d) confirmed Merrill's ideas.

* P.W. Richards (letter of 16 December 1975) discovered the use of the profile diagram independently. He published his first one (of rain forest, in Guyana) in Journal of Ecology 21: 368 (1933); it was reproduced in his book *The Tropical Rain Forest*, fig. 4 (1952). Another 'forerunner' is A.S. Watt, in an article on beech communities in Britain (J. Ecol. 12: 145-204, 6 fig. 1924); Richards was probably cognizant of this. Watt, too, clearly intended to reveal the structure of forests. Many subsequent publications which contain profile diagrams are listed by B. Rollet in UNESCO, *Tropical Forest Ecosystems*, p. 113-114 (1978).

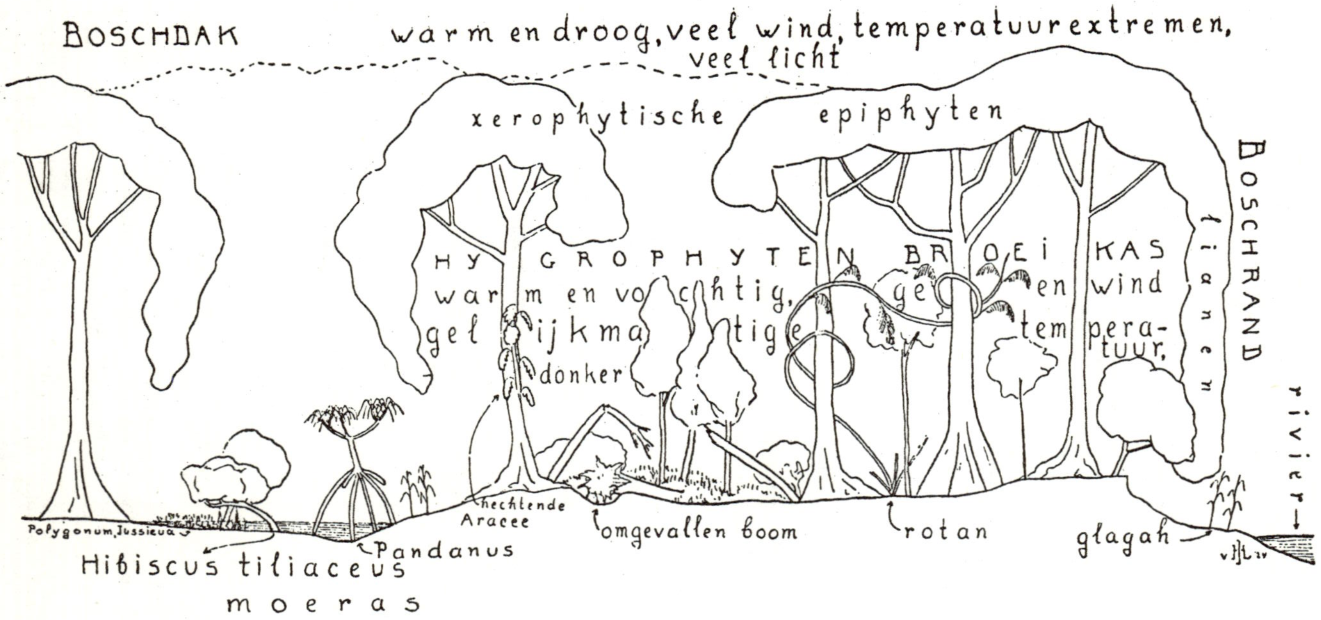

Fig. 11. An early profile diagram, later version. Above the canopy, the climate is warm and dry, with wind and extremes of temperature, much light, and suitable to xerophytic epiphytes. Below the canopy, of which the fringe on the right has been closed by lianas, there is a kind of conservatory, warm and humid, no wind, with constant temperature, and dark, suitable to hygrophytes. In the centre, the fall of a tree has caused a gap, which is going to be filled by young trees (1927e, fig. 3).

During the Moluccas trip of 1926, Lam also visited Celebes, namely the NE. tip. This reconnaisance, too, was eventually followed by an extensive plant geographical analysis (1945e, 1950g).

On Madagascar, where he collected in 1938, his account is not particularly significant (1940f).

SAPOTACEAE

The Sapotaceae were his next taxonomic assignment. In retrospect he scoffed at them: "A true cacophony, musicologically speaking; the characters scattered so whimsically and unpredictably among the members of the family, that no reasonable classification seems possible, and the series of characters spread themselves in all directions" (1962a, p. 9). However, this family offered him an opportunity to come to grips with plant distribution; to this we come back later. And also in other respects, he must have found enough of interest in the Sapotaceae for study during three decades.

In his comprehensive revision of the Malesian species (1925b) he paid much attention to venation patterns in the leaves, and devised a concise terminology for them, which was acknowledged in L.J. Hickey's *Classification of the architecture of dicotyledonous leaves* (Amer. J. Bot. 60: 17–33.

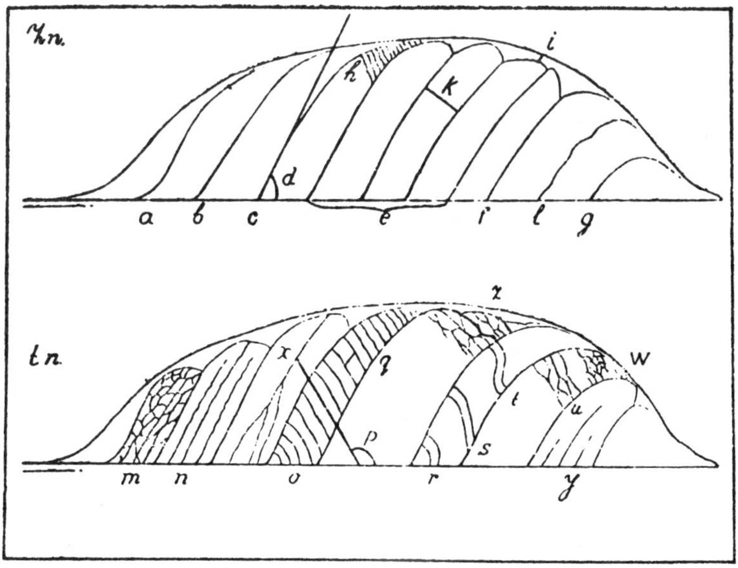

Fig. 12. Diagram and terminology of venation, in Sapotaceae (1925b, fig. 1).

1973). Hickey writes: "Lam's recognition of a number of taxonomically significant characters of secondary and tertiary venation, such as their angular relationships, curvature, paths both inside the leaf and near its margins, branching patterns and vein junctions, was important in influencing my choice of such features in the present system" (p. 18).

He arranged the Malesian taxa according to the then recent (and very good) system of M. Dubard (1907–1915), which he had thoroughly digested. Afterwards, he took up the Pacific ones; this was the only occasion that as a practicing taxonomist he ventured outside Malesia (especially 1941c, 1942c). He designed a new system of the family, scarcely touching the members in Africa and the Neotropics, however, although in each of these main regions about 1/3 of the total diversity contained in the c. 126 genera is located. The first version of this system (1938j) is untimely and substantial alterations were made in the next version (1939f). A synopsis of the latter is given here:

Subfamily I. Sideroxyloideae
- Tribe A. Sideroxyleae: *Nesoluma, Sideroxylon* (= *Calvaria*)
- Tribe B. Bumelieae
  - Subtribe 1. Mastichodendrinae: *Argania, Mastichodendron*
  - Subtribe 2. Bumeliinae: *Bumelia, Dipholis*
- Tribe C. Pouterieae
  - Subtribe 1. Pouteriinae
    - a. Acyclicae: *Achrouteria, Bakeriella, Calocarpum, Chrysophyllum, Ecclinusa, Krausella, Leptostylis, Micropholis, Planchonella, Pouteria, Sebertia,* a.o.
    - b. Cyclicae: *Achras, Butyrospermum*
  - Subtribe 2. Achradotypinae: *Achradotypus, Omphalocarpum, Pycnandra*

Subfamily II. Mimusopoideae
- Tribe A. Mimusopeae: *Mimusops,* &c.
- Tribe B. Manilkareae: *Manilkara, Northia*

Subfamily III. Madhucoideae
- Tribe A. Madhuceae: *Aesandra, Burckella, Diploknema, Ganua, Madhuca, Payena, Tropalanthe*
- Tribe B. Palaquieae: *Aulandra, Isonandra, Palaquium*

Mistakes, presumably due to haste, could have been avoided: the preliminary system of 1938j, flaws in the presentation of 1939f, the species placed in the wrong genus in 1943a. However, his (partial) system of 1939f has been rated a most valuable contribution, by W. Vink in discussion and by A. Aubréville in print, who extensively discussed it and made comparisons with others (see Adansonia Mém. 1. 1964). According to Aubréville,

Lam gave a particularly good subdivision of the Sapotaceae at the level of (sub)tribe, and assigned three genera to a separate group which Aubréville himself elevated to the rank of subfamily, the Omphalocarpoideae. And he stated: "Except for our reservations on his classification of the tribe Pouterieae, the system of H.J. Lam seems to us the best-developed one towards a natural classification of the family Sapotaceae" (p. 69). The Sarcospermataceae – sometimes spelled, less correctly, Sarcospermaceae – which Lam segregated from the Sapotaceae, are commonly recognized in the rank of family. *Dubardella* (for which Lam proposed the family Boerlagellaceae) was recently placed in the Theaceae (by H. Keng, Blumea 23: 95. 1976).

The latest judgment of Lam's work comes from Dr. T.D. Pennington at Kew, who is preparing a world revision of the family. In a letter of 7 January 1983, he wrote: "The three major students of the Sapotaceae in recent years have been Lam, Baehni and Aubréville and only the latter two were familiar with the family on a world wide scale. Aubréville oversplit the family but I believe he got most of the generic relationships right. Baehni on the other hand had about the right number of genera but the relationships in his system are hopelessly confused and it is unworkable. The Aubréville classification is really based on Lam's earlier system, with only a few important (and usually deleterious) changes such as maintaining *Chrysophyllum, Pouteria* and *Planchonella* in separate tribes (Lam sensibly placed them in a single tribe). There are a few aberrations in Lam's arrangement such as his placing *Achras* & *Butyrospermum* within the Pouterieae, but in general it is pretty sound, which when you consider that he did not know the African or American species was a considerable achievement."

Taxonomic work on the Sapotaceae was pursued at Leiden mostly by others under Lam's direction, in the first place by P. van Royen, also by several students. Together, they once again went over almost the whole family for Malesia, which resulted in a series of 23 papers under the common title *Revision of the Sapotaceae of the Malaysian area in a wider sense*, in Blumea (6: 547. 1952 to 10: 606. 1960). If Lam had possessed the drive of a Van Steenis, a Flora Malesiana revision would probably have resulted.

PLANT GEOGRAPHY

Early interest in Wegener's theory of continental drift, and in the position of the Philippines with regard to the Verbenaceae have already been mentioned, as has his deep involvement with New Guinea. Stimulus and direction came from E.D. Merrill (see People), the great American botanist who from 1902 to 1923 resided in Manila, and investigated the plant geographical relationships of the Philippines, internally and externally. Merrill's idea, already

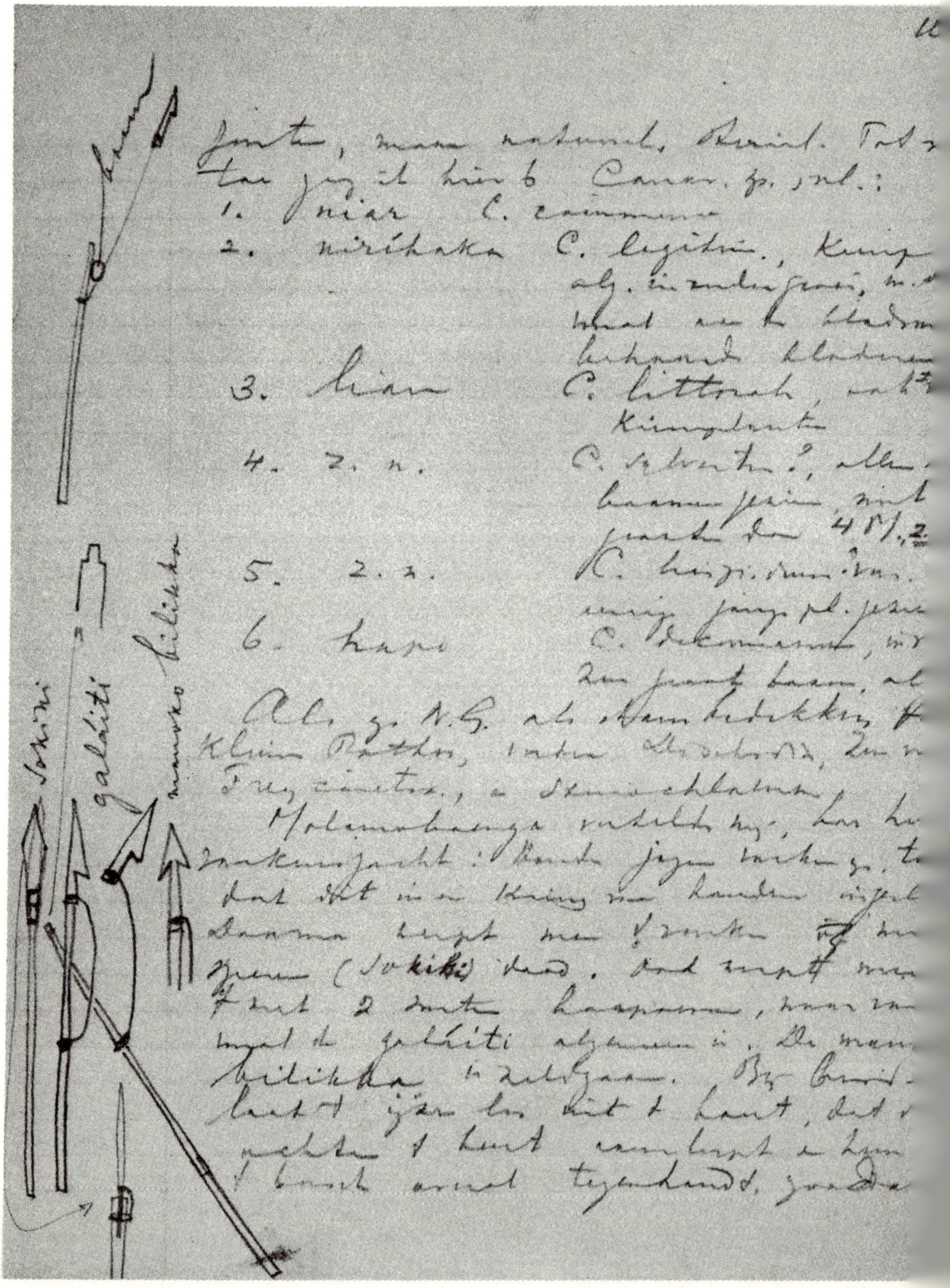
galaiti

outlined, that the flora of west Malesia from Borneo by way of Mindanao, Celebes and/or the Moluccas, migrated into New Guinea, captivated Lam. It became the basis of his plant geographical analyses of New Guinea (1934c), the Moluccas (1942d) and Celebes (1945e, 1950g). Thus east-Malesia became the theatre of his interests both as an explorer and as a plant geographer, whose desire it was to understand the geological history of the region.

The first link which Lam established between taxonomy and plant geography was made in 1926, when he completed the manuscript of a paper on 'genetic plant geography' (1927a). The word genetic indicates a relation to the origin of taxa. On account of data on distribution of Sapotaceae, used by way of example, a pattern of botanical relationships between the various parts of Malesia was worked out, and found well in accordance with evidence from geology. Here, too, the triangle Celebes-Philippines-Moluccas appeared to connect the solid west-Malesian block of Malaya-Sumatra-Borneo on the one hand, and New Guinea on the other.

Paper 1930c presents these conclusions in a setting of much wider scope, envisageing 'genetic plant geography' as a new field of research. Lam made it clear that he built on a firm foundation of botany and geology, and dwelt

---

Fig. 13. A handwriting sample, 22 June 1926 (Source 19). In his early years, when using ink, Lam's handwriting was very regular and perfectly legible. Later he preferred pencil, and legibility diminished, until his scribbling became the despair of his secretaries, and of his biographer. The diaries of his Moluccas expedition are remarkable in representing more and less legible passages, depending on the day. One of the worse pages is here reproduced. Deciphering was greatly facilitated by Lam's typescript of 1974 (Source 48). The text reads:

soorten, maar natuurlijk steriel. Tot nu toe zag ik hier 6 Canar. sp., nl.:

1.	niar	C. commune
2.	nirîhaka	C. legitim., Kiempl. alg. in ondergroei, m. dicht, vooral aan de bladranden behaarde bladeren.
3.	lian	C. littorale, ook ± veel kiemplanten.
4.	z.n.	C. sylvestre?, alleen kl. boomen gezien, niet grooter dan 4 M., z. veel.
5.	z.n.	C. hispidum? var. eenige jonge pl. gezien.
6.	hapo	C. decumanum, in vlakte zeer groote boom, alg.

Als op N.G. als stambedekkers veel Kleine Pothos, verder Dischidia, zeer veel Freycinetia, en Stenochlaena. Molamoboenga vertelde mij, hoe hier varkensjacht: honden jagen varkens op, totdat dit in een kring van honden ingesloten. Daarna werpt men 't varken xx met speren (sokiki) dood.
Ook werpt men 't met 2 soorten harpoenen, waarvan vooral de galáiti algemeen is. De manoko bilikka is zeldzaam. Bij beide laat 't ijzer los uit t hout, dat dan achter t beest aansleept en hem in t bosch overal tegenhoudt, zoodat

De vertically written words on the left side read: sokiki, galáiti, manoko bilikka.

upon Alfred Wegener's work on continental drift, which had already captivated him as a student, five years or less after its first publication in 1912. He also paid tribute to E. Irmscher, the first to apply the drift theory in plant geography, in 1922. In 1934c, Lam worked this out for New Guinea in particular*.

The 1930c paper is truly comprehensive: a personal arrangement of many unknown facts and views, suffused by a broad vision. It sketches a whole field of science in royal dimensions, in a tone of reflection rather than of action. It was by no means the last of such papers, nor was it the first. As I see it, his popular account of the plant world of Indonesia (1926a) marks the onset of Lam's career as an interpreter of biological knowledge, a compiler, an integrator. Or better still, a traveller who is not satisfied with his own impressions but wants to avail himself of a general view on the country which he has crossed.

That Lam, however, did not neglect detail, is evident in his painstaking analyses in Sapotaceae and Burseraceae. Worth of special mention is paper 1935e, where W. Zimmermann's idea that characters evolve separately was applied to plant geography. Lam analyzed, in other words, the geographical distribution of taxonomic characters, notably in the whorls of perianth, androecium, and gynoecium of 4 genera of Sapotaceae. As a previous study he mentioned work on Bromeliaceae by L.B. Smith (Bot. Jahrb. 66: 446–468. 1934). A similar line of enquiry can (more feebly) be recognized in his analysis of Burseraceae (1938d), yet concern with species distribution, and generic developments through time prevail there. The main purpose of that paper is, to correlate these features with the history of Malesia as viewed by

* B.H. Danser, in his revision of the Nepenthaceae of the Netherlands East Indies, Bull. Jard. Bot. Buitenz. iii, 9 (1928), on p. 422–426 explained the differentiation and distribution of Nepenthes with the aid of Wegener's hypothesis as was pointed out to me by dr. R. Schmid-Hollinger, Unterentfelden. It is remarkable that Lam (1930c) did not refer to Danser's paper in his plea for botanical testing of that hypothesis.

Van Steenis long vehemently rejected continental drift, for instance in Blumea 11: 235–542. 1962 (without mentioning Lam there). In Flora Malesiana i: lxxv (1950) he suggested that Lam abandoned this idea, under reference to Blumea 3: 147–148 (1938d); in this, Van Steenis was echoed by Whitmore, *Wallace's Line and Plate Tectonics*, p. 70 (1981). They must have read more in Lam's text than I was able to. What Lam did was summarizing the viewpoints of geologists on former land connections. "This does, of course, not mean that I take part with or against any investigator or school concerning any structural theory, as a botanist is not competent to do so" (p. 148). In his paper on the position of Antarctica (1950f), the various plant-geographical relations of that continent are clearly summarized, but without a geological explanation, beyond the merest hints. Lam was always careful not to spend time on controversy.

geologists, who shortly before had made great advances in their interpretations. We will come back to it later.

In his taxonomic studies Lam was, of course, fully aware of the monographer's crucial responsibility to define accurately plant areas on which biogeographers depend. Areas, this basic coinage connecting taxonomy and biogeography, continued to hold his attention, and received extensive treatment in his semi-popular texts of 1939e and 1949k. He also critically unravelled the attractive 'Age and Area' concept of J.C. Willis (1939a).

He is recognized as the *auctor intellectualis* of the *Pacific Plant Areas* project. In 1939 he proposed it to the 6th Pacific Science Congress at Berkeley, California, set up a standing committee, and reported on its progress twice (1953h, 1957i). But things materialized only when Van Steenis made it a project of the Rijksherbarium. Volume 1 was produced in 1963, volume 2 in 1966, volume 3 in 1975.

BURSERACEAE

In tracking down the elements of Lam's scientific career, we are still in the 1920's, when he took up the Burseraceae. After the Sapotaceae, this assignment was "a true relief. It is a not large group of noble air, full of style, with attractive problems seemingly simple and transparent, but behaving like genuine biological problems by growing in difficulty as one thinks to have approached their solution. It is a family with a number of character series in the realm of anatomy, the stipules, and the flowers, series which elicit statements about primitive and derived conditions, in brief, a family which particularly well suits me as an orderly person. Through this family, I set foot on the track of comparative morphology; in its home I felt myself settled, and I have learnt much" (1962a, p. 9).

The papers meant here (1931c and 1932b), prepared in connection with the taxonomic revision (1932e), are indeed masterful, and Lam recalled to me that someone said to him: "These papers will earn you a chair."

The genus *Haplolobus*, however, resisted all efforts. Material of it is scanty, and it is still obviously in the process of speciation, witness the minute differences and web-like resemblances. Lam wrestled with its taxonomy over a period which demonstrates his tenacity: after the revision by Husson & Lam (1953i) he went back to it (1956a), and again, to make a 'revised revision' (1958b), at the time of his retirement he had amassed a lot of new notes, and announced plans to deal with it finally. Leenhouts did the job, a few years later, but even now I think the result is still unsatisfactory, owing to lack of collected materials.

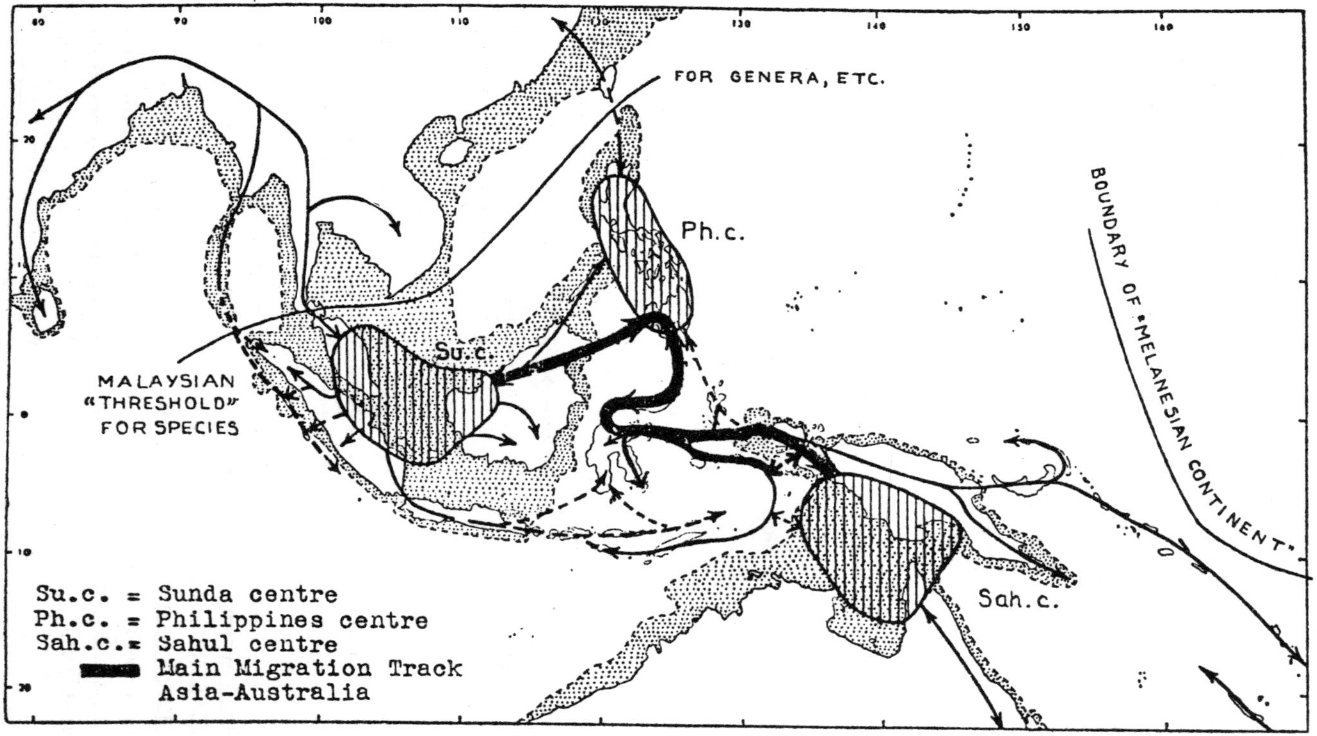

Fig. 14. Burseraceae: Supposed centres of speciation from which dispersal took place, and migration tracks in Malesia. Dotted areas represent epicontinental seas. According to the theory of continental drift, Australia with New Guinea moved from Madagascar to the northeast, causing geological upheaval in the region between the Sunda Shelf and the Sahul Shelf (1938d, map 3).

PLANT STRUCTURE AND SYSTEMATICS

Apart from *Haplolobus*, the Burseraceae, with their series of characters which clearly demonstrate sequences from primitive to derived, strengthened the basis of plant structure that he needed to proceed in phylogeny. In phylogeny, fossils are beacons; in the open space between, projections are made of diversity back in time. Thus a history of diversity is (re)constructed, part fact, part speculation, but in close relation with the laws of nature.

His thinking on plant structures and relationships as flexible things was stimulated by the Japanese botanist B. Hayata, in a paper '*The Natural Classification of Plants According to the Dynamic System*' (Ic. Pl. Formos. 10: 97–234. 1921); Lam made reference to it in 1932b and 1932c. Hayata takes issue with the Engler phylogenetic system, in which taxa are placed at levels, connected by simple lines representing relationships. Hayata advocates a web-like system, to express the variety of similarities among taxa. "The universe is like a boundless net with innumerable millions of crystalline beads, each on a mesh of a different colour, each reflecting the images of other beads, and each consequently presenting different hues, according to the position of the observer. ... It is, however, only in their phenomena that they are different; in their real entities they are all and ever the same crystalline beads" (p. 104).

Such language may have appealed to the artistic vein in Lam's romantic temperament. In his address as a young professor in Batavia he declared himself in favour of dynamism. Such thinking "... to use Hayata's metaphor, has been the gush of wind that toppled the classic phylogenetic tree, because it lacked a sufficiently strong root system." He replaced it by a very different model: a disk with inorganic matter, perhaps only hydrogen, in the centre, and growing centrifugally (fig. 16). Later he admitted that the disk should be drawn differently, thin in the centre and broadening outwards (fig. 17). Anyway, when he came to Leiden, dynamism was firmly established in his thinking: plant structures and plant areas can only be understood in relation to time. He had achieved this under favourable conditions: the happy years of his family life, the interesting scenery of the Fourth Pacific Science Congress, his subsequent leave in Europe, and reviews of his work abroad testifying to international recognition.

In Leiden he broadened his reading, and from it culled a collection of 'Phylogenetic Symbols, Past and Present' (1936j) which he lucidly explained and augmented. He introduced the '*-rheithrum*' concept, to denote streams of evolutionary potentialities which travel in time through the generations of organisms. The booklet on evolution (1946b) shows the full range of his reading and thought. Thereafter, he moved away from evolution and further

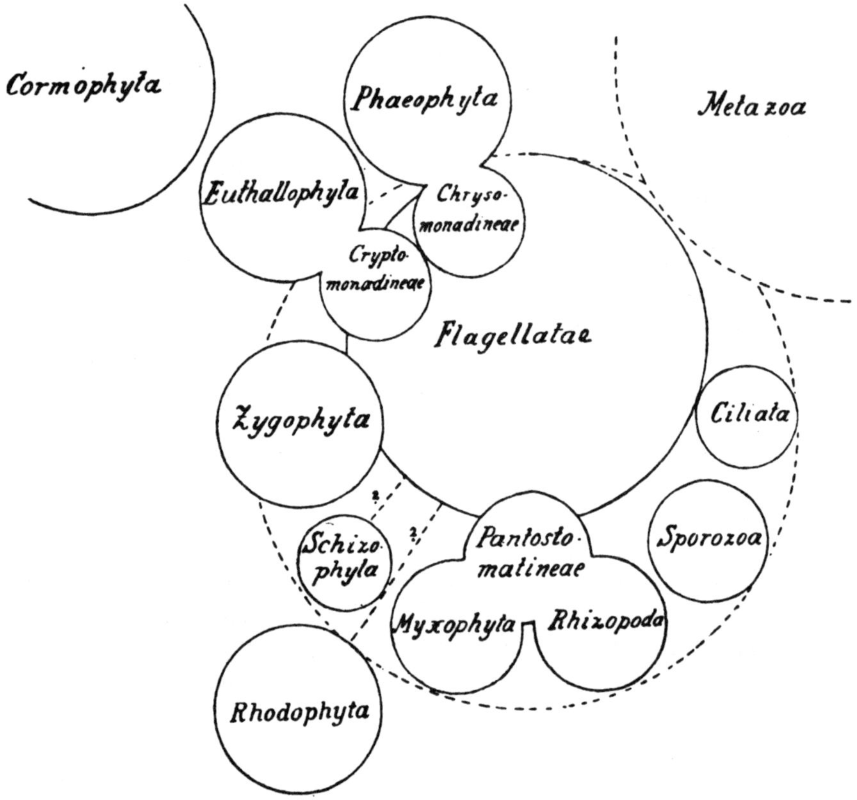

Fig. 15. Projection of main groups of plants and animals in one plane to indicate their relationships, in the (static) view of R. von Wettstein, Handbuch der systematischen Botanik, 2nd ed., p. 53 (1911).

into phylogeny, on which a few remarks are to follow, after something more has been said on the subject of systematics.

The concepts taxonomy and systematics widely overlap, and are sometimes interchanged. However, taxonomy usually includes the elements of scientific craftsmanship, like specimen study, comparison, species distinction and description, and the handling of nomenclature. Such work resulted in Lam's revisions of Verbenaceae, Sapotaceae and Burseraceae. The term systematics is often used to include the elements of reflection: what is classification, what do we actually classify, by what methods and what are the limitations of these methods, what are or should be the relations with other disciplines? Such problems, which amount to the question: what am I in fact doing?, intrigued Lam from the beginning, and they occupy an ever-growing place in his works.

A first synthesis was his combining of taxonomy, phylogeny, and biogeography (1938c in English, 1938h in Dutch). He unified these three disciplines of his occupation under a common denominator, the factor time. The units of taxonomy: the families, genera, species and other 'taxa', all occupy areas of distribution on the surface of the earth. But both the taxa and their areas of the present are snapshots taken at one moment; through the corridors of time they move in very slow and gradual changes. These changes are brought about by the process of evolution, to which all living matter is subject, and which we can "detect at work" (in the words of J.S. Huxley, who saw such detection as the real task of taxonomy, often quoted by Lam) through experiments. When we look back on the process and its outcome over long spans of time, we can, with the aid of fossils and skilful projection, try to reconstruct the phylogeny of a group, i.e. the lines along which its evolution proceeded. On 16 June 1938 he wrote in his diary: "Feel that 5 years after my address this is a landmark, expressing what in those 5 years I have attained. It is a good beginning. I now can receive pupils and cooperate with them in a certain direction."

The English paper is followed by one (1938d) in which his idea is applied to the Burseraceae. It elucidates their evolution and migration into Malesia, in a splendid corollary to his work on the family. Yet we are struck by the incongruity of a concept which touches upon a whole field of biological thought on the one hand, and the details of one plant family on the other. We come to doubt the possibility of a program, less for the author than for others.

Doubts there were also cherished by the author, although of a different sort. The quotation he placed as the motto above the 1938c paper reads: "Nothing is perhaps completely true, and not even that." He went on to arrange facts and views in accordance with the new unifying vision.

Occasionally, his enthusiasm for new ideas made him jump to conclusions on poor evidence. On account of F. Gagnepain's paper on *Exocarpos*, he concluded – apparently without examining the material – that *Casuarina* must be removed from the angiosperms, and had to withdraw the idea later (1948a, 1959b). He always was, however, honest, meticulously studied the objections of his several critics, and answered them with dignity and precision (1954d, 1955d).

In 1942b he published an important and detailed overview of the whole field of systematics. It emphasizes the gap between micro- and macro-evolution, which require micro- and macro-taxonomy for an adequate understanding, calling for very different methods. Micro-evolution is accessible to experiment, but higher up in the taxonomic hierarchy this is not possible, the approximate limit being the level of species. The evolutionary processes of the macro-sort can only be understood through observation and reflection. Dis-

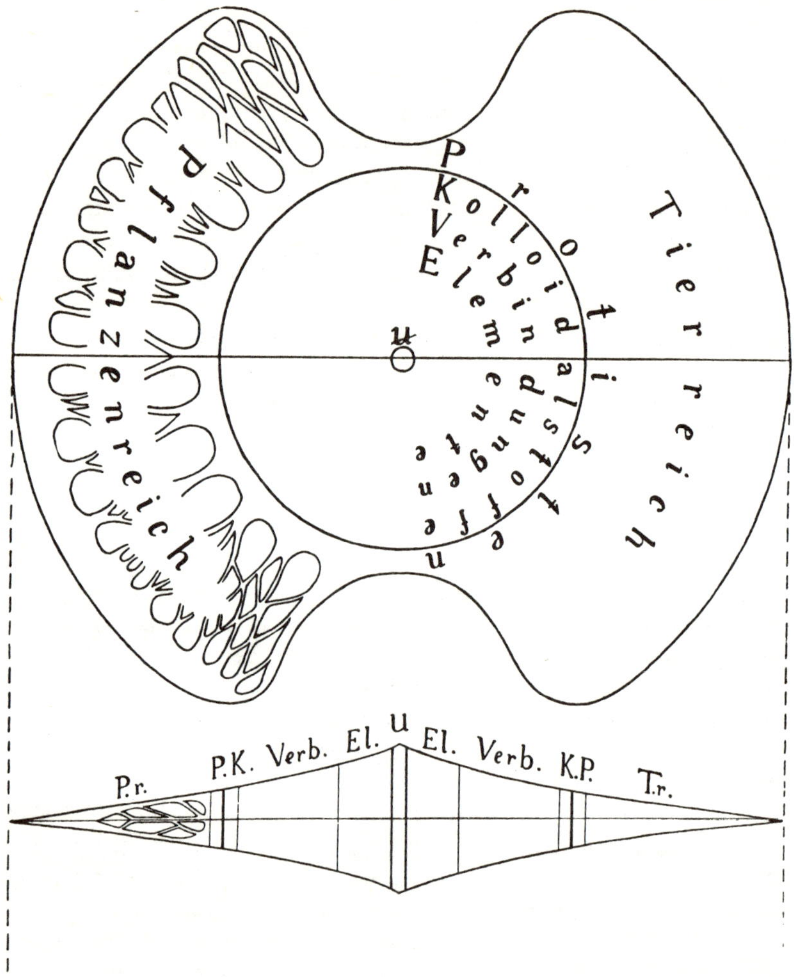

Fig. 16. Diagram of the microcosm, early version. Top, left: the plant kingdom, right: the animal kingdom. From a centre of simplicity, development is centrifugal, from elements, through compounds, colloids, to uni-cellular organisms. Bottom: a cross section; the greatest thickness has erroneously been projected in the centre (1932b, fig. 138).

cussions of this gap and its important consequences also occur in his booklet on evolution (1946b) and in a paper on 'biosystematics' which deals in a philosophical manner with the taxonomic units. Being much more inclined to reflection than to experiment, Lam gradually moved away from micro- towards macro-evolution and taxonomy, as can clearly be seen in his large essay in W.B. Turrill's *Vistas in Botany* (1959c). The 'revised revision' of

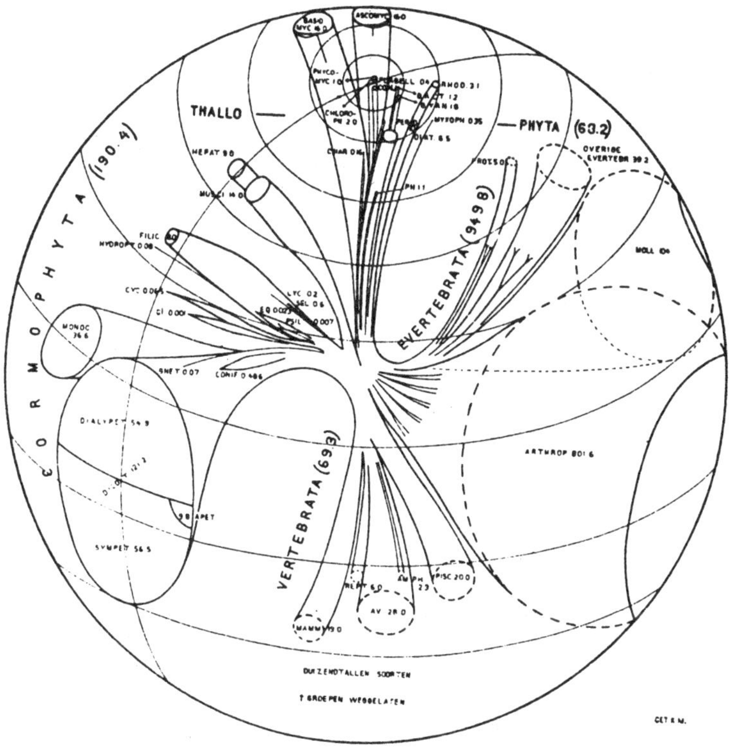

Fig. 17. Diagram of the microcosm, later version. "This system is imagined as a sort of translucent sphere, the evergrowing radius of which is corresponding to the advancing time, while the surface contains, in proper arrangement, the amount of non-living and living matter at any moment (...) On one arbitrary surface the diversity of groups is represented by their size (diameter); their mutual distance suggests their taxonomic relations, the phylogenetic ones being indicated in the usual way by connections at deeper levels. As a matter of fact, while the diversity of recent groups could still be estimated on account of the number of species (the figures again indicate thousands), the relative distance is entirely intuitive. A serious attempt has not been made to a logical subdivision of the animal kingdom; for the rest, as has been stated above, in the present paper methods are discussed, not results" (from 1936j, fig. 21, the text from p. 173–5).

Haplolobus (1958b) was his last contribution that contained new factual matter.

For some time he viewed a taxonomic group as a bundle of separate characters, which evolve separately and can form different combinations. Zimmermann spoke of *Merkmalsphylogenie*, i.e. phylogeny of single features. Lam published a paper with just this title (1935e), based on series of charac-

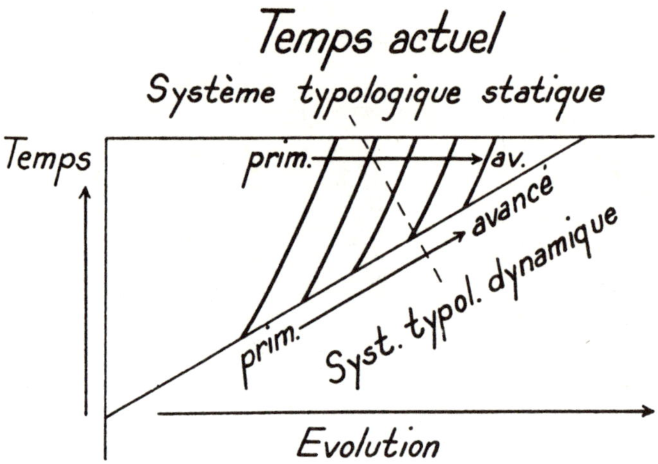

Fig. 18. The concepts primitive and advanced, as viewed in static and dynamic typology. In the former, only the projection on the upper horizontal line is considered. Left: the direction of time; bottom: the direction of phylogeny, from primitive to advanced (1963c & d, fig. 2).

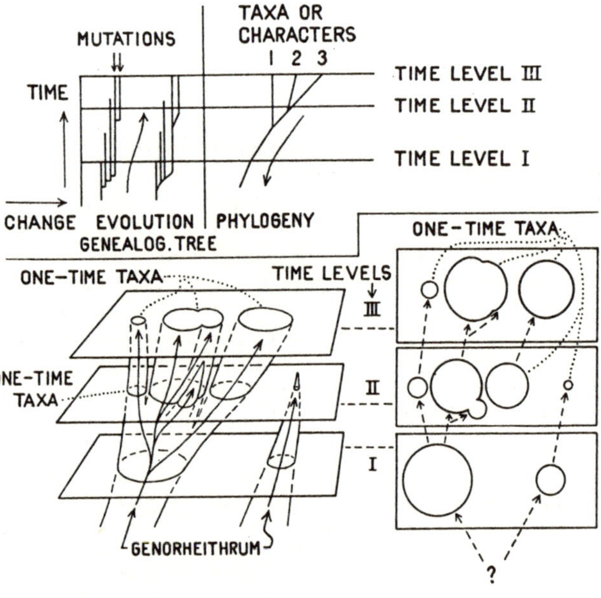

Fig. 19. Elements of a phylogenetic diagram, in which both characters and taxa are accommodated, as they change through time (1963c & d, fig. 3).

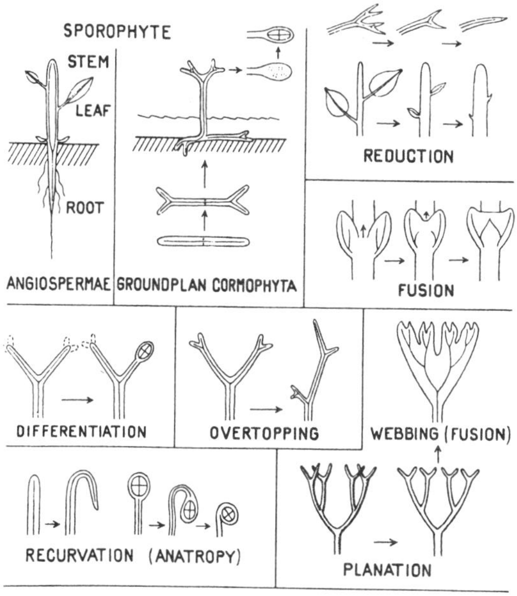

Fig. 20. An outline of W. Zimmerman's telome theory. Some elementary structures in plant evolution, all derived from the equal-forked branch, evolve through a limited number of processes (1963c & d, fig. 5).

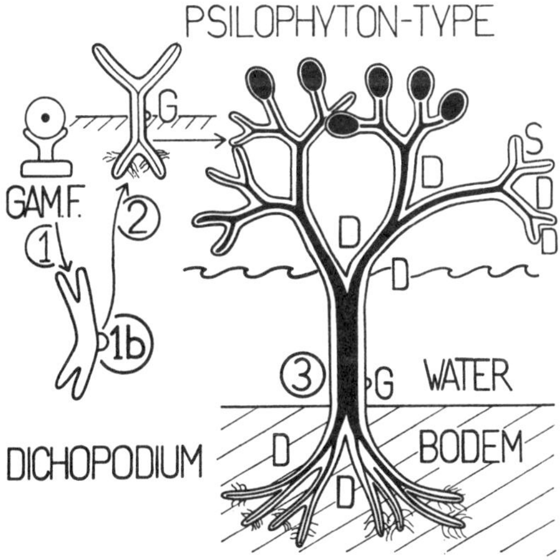

Fig. 21. Life cycle of a primitive plant, producing fertile and sterile telomes. The gametophyte, left, gives rise to the sporophyte, following fertilization, which presumably took place at point G. The sporophyte, constructed according to a pattern of dichotomies, roots in the soil beneath some water (1963c & d, fig. 6).

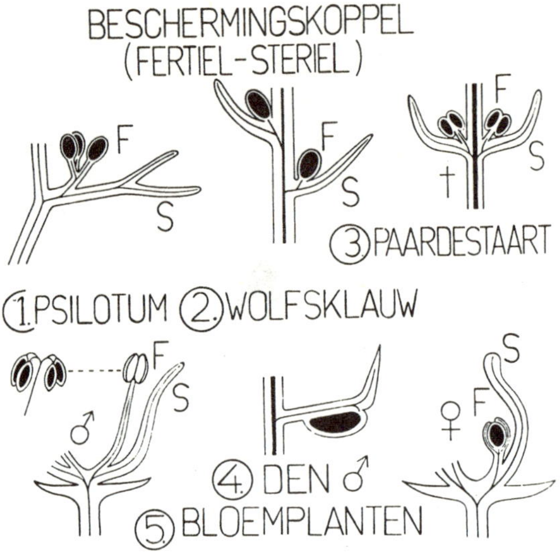

Fig. 22. Protective combinations of fertile and sterile telomes in 1) *Psilotum*, 2) *Lycopodium*, 3) *Equisetum*, 4) *Pinus*, 5) angiosperms (1963c & d, fig. 9).

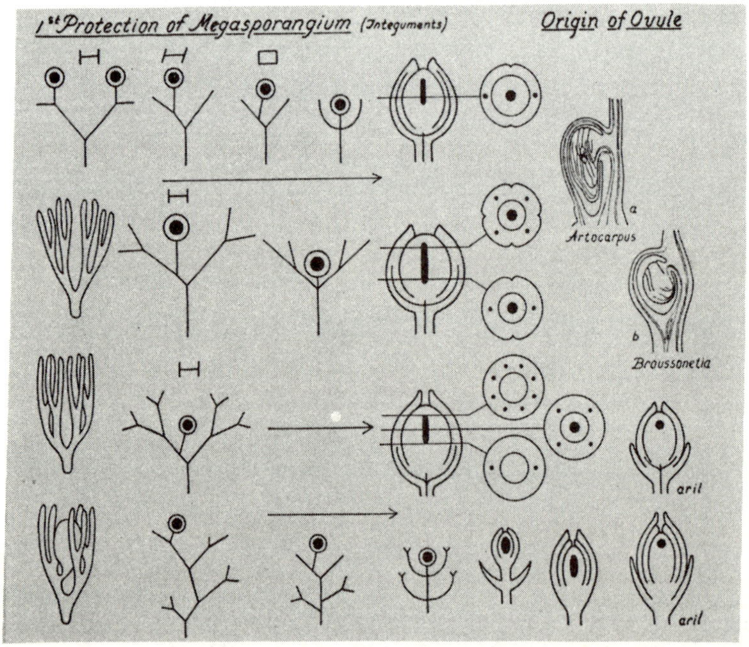

Fig. 23. Phylogeny of integuments to protect the ovule (1963c & d, fig. 13).

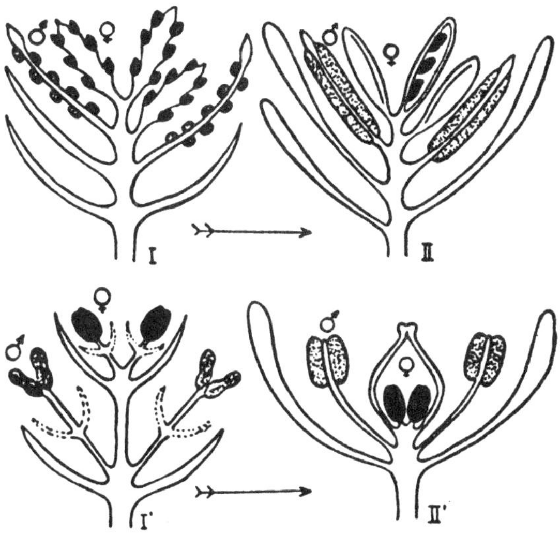

Fig. 24. The classical derivations of the flower. Top: according to the euanthium theory; bottom: according to the pseudanthium theory. The former type is phyllosporous, and comprises most of the angiosperms; the latter is stachyosporous, of which the Orders Caryophyllales and Primulales are examples (1963c & d, fig. 16).

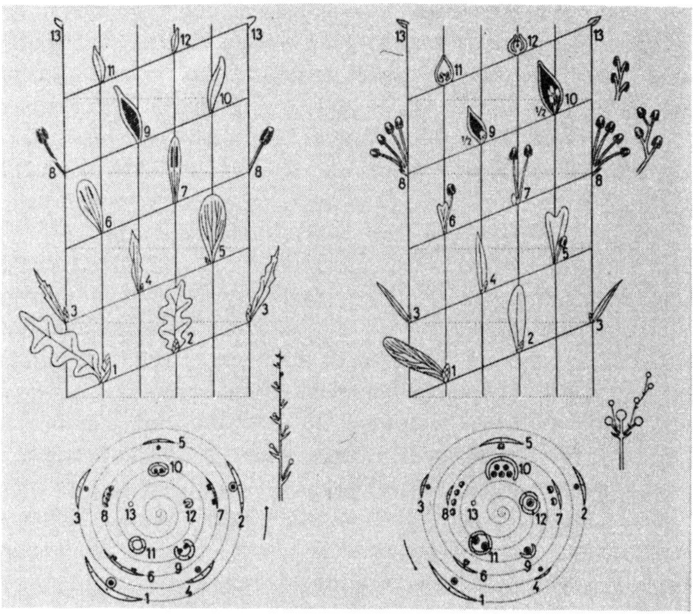

Fig. 25. Ideal phyllosporous (left) and stachyosporous conditions, with 2/5 phyllotaxis. Top: the spiral projected on a cylinder which then has been opened lengthwise and flattened; bottom: the spiral projected in one plane (1963c & d, fig. 18).

ters in Sapotaceae; the subject occurs time and again in several papers between 1932b and 1938h. Thereafter, it recedes in his work; it might have interfered with his concepts of web- or sponge-like, so-called reticulate, affinities.

The revival of the term *taxon* can almost be regarded as a by-product. It denotes 'any taxonomic unit'. Coined initially by Adolf Meyer in 1926, Lam took it up, indifferently, in 1936j, to mention it again in 193[illegible] [illegible]ther because he found it a useful word in his own work than to press it upon others. In 1941a and subsequent papers he used it freely, more than he in 1957f suggested. In 1948, at a symposium in Utrecht to prepare the Seventh International Botanical Congress at Stockholm (see Sources, 1950), where Lam had a function, the term was officially adopted, and he himself casually proposed it as the name for the new journal of the International Association for Plant Taxonomy. Few terms have found their way so quickly and have become so indispensable.

PHYLOGENY

Phylogeny and morphology had never been fully compatible. While in phylogeny the explanation and reconstruction proceeds from old to recent and at the same time from simple to complex, this was different in morphology. The latter was dominated by the study of angiosperms, and botanists accordingly tried to interpret structures, of both 'higher' and 'lower' plants in terms of angiosperm features. The very term 'cryptogams' is an example of such thinking: flowering plants (phanerogams) are the standard; the others 'mate in hiding'.

A first breakthrough had been achieved by W. Hofmeister in 1851, who showed that both phanerogams and cryptogams have a comparable life cycle of two alternating generations; thereby he established the unity of the plant kingdom. But the 'old morphology' was slow to die, and problems remained. One major problem concerns the nature of the flower. Two different interpretations were given: a) the euanthium theory, which viewed the flower as a single shoot with its various parts modified to sepals, petals, stamens and pistil(s), and b) the pseudanthium theory, which viewed the flower as a transformed complex of branches, of which male and female parts were combined into a bisexual flower. There was also a problem about the ovary: in some families, the ovules are placed along the wall, in other families, not on the wall but in the centre – what was the relationship?

In 1930, W. Zimmermann presented a key to such problems. In his book *Die Phylogenie der Pflanzen*, guided by a rich material of fossils, he divided the plant body into elements, called 'telomes', This word has the connotation of 'end'. A telome is a simple axis, a sort of vegetable module. Of such modules, there are two sorts, those which end in a sporangium and those which do not. Telomes occur in a huge variety of combinations; the simplest consist of two equal branches: a dichotomy. These can be seen in the forked venation of many fern leaves. Further combinations arise through processes called, in self-explanatory terms, overtopping, planation, webbing, reduction, recurvation, and fusion. Taking telomes as building blocks, all plant bodies could, in principle, be designed for phylogenetical as well as for morphological purposes.

This was well-appreciated by H. Hamshaw Thomas, who in 1932 introduced the 'New Morphology'; it sought to interpret plant structures by means of analysis into simpler elements, no longer looking down from above, so to speak, but looking up from beneath, in the plant system. Such interpretations are not at all easy, if complex structures are involved, like the conifer cones, but success was booked in several fields, and to Lam's speculative mind, they presented a fascinating challenge. "The study of phylogeny requires a certain mental make-up," he wrote, "something like courage is needed, combined with a special sort of self-criticism" (1963d, p. 26; by the way, this paper provides the best general, concise account of his views).

It would indeed be wrong to underrate the labours, or the risk. When in 1926 he published his first comprehensive paper, the popular account of the Indonesian plant world, he embarked on an endless task: to reflect on the changes of science, which are the changes of man. When it came to reflection, he might be called self-centered, in this sense, that clarity in the pictures of science he was sketching was his prime concern. His belief was in their value to others. Hence in the course of his scientific life, he increasingly relied on data obtained by others. These heaps of notes he amassed, digested, sorted, and weighed with the earnestness of the consummate player.

STACHYOSPORY AND PHYLLOSPORY

The manuscript text of three lectures (Source 53) gives a clue to the further development of his thinking. They were trial runs for subsequent publications. One of 23 February 1944 deals with dichotomies and other modes of branching, emphasizing the fundamental unity of the plant form. One of 30 January 1946 deals with character phylogeny, stressing the need for a new terminology. One of 9 April 1946 (to the Wageningen biologists) examines the origin of the coniferous cone, in an attempt to do away with the domination of angiosperms in botanical thinking. Reference is made to B.J. Sahni's stachyo- and phyllosperms, and these concepts of 1921 are now extended to carpels and stamens of angiosperms, with introduction of the terms stachyosporous and phyllosporous. This gives us to presume that early in 1946, the theory took shape in his mind. In August 1947 he presented it to the British Association meeting at Dundee, Scotland.

No trumpets sounded. In the Association's journal 'Advancement of Science' hardly any mention of it is made. Lam published it in print in 1948a. He is very modest in his presentation, more anxious to acknowledge the

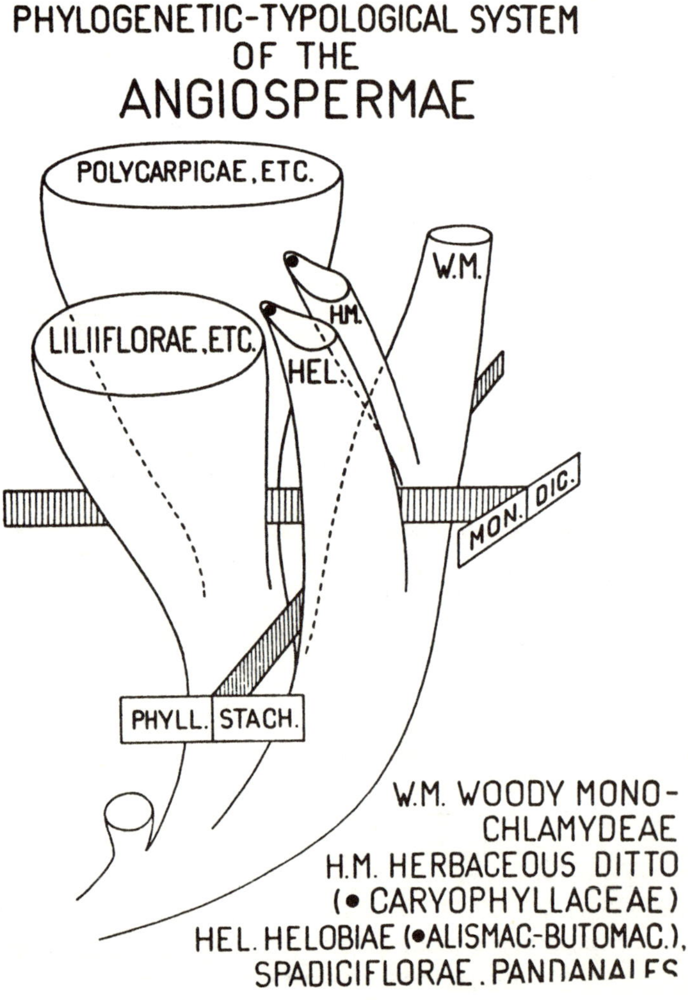

Fig. 26. Main subdivisions of the angiosperms, *viz.* the classical monocots and dicots, and Lam's one into Phyllosporae and Stachyosporae (1963c & d, fig. 17).

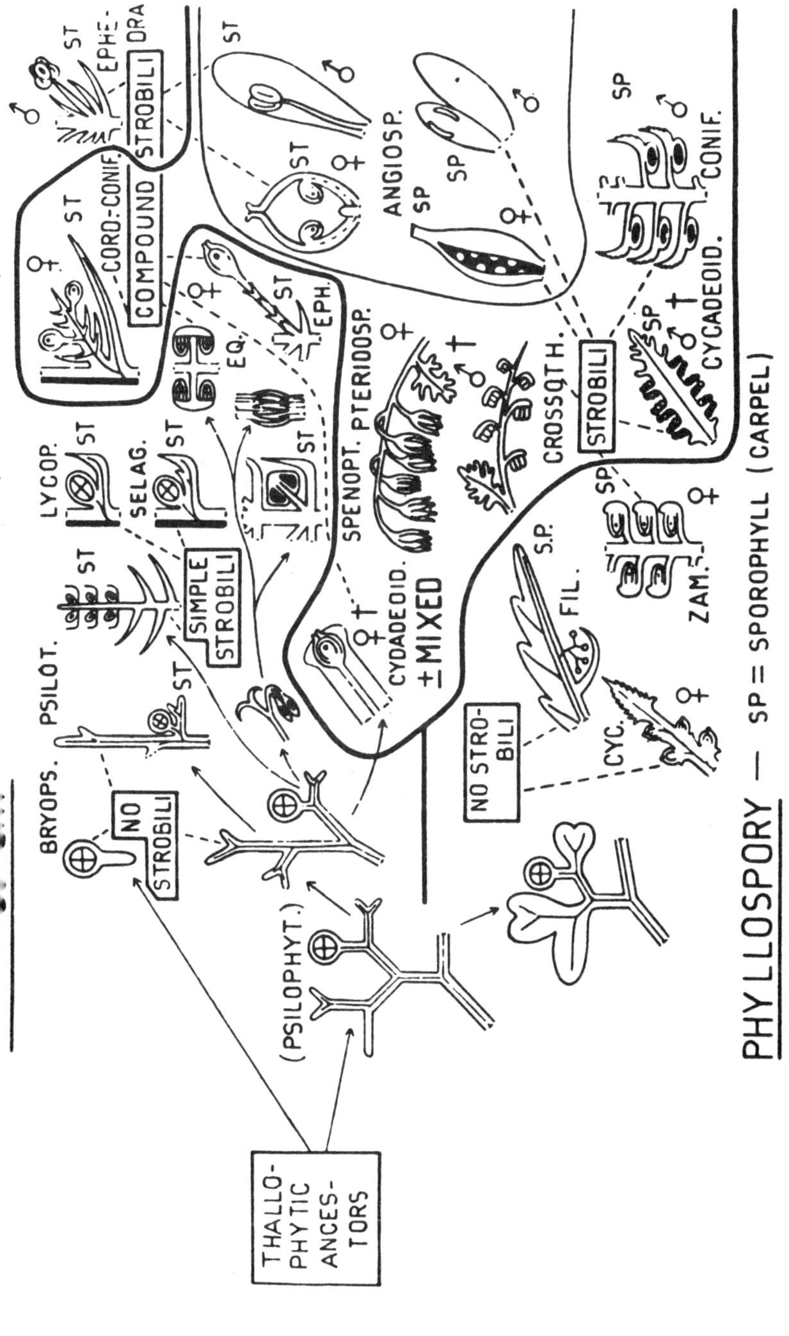

Fig. 27. Development of stachyospory and phyllospory, diagrammatic, for various groups of cormophytes (1963c & d, fig. 12).

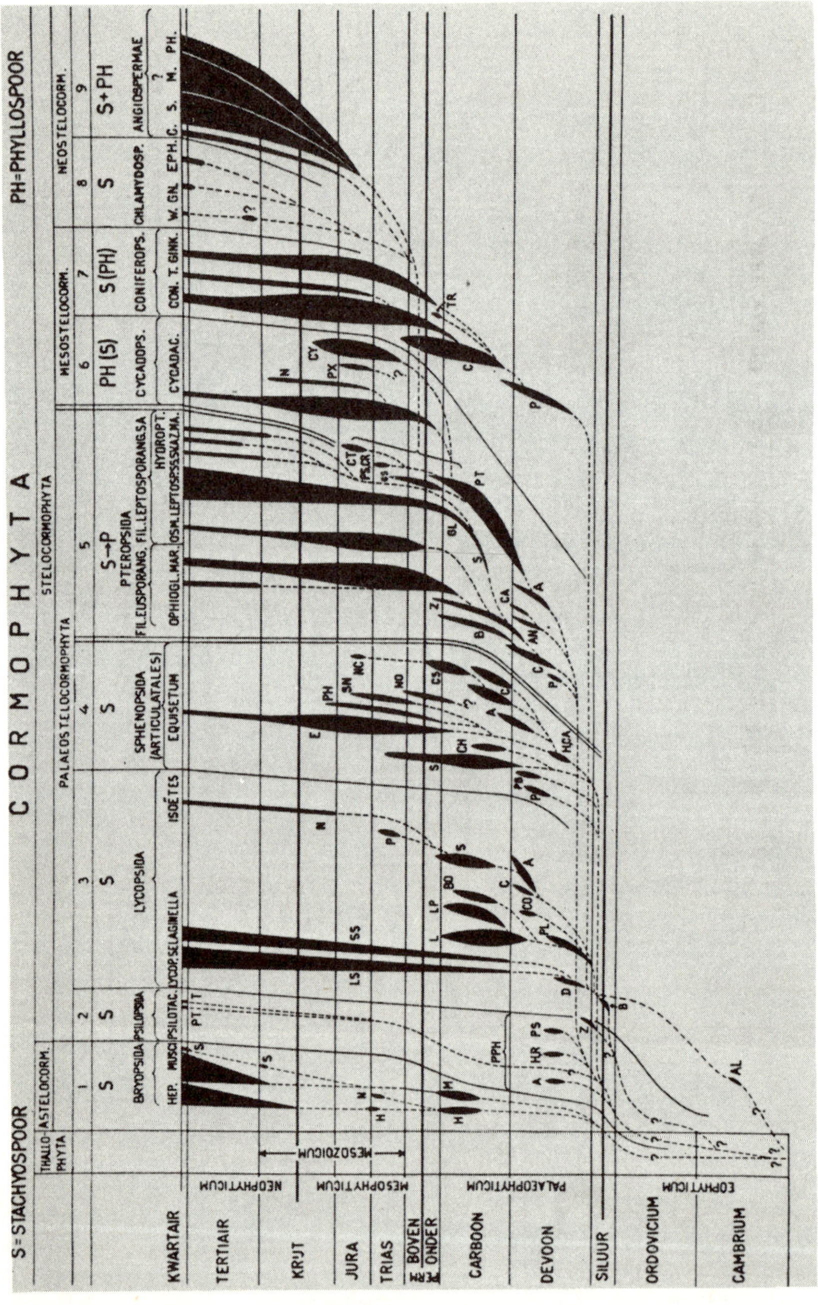

Fig. 28. Phylogeny of the cormophytes, in accordance with the subdivision into Stachyosporae and Phyllosporae (1963c & d, fig. 4).

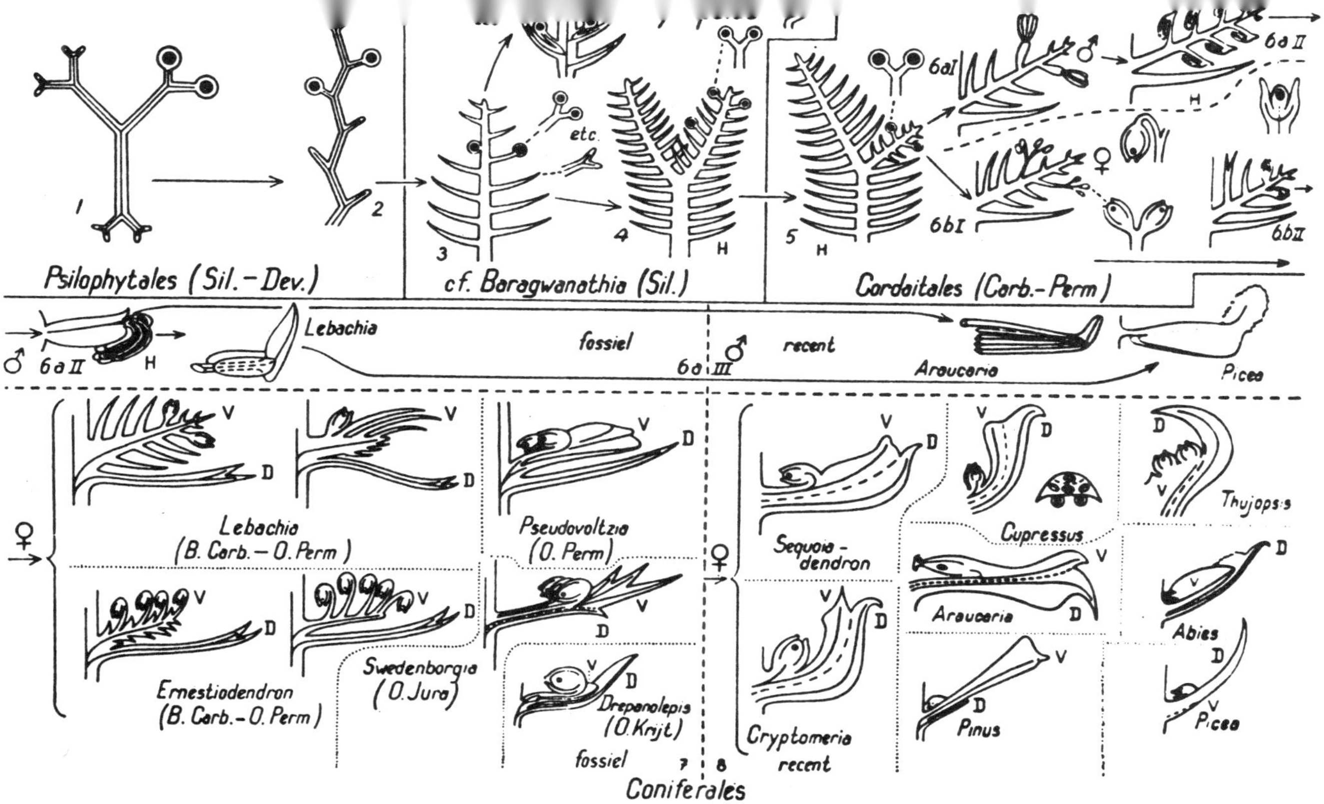

Fig. 29. Reconstruction of the female coniferous cone and microsporophyll by Lam, based on data published by R. Florin in 1951 (1963c & d, fig. 14).

work of others than to advertise his own ideas on stachyo- and phyllospory. It even might seem that he himself became but gradually convinced of the significance of his theory. He worked it out in a series of papers, of which the most important are 1952d, 1959b, and 1961d; in each, he slightly extended or modified his views.

The theory recognized stachyospory and phyllospory as two fundamental conditions which may occur in the Cormophyta: reproductive organs are borne either at the end of an axis (telome), or laterally on leaf-like structures. This furnished him with a new criterion for recognizing similarities and differences, which could be applied in a classification. The New Morphology so far had concentrated on gymnosperms and lower Cormophyta like horsetails, club mosses, ferns, and their extinct relatives; the flowering plants or angiosperms had been rather neglected. Lam now designed a new classification for the main groups of Cormophyta, and extended this into the Angiospermae, in which he distinguished a stachyosporous group and a phyllosporous group; in the former, the ovules are placed in the centre of the ovary, in the latter, they occur along the walls. As he held stachyospory to be more primitive than phyllospory, this provided him with a phylogenetic criterion, too. He came to associate the pseudanthium with the stachyosporous condition, and the euanthium with the phyllosporous condition. Later, he analyzed structures by which the reproductive organs are protected, as they evolved in the Cormophyta, with the aid of the telome theory, mostly on account of fossils (or their descriptions and pictures). An extension of sorts was his translation of R. Florin's interpretation of the conifer cone (originally given in terms of 'old morphology') into terms of the New Morphology (1952j, 1954d), but this cannot be regarded as truly original work.

But the theory ran into a problem. If two sorts of flowers occur in the angiosperms (as is the case), each with a different morphological/phylogenetical history, and one that is traced back to the most ancient land plants, the angiosperms cannot have had a single origin, or be monophyletic, as we say. Instead, they must have had two different ancestors, one stachyosporous and one phyllosporous. And this is what botanists will not believe, on account of one feature that all angiosperms have in common. This is a peculiar manner of fertilization, whereby not only the egg-cell is fertilized, but also an adjoining cell which will grow out to a kind of storage-tissue in the seed which we call the endosperm. Lam, as a consequence of his theory, accepted a 'bi-rheithric' origin of the angiosperms, but few other botanists shared this opinion, convinced as they are that such a unique feature as the 'double fertilization' cannot have originated twice. And there the matter rests.

Van Heel (in Kalkman & Smit, Sources, 1979, p. 108-109) commented on this ambiguity, and concludes: "Lam's work shows on every page a struggle between the idealistic morphology and the new realistic one. Without comment Lam considered the male scales of Conifers phyllosporous for the reason that they are arranged in spirals! Secondly I think it was the fate of his theory that it could not be based on 'sound morphological facts' as these were claimed by his traditional opponents." A.D.J. Meeuse is more positive, where observing that Lam did away with the current idea of Zimmermann and others, that all reproductive cells are produced on leaf-like structures, and that he presented the stachyosporous condition as an alternative (letter, November 1977).

LEGACY

Has Lam's legacy been used to the full? To a very large extent, yes. Apart from the continuation of his policy at the Rijksherbarium, of diversification and cultivating relations, the exploration work in New Guinea which he initiated, too, was continued, and intensified. Through P. van Royen, this interest was also taken up by the Bishop Museum in Honolulu.

As for plant geography and phylogeny, their face has altered considerably in recent decades. On the one hand, the essential facts and views were set down during Lam's time, he himself contributing to the synthesis and to its dissemination into other provinces of biological thinking. Of course, data collecting goes on, most noticeably in the Pacific Plant Areas which he inspired, and such work has led to a clearer outline of problems. On the other hand, not much progress has been made in solving the 'abominable mysteries' which were the subjects-at-heart of these disciplines: the origin of the angiosperms, and their distribution in the tropics, on continents and islands. Professor J. Lanjouw told me that Lam's ideas were disseminated and discussed to quite a large extent at other universities as well as at his own.

Nowadays, plant geography and phylogeny can hardly be called disciplines as such any more; they have been broken up, and their concepts and views have become part of an array of other branches in biology: every discipline now has its biogeographical and phylogenetic sector, so to speak. Lam, in his whole manner of publishing and teaching, promoted this fragmentation.

Owing to the piecemeal way of publishing his views, presented in articles, chapters in popular works, and lectures to various audiences, his influence was bound to be diffuse. Moreover, he stimulated people to find their own station in life and science, rather than to hammer them in one mould. Among those who can said to have originated their career with him, and have continued more or less in his line, the most prominent seem to be A.D.J. Meeuse at Amsterdam, W.A. van Heel at Leiden, and B.M. Moeliono at Groningen.

His plant geographical work on Celebes (1942d, 1945e, 1950g) was not taken up by others, since exploration in other islands seemed more urgent or more feasible. Now that field work in Celebes has been resumed, with more to come, will we be able to go over his work and test his conclusions.

On the Sapotaceae and Burseraceae he made his mark, by common consent. The Verbenaceae have been the subject of publications by other botanists, but as long as no revision for Malesia results, the one by Lam still stands. While his taxonomic work is centered on Malesia, where his name is and will remain familiar, every taxonomist in the world has heard of the Rijksherbarium, and every biologist knows the concept of 'taxon'.

V. THE PROFESSOR

BACKGROUND, CLIMATE

Botany at Leiden is much older than the Rijksherbarium. Its beginnings coincided with the creation of the Hortus Botanicus in 1587, of which the history has been delightfully described, in English, by Veendorp & Baas Becking (Sources, 1938), with interesting aspects added by Stearn (Sources, 1961) and, in Dutch, by Karstens (Sources, 1982).

The director of the Garden was usually also professor of medicine, later botany, which gradually came to mean: general, or experimental botany, for which a laboratory was needed. Thus the Leiden Hortus Botanicus was united with the Botanical Laboratory, not with the Rijksherbarium.

The first director of the Rijksherbarium, C.L. Blume (1829–1862) was given the title of professor, but no academic duties were expected of him. The second director, F.A.W. Miquel (1862–1871), was professor at Utrecht and continued to live there, coming to Leiden by train a couple of days a week. In 1829, when the Rijksherbarium was founded, C.G. Reinwardt was the professor of botany, and the 15th director of the Garden. In 1845 he was succeeded by W.H. de Vriese, who died in 1862. His successor, W.F.R. Suringar, became the third director of the Rijksherbarium, in 1871, and the first to combine the three offices. Upon his death in 1898, J.M. Janse initially did the same, from 1899 on, thus becoming the fourth director of the Rijksherbarium.

He resigned this directorship in 1906, but stayed on as professor of botany, with laboratory and Hortus, until 1930, when Baas Becking succeeded him.

The 5th and 6th directors of the Rijksherbarium, J.P. Lotsy (1906–1909) and J.W.C. Goethart (1910–1932) were merely 'lector'; they had teaching commitments but were not members of the academic Senate, not entitled to wear a gown, and could not confer a doctor's degree.

There were three categories of professors. A *professor ordinarius* ('gewoon hoogleraar') had full-time duties and all rights, being eligible to become Dean of his Faculty, and Rector Magnificus of the University. A *professor extra-*

ordinarius ('buitengewoon hoogleraar') served only part-time, his main function being elsewhere, e.g. in another university, or as director of his institute. A *professor privatim creatus* ('bijzonder hoogleraar') was appointed on behalf of a certain foundation or society, to teach some or other rare discipline.

The national scene onto which Lam stepped, as a professor extraordinarius, in 1933, was a clear, quiet, and stable one. Special Botany was taught at Utrecht by A.A. Pulle, at Groningen by B.H. Danser, at Amsterdam by Th.J. Stomps, at Wageningen by J. Jeswiet, and at Delft by G. van Iterson. All these professors held office for many years; the first to go was Danser, who died in 1943. While each professor was quite a seigneur in his own realm, together they felt responsible for the standing of the science and were greatly concerned about its affairs nation-wide and in the colonies. They (and their experimental colleagues) saw each other on all matters of urgency, including, of course, new appointments, divided the necessary representative functions amongst them, and maintained relations of respect, gossip, cooperation and some competition. Beneath the cordial atmosphere, there was steel and prestige. After the war, reform set in, and some new foci of biological education were established, new names appeared on the roster; what matters here is that Lam had time to mature as a professor in that climate. When reform and expansion began, he had well established himself (in 1945 he finally became Professor Ordinarius), and never had difficulty in being friendly and flexible. To these conditions I attribute my impression of the whole period 1933–1962 as a homogeneous one, with regard to Lam's professorship in descriptive botany. As such it is therefore described, with a few changes summarized towards the end.

THE CURRICULUM*

The study in biology took at least 6 years. In the first and second year, the mornings were devoted to lectures, the afternoons to practicals, with a number of excursions in the early summer, and weekly walks through Hortus and conservatory during the rest of the year, "that pleasant form of peripathetic teaching" (1962a, p. 21). Courses started right after 3 October, and ended in May or June, interrupted by one month of Christmas holidays and one month of Easter holidays.

Lectures were given from 9.15 till noon (six days a week, of course), and from 13.15 till 14.00. Compulsory subjects for undergraduates were physics, chemistry, and geology as subsidiary sciences, also animal behaviour and physiology, comparative anatomy of vertebrates, genetics, human ana-

---

* A more extensive and methodical description of the curriculum in various periods was given by P. Dullemeijer (Sources 1976, p. 32–40).

tomy, and physiology, ecology, plant anatomy, plant geography, plant physiology, plant systematics, taxonomic zoology. In addition, paleontology was offered, protozoology, and some other subjects such as theoretical biology. Some disciplines were two-fold, like vertebrate and invertebrate systematics, or cormophyte and thallophyte botany. Disciplines thus tended to proliferate, but in all of them, a 'tentamen' had to be passed: a private session of oral questioning by the professor.

Lam's tentamina were notorious for their length in cramming (approximately three months) and in delivery. J. van den Assem wrote him, long afterwards: "Of my first contact with you, the B.Sc. tentamen, I remember that it lasted a fairly long time – from the coffee break till just before tea (i.e. 12.30 till nearly 15.30) and that it was a hot affair, also because of the electric heater which enveloped you in a fiery aura, and gave me my share as well. When it was over, I felt broken as never before in my life. The result was not bad, as I had feared" (Source 8). But let us not run ahead of the story.

Practicals started at 14.15, usually with an explanatory lecture of half an hour by the supervisor. Then students received their worm, frog or pickled piece of plant, which they dissected and sketched. Marks were based on these drawings. Elder students assisted the youngsters; reward was freedom of tuition fees (which for a year equalled about three months' of modest living).

The third year was different. No lectures had to be attended, but full days of laboratory work, 4 to 6 weeks on end, in: animal behaviour, physiology, taxonomy, microbiology, microtechnique, plant physiology and taxonomy. Here, too, proliferation occurred: a field course in animal ecology crept in, one in marine biology, one in phytosociology. At the end of each course, a student had to compile a paper on the term's work.

The 3rd year course in plant taxonomy was based on guidelines which Lam received from Pulle in Utrecht, where such a course already existed. This course was interesting and varied: examination and identification of fresh material, then of dried material; making a full description of a plant, first fresh, then dried; the basics of nomenclature and their application; the framing of a small key; a good grounding in literature; and sometimes, the study of a real taxonomic problem. The course is still given in this form.

Since it was impossible to take all 'tentamina' – eventually, their number was over twenty – and to finish all reports within these three years, except for those students who were exceptionally clever, assiduous, and without outside interests, the fourth year, sometimes also the fifth, and not seldom the sixth, were used to cope with the remaining material. Most students put off the Lam tentamen until no others were left. When it all was satisfactorily over, the first academic exam, the 'candidaats', which roughly equals a B.Sc. degree, was largely a formality.

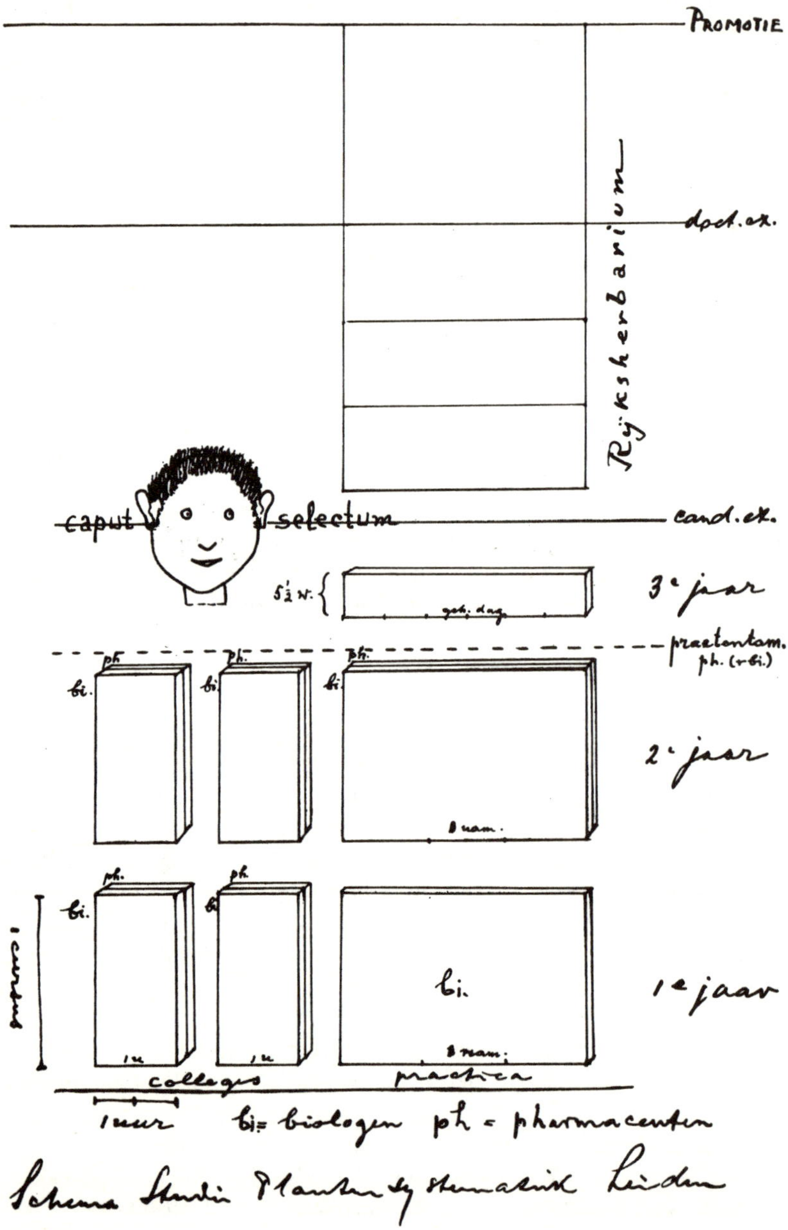

Fig. 30. Lam's diagram of the study in taxonomy, to illustrate a speech to the freshmen, 12 October 1934 (Source 49).

In The Netherlands it was customary that a B.Sc. graduate continued his study until he had qualified for the M.Sc. degree. This required a total of 24 months of research under supervision, with 12 months as the maximum valid number per subject. The disciplines previously encountered offered plenty of choice. A research subject was seldom completed in time, the surplus being at the student's expense. In addition candidates had to attend a number of 'Capita Selecta', series of lectures on a subject chosen by the professor, also to result in a tentamen. A few 'referates' were also to be delivered: a half-an-hour account of an important book or paper, in front of the professor, some of his staff, and fellow candidats. A 'houtverslag' was also required: a report on six weeks of microscopic work on a given plant anatomical subject. And would-be teachers had to master didactics and adolescent psychology. The second exam, the 'doctoraal', which could be compared with an M.Sc., was again a formality. One was then 'admitted to the promotion', and entitled to call oneself a doctorandus, or 'Drs.', in abbreviation.

People who had the ambition and the means could become a promovendus, working on a doctor's thesis which, unlike in the Anglo-American system, has to be a printed book. Preparation took a minimum of three years. Only a professor can confer a degree; if he was unfamiliar with the subject of his promovendus, an expert was called in to advise.

PROFESSORS AND STUDENTS

Details of the curriculum – of which the outlines are laid down in the law – were set by the professors; so were the dates for practicals, and excursions, while they also discussed and gave approval to the research programme for each candidate. These and other affairs of the 'biological group' were the subject of infrequent evening meetings at the home of one of the professors. During the period between September 1934 and May 1939, 16 such meetings were held, with Lam serving as scribe for the first eleven (Source 9). His long-serving contemporaries were L.G.M. Baas Becking (plant physiology, and director of the Hortus Botanicus) later succeeded by T.H. van den Honert, H. Boschma (systematic zoology, and Director of the Leiden Natural History Museum; his life and works have been described in Zool. Meded. Leiden 39: ix-xlix. 1964., and Zool. Bijdr. 22: 3–28. 1977), and C.J. van der Klaauw (general zoology, who as a professor from 1934 till 1959 exerted a very great and durable influence on the development of zoology in Leiden; see Dullemeijer, Sources, 1976, p. 49–52). In the earlier years there were also M.J. Sirks (genetics, part-time) and N. Tinbergen (animal behaviour). The latter was in 1950 succeeded by D.J. Kuenen (ecology; see biographical note and bibliography in Neth. J. Zool. 30: 145–150 + portr. 1980).

We get the impression that decisions were taken without great difficulty. From the late 1940s, non-professors joined the meetings in increasing numbers, while the curriculum, enrolment, and administrative problems expanded. It was mainly Kuenen and H.P. Wolvekamp (animal physiology) who coped with many of these matters and made efforts to streamline and regulate the curriculum. In this field, no initiatives emerged from the Rijksherbarium. Its 'menu' became more varied, but otherwise it retained essentially the same atmosphere of Scientia Amabilis, with its old-fashioned nature and limited popularity in consequence.

Students were supposed to possess enough intellectual maturity, enthusiasm, and resources, to complete the study essentially on their own. Curatores and professors ran the affairs of the university with great dignity and moderate efficiency. They and the students knew themselves to be the intellectual elite of the nation, a position both privileged and responsible. This common awareness sufficed for a natural if rather distant cooperation. Such was the climate during Lam's career. Only after his retirement did things begin to change significantly, to culminate in the revolts of the late 1960s, and the subsequent change in legislation which completely altered the structure of the University.

The numbers of students (recorded annually in the 'Vakblad voor Biologen') were unpredictable: in 1949, there were 29 freshmen biologists, the next year there were 8, then 21 in the next. On average before the war, the annual crop of freshmen was between 10 and 20, in the years after the War this number was doubled; in 1960 it began to climb sharply, when 45 arrived. The nation's total climbed steadily, from 24 in 1934 to 225 in 1961. Before the War, Leiden took about half this total; later the students distributed themselves more evenly.

Every Leiden student of biology was a member of the society called Leidse Biologen Club (LBC). It issued a journal named 'Kameleon', held an annual introduction day for the freshmen who were addressed by one or two of the professors (Lam always took his turn with great relish), and also organized lectures as well as festivities on its Dies Natalis, with all the professors present. On the 1964 Dies, Lam presented the LBC with five collars, for the board members, to wear on official occasions. Each collar had a jewel in bronze, sculptured with a chameleon, the LBC's emblem.

LAM'S LECTURES

According to ancient custom, the professor spoke, the students made notes. Illustration was by large plates hung on the wall or over the blackboard (1500 such plates had been inherited, through W.A. Goddijn, from J.P. Lotsy, and Lam added considerably to that number. When, in 1964, the institute was moved, they were all discarded). In the course of the academic year, these lecture notes grew into a sort of abbreviated, diluted, occasionally distorted textbook, in longhand. It served as a help to the real textbook. During the practicals, plant structures were examined, but whether the same plant was discussed in the same week was a matter of chance. The programme, which hardly changed over the decades, consisted of a two years' course on terms, characters, and taxa: cormophytes the one year, thallopytes the other. Plant geography was taught in a two-year course.

Many were confused, often dumbfounded by Lam's regular lectures, while others found them stimulating and entertaining. Lam repeatedly confessed that he found teaching the most difficult part of his task.

The reason underlying the differences in appreciation of Lam's lectures is, I think, that the more one knew about descriptive botany, the better one liked Lam's lectures. They were, necessarily, full of names and taxonomic facts. Lam not seldom enlivened these with his own wit, and inserted an etymological remark, a related example, an ad hoc hypothesis, all confusing to those who lacked a mind for taxonomy.

The pile of his lecture notes surviving in the Rijksherbarium files is over a foot high. Some bear dates of 1932 and the first half of 1933, showing that these were prepared during his professorship at Batavia. These early lectures cover genetics and physiology as well as morphology and taxonomy, to supply the medical students with a background of botany. All of his earlier notes, and most of the later ones, were written by him in longhand, with the sentence in full, and words underlined in red, supposedly to facilitate delivery. Only the post-war notes for his regular lectures on the plant kingdom have been typed, obviously by himself.

The 'Capita Selecta', series of 10–20 lectures, he gave are the following:
- Evolution, phylogeny, species concept (1936)
- Historical plant geography of the Malay Archipelago and the Pacific, parts I (1937) and II (1938)
- Ecology of the tropical rain forest (1939–40)
- Phylogeny of characters and taxa (1940–1)
- Character phylogeny in Cormophyta (1945–6)
- Introduction to vegetation science (1946–7)
- Terata i.e. malformations in the light of phylogeny (1955–6)
- New discoveries in palaeobotany (1956–7).

Excursions were of a simpler quality. First year students were taken out on a few one-day trips in the neighbourhood of Leiden, to the roadsides, the dunes, the marshlands. The second-years went for a week to Limburg, with its riverine, loess, and limestone flora. The third-years went to France or Switzerland .... if they had the money; later, it was all subsidized. During his first years in Leiden, Lam joined most excursions. These were led by Henrard, Goddijn, and Van Ooststroom, all experts in the regional flora, of which Lam was completely ignorant. But, as D.J. Kuenen remembered, full of zeal, armed with a notebook, bending close to the ground, he tried to learn the plants, to the delight of his students. Young D. Bakker (who became professor of vegetation science at Groningen) by then knew his species already well. Lam asked him the name of a *Ranunculus*, and Bakker replied: "The acer."* Lam said: "What? *Acer* is a tree. Van Ooststroom! He says this is an *Acer*!"He went with a group of students to Switzerland in 1946, to Scotland in 1948, but mostly left the leadership to his staff.

STUDENT'S RESEARCH AT THE RIJKSHERBARIUM

Those who came to work on a research subject could select one to their own liking. Otherwise, they were usually given a collection of miscellaneous Malesian plants to identify. Later, when large amounts of new material came in, students were assigned a genus of one of Lam's families to revise. Thus A.M. Husson, P.W. Leenhouts, C. Kalkman worked on Burseraceae, J. van den Assem, A.C. van Bruggen, M.P.M. Erlee, M. Jeuken, W. Vink on Sapotaceae. They were given the Leiden sheets, and those borrowed from other Herbaria and, with Lam's work as their guide, were largely left to themselves.

This was customary practice at other institutes as well; it was regarded as a healthy proof of the student's ability to make his own way, and convenient for the professors at the same time. So a student gropingly went on. Lam might come around occasionally, under his béret, with a fatherly air keenly seeing how things were going, and, if asked a question, provided a clear and accurate answer. If it was expedient and financially possible (Lam was very good at raising little grants here and there) he sent a student to the Herbarium of Kew and/or Paris, armed with a letter of introduction. Upon arrival, the student was welcomed with words of respect for his master.

Only after completion, however, was the manuscript thoroughly discussed. Van den Assem recollected: "I delivered a fat pile of densely written sheets of paper. A few days later, it was again on my desk, meticulously gone through, a small note attached to the top sheet: "Contents fairly good, presentation shamefully bad'. Shamefully was double underlined in green. I have tried to correct the evil, I often remember his admonition" (Source 8).

When a satisfactory stage had been reached, the manuscript was passed on to a staff member to make it ready for publication in Blumea. The volumes of the years 1952–1959 carry a number of such papers, in addition to these by P. van Royen, who after his Ph.D. at Utrecht was appointed specifically to work on Sapotaceae. In retrospect, the choice of genera of this dif-

---

* Recent nomenclature requires the name to be spelled *Ranunculus acris*.

ficult uninspiring family cannot be called fortunate, and Lam did not, like Van Steenis, break new ground for research subjects on Malesian phanerogam genera. Yet, there was pleasure in the work. The building had an atmosphere of its own. Contacts with staff were frequent and pleasant, everyone was carried by enthusiasm, and one always could tap a botanist with a question. Not infrequently, laughter sprang up in the secretariat (next to Lam's room), growing louder, to stop abruptly after a shout from the Prof.

Papers orally delivered as 'referates' by senior students were subjected to incisive, albeit somewhat haphazard, discussion, not seldom continued by the professor himself, more or less politely listened to, until he broke into a grin, and sent the whole audience out of the room, with waves of his arms.

Numbers and sex ratios of research students fluctuated. In 1934 there were four girls, all of them working on the identification of collections from Malesia. In 1937 there were five males and five females, in 1941, two males and two females. While the University was closed by the Germans, a few worked in secrecy, as was revealed in the Annual Report of 1945. Of 1945 and 1947 there is no clear record, in 1948 there were two males, in 1949 four males, in 1950 seven males, in 1953 ten males and four females, in 1956 there were 19 people of various academic status, part of them working on a digest from literature ('scriptie'), but this was abolished in that same year; thereafter the totals were 11, 8, 11, 15, 13, and 8. Throughout we should realize that these numbers are those during a given academic year, and referring to the same people if they stayed longer, as often happened. The number of *promovendi* climbed significantly: 2 in 1954, 4 in 1956, 7 in 1958, 8 in 1960, 10 in 1962. Several worked under the supervision of Van Steenis. Contrary to some professors who collect *promovendi* for reasons of pride, Lam was generous in this respect. When in 1959 I saw him about a degree, he told me that I could as well go to Van Steenis, "then he too has a promovendus", and so it happened.

APPRECIATIONS IN WRITING

A number of written appreciations by his former students survive in the Bibit (Source 8). They date from 1962. Here follows a selection, in translation.

L.B. Holthuis, taxonomist of crustaceans: "Although I worked little more than half a year under your supervision, I still fully feel myself to be one of your pupils, a privilege for which I am extremely grateful. Scientifically I learnt much from you, which I still find useful. But also in other areas you often helped me.

The research subject you gave me working up the Talaud and Morotai collection of 1926 was not easy, and several times I was near giving up. Every time you convinced me of its feasibility, and I took heart again. Later, when dealing with a similar hopeless-looking zoological problem, I have often recalled your words, and found the courage to hold on, and to bring the matter to a conclusion as well as possible.

When at the end of my half year's stay at the Herbarium I had to inform you that I had chosen for zoology instead of botany, my heart was heavy, as I knew that you would not be happy with my plan. You took the matter so well, however, that I was about to regret my decision. That I later, from a different institute, sometimes called upon you for advice on various problems, clearly shows what you meant to me, notwithstanding little direct contact.

The privilege of having worked under your supervision became apparent in conversations with the many foreign taxonomists who knew and appreciated your work, even the zoologists. And it was therefore with just pride that we saw at the 13th International Zoological Congress at Copenhagen in 1958 the term 'taxon', introduced by you into botany, also adopted in zoology."

A.M. Husson, taxonomist of mammals: "The freshman in biology who came to Leiden in September 1939 agreed that the lectures in plant-geography on Saturday morning were 'all-out super'. Still, after so many years, this is engraved in my memory as the finest of all courses. You gave us a look at the grand panorama of the world's plant life in present and past, in which space and time, life and death were amalgamated in one harmonious union, which made us better understand the development of life itself.

Still, I consider it an exceptional privilege that you entrusted me with that two metre stack of 'hay' (*Haplolobus*, the most difficult genus of the Burseraceae). I went through days (or weeks?) of despair, and more than once I intended to say goodbye to the Herbarium forever. Seemingly you let me play around, but then during the coffee-break or a lightning visit an offhand remark gave me to understand that you considered me a fully responsible taxonomist, and that it was natural for me to conclude this work as a contribution to the Indo-Australian flora.

You taught me respect and distrust towards established botanists at the same time, and how every difficult investigation has its up and down moods, you taught me that strength of will and tenacity are a necessity for all independent research work, and that there is nothing wrong in doubt and in the confession: 'I don't see a way out', but that this is essential for the growth of knowledge."

M. Jeuken, professor of theoretical biology: "At the Rijksherbarium, one had to work, and to work critically. This was already evident during his lectures, and the 'refereren'. Especially at the latter, when armed with 'béret basque' and pipe, he was brooding on his criticism. One time a review was delivered on a developmental series in the cormophytes. It seemed all very acceptable. .... The audience all nodded affirmingly. Prof. Lam was silent, puffed his pipe, looked back, said nothing. Took his pipe from his mouth, again looked back. 'Does anybody have a further question? – My goodness, nobody any more questions? But don't you wonder if the series here on the blackboard perhaps can be read the other way as well? In other words, if events have not taken just the opposite course?' And then a lesson followed in interpretations, constructions, and related topics.

.... In his broad-mindedness he knew how to give his students free rein and responsibility: 'Just find out yourself, you know more about it than I do.' And when once an extra assistant was needed for a greenhouse demonstration to the freshmen: 'I don't care what you say, you lie as much as you like, as long as you talk botany!' He knew how to trust us.

.... Honest, critical, and broad-minded; these properties of himself, Prof. Lam has tried to implant into his pupils."

R.A. Maas Geesteranus, taxonomist of fungi at the Rijksherbarium: "I remember that as a research subject I had been given *Mimusops* and *Manilkara* of the Sapotaceae. Oh, what a horrible subject and how desperate I was. Those drab dead bodies all with similar leather tatters (folia) and misshapen brownish knobs, of which one never could guess if their interior had first been digested by a larva (flores), had lost their life for me irrevocably. Small wonder that every afternoon after the morning's zeal had long abated, and the sun was heating up the Herbarium floor so profusely, I dozed off over my dreary task. Once you caught me by surprise in that state. Ever since I have seen to it that some sand was strewn in your path so that you, dear Master, even with your thick soft soles, could not approach noiselessly."

J.S. Zaneveld, algologist, professor of botany in the United States: "The accompanying drawing of a Characea nov. gen., nov. spec., which I received from you on Saint Nicholas Day of 1940, well characterizes my sad situation when, three weeks before the day set for my Ph.D. ceremony, the University had been closed down by occupying forces (Figure 31).

The sketch also shows, however, that this fact was hard to swallow for my promotor himself .... This concern for the personal condition of your students enabled you, disinterestedly, in perfect objectivity, to advise a student or a worker at the Rijksherbarium, whether or not to follow a way of his own choice. I cannot be thankful enough to you for this lofty state of mind.

Imperceptibly, a professor makes his mark on his pupils, through the regular lectures but even more through casual talks during sailing instructions at 'De Kaag' or during the coffee-break with readings of Bomans' 'Erik'.*

---

* *Erik, of het klein insectenboek*, by Godfried Bomans, was at the time a well-known small humourous novel. A boy is miraculously diminished in size, visits the world of the insects, and discovers striking resemblances with human society.

Fig. 31. How J.S. Zaneveld must have felt, in Lam's eyes, when the University was closed by the Germans, just before he was to take his Ph.D. degree, on Characeae; drawing on the occasion of Saint Nicholas, 5 December 1940 (Source 8).

The author of these lines himself may be surprised to notice the extent of this influence, far greater than he was aware of, the more so since he was one of your first pupils but by no means an obsequious one. The case in point is this. When in March 1961 I was invited by the University of Michigan at Ann Arbor to deliver a lecture on the concepts of homology and analogy, one of the audience remarked afterwards that on various points my ideas went parallel with those of the Leiden taxonomist H.J. Lam!"

Pieter van Royen (who was educated at Utrecht; see Flora Malesiana i 5: cccxv-cccxvi. 1958) sent me a long letter from the Bishop Museum at Hawaii (5 January 1975), with views on his fellow-botanist on New Guinea and former director. "In the beginning there was not much talk about NG, for Herman put me immediately to the Sapotaceae. As a first point of criticism I admit that I hated them. I regarded that family as his territory and did not wish to trespass. I also found that friend Lam held some strange opinions on its taxonomy, which is small wonder as it is a rotten heap, and Herman often sighed that it would be better if we let the whole family stew for another million years. I regarded myself as a minor in taxonomy and the Sapotaceae not at all suitable as a subject for students. This did not get easier when he kept meddling in my work, and only when he let me have my own way did everything go better, although he did not always agree with me. I believe that he eventually came around, however. But let me add now that his work on Sapotaceae was good, not overwhelmingly good, but eminently useful. I believe that Herman was very open-minded but did not easily make or keep contact with younger people."

Van Royen views both Lam and Van Steenis as offshoots from their common master Pulle, who combined diplomacy with single-mindedness. Both brought one of these features with him into the Rijksherbarium. Lam's diplomatic efforts were, however, sometimes spoilt by sharpness and spontaneity, but without any intention to harm. He was extremely sensitive, but with the greatness to forgive. Van Royen, who was stimulated by Lam to work on New Guinea, and there found a sort of scientific home, acknowledges the *Fragmenta Papuana* as very typical of Lam: "it excellently shows what New Guinea is, what there is to see. But here again, not a 'great' work like Von Humboldt's on South America." .... "A good teacher? Not really. A good speaker? More or less, but without 'charisma'. A man full of contradictions and therefore so charming. Certainly not easy to deal with, neither for himself, nor for others. If you got along well with him, everything was allright. If the situation was difficult, he tried to make things better. .... I was often surprised by his humour, dry, and often piquant."

A colleague, too, expressed appreciation. Niko Tinbergen, the well-known ethologist, who was a professor at Leiden before in 1949 he left for Oxford, wrote to Lam on 27 May 1962: "Vividly I remember an evening of our band of biologists when, I think it was at Barge's, we heard your talk about the phylogeny of the 'flower' in the Euphorbiaceae. You explained the step by step progress in the protection of the reproductive parts, by which to the 'flower' gradually more foliar structures were added, and since that time I have always looked at euphorbias with keener interest. You are one of the people who have saved me from looking upon phylogeny as an outdated subject. Not only have I developed more and more interest in comparative

Fig. 32. Caricature presented by the students' society 'Catena'; date unknown.

taxonomic and evolutionary studies within my own small branch of the science, but find it fascinating to see groups taken into focus which we always had accepted as monophyletic and where yet the possibility of convergent or parallel development enters."

Lam's reply to the passage, of 20 June 1962, is characteristic as well: "Apparently you remember a talk by me to BIOS which I myself have completely forgotten. Time and again, in letters I receive in these days, I am struck to read that people remember things of me which apparently meant something to them without my being aware of it."

BIOS was, in Lam's own words (1962a, p. 23): "the small band of professors who ... at monthly meetings discussed problems of life and evolution, in a fairly original manner without ever getting one step further, except in understanding each other better." Some professors of medicine (like J.A.J. Barge) were also members. Professor P.H. van Laer told me, that Lam and he set up BIOS in or shortly after November 1947. But Baas Becking (in *Almanak van het Leidsche Studenten Corps* 125: 95. 1938) mentioned the existence of such a club, also named BIOS, in existence before 1930.

PROMOVENDI

Lam conferred a doctor's degree on the following persons.

Joséphine Th. Koster, 5 June 1935, thesis: *The Compositae of the Malay Archipelago I. Vernonieae and Eupatorieae.* Blumea 1: 351–536.

J.S. Zaneveld, 21 May 1941, thesis: *The Charophyta of Malaysia and Adjacent Countries.* Blumea 4: 1–223.

P. Jansen, A.W. Kloos, and W.H. Wachter, 10 January 1946, *honoris causa.*

R.A. Maas Geesteranus, 19 September 1947, thesis: *Revision of the Lichens of The Netherlands I. Parmeliaceae.* Blumea 6: 1–199.

R.D. Hoogland, 30 January 1952, thesis: *A Revision of the Genus Dillenia.* Blumea 7: 1–145. *Cum laude.*

J.J. Barkman, 22 January 1958, thesis: *On the Ecology of Cryptogamic Epiphytes / With Special Reference to The Netherlands*, 202 p. (van Gorcum; Assen). *Cum laude.*

P.W. Leenhouts, 29 April 1959, thesis: *A Monograph of the Genus Canarium (Burseraceae).* Blumea 9: 275–475.

C. van den Hoek, 18 September 1963, thesis: *Revision of the European Species of Cladophora*, 248 p. + 55 pl. (Brill; Leiden). *Cum laude.*

This list does not mean very much, however. W.J. Lütjeharms, staff member of the Rijksherbarium who wrote a thesis on the history of mycology in the 18th century (1936), took his degree with Baas Becking, presumably because the work began before Lam arrived at Leiden. In the preparation of the four theses on cryptogams, Lam's role cannot have been great. And a work by his pupil W.A. van Heel, *Morphology of the Androecium in Malvales* (Blumea 13: 177–394. 1966) was completed after the expiry of his *ius promovendi*, three years after retirement, so Van Steenis became Van Heel's promotor.

In the Director's set of bound copies of the theses, the text is preserved of the promotor's speech to each promovendus, delivered in public at the end of the ceremony.

MAIN LATER EVENTS

Events to characterize the last decade of Lam's professorship can be summed up as follows:

a) reduction of descriptive botany as an obligatory part of the curriculum, particularly plant-geography,

b) diversification of options that the Rijksherbarium had to offer, in connection with development of the various departments and increase of staff,

c) specialization of certain staff members in teaching and supervision of practicals and excursions; decrease of Lam's personal share in them,

d) appointments of a lecturer, first S.J. van Ooststroom (1 January 1951, but he resigned for health reasons in mid-1953), then (part-time) H.C.D. de Wit (appointed 1 September 1953, resigned 1 March 1959). Appointment of C.G.G.J. van Steenis (on 20 February 1953) as a second professor with limited duties ('Bijzonder Hoogleraar'), mainly to supervise research students, whom he attracted in comparatively large numbers. Appointment of M.A. Donk (on 1 April 1956) as a reader in mycology.

e) an increase in the number of promovendi, from 2 in 1954 to 10 in 1962.

INVOLVEMENT IN SECONDARY EDUCATION

Lam's interest in biology as a discipline in secondary schools is one more aspect of his role as a professor of botany. Almost every year in June, he was away for a couple of weeks, to serve as external examiner in the natural sciences at grammar schools. Not everyone in his surroundings understood why he spent so much time on a perhaps marginal job. The reason was that he wanted to know what knowledge the freshmen brought to the university, and what differences in level existed between the various schools. Characteristically, he went to look for himself, personally questioning the better pupils – which was by no means the usual practice. According to Dr. J.C. van der Steen, he was sharp and severe in his judgment, at the same time amicable and human, and he knew the rules and requirements exactly. Naturally the mediocre teachers feared him, and the good teachers liked him. Being a biologist, he knew more about physics and chemistry than most physicists and chemists knew about biology, and I can imagine him asking simple, poignant questions, to the confusion of the stupid but the delight of the clever. (I remember, from my own tentamen, his question: what can you see in a flower diagram, and then his second question: what can't you see in it?) .

When in 1953 Dr. A. Schierbeek ended his lectures in didactics of biology, it was Lam who attracted Van der Steen with whom he had worked during grammar school exams, as Schierbeek's successor, and made efforts to secure a high-level appointment for him, so that he could devote a fair amount of time to this work. Lam evidently saw the long range value of good teachers; he always welcomed the post-doctoral courses when one was held at Leiden, and enthusiastically contributed a (sometimes long) lecture.

TEXTBOOK OF SPECIAL BOTANY

The 2-volume textbook of General Botany in the Dutch language, edited by V.J. Koningsberger (plant physiologist at Utrecht) & E. Reinders (plant morphologist at Wageningen) was in wide use in Dutch universities, and went through several editions. Volume 1, devoted to anatomy, morphology, cytology, genetics, and evolution, was reviewed by Lam in 1944b, 1949c and 1965c; volume 2 was devoted to physiology.

In 1942 he had already agreed to be one editor of a textbook of Special Botany. Originally, F. Verdoorn offered himself to the task, but early in 1940 he left for the U.S.A. Now Lam, B.H. Danser and A.A. Pulle would form a triumvirate, each concentrating on one aspect. After Danser's death, Lam agreed to take over this share as well (53rd Herbarium Conference; Source 29).

The effort failed, as Lam mentioned in his farewell address. "Then came World War II. In relative tranquillity, owing to the closure of the University and the interruption of international contacts, no longer stimulated in my teaching but not distracted either, I started work on a 'Textbook of Descriptive Botany', in accordance with my character conceived in far too broad a scope. So it grew, and the last war winter and subsequent liberation did away with the illusion that it would ever be completed. The hundreds of typewritten sheets are still sitting on my shelf" (1962a, p. 10).

Essentially, this book-to-be is a triptych, of auto-ecology, syn-ecology, and floristics, preceded by an introduction indicating the position of plant-geography in biology and of its sub-disciplines, and followed by notes on the history of the science, 21 chapters in all, of which 13 are completed, in 182 pages. This 13th chapter discusses vegetation types, of which we find a concise treatment in 1947c. The 1939e paper comes nearest to the concept of the book as a whole, and for this reason its treatment in the bibliography is extensive although in the concept of the textbook the proportions between the parts differ (Source 1).

This breadth of coverage (including the historical perspective) may give an impression of the spectrum of Lam's teaching as well, which in 1939 (when he was intensively engaged on the subject) instilled such enthusiasm in Father A.M. Husson. And then to think that this publication plan was intended to be part of a much larger book!

In 1955, and again in 1957, the publishers, after consultation with Koningsberger, approached Lam about the editorship of a similar book on plant systematics and geography. After some negotiations and delay, it was agreed that Lam and J. Lanjouw (Pulle's successor at Utrecht) would make an effort to edit such work, with Lanjouw's assistant P.A. Florschütz as secretary. Their idea was to compile 4 volumes: principles and methods of taxonomy, plant kingdom, floristic and historical plant geography, ecological plant geography and vegetation types.

In a drafted letter of early 1963 the opinion is expressed "that a need for a Dutch textbook of descriptive botany still exists", and the "The Netherlands possesses enough able botanists to compile such a textbook".

However, in January 1964, the publisher learnt from Florschütz about Lam's decision not to be an editor. Here the file ends; further details are not known. Whatever the reasons for so long maintaining such a comprehensive and laborious plan (1500 quarto pages!), it never materialized, and students still have to make do with Strasburger's *Viermännerbuch* – which seems adequate enough, and is now also available in English.

VI. DIRECTOR OF THE RIJKSHERBARIUM

INTRODUCTION

The Rijksherbarium was founded in 1829. The two main publications on its history are the memorial ones of 1931 and of 1979 (see Sources, under those years). At the beginning of the previous chapter some facts about the history have been given. A nice, popular, profusely illustrated booklet, also issued in the anniversary year (see Sources, 1979), gives a quick impression of the many and varied activities of the institute today.

The present biographical work is by no means intended as a history of the Rijksherbarium during the period it covers, although it contains some historiographic materials. Our aim here is to sketch what Lam did as Director, and how he acted. There is a wealth of material. His published Annual Reports (Sources, 1934–1962) contain a total of 906 densely typed pages. The first half of the period is also enlightened by the highly private Diaries (Sources 17). Naturally, they present the Lam side of things, but with a frankness that makes them a first rate source of background facts and views.

The reader who wishes to have an idea of the physical setting of Lam's directorship is advised to look at the two figures of the building (fig. 9 and photo 15). The Rijksherbarium occupied it from 1912 till 1965; it still stands, behind the old University building, between the Nonnensteeg and the Hortus Botanicus.

It is not easy to characterize Lam's accomplishments as a director. For twenty-nine years, his influence was exerted almost daily. In retrospect, growth and development were rather steady and harmonious, although very serious obstacles had to be overcome, and three breakthroughs can be discerned. Seen from a distance, Lam turned a dusty, somnolent place into one of the world's finest botanical institutes. Seen at close range, his achievement consisted largely in carefully dealing with petty problems. To appreciate his efforts, we must watch him over the years, and share a few of his everyday joys and worries, before coming to conclusions.

This we will now set out to do. Year by academic year, we will recall a number of more or less illustrative facts, here termed 'Rijksherbarium Tid-

Boschma: „Zeg Lam, hebt jij nog plaats?"
Lam: „Natuurlijk Boschma, ik maak juist een stukje voor je schoon."

Fig. 33. "Do you have any space left, Lam?" "Of course, Boschma, I am just cleaning up some for you." H. Boschma was director of the Natural History Museum. (From Kameleon, 1949, the journal of the Leiden Biology Students' Club).

bits'. First, however, a sketch is to be given of the history of the institute as Lam found it. The sketch presented here in translation, is Lam's own. It was part of a report which he sent to the Curatores in March 1941 (Source 40). It has the value of his considered opinion on a critical period of Rijksherbarium history. It was partly based on personal information supplied by his elder staff members W.A. Goddijn en J.Th. Henrard.

After the Tidbits, and the visit of a top Nazi botanist, we will summarize the state of the Rijksherbarium as Lam left it, then examine the three breakthroughs, the influence of Hugo de Vries, Merrill, and Pulle, and Lam's plan for one big national Herbarium. Finally, we will present a number of Conclusions, to assess the essential features of his directorship.

HISTORICAL BACKGROUND, BY H.J. LAM

"Suringar died in 1898. Goethart acted as Director till the appointment of Professor Janse as Director (1899). Janse, however, was not at all interested in this function and made it known that he wanted a competent leader of the Rijksherbarium; eyes fell on Lotsy, who from 1904 was lecturer at Leiden and as such was the first to be appointed in The Netherlands to teach 'Special Botany'. In the same year, Lotsy and Goethart made a journey abroad to study the arrangement and equipment of modern Herbaria. This journey was related to Government plans for a new building. In 1906, Lotsy was appointed Director of the Rijksherbarium. He was a most able botanist and a hard worker, and in the three years until his resignation he and Goethart accomplished much good for the Rijksherbarium. With the aid of many temporary workers, collections were mounted and sorted out, and their excellent present state and mode of storage is due to Lotsy's initiative and to the long years of care and devotion of Goethart and Goddijn.

During the few years of his directorship, Lotsy had to leave many of his plans unexecuted. He closely cooperated with Goethart, and succeeded in extending his staff with the curators who had already been promised Suringar: Jongmans (1907–1921), Hallier (1909–1921), and Goddijn (assistant in 1909, curator 1910–1934). His teaching was highly reputed, and he took considerable pains over it, witness his comprehensive and widely praised *Vorträge über botanische Stammesgeschichte I–III* (1907–1909). He also highly valued the real museum work, in which he initially participated. He also deemed it necessary to add a large experimental garden to his institution, because of his interest in theoretical genetics. The moment seemed favourable to realize this, now that the Government was considering a new building. Lotsy was right in not accepting part of the Hortus for this purpose: space would not be sufficient there, and it would be under a different director. Besides, an experimental garden must be isolated, and the many species in the Hortus might have interfered with his hybridization experiments. In the building he designed, besides the collection floors, ample working space (also for students, for whose education in the Rijksherbarium he felt much concern); there would be an exhibition space and lecture room as well. Notwithstanding Lotsy's great efforts, and his willingness to make personal sacrifices (at his own expense, he offered a considerable plot of land, near Endegeest), his proposals were not accepted after all. This unfortunate turn of events, after initial success, was brought about by purely political action in Parliament and a change of Cabinet. This course of events is the more to be regretted because it led Lotsy to resign. No doubt this is a black page in the history of the Rijksherbarium. Although Lotsy might be blamed for leaving the institute to its fate in these circumstances, it was the Government (apparently without even making an effort to keep Lotsy), that let go a man who might have been of utmost value to the Rijksherbarium and Leiden. This is evident from the great international reputation which Lotsy acquired, especially after his resignation, first as Secretary of the 'Hollandsche Maatschappij der Wetenschappen'. His travels to Australia, New Zealand,

North America and South Africa (before his Leiden time he had worked for some years in The Netherlands Indies) gave him many contacts and deepened his inborn understanding of the problems of speciation, to such an extent, that some of his innumerable publications are on a par with the work of his antagonist Hugo de Vries. Moreover, he moved easily in international circles and was in nearly perfect command of foreign languages, especially English. In teaching as well as in research he would in many respects have made an outstanding leader, who could have made Leiden an important international centre.

In one respect Lotsy suffered from a less praiseworthy feature, found in many men of significance: his great gifts and energy were accompanied by great ambition, and sometimes he was tempted to show off results obtained by his more modest collaborators without granting them their full share of the honour.

In 1909, Lotsy was succeeded by Goethart, in both of his posts. When Lotsy's plan had fallen through, the old plan for a building in the Nonnensteeg, probably conceived by Janse, was taken up again. The plan was not very satisfactory, and Goethart was given the opportunity to suggest a number of alterations. To him we owe the present, still modern way of storage of the specimens, the disinfection installations, the spacious corridors and the room benches in the collection floors, the large working rooms (although they are nowadays too small), and the photographers' workshop, besides many smaller details. The first collection floor, originally intended for exhibitions, was later used for Jongmans's paleobotanical collections, and is now almost completely occupied by herbarium specimens.

Like Lotsy, Goethart was a man of great talent, but entirely different in character. He lacked Lotsy's enormous energy, his exuberance, and also the courage to publish (of which Lotsy could be said to have had too much). Goethart was a man of modest and honest character and fine spirit, but who alas placed the gifts he no doubt possessed under a bushel. His strong inhibitions made him indecisive and the high quality of his work is therefore known only to insiders. These properties led to an exceptionally critical attitude towards his own work which came to be published only with great difficulty. Besides, he did not know The Netherlands Indies as a botanist, although he had been born there, and also lacked Lotsy's international connections and experience. The deepest shadow which fell on Goethart's directorship, however, was the fact that he had accepted it under conditions which to him were difficult. With reluctance he had taken up the task to lead an institute which he himself, through his partnership with Lotsy, actually had rejected. Although he subsequently loyally gave his powers to the institute, he lacked stimulating conviction, because he had embarked on his task with the loss of an ideal. His nature was such, that this continued to influence him for the rest of his career.

As for his scientific work, under Lotsy's directorship he had begun monographic studies, but never could decide to publish them. Only long after his retirement, Henrard did this. After Lotsy's retirement, Goethart devoted himself, together with Goddijn, to experimental taxonomic work, in a small experimental garden just outside the town, of which he paid the expenses himself. The herbarium work proper he left to Hallier and Jongmans. The former, well-versed in the knowledge of taxa and the only staff member who had tropical experience, was a peculiar personality and hence not particularly suited to repair the contacts with The Netherlands Indies which had been lost after Blume and Miquel. For the Rijksherbarium, he performed much useful identification work*, but for personal reasons was dismissed in 1921. Jongmans, originally appointed to work on ferns, moved towards palaeobotany before long and even made, stimulated by Lotsy who wanted to promote this aspect of Special Botany, too, a beginning for a Rijksherbarium collection of fossils. After Lotsy's departure he soon looked for employment elsewhere, which he found in the Bureau of Mines at Heerlen, where he built himself an international reputation as a palaeobotanist. Like Lotsy, Jongmans was a man whose ambition – and abilities – drove him to place his own wishes above the interests of his institute. Neither should be blamed too much for this, since both have honourably served, or still are serving, the scientific name of our country. All the same it is to be regretted, that the Rijksherbarium lost these men, and that along with Jongmans, the palaeobotanical materials and literature from the Rijksherbarium were transferred to a semi-public institution.

Thus Jongmans, too, left Goethart in 1921, the man with whom in the beginning he had cooperated so fruitfully on the grid-maps of the distribution of Dutch plant species, one of Goethart's few initiatives which have become known outside his circle, and for which we still feel obliged to him; this series is still continued according to the example he set. Of the old comrades only Goddijn remained, who together with Lotsy made a journey to South Africa in 1926–1927. Later were added to the staff Henrard (assistant in 1917, curator in 1921) and Lütjeharms (assistant in 1929).

An inner conflict which had deepened the psychic depression that was upon him since he took office, grew more acute during the last period of his directorship. The Rijksherbarium as a research institute was close to his

---

* Hallier's significance is greater than suggested here. He placed many Malesian genera in the right family for the first time, and contributed much to their proper delimitation. His works are cited in handbooks, to this day.–M.J.

heart. It is known that when he was occupied by a problem, he could tirelessly work till late in the night – although to us it seems that he spent too much of his energy on technical matters of little importance. But no doubt he loved teaching, too, and contemporaries describe him as a meticulous and devoted teacher. The conflict within him originated from an incompatibility – as he saw it – between the interests of research and of education. The latter, as he was allowed to give it, was at elementary level only, and in such form as the Professor desired. Consequently, he rated the interests of the Rijksherbarium as a research institute higher than those of education. His relations with Janse worsened from one year to the next. He also felt grievances against the Curatores, because his oft-repeated pleas yielded no results to speak of; for all his talents, he was unable to get things done, to force a difficult situation, or to take disappointments easily. Eventually the conclusion that his two posts were incompatible, became an obsession to him, and he did not take the consequence which Lotsy had taken in his own case, i.e. to resign. Probably he expected that after his resignation the Rijksherbarium would be led in the wrong direction. Also, the many conflicts with the able oldest curator Hallier, who was psychically not entirely normal, were a factor in this.

These conditions had, however, obfuscated the heart of the matter, notably the idea that the Rijksherbarium must function as an independent research institute, without interference from, let alone domination by educational claims. Goethart, lecturer without the authority to teach candidates for the 'doctoral' exam, felt this very strongly; such education as he was allowed to give could never lead to research. He therefore questioned the position of the institute under the Ministry of Education; he wanted it transferred to the Ministry of Culture, where the Natural History Museum also was.

When Baas Becking succeeded Janse early in 1931, the relations worsened again, because the new professor, who lacked experience in taxonomy and had only a limited idea of its value and did not know much about the needs of taxonomic research, made it plainly understood that he wanted cooperation in the teaching area, and emphatically so. Long discussions, for which even professorial legal advice was sought about the priorities in history, troubled the matter even further. How much the heart of the matter had vanished from sight is demonstrated by the fact that Baas Becking made an effort to win Goethart over to his side with the mentioning of a professorship for the latter. If the former had had a clear view of the historical and psychological aspects of the case as well as of the nature and interests of the Rijksherbarium as a research institute, he would have understood that his proposal was oil on the fire. Goethart refused, understandably, with indignation.

Finally, these matters led Goethart to undertake unfortunate action. Against repeated advice from his collaborators, he tried to arouse interest in his case by addressing members of parliament in public letters, and through a simultaneous action in the Netherlands Botanical Society, in some circles of which he had some influence. All insiders except himself foresaw the failure of this, which was a bitter disappointment to him, and at the age of 65, in 1932, he retired, disillusioned and discouraged. How tragic was his life of great talents besides social handicaps, of good will and a noble character besides the inability to cope with the problems he met."

THE ADVISORY COMMITTEE

So far then, is this rendering of Lam's historical overview, to which one remark may be added. P.J. Idenburg, in his recent book (see Sources, 1978) called attention for the sorry state of the University administration which he found on his arrival in 1928. As far as the President Curator was concerned, this dated from 1910, as far as Secretaries were concerned, from 1891. The President Curator, to quote Idenburg, "in general lent no support to considerations, submitted to the Curatores, about lack of scientific or technical personnel, and lack of space, to perform the University's new tasks. He argued that the greatest scientists had attained their main achievements with very modest means, while it was edifying for students to be content with very limited equipment. The University budget had to be kept low." Both Secretaries of the Curatores who preceded Idenburg regarded their office as a post of honour. There was no line of policy, and very little internal discipline. Contacts between Curatores and Senate were cool and infrequent.

These conditions, which no doubt reflected on Goethart's position and directorship, must be taken into account when we come to form an opinion about the period. After Idenburg took office in 1928, things gradually went better, but Goethart was at that time approaching the end of his career.

Goethart's action in Parliament induced the Curatores to determine their course openly and firmly. Firstly, they wanted to avoid the impression that outsiders – such as Goethart had called in – were allowed to meddle in Rijksherbarium affairs. Secondly, they wanted to affirm their interest in teaching as a high priority. To head off any suspicion, and to enlighten Curatores in cases of doubt or difficulty, they set up an advisory body (Source 28).

A fortnight after Lam's arrival, on 14 October 1933, the Curatores sent him a letter proposing – with the Minister's backing – that an Advisory Committee be set up, and they requested a draft of guidelines for it. Early in January 1934 a draft was circulated among the professors of plant taxonomy in the country. It embodied the plan eventually to incorporate into the Rijksherbarium all other Herbaria in The Netherlands. Pulle, who might have had different plans for his own institution, disagreed. A new draft was made, which concentrated on the curating of the materials. This was approved by the professors, and on 21 April also by the Minister, who appointed as Chairman the Director of the Rijksherbarium, and as members L.G.M. Baas Becking, B.H. Danser, G. van Iterson, J. Jeswiet, A.A. Pulle, and Th.J. Stomps. The Curatores appended to this a set of instructions for the Director, in the same vein, presumably drawn up by Lam himself. This was also circulated and commented on; ministerial approval came on 30 July 1936.

On 11 January 1935 the Advisory Committee was installed in the board room of the University. The President Curator delivered an impressive address, to which Lam responded with a glowing exposé about teaching and research at the Rijksherbarium, followed by a tour through the building. Thereupon the Committee held its first official meeting; the most memorable item in the minutes is that nobody present knew exactly how to define a 'type' specimen. Insect damage which had been discovered caused great concern, and the Committee strongly backed Lam in his request to the Curatores for extra funds to control it; they were granted.

On 24 March 1936 the Minister asked the Committee what should be done about the lack of space in the Dutch Herbaria .... without building new space. On 2 July the Committee held its second meeting; the members rejected a suggestion made during a visit paid by Lam to the Ministry, where he was asked if old material could perhaps be thrown away. They agreed that new construction would be the only solution, and the Minister was advised accordingly on 9 November 1936. The subsequent extension of the Utrecht Herbarium may owe something to this advice.

The third meeting was held on 17 April 1940. Again insect damage had been detected, for which extra funds were needed. Even more serious a problem now was lack of space in the Rijksherbarium. With advice to the Minister for improvement of the situation, dated 8 June 1940, the file ends, and the Advisory Committee was no longer heard of.

RIJKSHERBARIUM TIDBITS

1933 1 September 1934

Soon after Lam's arrival – Baas Becking had fetched him from the ship in Rotterdam – a round of visits was made, including one to the Minister of Education, "we sat down talking a long time". Lectures started in mid-October. Meeting with staff and Baas Becking about the future of the Herbarium; this was the first of the subsequent more or less monthly 'Herbarium Conferences'. Goethart comes for a visit, to discuss IVON, in a very kind atmosphere. Much talking and correspondence about Advisory Committee. Brotherly celebration of the 25th anniversary of the adjoining Botanical Laboratory (of which Baas Becking was director); after a long time the connecting door between the two buildings has now been opened.

Budget for expenditure in 1934 amounts to Dfl. 5470 (the guilder c. ten times its present value), of which 10% frozen. Personnel: W.A. Goddijn and J.Th. Henrard*, senior botanists, W.J. Lütjeharms, assistant, 6 technicians (including the charwoman), and later 3 jobless volunteers; for the latter another Dfl. 500 was made available, to divide among them. A donation of Dfl. 13,000, earmarked either for work on Melocactus (the benefactor's hobby), or for the Field Station at Wijster, goes to the latter, because Melocactus is considered scientifically unpromising.

An agreement is set up with the Herbarium Bogoriense to cooperate on the flora of Indonesia, and to exchange duplicates. Shortage of personnel at the Rijksherbarium prevents their sorting and distribution, for the time being. Botanists cannot be exchanged between Leiden and Bogor because funds for the journey are not available, high-level negotiations notwithstanding.

Improving relations with amateur botanists close to Goethart lead to negotiations about removal of the library of the KNBV from the Colonial Institute at Amsterdam to the Rijksherbarium.

Visit of C.A. Backer, first cool, later more friendly. "Why should I be unkind to him in return, now that I have become the stronger party? So we parted on friendly terms." Efforts to get Goddijn an appointment as professor of pharmacy at Leiden, and a royal award. His silver jubilee is celebrated, 4 speakers, Mr. P.J. Idenburg (Secretary of the Curatores) present, gramophone music. Afternoon off, for everyone. Later, obtained two young assistants to replace Goddijn; Van Ooststroom and Miss Koster**, for the same amount of money.

On 10 January, the swivel chair arrived, at last! Talks to get a new journal started, to be named Blumea, various people are asked for advice. On 25 August the first issue is published. Later discovered that a number of

---

* W.A. Goddijn (born 9 April 1884 at Leiden, died 22 February 1960 at Leiden); obituaries in Pharmaceutisch Weekblad 95: 224–229 (2 April 1960) and Jaarboek Rijksuniversiteit Leiden 1960, p. 162–1963, portr. (1961). See also 1952l.

J.Th. Henrard (born 16 October 1881 at Maastricht, died 28 August 1974 at Leiden); biographies in Blumea Suppl. 3: 1–9 + portr. (1946); obituary in Blumea 22: 157 + portr. (1975).

** S.J. van Ooststroom (born 2 January 1906 at Rotterdam, died 28 September 1982 at Oegstgeest); biographies in Gorteria 5: 97–101, portr.; bibliography on p. 101–115 (1971) and in Blumea 19: 1–2 + portr. (1971), also in Blumea 28: 229 + portr. (1983).

J.Th. Koster (born 23 June 1902 at Bandung; x); biographical sketch in Blumea 15: 1–2 + portr. (1967).

pages carried one line too few, which amounted to a difference of 4 pages, also in the payment. Put matters straight with the printer. A thesis will be accepted if paid for by the promovendus.

Visit to Mrs. A.A. Weber-van Bosse, the phycologist, inspected her herbarium which she means to give to the Rijksherbarium. Talks on reorganization of the library. Quite a number of (mostly female) students put to work on research subjects. "March 30 and 31 off, April 1 and 2 Easter, visit of Funke, and worked on paper about New Guinea flora." Went to a lecture by K. on the colonization of New Guinea. "Ethical nonsense, but K. much too nice a man to make him feel this."

April 27: "After a cable yesterday night to Mrs. Weber this morning 9.30 a van arrived with coll. Weber-van Bosse. At 10.15 with everybody's help everything unloaded and at 11.00 the empty crates back in the van. Transport Dfl. 40, tip for loader Dfl. 2.50, tip for Weber's driver who packed it all Dfl. 10, rent of crates Dfl. 3.50. Cabled to thank Mrs. Weber."

1934 1 September 1935

The 10% of last year's budget was unfrozen, so a set of the Carr collection from New Guinea could be purchased. A request for Dfl. 6500 for publications was not approved. Contrary to what was agreed, the expenses of the Advisory Committee are claimed from the Rijksherbarium budget; much effort to get this right. Some space was swapped with the Botanical Laboratory. Staff members uncover "a mess of decades, many cubic metres." All is cleaned up before the installation of the Advisory Committee. Many supposed duplicates and demonstration specimens are not represented in the actual collection, as is now found out. Space is diminishing. Only another 528 herbarium boxes can be stored (although this year there is no money to purchase them), then the fireproof floors will all be filled to capacity. The waiting room is occupied by Blumea stock.

A 15th century manuscript is discovered on one of the floors, the Ortus Sanitatis? The first 30 pages are missing.* Relations with many Herbaria are established or strengthened. Incoming letters number 1362, outgoing 1795. Following establishment of Blumea, 691 issues of journals have been received through exchange, 97 through purchase. Funds for the journal are sadly lacking, only Dfl. 675 is available this year; fortunately, IVON paid for one whole issue. The backlog of unmounted specimens rose from 25,000 last year to 34,000. Several loans, already out for decades, are called in. Insect

---

* Described by W.J. Lütjeharms & S.J. van Ooststroom, Ueber eine botanische Handschrift aus dem 15. Jahrhundert, Blumea 2: 75–85, 1 fig. + 2 pl. (1936). Many of the watermarks show the head of a cow. An identification could not be made. See 1936n.

damage is discovered, among material lying around in the open, spreading from some chunks of tree fern trunk. Extermination experts are consulted. For specimen mounting, rolls of gummed paper are introduced, from which strips are cut off.

Contacts with J.J. Smith, the former Keeper of the Herbarium Bogoriense, who lives near Leiden and is working on orchids. He is appointed Honorary Collaborator. Arrival of a new bellboy (at Dfl. 25 a month) creates a problem: all three senior technicians want to give him orders. Called in all three and appointed the eldest over the boy. In July, a 5-day excursion to Eiffel region in Germany, with three staff members and 13 students; the Van Vollenhoven Fund provided Dfl. 150.

1935 1 September 1936

To combat insect damage, funds are provided to install a gas box on two floors, and for an extra Dfl. 1745, mounting paper and boxes can be bought (this is vital to prevent spreading of insects), and Dfl. 700 for the extra labour required.

Because of a shortage of exchange material (we are receiving many more specimens than we can give in return), a campaign is launched to persuade owners of private herbaria to give these to the Rijksherbarium. Success is considerable, most of the material is from this country.

All scientific staff attend the Sixth International Botanical Congress at Amsterdam, for which they had prepared an exhibition, and conduct foreign botanists through the Rijksherbarium. Longer visits by A.S. Hitchcock, E.D. Merrill, A. Rehder, K.W. Dammerman, and others. Lütjeharms is refused a third half day a week to work at home on his thesis: "private interest". Yet he takes degree on 10 January, "with great praise." Shortly thereafter, he sets out for a 6 months' journey to Indonesia, especially Enggano Island, with support from 6 agencies; collected many plants.

Proposed to set up a 'Herbarium Club' of all personnel with one of the "subordinates" as president, to organize a pleasant evening; Lam will provide refreshments. This occurs on 19 December, with great success. A fortnight before, the national day of 'Saint Nicholas' (with gifts and verse) had also been celebrated. On 31 December, official closing time 16.00, but gave whole afternoon off.

On 29 January transfer of the directorship of the Botanical Laboratory and Hortus Botanicus to Lam, because of a journey abroad of Baas Becking. All personnel present; speeches. Some weeks later, Garden Curator H. Veendorp comes to say that his predecessor is ill and may die before long, wants Lam to join him at the funeral ("I don't find it very necessary") – but at the time, Lam does go and delivers the first speech.

All the time, there are talks on faculty matters, curriculum affairs, and appointments to fill botanical vacancies in other universities in the country, and in The Netherlands Indies. On 3 April, "standing reception with the Curatores, with very sour Moselle, and a cigar on leaving."

1936 1 September 1937

"Idenburg telephoned, that new budget provides for one new technician, and some extra expenditure! Shall communicate this on the festive evening this autumn." This means that personnel on the payroll is again at the same strength as before 1933. Yet for 6 jobless volunteers a mere Dfl. 350 (for all combined) is forthcoming, and another Dfl. 250 for insect control in the KNBV herbarium; the two senior technicians do this in overtime. Loan administration is simplified: no full lists are made any more. Monthly reports are now submitted by the technicians to the director about work and finances, with good result. Lütjeharms returns with rich collections of fungi, which causes depletion of the stock of glass jars to store them.

Identification and other curatorial work on phanerogams, fungi, and algae proceeds well, but leads to a need for paper, glass, boxes, racks, &c., for which the funds are lacking. For the first time since their stacking in the present building 25 years ago, dust is removed from all books and serial volumes. A portfolio with a monthly batch of accessioned literature is circulated among the staff.

Both scientific and technical staff suffer from lack of time. This prevents work (together with Utrecht) on an Index Herbariorum, much needed though this is.

For a vacancy as teacher, 21 biologists have applied; Lam is asked for advice. "Called Jossy Koster, who emphatically declared not to be interested, as she'd rather stay here for the rest of her life at the same salary. Told her this would be stupid, as I cannot be certain about her future."*

Arranged celebration of J.J. Smith's 70th birthday, by a committee of 7, and a Supplement volume of Blumea, financed from private sources, mostly horticulturists.

Some students who want to do taxonomic work must wait for half a year for bench space. Lack of staff often prevents coaching in the last stage, when work has to be made ready for publication.

---

* This marks an improvement in relations, in view of C. van den Hoek's words. "Joséphine Th. Koster entered her service at the Rijksherbarium as an assistant, April 1930, in the midst of the economic crisis. She was engaged as an unsalaried collaborator, the then current type of position the Netherlands' State could offer its scientific offspring. When Prof. Dr. H.J. Lam, freshly appointed Director in August 1933, ordered her to start work each morning as early as the salaried staff-members, she resigned from her unremunerative post by 31 Dec. 1933" (Blumea 15: 1. 1967).

1937 1 September 1938

"Together with Van Ooststroom and Brongersma to Klein in The Hague, for New G. exp. K. turned out to be poorly informed and showed little interest. He wants to delegate too much. Had heard on Saturday in Amsterdam that KNAG was not very happy with his attitude towards it. Today finished Annual Report. It is one jeremiad."

October 21. Lütjeharms appointed professor in South Africa. "All in the greatest excitement. Flags from both buildings (on Lou (Baas Becking)'s insistence, I found it less necessary). At coffee great procession from Bot. Lab., singing Sarie Mareis and everyone with a Proteacea in his hand! Afternoon, party in De Beukenhof. Still very tired, must do things slowly."

An assistant is granted; A.D.J. Meeuse is appointed, but no funds for much-needed volunteers. Backlog of unmounted material 40,000 specimens. Proposal to Treub-Society for field work in E. Celebes; P.J. Eyma is to be sent. Bench space for students is reduced to two places.

Talks begin about a successor for Lütjeharms. "Will see if the Mycological Society wants to advise (the collection is ours, not theirs)." J.S. Zaneveld is appointed; he rearranges the European fungi, and studies Laboulbeniales, but "micro-photographing these fungi gave great difficulties due to lack of modern equipment."

For Saint Nicholas "prepared the usual surprise for the personnel, this time all packages and verses tied to a long string all through the building and hidden in all sorts of places."

Worries about personal shortcomings of some high-placed colleagues in The Netherlands Indies have been in existence for some time. Baas Becking's appointment as director of the Bogor Gardens is negotiated. This gives rise to many prospects, also for young botanists at Leiden, with promises and expectations in some, caution in others, Lam among the latter.

The KNBV entrusts its archives to the Rijksherbarium, and also J.P. Lotsy's archives of the *Association Internationale des Botanistes*, 29 small crates.

1938 1 September 1939

"Many efforts were made to tie the jobless volunteer H.J. van Hattum, who since December 1935 has been working at the Rijksherbarium to full satisfaction, closer to the institute. Although these efforts were laudably supported from several quarters, e.g. Curatores, the City Council, and the labour bureau, a variety of circumstances prevented his receiving more than occasional reward for the work done by him."

It is urged that assistants be given the title of Conservator, as this is already current practice at other institutes. Lack of technical labour increases the danger of insect damage. Annual expenditure is now Dfl. 7300.

The number of botanists (non-students), who worked for some time at the Rijksherbarium, is 18 this year. Because of tensions in Europe, in September 1938 and in August 1939 some measures are taken to protect personnel and collections from air raids.

Henrard, acting director when Lam is travelling in S. Africa and Madagascar (accompanied by Meeuse who on the staff is temporarily replaced by R.A. Maas Geesteranus*), on 21 October, when the new complex of greenhouses is opened in the Hortus, presents a bench on behalf of the Rijksherbarium.

Difficulties with Pulle, who had arranged that Eyma should go to New Guinea for field work, instead of S.J. van Ooststroom.

H.R. Sinia on Lam's request makes an alphabetical list of collections present in the Rijksherbarium, by sampling. He is a volunteer botanist who, encouraged by Lam, took his Ph.D. at Zürich on a thesis on stipules in Burseraceae. Miss L.M. Böhtlingk, the secretary, will work on the geographical part of the Index.

1939 1 September 1940

Van Hattum lands a job elsewhere. Before a rise in the price of paper, 200 herbarium boxes can be purchased (Dfl. 500) and paper (Dfl. 1175). Expenditure budget, first the same as last year, is in June reduced to Dfl. 4380; after negotiations it is set at Dfl. 5200.

Some space is created: Miss Koster in sorting out the specimens from the hybridization experiments by Lotsy & Goethart, found them poorly labelled and heavily damaged by insects. After consultation, most material is discarded, so 122 boxes are now empty.

Henrard is revising the grasses for Backer's Flora of Java. Plans are also made for a Flora of the Netherlands Indies, in connection with Baas Becking's forthcoming appointment. It leads to many other talks – until the German invasion on 10 May, just before Baas Becking's departure date, changes everything.

The windows had already been protected with boards and sandbags. At critical times, watches are kept, by one botanist and one technician. All inflammable materials like spirit jars had been transferred to the 'spirit build-

---

* R.A. Maas Geesteranus (born 20 January 1911 at The Hague; x); biographical sketch in Persoonia 8: 335–336 + portr.; bibliography on p. 336–343 (1976).

ing' across the Hortus. In the summer of 1940 this collection is largely re-arranged: time is now available through lack of international contacts.

Three technicians, appointed to replace a senior one who is serving in the army, are dismissed upon his return. One of them, C.L. Marks, stays on as a volunteer. Soon after, he is appointed to a vacant post. Van Ooststroom is granted the Buitenzorg Fund, but cannot leave because of the war.

1940 1 September 1941

Decided to publish Backer's Flora of Java in mimeographed form, to diminish the risk of loss. Funds for the expenses of typing come from various sides. In November 1940 the first volume (ferns) is issued; the text is in Dutch. J.J. Smith is working on the orchids.

Re-arranged are the collections of plates for lectures, negatives, personalia. Reprints bequeathed by H. Hallier, J.P. Lotsy, and Th. Valeton are sorted out.

On 27 November the University is closed. This prevents Zaneveld from taking his Ph.D. degree. Efforts at other universities to enable him to take his degree there are unsuccessful. After some time, however, the Germans permit exams to be taken again, and Zaneveld becomes a doctor on 21 May, "owing to circumstances of the times, half a year later than had been intended", as the Annual Report reads. (Zaneveld was appointed phycologist at Bogor as of 1 January 1940, but owing to war conditions could not take up his duties until 1948.)

Talks with Idenburg induce Lam to write a report to the Curatores on the situation of the Rijksherbarium, with a number of proposals for space and personnel. Soon after, A.K. Groenewegen is appointed technician. So is H.J. van Hattum; he replaces a sick technician.

Maas Geesteranus is working on lichens. He would like to purchase a set of fine exsiccata of D. Lako, but Van Ooststroom discovers that such a set is already in the Herbarium. The packages, with Goethart's address on them, had never been unwrapped. H.J. van der Reijden, an older technician, remembers that when he asked Goethart if they must be unpacked and mounted, the reply was that this was not necessary.

The secretary reads through the letters from 1933 onwards and discards the unimportant ones. The others are neatly filed.

Insect control is in jeopardy for lack of CCl_4. Substitutes are tried by Henrard, who long before witnessed Goethart's many experiments with insecticides.

December 3: the Germans inspect the building. December 5: they come back with their commander. Nothing happens. Stock of coal is running low.

Lam proposes Henrard as privaatdocent (honorary lecturer) in Special Botany. Baas Becking, just released from Germany after being held captive because he tried to escape to England, forthwith proposes his assistant Dr. E.F.M. Nicolai, a hydrobiologist, as privaatdocent in General Botany. On 31 December, both are admitted.

Marie Boshuizen, who had plans to write a thesis on the history of the Rijksherbarium, abandons this plan as she finds employment elsewhere.

Heated talk with Henrard, who says he does not trust Lam, who in turn thinks that he overestimates himself. A few days later: "Henrard 60 years. Sent him flowers on behalf of the staff and a personal letter, but did not call on him as he never withdrew his accusations." In the diary is Henrard's letter of thanks, reserved and self-righteous, but positive nonetheless.

1941 1 September 1942

Insecticides and paper are running out; what is left is used with utmost economy. Personnel find an increasing amount of time to put things in order, which is long overdue. A beginning is made to arrange material from Malesia in the collection under the species by island. Nearly all algae have now been put in order. Lam catalogues his private library, by subject. He puts part of his non-botanical books on sale.

In February, melting of a heavy load of snow causes leakage. The matter is investigated; the results are noted in Lam's diary (p. 406). While most of the plants are saved by re-drying, a number of boxes are lost, the cardboard soaked.

Talks to have the Rijksherbarium transferred from the University to the Ministry, which would enable the students to work in a less precarious atmosphere. Nothing happens. On 20 November, the University is definitely closed. Maas Geesteranus is transferred to Utrecht, where the university is still open, to assist students who migrated there from Leiden.

Pulle helps to arrange for funds to assist Backer in the preparation of the Flora of Java; A.G.L. Adelbert and A.D.J. Meeuse are appointed.

Paper shortage hinders publication. The books in the library are arranged by subject. The number of pamphlets exceeds 20,000. "To-day again characteristic conversation with Van der Hee (the librarian). He argued that I – like Goethart – make a distinction between 'higher' and 'lower' personnel. They too want some freedom to visit a flower show, or get new ideas in another institute. Perhaps he has a point here, but he tends to exaggerate and it is difficult to convey the right shade of meaning if he doesn't feel it himself."

1942 1 September 1943

Late in 1942 the budget for that year is set at Dfl. 7300. "This is more than we ever had!" But in 1943 it is curtailed again, to Dfl. 6500, plus some extras. Now that paper is unavailable, books could be purchased, but even German works are rarely delivered.

Zaneveld leaves, to sit out the war as a teacher. Maas Geesteranus returns to replace him, and J.J. Barkman, bryologist, is also appointed. He identifies a moss which was used to fill the seams in a wooden sluice of c. 1460, excavated at Rotterdam, as *Drepanocladus fluitans.* A botanist for the ferns is still needed, only then may all the main groups be curated. L. Vogelenzang is appointed as an apprentice librarian.

Much typing for the Flora of Java is done. Herbarium sheets from The Netherlands are arranged under the species by province. Insecticides are again available. CCl_4 is now applied in the most damage-prone groups, like Compositae, Cruciferae, Euphorbiaceae, Orobanchaceae, Polygonaceae, Umbelliferae.

Air raid drills are now held every three months. "Notwithstanding the hard times, Saint Nicholas was pleasant." Between Christmas and New Year closed to save fuel. "In January owing to inferior coal, temperature in my room no more than 6–10°C a.m., 10–12°C p.m."

In cooperation with J.L. van Soest, who is engineer as well as amateur botanist, a diathermy apparatus is tried to kill insects with high-frequency radiation.

Following last year's proposals, the payroll is extended and personnel promoted. "Everyone was indeed enchanted, the ♀♀ too." "This morning, Van der Hee spoke me of his satisfaction, and that he now thinks better of me. He would now join the coffee club and give up his evening job."

The director of the Berlin Herbarium, Mattfeld, pays a visit; see the account below.

1943 1 September 1944

The plan of the Germans to set up a machine-gun post on the roof of the Botanical Laboratory can be averted; and not even an observation post is installed. Deliberations about the safest place in the building to store the most valuable books, plants and papers. It is agreed that the ground floor on the Hortus side is safest; there the things are moved, by hand, since the goods elevator (the only one there is) is being repaired. During the repair, water leaks in, and boxes are soaked and lost, but again the plants are saved by quick drying. Types are gradually taken out and stored on the ground floor. Fireproof doors are installed.

All personnel benefit from the distribution of food by the University, between August and April. Groenewegen is drafted for labour in Germany. Owing to Lam's efforts this is repeatedly postponed. Marks is also drafted. In the diary, reflexions about Lam's position, and that he cannot recommend one to be sent in stead of the other: if something went wrong, the responsibility would partly be his. Bakhuizen van den Brink Jr.*, botanist from Utrecht, is appointed in December.

The agreement between the KNBV and Rijksherbarium is altered, so that herbarium sheets of the former can be accommodated in the latter, in separate covers. It is the idea, thus to unite the material from The Netherlands of both in one separate collection.

In the spirit collection, 1939 jars are filled up and sealed. Alcohol is very scarce now, and theft is reported.

March 4. Material on loan to Utrecht returned in shameful condition. "Wrote to Pulle that I lend him no further material unless he comes over to see how bad it is." Pulle replies that he will send J. Lanjouw and that every effort will be made to repair the damage .... "As if that were possible!"

1944 1 September 1945

The front approaches. Night watches are kept again, by two men. Long talk with Henrard, who made a plea that the watchmen are to be compensated in the daytime. "All right. This was not clear to me in this manner. Most grateful to H. for his wisdom – also on other points – and have decided to give all watchmen as many half days off as they have nights on duty, retroactively. We discussed where to be in times of danger: at home or at the Rijksherbarium? Tough question indeed! .... He also found me sometimes too formal, e.g. by reporting sickness to Curatores, which Goethart, according to Henrard, never did! I find that G. then failed in his duty. H. says, this is none of Curatores's business. I think yes: they are the employers, not me."

"We get 11 tons of coal, from institutes which are to be closed. Now we can keep the collection dry. Unfortunately the Hortus gets nothing, since their heating is dependent on electricity, which is expected to be cut off. Disastrous!"

Bought a stove (Dfl. 60) and rented another (Dfl. 25), to keep us warm and at work. November 15. Obtained stovepipes (diary described prove-

---

* R.C. Bakhuizen van den Brink Jr. (born 11 September 1911 at Panjinangan, Java; x); biographical data in Flora Malesiana i 1: 32, portr. (1950), Fl. Males. Bull. (29) 2532–2535 (1976), and in Blumea 23: 1 + portr. (1976).

nance and construction). December 4. Discussion about free time to forage. Grants a maximum of three half days a week, and only if necessary. December 5. Saint Nicholas, "with cheese for everybody, candles and tobacco for the watchmen. Afternoon off."

January, only one item in diary: "Because of announced draft of men 17–40 years, only ♀♀ and old ♂♂ in Rijksherbarium." However, Groenewegen and Marks have been in hiding in the building since September. Others, too, were around for some time. They slept in a space just under the roof between two layers of concrete.

February 16. Coal committee claims our fuel for bakeries and public kitchens. Hurried letter to Curatores for a minimum ration: half a ton is granted. May 5, liberation day. At 10.00 speech to joint personnel of Herbarium and Botanical Laboratory – like on 10 May 1940, but in what a different tone! "At 11.00 in my room home-made liquor of alcohol, essence, and beetroot-syrup. Afternoon, meeting of professors. André (Groenewegen) home again, after 8 months in the building."

Boards and sandbags are removed, and 10–33 captured nazis are chartered to bring up all materials temporarily stored on the ground floor to their proper place on the top floor again, by hand. They then clean up the whole ground floor.

Shortly thereafter, the KNBV library arrives at the Rijksherbarium, and is put in the care of Van Hattum. Backer is appointed honorary collaborator.

1945 1 September 1946

Foreign relations are restored; F. Verdoorn from the United States, Lütjeharms from South Africa, and the Botanical Laboratory at Copenhagen send food and literature. Heating begins only on 12 November, and functions badly. A bicycle is obtained, for errands.

From 4 October to 11 November there is an exhibition in town, in which the Rijksherbarium participates, with a contribution 'From herbal to herbarium'.

On initiative from the KNBV Lam makes efforts to get P. Jansen, A.W. Kloos, and W.H. Wachter honorary doctorates. The enthusiasm shown by him carries the Senate. On 10 January, the 167th anniversary of Linnaeus's death, the degrees are awarded. Ties between the Dutch amateur botanists and the Rijksherbarium are thus strengthened, yet Lam feels a hangover.

Curatores contribute quickly and substantially to an expedition to Thailand, by S. Bloembergen and A.J. Kostermans, who had been P.O.W. there. They collect over 1000 numbers, most with 12 duplicates, valuable exchange material.

Type specimens are marked with a red label, and re-inserted. Blumea appears again after two and a half years. A reprint of Lam's papers 1945b and 1945c is offered to Queen Wilhelmina, Princess Juliana, and Prince Bernhard. In the middle of 1946 Baas Becking leaves for Indonesia, at last; Van Steenis comes on leave, in the opposite direction.

1946 1 September 1947

Two new heads come on the payroll, and personnel is now more numerous than ever before: 5 regular scientists plus 5 others, and 12½ technicians. Budget, too, increases materially: Dfl. 9000 expenditure, plus Dfl. 4500 to purchase the herbarium of D'Alleizette from the French colonies, 20,000 species. Twelve thousand sheets of mounting paper arrive, with more to come. The librarian lends 4076 volumes outside the building. Pamphlets amount to 24,000. There is an influx of visitors and specimens.

Henrard retires, 40 guests attend the ceremony, including the President Curator; the Royal Order of Oranje Nassau is awarded to him.

Talks about Maas Geesteranus participating in an expedition to Kenya. Bloembergen, back from Thailand, and in vain waiting for funds to study palms in Herbaria abroad, is working on plants in the Hortus, making a Garden Herbarium, on instigation of T.H. van den Honert, Baas Becking's successor.

1947 1 September 1948

The 60th staff meeting ('Herbarium Conferentie') is held. These meetings are in the first place held to make sure that the Annual Report is complete, also for other important affairs of common interest. Minutes are kept by a staff member.

Efforts to keep Bloembergen fail, since Van Steenis in Bogor is unwilling to give him up. H.C.D. de Wit, back from Indonesia, comes to work at the Rijksherbarium, as a Flora Malesiana liaison officer.

Maas Geesteranus shows Lam a circular of the Mycological Society, wherein permission of the members is requested to transfer its library to Utrecht .... Pulle's institute! Lam asks Pulle how this has come about. Pulle says that he forgot about Leiden. Lam says he would have found it nicer if Pulle had remembered him. (The herbarium of the Mycological Society was given to the Rijksherbarium in 1910.)

The status of honorary collaborators (hitherto termed: unofficial collaborators) is made official, with the approval of the Curatores, and three new ones are appointed. (This means that they can use the facilities of the institue, including travel expenses.)

Budget remains at the same high level as last year, but prices go up. Because mounting and storing in boxes is needed to check insect damage, funds have first to be allocated for these purposes, and not enough remains for publications. The latter are, however, our vital link with international science, and through exchange indispensable to keep the library up to date.

Accessions reach an alltime high: over 45,000 specimens. Consequently, the backlog of unmounted specimens climbs to 33,000. Talks begin about treatment of incoming material with $HgCl_2$.

E.D. Merrill, during a three weeks' visit, goes through the indeterminatae of the large Malesian families, and corrects many wrong identifications.

It is decided to place a money box beside the telephone, for private calls.

1948 1 September 1949

"Van Steenis comes to tell me that Wieringa* is willing to go to the Indies, and asks for my opinion. Not bad at all – good for him and André (Groenewegen) can succeed him. Quite an enterprise for that family. Moreover, I feel Buitenzorg and Leiden so much part of that 'Flora Malesiana', that I have to do it. Later, Wieringa himself came; I shall support his application." He is made available to the Herbarium Bogoriense for 3 years, and thereafter again for another 3, to supervise technical work there.

Budget, though steadily growing, is insufficient to cope with the enormous post-war increase of incoming collections and with the requirements of scientific work. Backlog is now 50,000. Three of the five desinfection boxes are out of order, but repair must be postponed for lack of funds.

Routine naming and answering queries of the public takes considerable time of the staff. In the Annual Report, anger reverberates over a plant sent in with the mere words: 'name please'. "The questioner received the name, together with an admonition."

1949 1 September 1950

Increase of activities is tabulated, calculated from averages over 6 pre-war and 3 post-war years. It appears that accessions of specimens have multiplied by a factor 2.15, loans outgoing and incoming by 2.32, freight expenses by 2.7, mounting paper cost by 5.1. The Foundation Flora Malesiana, with several botanists at work in the Rijksherbarium and at Bogor, donates 7500 sheets of mounting paper for Malesian plants. Backlog rises to 60,000.

* The maintenance of the Rijksherbarium collections was and is entrusted by the Director to a senior technical officer with staff. This officer was first W. Wieringa (1904–1965; obituary in Blumea 13: 175–175 + portr. 1966); he was succeeded by A.K. Groenewegen (born 1922; note in Fl. Males. Bull. 31: 2976. 1978).

Ageing wires and appliances in the 40 year old building need inspection because of fire hazard.

Van Ooststroom sets out for Malesia, collects 2300 numbers in west Java. Maas Geesteranus returns from South Africa and Kenya with rich spoils. Merrill again works for three weeks on indeterminatae and type specimens.

Insertion of material is now a growing problem, because of the experience and time it requires, the more so since boxes begin to be piling up in front of those already in the racks. To reach these, sometimes a whole row of boxes must be removed.

The studio on the top floor on the Hortus side and the dark room are renovated.

1950 1 September 1951

It is figured that a sixth floor on top of the building would provide space for a mere 10 years. The room formerly occupied by Henrard, now retired, is gradually cleared, and much material can be returned. After re-arrangement, 4 Flora Malesiana botanists now work in that room, sometimes even 5.

There are now 7 honorary collaborators. The progress made by each of them is specifically mentioned in the Annual Report. They produce and impressive amount of work, especially Backer. Van der Hee's task as librarian and administrator has grown to such an extent, that he voluntarily spends 200 evening hours to cope with invoices and accounts. Mounting has gone well: 57,000 specimens. This leads, however, to an insertion backlog, which has now grown to about 4 years.

An overflowing faucet in the Botanical Laboratory drenches the Herbarium library under it. Six technicians give first aid, by taking out volumes and putting blotting paper between the pages. Vogelenzang spends the best part of three months before everything is again in place. Contrary to previously made promises, he receives no salary for the overtime, only extra holidays.

1951 1 September 1952

The institute gets filled like a growing lobster in its shell. The electrical wiring is renewed, after an outbreak of fire in the Botanical Laboratory at Groningen as a result of short-circuiting has been brought to the attention of the Curatores. The whole building is repainted inside in lighter colours. The former waiting room is converted into a working den for a student, c. 1½ by 3 m.

Blumea has been exempt from a budget increase, which jeopardizes regular publication, with a grave risk of repercussions for the exchange programme.

The number of visitors, last year 265, has risen to 318. There are now 6 honorary collaborators, 3 of whom working for Flora Malesiana. The backlog of insertion amounts to c. 100,000 specimens.

Two 'Herbarium conferences' are held. Besides producing materials for the Annual Report, they serve to discuss matters of organization and presentation.

1952 1 September 1953

Construction work to extend the Botanical Laboratory results in a spin-off for the Rijksherbarium: the open place on the roof is filled by a spacious room for botanists. For the time being, this is all. Outside their proper place are stored 73% of the books, 34% of the plant specimens. The latter could instantly fill 2½ collection floors, and at the current speed of growth every 7 years another floor will be needed. A record 70,668 specimens are inserted.

On 15 June, the Australian Ambassador comes to present a collection of plants made in Arnhem Land by R.L. Specht.

Goddijn donates 2500 plates for demonstration, on the occasion of his retirement. Fourteen students are working on research subjects.

1953 1 September 1954

So many addresses are painted on crates, that special mention is made of this fact.

An audit reveals the existence of a small private fund fed by such income as fees from lectures, which enabled Lam to make extra expenditure for the benefit of the institute. This is no longer allowed. On the other hand, budget is raised to Dfl. 20,000, and recurrent expenses like telephone, heating, &c. are from now on paid by the University.

Leaks from the Botanical Laboratory cause new damage to the library. Later, the Laboratory makes the spacious glazed veranda on the first floor at the Garden side available, the library staff is housed there. Book lending has increased to 13,056 volumes within the building, 739 go out.

The authorities now all agree about the need for more space. Plans are made for a temporary building in the Garden. But a variety of objections causes delays, and an extension of the telephone system has to wait for completion of that building. Meanwhile, the handling of specimens takes more and more time, owing to difficult accessibility.

Lam sets out for a journey to Australia. The Ambassador is most helpful in the preparation. The Annual Report – signed by Van Ooststroom, who faithfully acts as director – is mailed to 120 addresses, of which 4 abroad.

A second mycologist is appointed: C. Bas.

1954 1 September 1955

For the first time, mention is made of departments in the institute: Flora Neerlandica, Tropical Phanerogams, Algology, Mycology, Plant Sociology & Bryology, apart from the Flora Malesiana.

No chance that before winter the clogged pipes of the central heating system can be replaced. On 1 June, construction of a wooden annexe starts in the Garden. Some additional space for books is created in the cellars of the University Libary.

The Flora Neerlandica is now a well-established project, with a botanist appointed especially for it: Th.J. Reichgelt. A card-index to references already contains 55,000 slips. The Netherlands herbarium is rearranged. Two densely typed foolscap pages are needed to contain the names of all persons whose enquiries about Dutch plants have been answered.

A long account of P. van Royen's expedition to New Guinea is given in the Annual Report.

1955 1 September 1956

Many staff members receive a promotion. The telephone system, with 9 extensions, is working smoothly, a great relief, but the central heating is still clogged.

Flora Neerlandica and Mycology move into the wooden annexe. The ground floor is furnished with benches for practicals. It is embellished with 11 paintings on the outside.

Still, 566 boxes are on the floors for lack of space in the racks. In three years, it is expected, this shortage will amount to 4626 boxes.

Mycology has now attracted 3 honorary collaborators. One of these, M.A. Donk*, also receives an honorary teaching post, and soon attracts students. A new department for plant anatomy and morphology is created, manned by W.A. van Heel.

An arrangement is set up with the wood institute of the Netherlands Organization for Applied Scientific Research (TNO), to share in wood samples collected by Van Royen in New Guinea.

F.H. Hildebrand, a former forest officer in Indonesia, is given facilities to identify specimens of trees. (Eventually, his work results in 19 volumes of pencil sketches with explanatory text.)

---

* M.A. Donk (born 14 August 1908 at Situbondo, Java, died 2 September 1972 at The Hague); obituaries in Persoonia 7: 119–120 + portr.; bibliography on p. 120–126 (1973), and in Jaarb. Kon. Ned. Akad. Wet. 1972, p. 111–113 + portr. (1973).

Wieringa, back after 6 years in Bogor, has set out to scan the taxonomic literature for (re)identifications of collections represented in the Rijksherbarium. From the beginning of Indonesia's official independence, Bogor has sent so far 229,930 duplicates to Leiden.

Harvard University has requested the Rijksherbarium to process some large collections made in New Guinea by L.J. Brass. The sale of duplicates from Maas Geesteranus's Kenya expedition has netted Dfl. 6550.

The Library holds 1116 serials, of which 590 are current. Lam donates many of his books. One technician, previously a bookbinder, who conducted his profession part-time at the Rijksherbarium, is now employed to do this full-time. A new typewriter arrives.

1956 1 September 1957

The tax inspector insists on taking revenues for imported microscopes to be used only in research. An appeal is still under consideration, one year after filing.

A flood of freshmen necessities purchase of optical equipment, for which the Curatores grant Dfl. 3300. The new annexe, in full use, is officially opened with a festive ceremony; Curatores pay for the drinks. A request for a motorcar (to be used jointly with two other institutes) is refused, but on rare occasions a University car can be used.

The central heating is completely renovated, a new burner is placed in the Botanical Laboratory, for the two institutes. Hence space comes vacant in the basement; the library benefits. Even so, there will be an immediate shortage of 400 metres of shelf, inside the building alone. Visiting botanists must make do with (part of) a table in a room where two or three others are working.

The Flora Neerlandica department establishes a quarterly newsletter, later named Gorteria. It finds many subscribers. A memo on the history of the Mycology department, since 1908, by R.A. Maas Geesteranus, is published in the Annual Report on p. 18–20.

Barkman takes up an appointment elsewhere, and remains only for some teaching. His department, of Bryology and Plant Sociology, vanishes from the Annual Reports until, after Lam's retirement, new personnel is found. It is about the only case of negative growth.

1957 1 September 1958

Construction of a lift for persons, already budgeted, is delayed.

An abandoned office building elsewhere in town is inspected and carefully considered as a temporary relief for part of the collections, but is rejected for reasons of expense and effort. A record number of 105,383 specimens are inserted.

The Flora Malesiana is in trouble: because of political difficulties between Indonesia and The Netherlands over western New Guinea, funds from Indonesia have been cut off as of 1 January 1958. Finally, the Netherlands Organization for the Advancement of Pure Research (ZWO) and Curatores come to the rescue. The former will provide temporary employment for the FM-staff; in the course of some years these will be transferred, two at a time, to the University. Mr. N.F. Hofstee, as the Secretary of the University, takes great pains to make this possible.

Now that the Dutch emergency edition of the Flora of Java in stencilled form (63 cm on the shelf) is near completion, plans for an English printed edition are shaping up. Old Dr. C.A. Backer, in a home at Heemstede, and Bakhuizen van den Brink have already made a skeleton translation.

Crates with herbarium specimens between Bogor and Leiden are henceforth sent through diplomatic channels of friendly countries, the Rijksherbarium paying for the freight, of course.

1958 1 September 1959

The appeal against revenue collecting for research microscopes was granted last year; the money has now been returned. The lift is constructed; there is not much room for the shaft, but on completion, four people can indeed be squeezed in. Construction causes much inconvenience owing to necessary displacements in the crammed building. Paper for mounting must now be delivered in small portions, for lack of storage facilities. The request for the use of a nearby shed in the Nonnensteeg is refused.

Van Ooststroom is praised for his excellent acting as director during Lam's term as Rector Magnificus. C. Kalkman, having served 3 years in New Guinea, is appointed on the staff. He joins the Star Mountains Expedition straight after.

Advice is given to the postal service on a forthcoming series of stamps, depicting plants of Netherlands New Guinea, and domestic species.

As for the storage of the collecting, "we are since long past the stage of grumbling and complaining." For the extra labour to insert a new record of 119,832 specimens, overtime pay can be claimed from the University.

The Star Mountains Expedition in New Guinea runs into trouble, and Lam has to spend large amounts of effort on additional fund raising (see Other Functions: Chairman of SENNG).

1959 1 September 1960

From the Botanical Laboratory, another flood of water drenches the books.

In the Mycology department, M.A. Donk is appointed. Under his editorship, a new and prestigious mycological journal, Persoonia, is established, Lam writing the preface to the first issue. Some working space for visiting mycologists is created in the alcohol building, which adjoins the new annexe.

In the Phycology department C. van den Hoek, who for many years has collaborated with Miss Koster in a lowly position, is appointed as a botanist.

First mention of a plan to move the Hortus Botanicus, Rijksherbarium, and Botanical Laboratory to a new compound outside the town. The Minister of Education pays a quick visit.

1960 1 September 1961

A waterproof floor is laid in the Botanical Laboratory, over the library. Due to the economic boom, which strains the labour market, young personnel come and go. Vacancies for an apprentice carpenter and a typist remain open.

There is some progress in the plan for a new building. Meanwhile, another annexe is projected, around the corner of the Nonnensteeg, to replace two demolished houses. This is to accommodate the glass jars with their inflammable content of alcohol materials. The new annexe turns out to be made completely of wood. There is no option but to accept it, hoping for better times. Type material, however, is segregated and kept in safer places.

Perhaps some relief is to be expected when the nearby Laboratory of Genetics moves to the Zoological Lab now under construction, and the rather decrepit building can be renovated. Five meetings with the University Buildings Commission are held; their expertise and thoroughness is praised in the Annual Report. For the time being, however, the insertion of 10,000 specimens requires the displacement, by hand, of boxes to a total weight of 13.8 tons. Thirteen research students are working; each of them, of course, studying the specimens in a particular group of plants.

Complaints of diminished fitness of the Director, now 69, were met by assistance of Van Steenis and Van Ooststroom. The 10th anniversary of the Flora Malesiana Foundation is celebrated with great satisfaction and enthusiasm. Lam himself writes a knowledgeable and detailed appreciation (1960g).

The University grants an honorary doctorate to W.T. Stearn; Van Steenis is promotor. Thirteen staff members travel abroad.

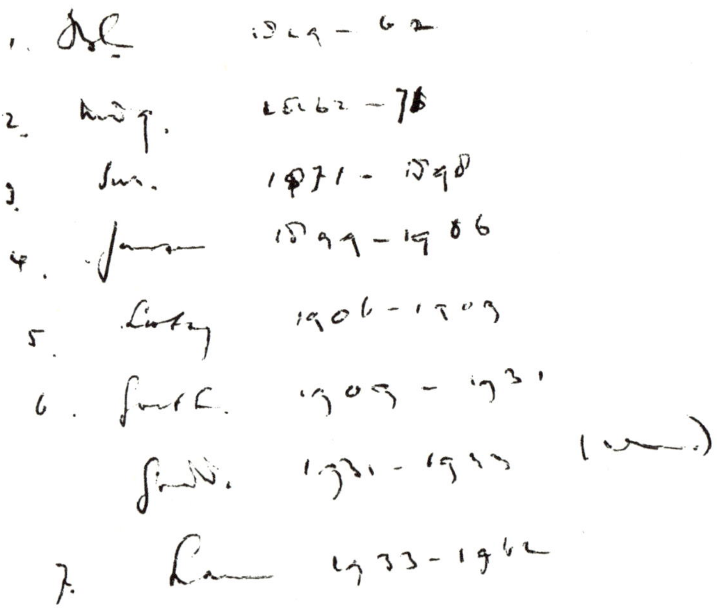

Fig. 34. A handwriting sample, 1962. On the back of an invitation card, Lam listed the names of all Rijksherbarium directors with their years of office (for details, see the beginning of the chapter on the Professor).

1961 1 September 1962

Lam visits Henrard on his 80th birthday, still in fine health.

Plans for some time focus on an abandoned hospital building at the Witte Singel. Measurements of temperature and relative air humidity have been taken for a year in various parts of the present building, to learn about averages and extremes. A former textile factory at the Schelpenkade emerges as the winner. "Although this building cannot by any means be called nor be made representative, there was, this time, no reason on our part to refuse it, as we had to do on good grounds on previous occasions. It was therefore accepted in principle, with the emphatic understanding that this would be temporary, not interfering with plans for an entirely new building" (1962b, p. 5). The end of a long period "during which we have suffered bitterly" is approaching.

One passage from Lam's valedictory (1962a, p. 22) is also written in the Annual Report, p. 6: "When Rapenburg 33 with its annexes became too small, and Suringar in 1877 asked for new accommodation, his third successor obtained this in 1912, i.e. 35 years later. In 1934, I myself for the first time warned the Curatores that things were bound to go wrong in due time; 1934 plus 35 takes us to 1969. If the present, diligent government manages to house us in the Provisorium Schelpenkade by 1965, we are still 4 years within the customary span of time. And, if 35 years thereafter, i.e. anno 2000, the director starts complaining of space problems, perhaps in 2029 his successor can celebrate the second centenary in another Provisorium."

A large painted portrait of bryologist C.M. van de Sande Lacoste (1815–1887) is presented to the Rijksherbarium. The one of Lam himself is soon to follow.

A VISIT BY MATTFELD

In the midst of World War II, in March 1943, the Berlin Herbarium was virtually destroyed by fire bombs. On 29 June the director of that institute, J. Mattfeld, came to visit Lam, unannounced. Four pages of diary describe the event, and Lam himself read the present portion of text.

Mattfeld, looking bad and depressed, was stiff and correct, his approach modest. He briefly told Lam about the disaster, without a word of accusation or indignation, just stating the facts, with a sigh. He was thinking of purchasing second-hand botanical books to give his library a start. Lam suggested postponing reconstruction until the war was over.

Mattfeld confessed that in the Paris and Brussels Herbaria he had scarcely heard a kind word. He agreed with Lam that it might be difficult for Germany to regain its place in international scientific cooperation, even more so than after World War I. Lam asked Mattfeld what he thought of the present war and, after a pause, Mattfeld replied: "Fortunately, we Germans need not worry about the question of guilt." Lam, also after a pause: "Yes, seeing it that way may be fortunate for you, or may be not," and added in his diary that the full meaning of these words apparently escaped Mattfeld, "and I could not put it more clearly, to avoid a futile discussion."

Lam then told his visitor about the Flora of Java and other work in progress at the Rijksherbarium, but the pleasure and energy were being sapped by the worries and difficulties of the day. It was bad enough that young men were taken away, and worse that personal liberties were curtailed. Thank God that still there are people who love their country, who refuse to do what strangers dictate and prefer death over slavery. Mattfeld replied that the principles of nazism were very good. Lam said that theoretically this might be so, but that he had not noticed anything of it in practice.

According to Lam's account, the discussion had been matter-of-fact and unemotional. Coming back to the purpose of Mattfeld's visit, Lam advised him about antiquarian booksellers. Was there any chance to purchase duplicates? asked Mattfeld. He was fully prepared to pay for everything. Lam said he could help with a complete set of Blumea, issues of Mededeelingen as far as there were enough in stock, and a number of reprints. Books could not be spared. Of duplicates there would not be many. "But remember: what is made available to you is for the sake of international scientific cooperation, which has nothing to do with politics, nor with friendship. After all, there is a professional bond between us, and this need not be broken."

Mattfeld was understanding, polite, thankful, and left very humbly. And Lam added in his notes, that on second thoughts he is not going to accept payment from these people. Let this be a voluntary *Liebesgabe*, a gift for love. But the duplicates are better delayed till after the war. Later, Lam heard that Mattfeld had also visited the Utrecht Herbarium, and was received there in a rather similar way.

STATE OF THE RIJKSHERBARIUM AT LAM'S RETIREMENT

Scientific staff 19, plus 9 honorary collaborators, plus 7 student-assistants for practicals &c. Technical staff 24, plus 2 vacancies. Together 52; up from 8 in 1933.

Budget Dfl. 59,000 plus Dfl. 22,000 for publications; up from Dfl. 5470 in 1934.

Journal Blumea: 11 volumes published.

Department of Tropical Phanerogams: impressive exploration programme, concentrated on New Guinea. Flora Malesiana staff all in Rijksherbarium service, 3 volumes of the work published; see also 1960g. Flora of Java: Dutch emergency edition just completed, English edition, volume 1, in the press. Pacific Plant Areas (see 1953h, 1957i) volume 1 in the press. Flora Malesiana Bulletin about to become a Rijksherbarium publication.

Department of Northern Temperate Flora: Flora Neerlandica, 6 parts published. Journal Gorteria established. Heukels's Flora of The Netherlands, revised editions here prepared. Card index to literature on European plants well in progress.

Department of Mycology: journal Persoonia established (see 1959l).

Department of Phycology: experimental taxonomy as a new line. Plan for a Flora of Netherlands Algae.

Department of Anatomy-Morphology: detailed investigation of flower structure to interact with taxonomy.

Collections: specimens now estimated 1,975,600, up from an estimated 1,109,200 in 1933. Boxes are now stacked in every conceivable place, but all material is in order and accessible for consultation. Damage from insects and moulds is no longer heard of. Poisoning with $HgCl_2$ of incoming material is now a matter of routine.

Library: journals now amount to 1200 series, pamphlets to 34,229 (numbers in 1933 are not known). All is now protected by a waterproof ceiling. The Index Kewensis in loose ledger-form is complete for most families. There is a book binder on the staff.

Building: although crammed, everything is clean and well-ordered*. A lift for people has been constructed. Paint and appliances are recent. A working room was added, on the top floor at the Nonnensteeg side. In the Hortus, a wooden annexe has been constructed, and the 'spirit building' evacuated (the jars removed to a temporary shed around the Nonnensteeg corner) and working rooms have been built in it. Three offers of large but old and unsuitable buildings have been declined; one offer of the 'Provisorium Schelpenkade' was accepted.

Lectures in the circle of staff members were initiated, first in a series named Herbarium Staf Conferenties, later resumed as 'Colloquia' and also open to colleagues of other institutes.

But the Saint Nicholas festivity at 5 December had to be abolished in this form, because of overcrowding. And the introduction of the 5-day week on 1 July 1961 was also felt as a loss, albeit of a different sort.

RETROSPECT: THREE BREAKTHROUGHS

All the time from 1933, Lam was rebuilding his institute, and in 1938 he felt that he had achieved something as a man of science. Yet it can scarcely be said that at the outbreak of World War II, in September 1939, the position of the Rijksherbarium had significantly improved, and the vital contacts with Buitenzorg were about to be cut off for years.

A first breakthrough was nevertheless initiated by Lam when in 1940 he adopted C.A. Backer's Flora of Java as a Rijksherbarium project. Whatever can be said about this makeshift, bulky issue in Dutch, it provided a reason to put young botanists to work on a big but manageable job of unquestioned importance: 6000 species, 4500 of them wild, many of them wide-spread. It necessitated the examination and proper arrangement of large portions of the Rijksherbarium collection. Thus the institute was well prepared to receive the Flora Malesiana.

The second breakthrough was World War II, which to the Rijksherbarium was a blessing in disguise.** When international contacts ("except the unde-

* M.J. van Steenis-Kruseman stated on this subject: "Under Lam the situation became once more chaotic, with the herbarium boxes crowding corridors and staircases" (Blumea 25: 31. 1979). This is an outsider's view. Many specimens were extremely difficult to reach, but all of them were neatly in place.

** The English reader can get an impression by consulting 1945c.

sirable ones") were cut off, Lam directed the energies of his personnel to deal with the backlog of curatorial work. Thus he well prepared the institute for a resumption of its functions after the war. That neither his superiors nor his personnel sympathized with the nazis, was a most fortunate circumstance. And it was probably owing, at least in part, to Lam's positive and cautious, yet patriotic attitude, that during the war the long-requested increase of funds and personnel came forth. This improved morale, just at a time when all other things worsened. Mutual help was thus facilitated, and team spirit strengthened through common hardship. After the war, the previously cultivated contacts with institutes and persons dealing with Malesian botany came to fruition. Lam was quick to appreciate the changes of attitude towards the countries in that region, the more so as it suited his mental structure as a unifier.

The third breakthrough was the advent of the Flora Malesiana, and its incorporation into the Rijksherbarium programme. Some notes were given in the Tidbits; plenty of further facts enable us to follow every step: the (semi)annual reports of the Foundation Flora Malesiana (Source 24), Van Steenis's own accounts (Sources 1962, 1976, and 1979 p. 68–70), and the one by Lam himself (1960g).

In June 1948, when both attended the Utrecht conference on nomenclature (where Merrill also was present), they held important talks. In the next year, Lam agreed to make R.C. Bakhuizen van den Brink, R.D. Hoogland, and W. Wieringa available to assist in the Flora Malesiana effort. On 21 October the Foundation was legally established, with Lam as one of the Trustees, and straight after Van Steenis came to set up shop in the Rijksherbarium. When in 1958 the Foundation lost its financial support, with Lam's backing the solution was worked out that gradually the staff would be taken over by the University. This saved the magnificent project, which has kept on generating herbarium specimens and knowledge.

MAIN INFLUENCE FROM OUTSIDE BOTANISTS

It is easy and tempting to identify three botanists outside the Rijksherbarium who have exerted a decisive influence. As was explained by Goddijn (Sources, 1931, p. 24) and by Kalkman (Sources, 1979, p. 15), one has been Hugo de Vries (1848–1935), the well-known geneticist. Early in this century, he succeeded in thwarting Lotsy's plans to move the institute to spacious quarters in an experimental garden outside the town. Lam, in his 'Historical Background' above was kind enough not to mention that it was De Vries who masterminded the action in Parliament. The consequences for the institute were traumatic and long-lasting. On the other hand, it cannot be denied that through the arrest of experimental work in the Rijksherbarium, this institute could remain a stronghold of descriptive research.

The influence of E.D. Merrill (see People) was entirely benign. It worked in different ways through the persons of two consecutive directors. Merrill visited the Rijksherbarium for the first time in 1908, and often came back. His article *An appreciation of the Rijks Herbarium* (Meded. Rijks Herb. 65, 3 p. 1931) shows how well Merrill understood its value and potential.

Lam appreciated Merrill's well-reasoned guidance in plant geography, as we saw above. They became good friends and maintained close contact. The choice of a one-word title for the journal Blumea was made in accordance with a suggestion of Merrill's (1934a & b). Lam recommended Merrill for various awards and wrote tributes to his work (1946d, 1949o).

Merrill was a superb organizer of fact: a wonderful herbarium administrator, great bibliographer, keen nomenclaturist, with a prodigious memory for plants. In all these fields, where he operated in his dry, business-like manner, he set an example to Van Steenis who, for instance, adopted and recommended his policy of quick distribution of duplicate specimens (Taxon 6: 133–135. 1957), and wrote a fine biographical account of him (*Dedication*, Fl. Males. i 6: (6)–(16), portr. 1972).

Merrill's spirit of generosity with herbarium duplicates and publications, identifications and advice, as part of a rational policy, caught on well at the Rijksherbarium. And as far as nowadays such generosity is still being practiced this is, to some degree, another 'Dutch tribute to Merrill's work'.

The third botanist to name here is A.A. Pulle (see People). On his influence, Van Royen expressed an interesting view (under Professor: Appreciation from Pupils). But this is only one aspect of the relation between Utrecht and Leiden in which the Rijksherbarium actually has been shaped to a very great extent. While this is too large a subject to discuss here – there is considerable published material* – we will give a few notes in the next section.

LEIDEN AND UTRECHT; PLANS FOR CENTRALIZATION

In 1933, Leiden and Utrecht were the only two Herbaria of importance in The Netherlands. While Leiden was asleep, Utrecht was awake. J.P. Lotsy resigned from the Rijksherbarium in 1909. A.A. Pulle became lecturer in 1906 in Utrecht and professor in 1914. He did important botanical field work in Surinam (1902–3 and 1920) as well as in Java (1906) and New Guinea (1912–3). Pulle established the first school of taxonomists in the

---

* For instance, in F.A. Stafleu's biographies of Miquel (Wentia 16: 1–95. 1966, and Flora Malesiana i 8: (6)–(16). 1978), in the Blumea Jubilee volume (Sources, 1979), and in A.A. Pulle's address on the inventory of our heritage (1938).

country, in which Lam was the second graduate. Before Pulle, F.A.W. Miquel had worked at Utrecht on Malesia; naturally Pulle felt that his institute had a commitment in the area. Hadn't he suggested the idea for a Flora Malesiana to his pupil, C.G.G.J. van Steenis?

From the beginning of his career in Leiden, Lam was aware that the Rijksherbarium was always meant to be the nation's central archive for preserved plants. In 1844 J.E. Teijsman had founded the Herbarium Bogoriense, later, the Utrecht Herbarium had come to prominence; in a certain sense these were faults of history. With Bogor, he had made an agreement for close cooperation; with Utrecht, he had other plans, which he already on 6 January 1934 brought up with his former master: to combine Leiden and Utrecht in one great central national Herbarium.

Pulle, however, had different ideas, and when Lam said to him: "You have a mere fifteen years to go, you are not going to expand, are you?", Pulle was furious and afterwards said to J. Lanjouw, his assistant: "And now we are going to expand!" He succeeded: on 31 May 1938 a new wing of the Utrecht Herbarium was opened. Pulle delivered an address (Sources, 1938) in which he – perhaps for the first time during the 20th century in the home country – set forth the need for a Flora of the Netherlands Indies, with detailed ideas about the organization of such a project.

On 23 February 1939, there was a straightforward talk between the two. Referring to the new wing, Lam said: "So actually it was caused by me." And Pulle replied: "Yes, and I still feel grateful to you for that." Lam added in his diary: "I don't trust him for a *capilla.* Neither does he me, probably. That's why he is so extremely friendly."

Lam did not leave off. In a confidential report to the Curatores in 1941 (Source 40), he listed arguments for a merger between Leiden and Utrecht. In a letter to the Curatores of 19 November 1945, he makes reference to this report, and names 1948, the year that Pulle will retire, as a good moment. He states, with emphasis, however, that this should be discussed with Professor Pulle honestly and at an early stage.

As advantages he listed: 1) economy through centralization, 2) avoidance of duplication in purchase of books, 3) ditto in materials, 4) coordination and centralization of research, with prospects for a higher standard. Besides, the country is poor and ravaged from the war. Such an institute could partly take over the task of the destroyed Berlin Herbarium. It would be autonomous but affiliated with all universities. A new building is anyway needed, and this should contain a botanical museum, also an experimental garden to be added, and a small laboratory to grow fungi. The Hortus Botanicus, too, might better be incorporated into the new structure.

While some understandable irritation on both sides persisted, the relations remained friendly, and the agreement which Lam in 1936 had proposed to

Pulle: that Leiden was to deal with the Old World and Utrecht with the New World, was observed reasonably well, and even better in the course of time. There is every reason to believe Lam when he wrote explicitly that he acted without personal ambition, on rational grounds and in the national interest. He was always careful to respect everybody's position, remarkably free of rivalry, and once, when he was asked to represent the Government as a member of a Nomenclature Committee, advised approaching Pulle first, because of his seniority. But here, naivety must have equalled his sincerity, and nobody can be surprised if Pulle was on his guard against his former pupil.

In May 1947, Lam circulated a concept plan for a Central Institute of Special Botany. It argued that such an institute would be cheaper than the 11 public Herbaria which at the time existed in the country. It provided for a scientific staff of 18 and a technical staff of 28. It should be located in a central part of the country. The university professors would have to teach elementary botany only; advanced students could go to the central institute where all research was to be concentrated. Work might branch out into a considerable number of directions.

A meeting was called on 17 June 1947; it was attended by about 15. Lam addressed them in a 9-page speech, resulting in the wish for an open-minded discussion. Competition might be all right in teaching but not in research. Lam did not present himself as the director of such an institute, nor did he underrate the problems, but he thought they could be solved.

Sentiments to avoid pre-war sectarianism were strong in The Netherlands at the time. Lam's idea was given serious consideration. Opposition came from Utrecht. Pulle declared the present division of tasks a very satisfactory one, and feared that moving research from the university would dampen the enthusiasm of the students. He read a letter from J. Lanjouw, who wrote in plain language that under this plan all universities would be stripped of their taxonomy, and the professors be degraded to demonstrators for freshmen. He also doubted that a central institute would be cheaper, and pointed to other countries for comparison. Those which had more than one Herbarium enjoyed a competition and creativity of which colleagues in centralized institutions were jealous. C.G.G.J. van Steenis spoke in a similar vein, and the next day in a letter added new arguments: where could the strains of living fungi be in better hands than now at Baarn, where could West-Indian botany be taken care of better than at Utrecht? Van Steenis emphasized, however – and on this point found everyone on his side – that all aspects of botany in the country as a whole would benefit greatly from a real extension of space and staff for the Rijksherbarium.

In a long letter to the Curatores of 29 September 1947, Lam impartially quoted from letters he had received for and against centralization. He dropped the plan in favour of a policy for more funds, space and personnel for the Rijksherbarium, to realize the potential of this national botanical institution, for which he quoted the support of his colleagues.

Here the file on the subject ends, but not the waiting which took, as we now know, another 17 years, before the Rijksherbarium obtained the space it needed. When that moment had come, its scientific staff numbered 22 and its technical staff 33, which is more than Lam had suggested for the whole central institute. In hindsight, it seems unlikely indeed that such an institute would have employed even half the total who at present are serving the *Scientia Amabilis* at Leiden, Utrecht, Groningen, the two Amsterdam universities, Wageningen, and Nijmegen. So it is fortunate enough, after all, that the plan fell through, the more so as it had resulted in a unanimous decision among the Dutch botanists that the Rijksherbarium must grow. And grow it did; those who have known the last years in the Nonnensteeg, cannot but smile on reading the Director's complaints of 1947, with so much worse conditions to come.

The friendship between Lam and Lanjouw, who succeeded Pulle, is part of the happy ending. Nevertheless, the relationship with Pulle in my opinion represents a 'danger area', where Lam easily could have failed. Such failure would have chilled and confused the relationship between the two main Herbaria in the country, with bad consequences for the standing of Special Botany. Owing to the personalities of both men, this did not happen, as Lam must gratefully have realized. He wrote a fine obituary of Pulle (1955a); in his personal reprint I found a letter from Pulle's daughter to express her appreciation for it (Source 34). The second danger area was the relationship with Baas Becking (see next section, and People). I do not believe there were others. Certainly Lam and Van Steenis both acted cautiously, too. But when Van Steenis arrived at Leiden, Lam was well-established. Lam recalled Van Steenis's thankful exclamation for always letting him have his way. And ten years later, when Van Steenis himself retired, Lam spoke, in public, the words: "Kees, you have done damned well!"

LAM AND BAAS BECKING

Baas Becking was a man of dazzling brilliance, who was already nationally well-known when he attracted Lam to Leiden, and an overpowering force in the Faculty. His lectures – when they were not cancelled – could be spellbinding. He made the Botanical Laboratory a nucleus of activity, where he stimulated students to great achievements. He had the original Hortus, designed by Clusius, reconstructed, a new conservatory built, and is co-author of a very fine history of the Hortus Botanicus (Sources, 1938).

In this relationship, too, Lam was extremely cautious. When, for instance, in 1938 Baas Becking talked to him about membership of the Royal Netherlands Academy of Arts and Sciences, he declined in a friendly manner: he felt it as accepting a favour. It was because of Baas Becking, he told me, that from 1933 to 1948 he kept his Diaries (Source 17). Here is an excerpt, dated 19 October 1937, shortly after Lam had a breakdown.

"Long talk with Baas Becking, who was very depressed and feared the loss of my cooperation. Assured him of the opposite. But I am on my way to become my own man, and no longer, like 4 years ago, out of a sense of duty to do much more than I can handle, at the cost of the interests entrusted to me. B.B. wondered if I promoted the Rijksherbarium too much, now that I must cut down my teaching (following a breakdown period), to get rid of my backlog of work. (....) He, too, was very much in need of assistance, (....) said that I was both professor and director. Me: that was decided here before I came; to me, they are of equal importance. B.B. admitted that now for a time I should do what I liked best, he felt that he'd chased me up, never realized that others, too, wanted to take their own course. At last mellowed."

He had ideas on everything. The minutes of the first 'Herbarium Conference' on 14 October 1933, which he attended, are so full of his remarks and suggestions, that we may wonder how terrified the others were, but he did not attend any more. It shows his habit of dropping ideas, making plans, inspiring others, and then moving on. Blessed with 'the curse of versatility' as he called it himself, a dynamic and impatient personality, he left an increasing amount of plans for others to execute. He welcomed the opportunity to become Director of the Bogor Botanic Gardens, and even gave a farewell lecture, on 24 April 1940. After the lecture, Lam addressed him in public. The 5-page text survives in his papers (Source 49). A passage is worth quoting.

"Your lofty and passionately professed idealism, which *per definitionem* and also in the eyes of more down to earth people sometimes fell short of reality, kept us for all those years in a sort of oppressive suspense, when we beheld the scientific '*scènes de la vie de Bohème*', this series of artistic-scientific and administrative hat-tricks, by which you time and again surprised those around you. Our mood oscillated between admiration for your ingenuity and your enchantingly designed *fata morganas* on the one hand, and our own everyday flatfooted scepticism about their feasibility on the other. (....) Your versatility has contributed much to the unification of botany in this country. You have opened doors for your students in other universities and even elsewhere."

By that time, Baas Becking had already become a problem. When the War prevented his departure for Bogor, he stayed on, more restless than ever. Yet the relation between these two charming personalities remained spontaneously cordial throughout, and in 1954 Lam visited him in Australia. When the one was absent for some time, the other acted as director of his institute. During the War, Lam made many notes in his diary which testify to a deep concern for Baas Becking's personal well-being after the Germans had captured him, and made efforts through the German authorities to improve conditions for him. Yet when Baas Becking considered leaving Leiden University Lam made no effort to retain him, and never abandoned the critical touch when writing about him in the diaries.

CONCLUSIONS

An attempt to find the essential ingredients of Lam's achievements as Director results in the following list:

1. In the pursuance of his career, Lam directed a considerably amount of attention in his new institute to Malesia. He thus resumed the oldest tradition of the Rijksherbarium.
2. He established relations with all important Herbaria, and paid visits to as many as possible.
3. He set up and cultivated a special relationship with the Herbarium Bogoriense.
4. He cultivated relations with all his fellow-professors in The Netherlands, and took part in all important activities within the sphere of the Rijksherbarium.
5. He continued and refreshed the relationships of the Rijksherbarium with the botanical societies KNBV, IVON, and the Mycological Society.
6. The Rijksherbarium's publication channel was modernized by him through the establishment of Blumea, and later extended through the promotion of other journals.
7. He welcomed colleagues to work and created 'honorary collaborators'.
8. Field work overseas was stimulated by him, to improve the Rijksherbarium's exchange position of duplicates, and to broaden the outlook and experience of his staff.
9. He stimulated study of the regional flora, of cryptogams, and later also of morphology, for which eventually he created separate departments.
10. He regularly attended international congresses, as a representative of the government or of some other important agency.
11. His conduct of affairs was by small steps, each one logically following the other, while pinpointing the bottlenecks in the chain process of the institute's workings.
12. By accommodating the Flora of Java and mobilizing facilities for it at a very appropriate moment, he created the best possible substratum for further work on the Malesian flora.

13. At regular times, he discussed all affairs of the institute with his scientific staff, with minutes made and approved.

14. His Annual Reports are very complete and detailed, yet models of clarity, in diplomatic yet firm language, and always well on time.

15. He made an agreement with Utrecht to divide efforts: Leiden working on the Old World, Utrecht on the New World. His efforts toward centralization of plant taxonomy in The Netherlands were less fortunate, although indirectly they had positive results.

16. Wherever expedient, he did his best to find outside financial support for projects under his *aegis* (and not seldom helped people through private means).

17. During World War II, he stuck to his duty.

18. He welcomed the Flora Malesiana, supported it wholeheartedly, and eventually promoted its incorporation into the Rijksherbarium, with smoothness and elegance.

19. He stimulated students and staff through an exchange of ideas.

20. He observed caution and prudence in all his relations.

21. He took pleasure in keeping his personnel happy and at infrequent but regular times arranged festivities for them.

22. He was a good loser, and ready to try again, tenacious in things he wanted.

23. He never wanted things for himself, but to maintain and promote the affairs with which he was entrusted; he explained their importance in reasonable terms which laymen could appreciate.

24. He respected everybody's value, and tried to enhance that value, tried through stimulation, fair criticism, and recognition if deserved.*

* That he "felt often more or less attracted by the lame duck", as is suggested in Fl. Males. i 8: (11) (1976), is unsubstantiated. I don't think he had a higher percentage of unsuccessful students than average. If 'lame ducks' sometimes came, they also went, before long. I cannot point to one mistake he made in staff appointments, nor to any cases when he associated himself with persons whom he felt to be his inferiors.

VII. MAIN OTHER FUNCTIONS

INTRODUCTION

All functions Lam had, as far as they are known to me, have been listed among the Landmarks. Several ones that he fulfilled as side-jobs have already been discussed. In the chapter on his life we have seen him as Secretary of the Fourth Pacific Science Congress and Professor at Batavia. His membership of the Royal Netherlands Academy of Arts and Sciences, in which he exerted little influence but found ample matter for reflexion, has been dealt with in connexion with his later years. In the chapter on the Professor, his activities as an external examiner in grammar schools have been mentioned.

The main other ones will now be dealt with in the sequence of assumption, with background notes, an outline of his doings in these capacities, and some highlights. So we shall meet him as a member of the national biological council (1934), Vice President of the Royal botanical society (1935), Chairman of the local physical society (1945), Dean of the science faculty (1951), Secretary of the Treub society (1955), Chairman of the New Guinea exploration foundation (1956), Rector Magnificus of Leiden University (1958), and Founder of the Lam Fund (1963).

MEMBER, BIOLOGISCHE RAAD VAN NEDERLAND

The biological council of The Netherlands was established in 1923, at the instigation of F.A.F.C. Went. It united and collectively represented societies and other bodies of biologists of all descriptions, and became the Dutch branch of the International Union of Biological Sciences. The council supported research projects with small grants, enabled biologists to attend a congress, was involved in the national periodical for biologists, the 'Vakblad voor Biologen', and several times made recommendations to the Government for the quality and quantity of biology in secondary school curricula and exams.

When Lam became a member early in 1934, J.C. Schoute was President and J.A. Bierens de Haan, Secretary. When for three years no meetings had been held, Schoute in a circular of 16 January 1937 called a meeting of the board to discuss abolition of the council. Bierens de Haan invited Lam, because, as he wrote to Schoute, "I found him interested in the council and he might see a future for it." What Lam envisaged was a role for the council in sponsoring the journey to South Africa that P.J. Idenburg had proposed (see Life: Leiden). This idea was accepted, and its acceptance revitalized the council. Especially M.J. Sirks did much coordination work, response from South Africa was enthusiastic, and the journey was successful in several ways.

In November 1946, the council again came to a critical stage. In a pessimistic circular, it was this time Bierens de Haan who proposed a meeting to abolish the council which had gone through a long period of decline. On 3 December, Lam sent a reply. As he saw it, 1) the council should be perpetuated, 2) it should be placed under the *aegis* of the Royal Netherlands Academy of Arts and Sciences. Sirks and others concurred: a reorganization committee was set up, with Lam on it. This again succeeded in reactivating the council, and linking it to the Academy, although it was not until 1959 that the council was in fact adopted. At present, it is a vital, well-functioning body. Its annual reports are published in the yearbook of the Academy; see also Source 10.

VICE PRESIDENT, KNBV

This heading covers several functions. The Koninklijke Nederlandse Botanische Vereniging was established in 1845, and gradually, not without pains, evolved into the national society of botanists which it still is. Lam became a member in 1913.

The society possessed a herbarium and a library. In 1871 and in 1882 respectively, these were deposited in the Rijksherbarium. In 1909, F.A.F.C. Went became President. "With vigour, he led the society towards apparent prosperity, and greatly improved the relations with the East and West Indies. Unfortunately, he wanted by all means to remove the herbarium and library from Leiden, in which he succeeded, but at great expense and no profit to the society" (Sources, 1947, p. 98/99). The herbarium and library were housed in the Colonial Institute. In 1925, when this was moved from Haarlem to Amsterdam, the herbarium was returned to Leiden: the library did not come back until 1946.

Goethart, who was well-connected in the KNBV, had found some support there for his unfortunate action to divest the Rijksherbarium of its teaching task. So we may suppose that, when nevertheless Lam arrived as a professor, he was expected with mixed feelings by some, including those amateur botanists who were united in the IVON.

The *Instituut voor het Vegetatie Onderzoek van Nederland* had been established on 23 February 1930. Its purpose was the resumption of the work initiated in 1902 by Goethart and W.J. Jongmans, to map the Netherlands flora in grid system (for a brief account in English, see Chronica Botanica 1: 213–215, 2 maps. 1935).

Soon after his arrival, Lam got in touch with Goethart (whom he knew from previous visits); on 4 November 1933 there was a conference with Goethart and other IVON-botanists: A.W. Kloos, J.G. Sloff, J.L. van Soest, and others. Afterwards, W.A. Goddijn quoted Kloos as having said that Lam was much better than he had thought. On 27 December, plans were already discussed about moving the KNBV library back to Leiden. The IVON board held their meeting on 4 January 1934 in the Rijksherbarium and Lam, who cared next to nothing for the local flora, was elected a member. In the years to come, he remained host at the IVON's infrequent meetings. Good relations were thus established, the IVON blossomed, and the Rijksherbarium received material. In Blumea 2: 1–23 (1935) the plant-mapping project was presented in English by the IVON Committee (including Prof. dr. H.J. Lam), with 21 printed grid-maps. Lam's file (Source 32) ends in 1942; presumably he still was on the board by then.

The IVON work has been continued, extended, and has matured. Of the large *Atlas of the Netherlands flora*, edited by J. Mennema c.s., volume 1 has been published in 1980. It contains a large series of grid maps with historical and current data on plant distribution, demonstrating changes in the flora from the beginning of the century.

Lam's relations with the KNBV can be termed lukewarm, cordial, and fruitful. On 8 November 1935, Th. Weevers asked him to become Vice-President, "which I can't refuse". He held the office for five years. On 17 April 1937, a board meeting was held wherein, according to Lam's diary, "the most important of my reorganization proposals was adopted." I do not know what this was. He later mentioned that in 1938 an annual presidential address was delivered at his instigation. The Centenary book (Sources, 1947, p. 111) is full of praise for the four that were delivered.

Lam took a seat on the committee which was to prepare a *Flora Neerlandica* on the occasion of the centenary in 1945; this plan materialized, but later. Late in 1945 V.J. Koningsberger, then President, approached Lam about an honorary doctorate for the amateur botanists P. Jansen, A.W. Kloos, and W.H. Wachter. Again, Lam weighed the value of good relations between the Rijksherbarium and the KNBV – of which the three, and also Pulle, on 28 October 1945 had become honorary members – and the degrees were conferred on 10 January 1946.

In 1954 the KNBV herbarium was merged with the Rijksherbarium material from The Netherlands, in separate covers but in one series. For the study of the floristics of The Netherlands, to which S.J. van Ooststroom had moved the whole of his interest, under Lam's directorship a special department was created, to which in 1954 Th.J. Reichgelt (1903–1966) was appointed as second staff member. The series of stencilled leaflets the department issued was in 1961 transformed into a printed journal, *Gorteria*, which was so successful that its early volumes had to be reprinted.

Lam served as Chairman of the KNBV committee on systematics and geography from 1948 to 1951, from 1959 to 1960, and as a member from 1960 to 1963. In 1970, when the KNBV celebrated its 125th anniversary, he was made an honorary member.

CHAIRMAN, NATUURKUNDIG GEZELSCHAP TE LEIDEN

Established in 1870, the 'physical society at Leiden' united scientists, pure and applied, from within and outside the University. Membership numbers between 100 and 200. Meetings, six a year during the winter season, consisted of a lecture by one of the members, with discussion, held in the institute of the chairman.

After World War II, the society was in disarray, and Lam, although not a member, was called upon to take the chair, in the 578th meeting, the first after the War, on 18 October 1945. He held the chairmanship till the 603rd meeting, on 17 November 1949. The society was then once more in good shape; it still exists. Its archives are kept at the Boerhaave Museum at Leiden; its Director, Mr. A.J.F. Gogelein, kindly supplied the relevant facts.

DEAN OF THE FACULTY OF SCIENCES

This office was largely coordinating and representative, and not a heavy burden. Its term was two years, preceded by a similar term as Secretary of the Faculty. Lam held it during the academic years 1951/2 and 1952/3. The Dean presided over Faculty meetings, and opened the academic year. The addresses delivered by Lam on those occasions attracted the attention of many. They were issued as publications (1951c, 1952k).

The following speech was delivered by him at a banquet at an international symposium of physicists at Leiden* on 24 June 1953. Lam circulated carbon copies among friends, so we may assume that he was proud of it (Source 49).

* The Lorentz-Kamerlingh Onnes Memorial Conference, held at Leiden on 22–26 June 1953, to commemorate the centenary of their birth. President was C.J. Gorter, secretary was J. van den Handel. The proceedings were published in Physica 19 (September 1953).

"Mr. Chairman, Ladies and Gentlemen,

You know, of course, the little story of the poor Christian who was to be thrown to the lions in a Roman arena long ago, and who made a quite unexpected performance. Trembling of fear he watched one enormous and fierce and hungry lion approaching him, a roaring lion, its mouth dripping with the saliva of appetite, when sudden inspiration came to him. The thousands of spectators, the Emperor himself in their midst, excitedly watched the expected slaughter, when the poor Christian was seen to lean over the lion's head, seeming to whisper something in its ear. At which the lion immediately became silent and timid and, glancing doubtfully around and unexpectedly turning, hastily retreated, tail between its legs. The spectators were, of course, highly astonished and also disappointed, and the Emperor who felt responsible for the whole show, summoned the man to come up and explain. "What the hell" – I am sorry, Ladies and Gentlemen, but this is a quotation – "What the hell did you do with that there lion, you christian dog", said the Emperor, brandishing his imperial sword. The Christian in his best school Latin, answered: "Your Majesty – or your highness, or your excellency, or whatever they said to a Roman Emperor in those days – I only said: you may eat me, if you must, but remember that this act implies that you are to make an after dinner speech."

Now you may realize how I felt when the organizing committee was kind enough to invite my wife and me to attend this dinner. However, remembering that Einstein taught us the relative importance of all things and applying this to both this dinner and the speech naturally ensuing from it, I ducked into one of my habitual trances and lo! out of outer space and along the fourth dimension, I suppose, came the following message, which I venture to read to you:

You Physicists may wonder why
A botanist, by nature shy,
Is so bold as to share a Physicists meal,
And eat of your soup and enjoy your veal.
The fact is that I happen to be
Dean of the local Faculty,
Which is of little consequence, except to me.
If you grow old enough, you are some time made a dean,
And after some years of service in that function they get enough.
But in welcoming you in the name of the Faculty,
I only do so now quite unofficially.
I will repeat it in a day or two
When I know better who is who.

When looking through the list of members,
I felt like sitting on glowing embers,
Now, playing with names is a silly business;
Yet, I indulge in an innocent quizzingness
For I assure you, how glad I am
To know you present, doctor Lamb.
The Lam from Leiden and the Lamb from Stanford
Are dining together with De Haas (the hare) in comfort
How peaceful must this meeting be
Under the auspices of us three!
As to names I will make one more exception,
For I recently heard of an interesting contraption,
A schoolboy told me, serious to the core,
That the element Borium was discovered by Prof. Bohr.

As a botanist, I rather feel like a sparrow in the volière,
Amidst so many birds of paradise of the matière.
Or should I rather say, like a little weed,
Hidden in the shadow of trees which are lofty indeed.
On the other hand, I consider that, apart from mathematics – science,
by the way which next to some pleasure, has mostly given me head-aches –
There are but two fundamental sciences,
Each with their own satellites and alliances.
To wit: Physics and Biology;
For others there is really no apology
Since they are nothing but application
Of our sciences of matter and life; even the lord of creation,
Man, with all his culture and cultivation.
His matter, his soul and imagination
Is subject to the laws you and we have detected;
So you see how closely Physics and Biology are connected.
So as to affirm this happy confluence,
We recently appointed a young professor of biophysics of some consequence.
We all know that Physics is at the base of all matter
And that Biology blows Life into the latter.
Of these two mankind expects the solution
Of the mystery and the constitution.
Of moon and marvels and mice and men,
Of galaxies, virus and the clock in Big Ben,
Of the universe as searched at Mt. Palomar,

Of electrons and protons down deep in the jar,
And of all animate matter as well,
Which occasionally coats the inanimate shell.

However, as a Biologist I can boast
of one point I may mention in my toast.
I can prove that at least as to the point
Biology is twice as good as Physics, all branches joined.
For if I am well informed, you play
With various atoms every day.
But can you boast of diatoms, as *we* say?
Even here, though, there is betwixt us a tie
For haven't atoms and diatoms both nuclei
Which make them split and multiply?
And you know, by means of our fossil diatom shells
Your microscope lens its dissolving power tells;
or told, since Philips introduced electrons as tools,
And made diatoms in this respect look like fools.

For the rest, I am sorry to say that I know
Next to nothing of Physics; I have heard, though,
Of the Leiden jar, and the magnetic bar;
And of some complicated instruments in a motor car;
And also, for what the term is worth
Of our coldest spot on earth.
But I rather feel like the man who was reproached
When he doubted the freshness of his breakfast eggs poached
Saying: I'm sorry, I can state whether or not an egg is allright
But I cannot lay one myself, not by a far sight.
Yet I am not so ignorant as not to know
The background of Physics, as I will show.
The history of Science is full of tricks,
Unexpected and capricious as fiddlesticks.
Boyle, for instance, derived his name
From an ancient rhyme, of British fame:
"Filling the Kettle spoils the Tea
Unless the water Boyling be."
The outcome, of course, being Boyle's law
Which old tea-brewers thus foresaw.
I was also told in all honesty
That a Millikan is the unit of modesty
Which, as they say, is indeed, the best policy.

On the other hand, the kilowatt, for which we all pay
Seems to have originated in the following way:
At a certain scientific meeting
On the essence of electric heating,
One American physicist after a long peroration
By a disbelieved colleague, uttered this well-known exclamation:
So what? Retorted the furious scientist:
So what? Kilowatt! The other was dismissed.
And from this historical session
We derive the kilowatt expression.

I also heard of Ohm's law, of much value
To electricians; but I must tell you
And explain beforehand
Lest you misunderstand,
That Ohm means what is uncle in English;
So you will now be able to distinguish
That the correct answer to the question:
What is Ohm's law, should be: Aunt's discretion.
You will also be aware now
That Ohm's wife must have been something of a scarecrow
And you will by now have understood
That resistance was Ohm's mood.
I trust I do not surpass the limit
Of deference, but I will skim it.
A true story I have to relate,
A true event with which a playful Fate
Surprised Van der Waals junior,
The Amsterdam physicist who succeeded his senior.
He studied Physics at Amsterdam
And some time going up to an exam
Was asked: could he tell apart
Ohm's law and Father's. Well, was he smart?
Of course he knew his aunt and his mother by heart.
You see, Physics, Genetics, and laws of the family
Are all nicely mixed up in a beautiful harmony.

However, even Physicists have biological functions to perform
Which they have in common with the whale and the worm.
For to eat his dinners and to drink his drinks
Is necessary even to the thinker who thinks.
But if I may Ogden Nash's poem quote

As poignant a contrast as poison and antidote:
"He who is ridden by a conscience
Worries about a lot of nonscience,
But he without benefit of scruples
His fun and income soon quadruples"
Now, since we are men of conscience all
Our income is low, yet our fun is tall,
We have our dinner paid by the community
So let us all avail ourselves of this opportunity.
And also in this respect I need not claim everybody's compliance
To adopt the old saying which embodies the essence of our science:
"Out of nothing, nothing can be brought,
And that which is, can never be turned to nought".

I am afraid I have already taken too much of your time
So I will end now my nonsensical rhyme,
And thank you, Mr. Chairman, for the opportunity,
To be present, though not with impunity."

The more serious achievements of the period were well remembered by Professor K. Wiersma, who was Secretary of the Curatores from 1946 to 1955, and later a Justice of the Supreme Court. He came to appreciate Lam in the latter's capacity of Dean, and of Secretary of the Science Faculty during the two preceding years, besides, of course, as Director of the Rijksherbarium. Wiersma was impressed by Lam's positive attitude in administrative matters. In his Annual Reports, he presented his case in a manner which appealed to civil servants: no lyricism about the importance of botany, but well-arranged facts which conveyed this importance. Of all deans Wiersma had dealt with, Lam was one of the most pleasant: a hard worker, accurate without formality, and tenacious. He was able to detach himself from a case once he had safely placed it in the hands of others. He got along well with the lower bureaucracy, and if one of these was to be consulted, he always took a moment to notify Wiersma in advance.

Since his business was so well in order, he himself straight-forward in making his points, clearly and honestly in financial matters, the Curatores were not angry if he let his temper occasionally flare up; he was a good loser and there were never conflicts.

SECRETARY OF THE TREUB-MAATSCHAPPIJ

In 1887 Melchior Treub, dissatisfied with a lack of coordination among bodies interested in scientific work on the Netherlands Indies, called together a number of representatives of those bodies, to improve the situation. As a result, in 1890 a 'society for the promotion of scientific research of the Dutch overseas territories' was established. It became known as the 'Treub society', and this name was later officially attached to it. Funds came from private sources, but the society also freely advised the government, and made proposals for exploration.

There are several categories of members. 'Directors' are those who made available a certain amount of money to the society; a selection of them are 'Director-Board Members'. 'Advising Members' are elected scientists; a few of them are 'Advising Board Members'. The board has great executive powers. Every year all Directors and Members meet over a cold buffet.

The Treub society, occupied with Indonesia, Surinam and the Dutch West Indian islands, has taken part in the preparation of the Siboga and Snellius marine expeditions, the Wichmann, Lorentz, Franssen Herderschee, and Star Mountains expeditions to New Guinea, the Djambi and Leuser expeditions to Sumatra, and others. It contributed funds for the publication of expedition results in several cases, also for the Flora of Java emergency edition, and for illustrations of J.J. Smith's *Orchids of Java* (see Sources, 1940).

When the former colonies became independent, and the role of government in financing research increased, the society expanded its interest to all tropical countries. It now finances smaller projects, and is able to do so at short notice, thus making things possible that governments for some reason or another cannot do, much to the benefit of science. The structure of the society has recently been changed.

Lam became an Advising Member on 9 June 1934. Secretary at the time was Nierstrasz; he was succeeded by Pulle in 1937. When the latter resigned, Lam became Secretary, on 15 January 1955. F.A. Vening Meinesz, the geophysicist, was then Chairman; he and Lam resigned on 4 November 1961, but from 11 May 1963 to 19 February 1964 Lam acted as Secretary again. He definitely resigned as an 'Advising Board Member' on 9 May 1964 (see Source 50).

During Lam's secretaryship the Treub society and the KNAG together called into existence a private foundation for exploration of western New Guinea (SENGG; see next section). Later in that year, the WONG was established, a government foundation for field work in the same area; Lam insisted that the Treub society should be a founder of WONG, too, and as a council member also of the KNAG, arranged for a proper division of tasks, in order to cover more hinterland for fund raising.

He also reorganized the society's somewhat heterogeneous library, retaining all those publications which had been financed by the society, and distributing the remainder among various institutes. When the society needed a new constitution, Lam conceived one and saw it through a whole series of meetings; it was adopted on 7 November 1957 and approved by Royal Decree on 31 March 1958. It provided for the expansion of the society's range of interest already mentioned; also, the number of Advising Members was increased form 50 to 100. And finally, when Lam remembered that the society ever had established an award, the Valentijn Medal, he retrieved the mould, had new copies struck, and made the medal, so to speak, operational.

CHAIRMAN OF SENNG AND OTHER NEW GUINEA INVOLVEMENTS

"A difficult but extremely attractive task, to build up this really grand country, where our young people can come in touch with a mighty nature, enjoy the broad horizon and learn, as it widens our own outlook on the world, and brings us in touch with dimensions different from those we ever met in Holland.

I suppose this is what moved me to do something to keep this country for The Netherlands; not primarily the financial gain, but an 'outlet' for the mind that desires to expand its wings and to understand the creation in a manner for which our own country offers no opportunity any more. Holland is not a country, not a county even, it is a suburb with some open parks amongst the house blocks.

New Guinea is a mighty country, as it was created, with all factors of its creation and development still clearly visible to him who wants and is enabled to see it. Briefly as I am here, I am touched deep in my heart, insatiably. I live with maximum intensity, and as I noted before, this is the only thing that can make me long to be young again.

The European civilization with all its culture, much as I appreciate it, leaves me in the final analysis unsatisfied. The simple life on the very edge of western society – for I am a western man after all – makes me happier than I could be in whatever company. Even Java cannot compare with this, not at all. By virtue of race and breeding I feel bound to our good country Holland, but New Guinea has my passionate love."

Lam wrote these words on 6 October 1954, at Hollandia, present-day Jayapura.

Lam's love for New Guinea, however naturally arisen during the expedition of 1920, was in line with a long tradition of fascination with this island. Both KNAG and the Treub Society carried this tradition: their history (see Sources 1940 and 1974) is replete with deliberations about exploration efforts to be undertaken, and quite a few materialized. In 1938, we find him involved in plans for a large expedition, to the Wissel Lakes, supported by KNAG. Straight after the War, he was a member of a 'Nederlandsch Nieuw Guinea Exploratie Comité', which was officially established in May 1946, by KNAG, the Treub Society, and a few large trading companies. The first talks had already been held in June 1945, and by 6 September of that year an overall exploration plan was outlined, for reconnaissance by aircraft, in the service of mining, agriculture, forestry, cartography, administration, as well as botany, zoology, and soil science. A large allround expedition was planned, but the government did not want to pay. Quarrels broke out in the committee, and on 22 February 1949 the Minister was informed that it was dissolved.

Lam found funds for P. van Royen of the Rijksherbarium who, after much work on the Sapotaceae, was eager for an outdoor assignment. From 8 February 1954 to 9 April 1955 he travelled and collected, in both halves of the island; Lam joined up for a while after his Australian journey. Van Royen's report (Tijds. KNAG ii 73: 329–347, 6 fig., 10 phot. 1956) was well-received by the Treub society, which had also given some support (a brief account is also in 1955h, p. 12–14). This journey was the first in a long series of Rijksherbarium expeditions to various parts of New Guinea, which have continued up to the present. Van Royen went again, accompanied by H.O. Sleumer, in 1961 (see their brief report in 1962b, p. 19–23, 26–28). The Rijksherbarium also supplied botanists to the Forestry Service in western New Guinea: C. Kalkman went there in 1956, for three years, and W. Vink in 1959, also for three years; both made considerable collections (data in the supplements to the *Cyclopaedia of Collectors*, Flora Malesiana i 5 and i 8).

Meanwhile, Indonesia had become autonomous and before long made steps to acquire western New Guinea. In The Netherlands, there was divided opinion. Traditionalists united in efforts to retain New Guinea for development under the Dutch *aegis*, and Lam took a prominent position among them. He attended meetings, issued pamphlets (of which 1950j was printed) and started an action among the nation's universities to convince parliament and high officials.

He spent greatest effort on the expedition to the Star Mountains close to the border in the Central Range of western New Guinea. The initiative was taken in 1953 by F.A. Vening Meinesz. On 8 May 1956 a foundation ('Stichting Expeditie Nederlands Nieuw Guinea', acronym SENNG) was established, by KNAG and TREUB society together, in a move coordinated by Lam, who became Chairman. Secretary was H.J.T. Bijlmer, his old comrade of the 1920 expedition, but he died on 10 January 1959. Thereupon, Lam acted in his stead, until P. van Royen became secretary; thus the Rijksherbarium was the nerve-centre. Leaders were L.D. Brongersma, zoologist of the Natural History Museum at Leiden, for the scientific part, and G.F. Venema for the technical part. There was a scientific staff of 16, with C. Kalkman and B.O. van Zanten as botanists. Organization was proportionally complex.

Doubts and difficulties were many. The worsening political situation made people reluctant to give support; foundations in the United States declined altogether. Reconnaissance reports were ambiguous. Planes, helicopters, and airstrip conditions were precarious and incurred more expenses than was expected. Publicity was sometimes adverse, copyright revenues for stories disappointing. Field work started in March 1959, with a shortage in the budget and uncertainty about logistics, followed by sickness of pilots, loss of a helicopter, bad weather, and delays in transport. The financial situation deteriorated, until the government and the well-known shipbuilder C. Verolme took action and saved the enterprise by a substantial financial injection (see 1959i).

The results were considerable, the geological ones even spectacular; these have been described in a cheerful vein in the book by L.D. Brongersma & G.F. Venema, *Het Witte Hart van Nieuw Guinea* (preface dated June 1960) and other publications. Here we want to commemorate the enormous sustained efforts taken by Lam during the three years of preparation, and during the field operations which coincided with the second half of his term as Rector Magnificus. The file in the Rijksherbarium archives has a height of 34 cm; the last minutes are of the 44th board meeting on 16 February 1961.

Besides SENNG, which was essentially a private foundation, another one was established by the government, with the aim to channel support for research. The national research council, known as the Netherlands Organization for the Advancement of Pure Research (ZWO), felt the need for special branches covering the remaining overseas territories, in the East and in the West. Lam thus became one of the founders and board members of the Netherlands Foundation for the Advancement of Research in New Guinea (WONG), established on 1 October 1957. There is a printed report for the years 1957–1960 (Source 1961). In 1962, west-New Guinea was transferred to Indonesia.

Lam was also active in the maintenance of a publication channel, the journal *Nova Guinea*. Since its foundation in 1909, it formed an impressive series of quarto volumes (details in Flora Malesiana i 4: cciv–ccv. 1954), until in 1936 it was discontinued. The Treub Maatschappij then transferred its rights of ownership to the publishing firm E.J. Brill at Leiden, who started *Nova Guinea, new series* in 1940. When after World War II losses struck the editorial board, four new editors took over (belonging to as many disciplines), with Lam as Editor-in-Chief. In octavo format, this journal ran from Volume 6 (1955; see Sources) to 10 (1959), whereupon it was split up into four separate series. Lam was Chairman of the Editorial Board and Editor of *Nova Guinea, Botany* until after 24 parts it expired on the last day of 1966.

RECTOR MAGNIFICUS OF LEIDEN UNIVERSITY

His Duties

In Lam's time the Rector held office for one academic year, in his case 1958/9. Each of the faculties in turn furnished one of its professors, in order of seniority, to be Rector. The professor whose turn it was, could ask to be passed by; Lam seriously considered this. The Rector represented the Senate. The Rector-to-be fulfilled the office of Secretary of the Senate, during which he could familiarize himself with his next year's business and duties.

An impression of these duties can be conveyed by the following anthology from Lam's papers; about half the events are recorded.

- Three Sunday afternoon teas at home.
- Presiding over 13 meetings of the Senate or representatives thereof.
- Delivering 17 welcome speeches to new professors.
- Ten receptions, mostly at embassies.
- Presiding over Ph.D. ceremonies, several dozens.
- Attending the 3 October festivities to commemorate Leiden's liberation in 1574 (speeches).
- Presiding over the 26 November resistance commemoration (speech).
- Receiving the students 'Almanacks' (the male and the female corporation prepared one each), attending concerts, dinners, anniversaries, (delivering a speech at most occasions).
- Presiding over the conferring of an honorary LL.D. degree to J.E. de Vos van Steenwijk, President Curator of the University.
- Opening the annual information day with a speech.
- On the Dies Natalis of the University, 8 February, deliver a lecture about his own discipline (1959a).
- Attending royal dinner during state visit of the Shah of Iran.
- Attending fourth centenary of Geneva University.
- Addressing the freshmen (1959g).
- Delivering a speech about the state of the University, before transferring the Rectorate to his successor (1959h).

Of the many speeches he delivered, three unpublished ones have been chosen for printing in translation, in chronological order. The first gives in a nutshell a chapter on the history of the University which had to find a place in this work anyway. The second one is illustrative of Lam's views on the University as explained to a younger generation. In combination, the two speeches reveal glimpses of Lam's outlook on life, his deep feelings for the University, and the sense of '*noblesse oblige*' contained in them. The third speech was chosen for its wit and autobiographical elements.

Resistance Commemorated

Address to open the 26 November commemoration ceremony in 1958, in Peter's Church, Leiden.

"The fact of my being here, as Rector of this University, is one of the many small personal consequences of World War II. When it reached our country, I had been *Professor Extraordinarius* for seven years, and as you know, in Leiden only professores ordinarii are eligible to become Rector; time as *Extraordinarius* does not count for seniority in this respect. The decree of my promotion to *Ordinarius* was with H.M. the Queen on 10 May 1940, to await her signature; owing to circumstances of the time, the signature was not placed, and hence the appointment was delayed till Liberation Day, 5 May 1945.

The invasion of 10 May 1940 certainly was one of those evil deeds as Schiller had in mind, in one of his well-known stanzas of 'Wallenstein':

"Das eben ist der Fluch der bösen Tat,
Dass sie, fortzengend, immer Böses muss gebären,"

and all of you know that it later gave rise to quite some '*Böses*'. But if, conversely, we may suppose that the good example always creates good things in its wake, the events of 26 November 1940 certainly make such an example, which subsequently led to much good indeed.

My advanced age and delayed promotion enable me at this moment to communicate to you a glimpse of what happened on that great day of 26 November 1940 and thereafter in this city and to this university. It is not impossible that I shall be the last Rector to have experienced this day in person.

Then as now, my daily journey from house to institute led me by the old University building. I remember a quiet November day, mild, and lightly overcast with high clouds as I was cycling along the Rapenburg, and already from afar I noted a large crowd in front of the university blocking the way. Coming near, I was suddenly engulfed by a multitude of young people. Students, no doubt, who were obviously deeply moved.*

I got off my bicycle and asked what was the matter. Those who were near me beheld me silently and with suspicion and I said: "Don't be afraid to tell me, I am a professor of this university". This was before the caution people displayed in a later stage of the war, which at the time in this country was but half a year old, and suddenly someone beside me said some-

* A photograph of this event is in Idenburg's book (Sources, 1978), p. 145.

thing in a high-pitched voice and yes, several of those around me spoke simultaneously; from various sides students pressed towards me and said in husky voices: "Professor Cleveringa has spoken about the work and person of Professor Meijers, and we have sung the Wilhelmus ....". Yes, our national anthem had resounded, amidst a period of occupation! What daring! What a dangerous foible! What a magnificent spontaneous expression of indignation, in a time when certain sectors of government were increasingly adverse – as they still are – towards spontaneity.

A shiver crept down my spine, and silently I went away. But what must Cleveringa have felt who, as Dean of the Faculty of Law, during the lecture hour of Meijers, delivered his dignified address under the fresh impression of the dismissal of Jewish professors. A noble indignation, no doubt! Certainly not aware of committing a heroic deed, and yet such it was, because he fully realized the risk he incurred because of this deed. But he was unable to do otherwise, like all great bearers of civilization acted out of an inner necessity, regardless of the consequences he stayed where he was, he did not hide himself, faced the danger – mortal danger! – courageously, not recklessly but courageously, and the next day he was arrested in his house, Rijnsburgerweg 29. With complete composure, he politely received his visitors, said farewell to his family, and quietly and with dignity went towards an utterly precarious future.

The students went on strike, and the occupying forces closed the University. Thank God, Cleveringa was saved for us, Meijers survived the war, but on the 18th December their common friend and younger colleague Telders was taken captive as '*Knotenpunkt deutschfeindlicher Bestrebungen*'; he was carried away and never returned. The left windowpane in our Great Auditorium displays as central figure a young professor in gown who speaks, proclaims from the deepest conviction, as if he points to the shame and disgrace inflicted upon his guiltless compatriots, and what compatriots. This central figure bears a resemblance to Telders.

The first wartime winter made itself felt to our people, that people as yet unaware of what was to follow. Late in April 1941 the Germans re-opened the university, for examinations. This measure should be viewed as a first effort to nazify the University. In May, Van de Sande Bakhuyzen was dismissed, first as mayor of this town and was replaced shortly thereafter as President Curator of our University by a nazi. The latter, however, before long reigned alone, because the other Curatores resigned. In June, Boeke was taken captive, in July three nazis were appointed professors in the Faculty of Law. In September Van Oven and Kranenburg were in danger of being dismissed, the first because, like Meijers, he was of Jewish extraction, the second because he had published a book, as Boeke had, too, which was not calculated to please the Germans. The rumbling resistance in the Senate increased, and one of the new professors, Van Genechten, who also was at the Court of justice in The Hague, in November delivered a public address in which he unjustly attacked the Leiden Senate in general, and a few of its members in particular who in all respects were his superiors. In that address he announced that the 'New Order' would burn out that 'nest of hornets' – unaware that with these words he committed not only a moral mistake, but a zoological one as well. On 19 November, still in 1941, the University was closed down, this time for the whole duration of the occupation.

Shortly after these events the Faculty of Law was informed of the usurper's intention to appoint eight new professors on it, of whom at least six were known as nazis. The Faculty resisted with all its strength and could demonstrate on both formal and scientific grounds the unfitness of those proposed. The Senate followed its advice at its dramatic meeting of 28 January 1942.

New dangers came up, and suspense increased. The usurpers appeared to hesitate, for the long-imminent dismissal of Van Oven and Kranenburg did not occur before mid-March, and became public as late as the end of April. Within a few days after intense deliberation among the members of the Senate, this led to the resignation of 56 professors and lecturers, a high percentage of the total. Again the usurpers hesitated; only in July and August did they respond by taking hostage about half of those who had submitted their resignation. But the battle had been won by Leiden and to this day you still can see some of the older professors wearing the silver hornet of resistance, which Van Genechten unwillingly had called into existence as a symbol. After the war, this unworthy man committed suicide in prison.

This was a handful of facts about the history of those days, an episode which started on 26 November 1940, a day which every year we proudly commemorate, here in Leiden, in our old Peter's Church. Since on 3 October 1574 the siege of Spanish usurpers was broken up, freedom has been connected to our city and to our university, which was founded because of this feat. And in 17 other places in our dear country, Cives Academici of Leiden gather to affirm this unbroken spirit.

This we wish to commemorate, because it awakens in us the conviction that the spirit is always stronger than the body, justice more powerful than injustice, consensus always of nobler content than even the most humanitarian tyranny. Not all of us are of the magnitude of the man who on that 26th of November 1940 showed us as well as Leiden and The Netherlands the proper way. But we hope that, if ever again similar conditions might befall us, once more somebody will stand up and, from an unfailing instinct and unwavering courage, show us again the right way. It is the way that in retrospect looks so simple and obvious, whereas at the time it seemed such a dim and confusing option. Let us therefore, mindful of the choice which

Cleveringa was the first to make, once again sing that same sixth stanza of our old National Anthem, which will remain new as long as our people will continue to believe in itself, even in the darkest of times" (Source 41).

Information Day

Introductory speech by the Rector Magnificus on the information day, 17 January 1959.

"On welcoming you on this day which to you as well as to us is such an important one, in my capacity as Rector of this University, my presumption is that you, parents, are considering a higher education for your son or daughter. This is by no means natural, and it is very well possible, on completion of a secondary education, to embark on a working career right away.

You might ask me: on what criteria should the decision be taken to enter a university? Is it the financial means, or the exam results, or personal inclination and ambitions?

In the first place I want to say that merit in society must not depend on a university education. What matters is *how* a job in society is done. Irrespective of training, people may become a crook or an outstanding craftsman, remain a subordinate or attain leadership; this is primarily a matter of personal quality. Among the great men of our nation, particularly those in trade, shipping and industry many have not been given higher education in the formal sense; their Higher Education was the – often hard – practice of life. Nobody is better as a human merely for having been attracted to university.

An advertisement of a big Dutch firm of wood products, aimed at youngsters who are about to complete their secondary education, illustrates my point.

"High marks in school? Knowledge of wood? This is not what matters to us in the first place.

If you want to make headway in our firm then enthusiasm is the first thing. Enthusiasm for the work, whether this work is technical, commercial, or administrative – that depends on your fitness and background. Pleasure in your work comes first.

And further? Further you must be prepared to accept leadership in order to be a leader yourself in the future. You must have self-confidence without overrating yourself. Initiative, too, but without self-conceit. You must be able to push ahead, but with deliberation. You'll have to be orderly, but without pettiness. And you must feel strongly for cooperation.

Such properties will help you to advance in our firm. In short: character".

In the second place I want to say a word about our social provisions, which nowadays are so good that financial constraints never need to keep anybody out. Information in this area is supplied by our students' deans and others. They will tell you what means are made available by the Government to enable those who cannot afford it, to make their way through university. This does not mean that chances will be completely the same as those for the financially strong, nor can we strive for such a goal for the time being, but the possibility exists to become a university student, albeit without luxury.

In the third place I want to say that the decision to embark upon a university study yes or no, depends upon mental ability and personal inclination. Exam results and marks from teachers give a clear indication on the point: whether? as well as on the point: if yes, what? However, we see in practice, that but a minority of the freshmen has a clear idea on these points, especially with regard to the choice of discipline.

Here we see social considerations often come in. If the youngster has an academic background, the question 'whether' is mostly settled at an early stage, and only the question 'what' is to be decided on. Mostly in those circles there is sufficient knowledge of the academic world to arrive at the decision of yes or no, on account of ability and inclination. I therefore presume that those families of whom at least one of the parents has spent time at a university are here chiefly to take a look at the market, so to speak, because the choice either of trade or of university institution is still to be made. Presently they will, no doubt, armed with some knowledgeable expectation, listen to experts in the various faculties and directions. Once the inclination has been determined, the choice of university depends on the question: where is this discipline flourishing and at whose hands; the reputation of a professor plays a role as well as his discipline.

But those among my listeners who are strangers to the academic atmosphere, face a more difficult task. Understandably, they feel some difference. They have no personal experience to answer the question whether their child is fit for the university, and whether he or she will be able to maintain himself or herself in the student community. Nor do they feel sure if he or she will be happier as a result – which is yet the most important thing.

To them I want to say: have faith in your child and have faith in us. If your child is positive in his desire to enter university, give him a chance. True, he will have to shape his own life here, but he is not left alone. He will be received and led on, if he allows himself to be received and led on. This involves that for no reason must he shield himself. He must, in some way or another, plunge into the students' life, join one or more corporations or societies, preferably one where his character is polished and where people get a chance to form their personality.

The environment where academic liberty thrives is not harmless to those who tend to isolate themselves. This involves a certain pre-selection; I believe that too great a percentage of the shy enters university. This is a pity, because character breeding is no business of the universities in this country, contrary to the British system which, on the other hand, seems scientifically less thorough.

Here the only chance is, to seek oneself for the necessary salubrious and essentially mild conflict situation by joining a large well-established student's corporation with high ideals. In this context let me make mention of a young man from Netherlands New Guinea, the first Papuan student at a Dutch university, of very humble origins who neatly made his way through the rag-time and, carried by noble ideals, found himself a place in our students' system. When during the rag-time he had to sit on the floor and was asked if he felt humiliated by it, he answered, with as much philosophical patience as human dignity: "Ah well, Sir, my father and grandfather have sat on the floor for all their life."

Speaking for myself I rate personal inclination higher than intelligence. Of course, the one who is obviously not intelligent, should rather not enter the university, for it is everyone's intention to find a place in society where one is useful to society and at the same time happy himself. As for the one who is intelligent matters are different, he will succeed without a university education, but succeed in a different manner. Clearly the personal factor will here be decisive.

There are two sorts of personal inclination. First, the positive desire to master a certain discipline or the general wish to absorb the academic atmosphere for a few goals, *i.e.* to broaden one's general erudition and outlook. This our President Curator had in mind when he quoted a French expression: "la culture générale, c'est ce qui vous reste quand vous aurez oublié tout ce qu'on vous avez appris à l'école": general knowledge is what remains when we have forgotten all that we have learned at school.

Second, the desire for a certain more or less high place in society may be a consideration. While nothing seems to be wrong with that in itself, of higher quality is scientific curiosity, as this is or should be the great moving power in a university.

The first aim of the university is scientific research. In relation to it, but evidently in the second place, the aim of teaching is named. Although the university provides training for many practical offices, it is definitely not a vocational school. Even the practical professions as that of doctor, pharmacist, lawyer, minister, are, owing to the influence of the university, suffused with the quest for more understanding.

This academic predilection – in responsibility to society – manifests itself in the words of Arthur Koestler, which I found quoted in a recent Leiden inaugural address. He compared the vocation of the scientist to that of a ship's captain who begins his voyage with sealed orders in his pocket. When in open sea he examines the contents of the envelope, he discovers that his orders are written in invisible ink. Nevertheless he remains continuously aware of an order he must carry out, but from his own responsibility and his own ingenuity.

On the other hand, one should not go as far as the two French men of letters, André Maurois and Paul Giraldy, of whom the following dialogue has been quoted:

Maurois: What is your main occupation?
Giraldy: To love something.
Maurois: And what do you love?
Giraldy: Everything. And what is your most beloved occupation?
Maurois: To understand.
Giraldy: And what do you understand?
Maurois: Nothing.

This playfully profound dialogue would lead us to conclude that the summit of happiness is found in loving everything and understanding nothing.

This you can perhaps learn at a university, but such was certainly not the intention of the Government which is investing millions in higher education. More to the point is a word of Einstein, when he wrote: "Try not to become a man of success, but rather try to become a man of value. The former requires mere intelligence, even corrupt intelligence, but to become a man of value takes character in the first place". There is in our times an enormous specialization, but little learning, little tranquillity and reflexion, also at the universities, alas. Knowledge can be obtained here, but the lowly proverb: 'knowledge is power' is unworthy of the university, because power can never be its goal. Wonder and respect ought to be the basis for the man of science; only through reflexion can one know oneself, and understand others.

This is all very fine; it belongs to the very highest a man can attain, but mind you, the university is by no means the only institution where one can learn how to live; sometimes I am afraid that as a school for life it is not particularly good, anyway not in this country. It is too specialized for that, not aiming enough at synthesis, I would almost say: not human enough. The university is an ideal Alma Mater to those who are able to absorb science without forgetting to be human. Louis Pasteur has said: "Le hasard ne favorise que les âmes preparés.". Who hopes to find happiness here, let him prepare himself! And remember that an Alma Mater is a good mother but also an exacting one, who rewards only those who work. Not with diplomas – those everybody not too dull can acquire with patience – but with insight and humble wisdom. Finally, remember that initially the academic study follows the lines set at secondary school, while building forth on that foundation. Only after the candidats exam is the student admitted to the treasuries of science, respectfully to touch the gold which only can inspire living people.

But I see that I have crossed the boundaries of my task and also have strayed off, so let us return to reality. It was merely my intention to make you note a little of what the academic atmosphere contains and can be, an atmosphere which has to enrich even the hardheaded specialist who aims at a top function in society with something noble for the rest of his life.

Now if you must make a choice, I draw your attention to the excellent informative pamphlets, such as the elaborate book issued by the Ministry of Education, under the alluring title: 'Na het eindexamen .... studeren?' If you have perused that, I don't understand what you are doing here, unless it be to see how all these theories work out in practice, the practice of the living University, a grain of the gold, inspired by living people.

Recently, entire information courses for future students have been given, by semi-universities in the country. In one folder issued by these organizations you can read that "professors, postgraduates, students and experts want to cooperate to let you make your choice of the right discipline". I find this somewhat disappointing, insofar as you must turn to experts for information, and here we have no such experts, so you must make do with professors, staff members who were bred here, and students.

Let me wish you the best of success, and finish with a word of thanks to all those who took great pains for the organization of this day and have declared themselves ready to supply you with answers to all inquiries you may make" (Source 41).

Welcome to a new professor

A newly appointed professor had to deliver a public inaugural address. This was preceded by a brief meeting of the Senate, of which all members had been supplied with a *curriculum vitae*. The Rector Magnificus welcomed the new member; Lam did this in 17 cases during his year of office. All these speeches survive (Source 41); the one given here in translation was addressed to H.P. Wolvekamp (1904–1980), animal physiologist, on 29 May 1959.

"Now that you are about to assume the function of *professor ordinarius* in experimental zoology, this fact alone may cause you a somewhat unusual feeling on entering this impressive yet familiar room of the Senate. In fact, when after some juvenile digressions 'abroad in this country' (to use the manner of speaking of the Leiden Students Corporation), you reached the years of judgment, you became a *Civis Leidensis* at the age of 27 and therefore have now been for almost 28 years one of ours or rather, for reasons of seniority, I must say that for 28 years we are of yours.

The deviations I just pointed to are, however, not very serious or anyway, you are not alone in this respect since, to take just one example, your Rector, too, studied at Utrecht, his teacher, too – and what a teacher! – was the wise Nierstrasz, he too was assistant to Jordan, I may now say: *mirabile dictu*. But I must mention that I was Jordan's first assistant, so it is quite possible that Jordan made a mistake, that first time.

You also have in common with your Rector that we spent our childhood and school years in the good town of Rotterdam. Both of us call ourselves biologists – and rightly so – although we are rather different on other points. To mention but one: you treat – let me not use other terms – living animals until no life in them is left, whereas I am comparing plants which died hundreds of millions of years ago. During my young years I looked in the kitchen of your discipline; and not without revulsion of my young soul I witnessed Jordan behead young rabbits with a pair of big scissors – and are there more loveable animals than young rabbits? – only to collect some mammalian blood for an experiment that to me at the time seemed rather insignificant. Perhaps that stopped me on the road towards becoming an animal physiologist.

Be this as it may, slowly but irresistably you have risen, since 1931, towards your present Chair. In this respect you seem to embody the *idée préconçue* you touched upon in one of your philosophical writings. You have gone through virtually all the ranks of our teaching community, and your colleagues, friends, and pupils have been appreciating witnesses of that inescapable and almost solemn elevation. On this occasion so important to you, I wish to say how much we regret that it was not given your wife to witness this day of your glory.

My colleague Wolvekamp, it is a true pleasure for me, one of your fellow biologists, to welcome you as a Senate member in our midst. On behalf of the Senate I express the wish that during your professorship you may continue the quietly upward-directed line of your life, and that prosperity and satisfaction may be your share".

College van Overleg

During Lam's rectorate, and probably at his instigation, a committee ('College van Overleg') was established to bridge the gap between the Curatores and Senate. Members were the President Curator, Secretary of the Curatores and sometimes another Curator (e.g. for building affairs) on the one hand, and the Rector, Secretary of the Senate, Prorector (a professor who was almost full-time occupied with administration, for a longer period), and other representatives of the Senate on the other. Every fortnight they discussed all important affairs of common interest. Professor Wiersma viewed its establishment as a creative act of administration: it existed only in Leiden, and worked excellently, until the massive reforms following 1968 altered the face of the university (see Source, 1975, in which the 'College van Overleg' is mentioned on page 20).

Lam also promoted the involvement of technical and administrative personnel in events and deliberations concerning the University as a whole. When Messrs. W.F.H. Verver, J.A. Tasseron – both of whom kindly supplied information – and W. Wieringa (who for a long time was already involved in union work) approached him on the subject, while he was Secretary of the Senate, he was quick to make a plea for official recognition at high levels. This led to the creation of a 'representative body' of five, in September 1958, soon followed by the appointment of delegates in the Foundation Pro Civitate, which sought to unite all groupings of Leiden University. It was the first beginning of organization among the technical-administrative staff, who set up a society in 1964; this helped provide a substratum for the future structure of democracy at all levels. More than twenty years after their first meeting, Tasseron remembered Lam for his role in those early days (Sources, 1979).

FOUNDER OF THE LAM FUND

So many gifts came in for the farewell and for the painted portrait, that afterwards some money was still unused. Lam expressed the wish that it would serve as the basis for a fund. On 9 January 1963, a foundation was officially established, under the name *Stichting Rijksherbariumfonds Professor Lam.* Its purpose is the promotion of the study of Special Botany in the widest sense at the Rijksherbarium. Trustees are the Director of the Rijksherbarium, chairman; the Secretary of the University, secretary-treasurer; the Director of the Natural History Museum, Leiden, and two others. The Lam Fund welcomes gifts, and the subsequent Directors have vigorously stimulated others to contribute.

The activities of the Fund are twofold. First, money can be made available to impecunious students, so that for instance they can travel to institutes abroad, for work which is in the interest of the Rijksherbarium. Second (following a suggestion made by C.G.G.J. van Steenis early in 1969), a biennial prize is awarded for the best research report made by a student who worked at the Rijksherbarium. Lam himself attended the prize-giving ceremoney the first four times, never failing to make a speech. The names of the winners and their works are:

C.F. van Beusekom, *A revision of the Malesian and Ceylonese species of the genus Gaertnera Lamk. (Rubiaceae).* Blumea 15: 359–391, 11 fig. (1967).

F. van der Plas, *Lemnaceae*. Flora Malesiana i 7: 219–237, 8 fig. (1971).

E.J.M. Arnolds, *Notes on Hygrophorus—I.* Persoonia 8: 99–104, 5 fig. (1974), and other papers on the same subject, not printed.

J.M. Bongers, *Epidermal leaf characters of the Winteraceae*. Blumea 21: 381–411, 7 fig. + 42 phot. (1973).

R.P. Marchand, an internal report on the ecology of *Catenella repens*, 96 p. (1976).

Th.P.M. van de Water, *A taxonomic study of the genus Sabia (Sabiaceae).* Blumea 26: 1–64, 9 fig. (1980).

P.C. van Welzen, *A taxonomic study of the genus Arthraxon Beauv. (Gramineae).* Blumea 27: 255–300, 16 fig., 4 maps (1981).

VIII. SUMMING UP

Pleasure in work and curiosity clearly were driving forces behind Lam's scientific activities. Deeper sat, I think, a need for clarity of mind. He was rather indifferent to established ideas, as is evident in his aversion to organized churches, but was a conservative with regard to social structures, as long as these might be a fertile ground for people to develop their personality. He remained a biologist at heart, who on his travels could not resist collecting plants and bringing home something of value. The ceiling of his thinking was, however, unusually high, as he was to discover in the course of his life, for he did not grow up as an idealist and never pretended to be one, although in his eyes a lack of idealism made life poor.

But he could not help being intrigued and troubled by those facts which pointed to problems of time, origin and destiny. All he could do was to rack his brain for a solution. In the first place he explored missing dimensions. Thus the factor time helped him greatly, revealing to him the unity of plant taxonomy, geography and phylogeny. On seeing that current phylogenetic thinking tended to neglect the processes below species level, he delved deeply into genetics, to see how macro- and micro-evolution could be reconciled. When in 1946 he was to give a 'Studium Generale' on evolution, he read widely about the subject from the zoological point of view as well.

He cared most for an understanding of whole contexts. If he made new discoveries, they were a by-product: the profile diagram, the term taxon, even stachyo- and phyllospory. It mattered less whether he or others were to be credited; he gladly welcomed more facts, other views, to improve the picture he had drawn. The need for clarity made him stick to the matters encountered in the first stages of his career: New Guinea, the Sapotaceae, plant geography and later, plant morphology, the factor time, evolution. In things which to him held no mystery, he lost interest: he never touched the Verbenaceae again and in the Burseraceae, his lasting concern was *Haplolobus*, the most difficult genus, to which he went back three times.

This intellectual struggle for clarity must have intrigued and impressed others. The struggle was an unending process, interrupted by publishing a paper, but before that time a highly personal affair. The often embarrassing directness with which he approached old and new acquaintances might have been related to this matter. He must know where he stood with them. Would a spark of clarity emerge? If only by someone else speaking his mind on his own business. Otherwise, when Lam felt a cloud coming, better let it hail. He could spoil a very convivial happening with a few words, perhaps if it tended to obscure or distract him from the things working in the back of his mind, invisible to others.

Problem-solving as a matter of routine left him unsatisfied. He was attracted by the big questions, and this is not everybody's capacity or interest. He hoped that people about him would develop their own abilities and pursue their own interest; he would stimulate them, question them, exchange views, but not materially try to influence them. If he had really attempted to shape his students as scientific personalities, I doubt if he would have given them these unruly, unrewarding Sapotaceae to study. But he never identified himself with others to such an extent.

While the need for clarity was one pole of his life, the need for daily affairs was another. With his appointment in Leiden, the poles were in place, and Lam had found his station.The daily affairs pole was clearly visible to everyone, the clarity-of-mind pole was invisible; this created a slightly paradoxical situation, a public earth and a private heaven, where Herman Lam could move in and out. I think it was this facility that often tempted him to jesting, improvisation, or histrionics. Heaven and earth complemented each other; hence Lam could look back upon his work in evolution as a good game, and shrug about the duties he had performed so well. When, on his retirement, the one pole had fallen away, the other pole, too, disintegrated, and that was the end of Lam's scientific activity. He even denied, later, that science would have brought him any happiness. He continued to be in the grip of problems, however, and embarked on new friendships, in a hope for clarification.

He thus carried both introvert and extravert elements. When he brought them together on suitable occasions, for instance in his addresses to young students, a variety of people felt puzzled and attracted. He was not indifferent to attention, and no one knew better than he himself how much vanity he possessed. People stimulated him, and his being in the grip of problems kept him alert and fresh. Solutions to him were stops by the road. New facts may put havoc in ready syntheses. Clarity of mind is not a lasting asset; it has to be renewed time and again. Hence his enthusiasm for *Nesoluma* and the overhaul of Sapotaceae taxonomy which it necessitated in his eyes, and the rash publication of a 'new system' of the family (1938j). One spark might set off an explosion of truth, then a publication; then new facts turn up, and gone is the peace of mind.

Lam's lack of animosity and of rancour, his moderate ambition, can perhaps be understood if we relate them to the quality of the problems that occupied him, and his way of striving for clarity. If that is a man's foremost sort of mental activity, he is above a lot of things, finding it more important to concentrate on scientific and humane matters which may furnish material in the struggle for clarity. Clarity should here not be understood as a state of ecstasy or even of enlightenment; of such things, Lam had a healthy distrust. Rather is meant a satisfactory synthesis of very real scientific facts and opinions, to understand the great phenomena in all sincerity. Lam could admit failure as well as success. And I wonder if also his aversion to organized religion was rooted in his need for clarity: he spotted an artificial obfuscation there, and would have nothing of that. Freedom was the necessary condition to make headway.

In view of all this, it seems natural that his character was complex to some, simple to others. He certainly was able to grasp a good deal of complexity in the world he traversed, and to relate it to plain, down to earth motives. He liked to know other people's positions, and to read their intentions, in simple, business-like terms.

Fatherhood meant much to him. Not only was he fond of his daughter and stepson, who were equal in his affection, and of his grandchildren whom he gathered together at regular occasions, but much like a (grand) father he governed the Rijksherbarium. To W.A. van Heel, who was stimulated by him to specialize in plant morphology and became a Rijksherbarium staff member, he once remarked: "In a certain sense, you owe your existence to me." Strong proof is also contained in his many addresses to freshmen (see Source 49), on which he obviously spent much loving care.

He knew much about waves, currents, and navigation, and his love for the sea equalled his liking for women. But I think he was a traveller in a much wider, and more spiritual sense, too.

After a number of conversations, I communicated these developing views on him as a traveller. "Hm," he snubbed, "through life and science?" "No," I replied, "through space and time", and something seemed to click. Now looking again at the facts, they all seem to fall into place under this aspect.

The care he spent on the logs of his journeys – or, for that matter, his Annual Reports to the owners of his ship – is but a minor indication, and we do well to observe that there was more to it than a mere love to go abroad. His own words: "Throughout my life, I have reached beyond my power, and that has been my strength as well as my weakness" (1962a, p. 5), bring us nearer. A true traveller always does, by habit: every important journey is an incessant confrontation with one's own limits, and it is the reaching beyond them that provides the intensity, the adventure. Thus travelling satisfies the active as well as the reflective sides of a personality. We remember that the scientist in him was not satisfied with field work, but wanted to know the whole country: the context of his action.

Exceptional he was by lending a quality of travelling to all his doings. The Sapotaceae set him off into space: through this family, he embarked on plant geography. The Burseraceae set him off into time: this family marked his step into phylogeny. Having set out on these journeys, he did not take up another family .... what more could be expected from it, now that he had found his fields of study? If indeed he was exceptional, it must have taken him time to recognize himself, and to realize what he was. The journey to the Moluccas may have been very important in this respect. We remember that "the sleeper awoke" in New Guinea, but arise he did only later, when Lam was on his own. It was thereafter that he made the *Fragmenta Papuana* ready for publication.

Close friends and enemies belong to a sedentary, provincial existence. Lam had neither close friends nor enemies, but he did have a rare gift for new friendships, even in his old age, with Broekman and Carp. His straightforwardness was natural: during a journey there is seldom time for circumspection, it is important to get things done, and there is no time for rancour either. Every situation is fresh; that's why he never repeated himself in conversation, and in each of his publications added new data and gave a new vision: his ship had moved in the meantime. Consequently, he was not a man of closed-system-thinking, of a deductive philosophy.

Alertness, a quiet, open alertness, a must for any traveller, he possessed. He was always ready to embark, but never felt confined because he always was aware of the world about him. He also had the useful combination of a faithful character with a detachment from what is past. His lack of pretention, too, is an indication: while on the way, there is no point in claims of prestige, and equally indifferent is physical stature (about which, as we remember, he was indifferent). Names – which serve as an introduction – are another matter.

Travelling to him was not so much a source of adventure as of wisdom. So he needed an anchorage, a fixed abode for departure and return, and a motherly woman to see him off and to receive him back. Such a relation can hardly be intellectual, rather it is one wherein whimsicality, doubt, ambition, and naughtiness are accommodated, as well as the simplest sentimentality. And also, of course, the splendour of a profession, the glory of worldly recognition.

The size of the ship under his own command mattered less to him than the responsibility, but the freighter with passenger accommodation may well have been symbolic for his preference. He held his ship steady, longed for glory to mark an arrival, but once arrived, it meant little to him any more.

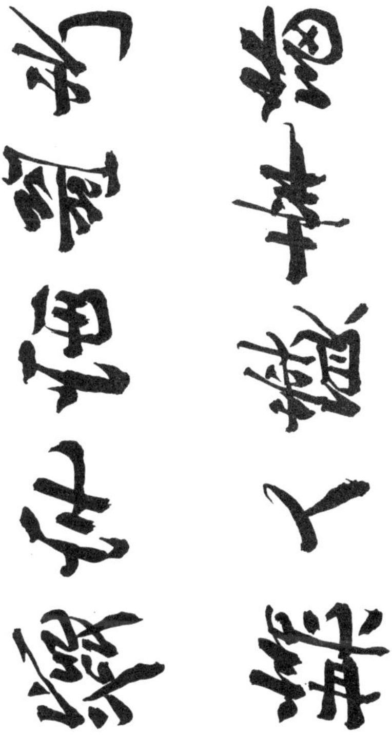

Fig. 35. SEEK THE HAPPINESS OF MANKIND / DISCOVER THE SECRET OF THE UNIVERSE. Calligraphed by Mr. Han Yun-Hung, Sinological Institute, Leiden, from the original text on a Chinese scroll, which was presented by the editors of the daily Sin Po at Batavia to Dr. H.J. Lam, Secretary of the Fourth Pacific Science Congress, 1929.

Liberalism was his style of life and his political inclination: free trade, stick to the duties and responsibilities you have voluntarily assumed after reasonable negotiation, keep the accounts in order, and bring the cargo home. Let everyone try to realize himself and show his worth. It was the philosophy of expansion over the world, led by thoughtful people entrusted with riches to enlarge. He had an enormous sense of duty.

If he did not always stand by his friends, as H.C.D. de Wit observed, this might be in line with his travellership. On the way, one never knows what complications or hazards may result from a hasty association; with him, everyone went at his own risk. And he did not wish to hurt persons on whom a fortuitous continuation of the journey might depend.

The 'travelling' viewpoint went well with his optimism, and in the course of his life he did much to correct what he perceived as faults in his character: there always would be a new étappe.

If he had been an ordinary personality, he might have liked to pose as a traveller. This he never did, perhaps owning to a gift of symbolism which enabled him to be a traveller in the metaphorical sense in the first place. A symbol is a simple means through which complicated things of one world can be expressed, visualized, and understood in another world. That symbols appealed to Lam is evident from his remarkable paper on *Phylogenetic Symbols, Past and Present*. Through symbols, different worlds can communicate; thus they are links in thinking about mind and matter, and enabled him to seek the unity of opposites, as he always did. He was never a partisan, but tried to reconcile opposite viewpoints. It might also have been his talent to recognize symbols, to deal with them and to play with them, that enabled him to make such a variety of speeches. Had he not possessed the traveller's mobility and touch of cynism, his feeling for symbolism might well have landed him in mysticism. But his demand for freedom of enquiry was stronger, and that was what he stood for. No dogma or system for him, hence his preference for Lamarck over Darwin, and perhaps the coolness between him and Zimmermann.

As a true skipper with God, he remained intrigued about religion. He had the traveller's curiosity. He grew dissatisfied with botany: old horizons had faded, after his retirement he once again entered a new world. Now he wanted to know his destination. That's why he climbed the ladder, of which he recorded the story, to look at the other side of the wall that separates life from death.

IX. PEOPLE

In the Rijksherbarium library there is a considerable Biographical File, for public consultation. It contains data on a good many persons who influenced Lam's career. For the general reader's enlightenment, these and some additional data have been compiled into an item about each of those persons who are rated most important, with some elementary documentation. Their relation to Lam is discussed in the foregoing text.

Baas Becking, L.G.M. (1895, Deventer – 1963, Canberra, Australia).

After a brief stint as student at the Technical School in Delft, finished his studies in biology at Utrecht in 1919, worked at Stanford, California for a Ph.D. 'Studies on Botrychium' (1921), then took a Ph.D. in Utrecht on 'Radiation and Vital Phenomena' in that same year. Back to Stanford as assistant professor of economic botany, he became professor of general botany there in 1925. In 1930 he accepted the Chair of general botany at Leiden, annex the directorship of the Hortus Botanicus. In 1935 he became member of the Royal Netherlands Academy of Arts and Sciences. After a first visit to the Netherlands Indies in 1937, he was commissioned to reorganize the Bogor Gardens, went there again, and came back to Holland just before the German occupation prevented his return. He twice tried to escape to England, but was caught and barely survived captivity in Germany. Late in 1945 he went to Java, and as a colonel accomplished many peaceful feats in the post-war turmoil. In 1948 he went to New Caledonia to work for the South Pacific Commission, but could not stand the red tape and in 1950 took a research post at the CSIRO, Canberra. He worked on photosynthesis, metabolism in unusual environments; besides a brilliant biologist he was quite a mathematician and chemist.

The best obituaries are in Jaarboek Kon. Ned. Akad. Wetensch. Amsterdam 1962/1963, repr. 1–7 + portr. (1963), and in Vakblad Biologen 43: 41–47 (1963), both in Dutch. J. Westenberg published 'A Bibliography of the Publications of Lourens G.M. Baas Becking', 20 p. (North Holland Publishing Company, 1977), 155 items and a list of biographical papers.

Backer, C.A. (1874, Oudenbosch – 1963, Heemstede).

Self-taught botanist, who began his career as a schoolteacher. In 1901 he came to Batavia in this capacity, and assiduously began to collect plants. From 1905 to 1924 he worked at the Bogor Botanic Gardens, commissioned to study the flora of Java. His plant collections became the largest ever made in Java. He published several floristic works on Java, in various degrees of elaboration and (inversely) completeness, but all based on personal examination of materials. From 1924 to 1931 he worked at the experimental station of Pasuruan, east Java, producing a weed flora of the sugarcane fields. Back in Holland, he became Doctor *honoris causa* at Utrecht and produced a massive etymological dictionary of botanical names, in Dutch (both in 1936). He also kept working on his manuscripts of the flora of Java, in association with the Rijksherbarium; in 1940 a beginning was made to make them ready for publication in a Dutch 'emergency edition' (1940–1961). For this, he received assistance of altogether ten botanists (named in Flora of Java 1: xxi. 1963). It was later worked up in English and the nomenclature brought up to date. Backer was critical of himself and of others, generous with his knowledge, sometimes abrasive.

Much information in C.A. Backer & R.C. Bakhuizen van den Brink Jr., Flora of Java 1: ix-xxiii + portr. (1963), incl. bibliography. See also Flora Malesiana i 1: 27–29, portr. (1950), i 4: cxliii-cxliv (1949), and Taxon 12: 173–177, portr. (1963).

Beumée, J.G.B. (1888, Veendam – 1966, Bennekom).

Forester, educated at Wageningen, in the forestry service in the Netherlands Indies from 1913 to 1922; in that year he became Ph.D. at Wageningen, on a thesis on the undergrowth of the teak forests in Java, his main botanical paper. From 1924 to 1931 he was Keeper of the Herbarium Bogoriense, from 1931 to 1938 worked at the General Agricultural Experiment Station (APL) at Bogor, eventually as its director. From 1947 to 1953 he was Reader in plant taxonomy at Wageningen; in his address 'Hoe het Groeide' he gave his views on the task of the Bogor Herbarium in relation to its practical applications. He pre-identified many collections in the Bogor Herbarium.

See Flora Malesiana i 1: 54–55, portr. (1950); appreciation in Fl. Males. Bull. (21) 1371–1372 (1966).

Docters van Leeuwen, W.M. (1880, Batavia, Netherlands Indies – 1960, Leersum).

Educated at Amsterdam, Ph.D. in 1907 on an entomological subject; thereafter was for some time entomologist at an experiment station in Java.

From 1909 he was teacher at a secondary school in Semarang, later director of such a school in Bandung. In 1918 he became director of the Bogor Botanic Gardens, in 1926 also professor at the Medical School in Batavia. In 1932 he returned to Holland, taught tropical botany at Amsterdam University where in 1942 he became a professor, until he retired in 1950. He was a considerable field worker, who studied relations between plants and animals, and published much on galls, flower biology, dispersal, plant-ant symbiosis, ecology on the summit of Mts. Pangrango-Gede, and the Krakatau problem.

Biographical accounts in Flora Malesiana i 1: 139–140, portr. (1950), i 4: cxl (1949), also in the Amsterdam Students Almanac, p. 240–241, portr. (1960), in Dutch.

Goethart, J.W.C. (1866, Semarang, Netherlands Indies – 1938, Leiden).

Educated at the Agricultural School, Wageningen, then studied biology at Göttingen, Germany, took Ph.D. on the morphology of the androecium in Malvales, in 1890, *summa cum laude*. His friends called him 'Bonc', from Boncoeur. He became for some time assistant to Hugo de Vries in Amsterdam, then worked for several years at the now defunct agricultural experiment station at Hoorn. In 1897 he was appointed to the Rijksherbarium staff. Together with W.J. Jongmans he set up a grid system to map the Netherlands flora, through which many historically valuable data were collected. When in 1906 his friend J.P. Lotsy became director, they together designed the present ingenious system of specimen filing in dustproof cardboard boxes, the disinfection, and administration of the collections (described by Goethart in Meded. Rijks Herb. 62b: 47–53. 1931). When Lotsy resigned in 1910, Goethart succeeded him as director of the Rijksherbarium and lecturer in special botany. He had an interest in genetics and conducted many experiments in his garden, but was such a perfectionist that he published very little on his own. As director (he retired on 1 January 1932) he was rather ineffective; see Director: Historical background, and Goethart's own account in Meded. Rijks Herb. 62b: 21–25 (1931).

Biography in Blumea 3: 1–4 + portr. (1938); see also Nederl. Kruidk. Archief 48: 89–91 + portr. (1938), the latter in Dutch, and Blumea 25: 15–16, 116 (1979).

Idenburg, P.J. (1898, Hillegersberg – x).

Educated at Amsterdam University, LL.D. in 1920; then for some time studied at the London School of Economics. During 1922 to 1928 he was secretary to the Burgomaster of Amsterdam and registrar of the university in that city; from 1928 to 1946 he was registrar (called Secretary of the Curatores) of Leiden University, then from 1946 to 1968 in charge of the Africa Institute of the same university, and from 1963 to 1968 lecturer in the political history of Africa; he retired in 1968. He published many articles on African political development, and took part in many international affairs. During the War, he cleverly managed to deal with the Germans for the good of the persecuted and patriotic personnel of the University; this is described in his book *De Leidse Universiteit/Vernieuwing en Verzet* (Sources, 1978).

S.S. Taylor & M. Spruytenburg, Who's Who in The Netherlands 1962/1963, p. 353 (1963?).

Merrill, E.D. (1876, East Auburn, Maine, U.S.A. – 1956, Jamaica Plain, Mass., U.S.A.)

After a partial biological education, he was employed by the U.S. Department of Agriculture, working on grasses. Persuaded to set up a botany department in the new American colony of The Philippines, he went to Manila in 1902. During that same year, he paid a working visit to Bogor. He built up a fine institute, from scratch, and soon was able to distribute specimens and to publish on the Philippine flora. His 4-volume classic *An Enumeration of Philippine Flowering Plants* (1923–1926), shows his bibliographical aptitude. He also studied the plant geographical relations of the Philippines with neighbouring contries (Enumeration vol. 4). In 1924 he took a post in California; from 1930 to 1935 he was Director of the New York Botanical Garden, then went to Harvard as Director of the Arnold Arboretum and Professor of Botany until he retired in 1946. At the time he was the greatest authority on the botany of Malesia and the Pacific. He handled huge amounts of fact, and also specialized in the interpretation of early botanical works. He was awarded the Dutch Order of Oranje Nassau, probably on Lam's recommendation.

Full biographical account in Flora Malesiana i 6: (6)–(16), portr. (1972), also entries in i 1: 355–356, portr. (1950), and i 4: cxxxi-cxxxiii (1949). Chronica Botanica 10 (3–4) (1946) was dedicated to him: epitome on p. 138–143, followed by a selection of his writings. Also an appreciation by Lam: 1946d.

Niermeyer, J.F. (1866–1923).

Teacher in geography at the Gymnasium Erasmianum in Rotterdam from 1889 to 1908, when he became *professor ordinarius* of social, economic, and colonial geography at Utrecht. This was partly on account of his knowledge of the Malay Archipelago, where he was the first to notice barrier reefs and atolls. In 1913 he also became *professor extraordinarius* of geography at the Economics School in Rotterdam. He made an extensive journey to Java in 1908 and revised and enlarged a standard work on this island. He made a historical study of cartography in The Netherlands, and for many years edited the 'Bos-Niermeyer' world atlas which was widely used at schools. He wrote innumerable articles in dailies and weeklies on social, educational, and political affairs, and was a member of the municipal council at Utrecht. Between 1886 and 1919 he published many scientific papers in the KNAG journal. The clarity of his writings is praised; so was his command of languages. Scientifically, his most important feat is perhaps the introduction to The Netherlands of the French school of '*géographie humaine*' which made its mark till after World War II. His university lectures on current political-geographical affairs attracted large audiences; he played a great part in modernizing the education in geography and in the improvement of its status.

Obituaries in Tijdschrift KNAG ii 41: 57–66 + portr. (1924), with bibliography; also in Tijdschrift Onderwijs Aardrijkskunde 2: 81–87 (1924), and Annales de Géographie 33: 182 (1924)'.

Valuable information kindly contributed by Professor M.W. Heslinga of Amsterdam is gratefully acknowledged.

Nierstrasz, H.F. (1872 Rotterdam – 1937, Wallenstein, Switzerland).

Zoologist, educated at Utrecht, accompanied the Siboga Expedition in Indonesian waters (1899–1900), worked up much of the materials then collected. Took Ph.D. in 1902 on *Solenogastrus*. In 1904 he became lecturer, in 1910 professor at Utrecht, in comparative zoology, taxonomy, and zoogeography. In 1924–25 he was rector magnificus, also became a member of the Royal Netherlands Academy of Arts and Sciences. Co-author of important zoological textbooks. He did much to improve the curriculum at Utrecht. A man of broad vision, encyclopaedic knowledge, and a sharp eye for phylogenetic relationships; he was artist as well as scientist, modest, a relativist and synthesizer, highly individualistic as a thinker.

Obituaries in Jaarboek Kon. Ned. Akad. Wetensch. Amsterdam 1937/8, p. 195–198 + phot. (1938); Archives Néerlandaises Zoologie 3 Suppl. p. 1–9 (1938), incl. bibliogr.; newspaper clippings in the Rijksherbarium Biographical File.

Pulle, A.A. (1878, Arnhem – 1955, Utrecht).

Studied biology at Utrecht, a pupil of F.A.F.C. Went, with whom he took a Ph.D. in 1906 on 'An Enumeration of the Vascular Plants from Suriname, together with their Distribution and Synonymy'. This was partly based on his own collections made in 1902/3. He visited Java for several months in 1906, and took part in an expedition to New Guinea in 1912/3. He became lecturer in plant taxonomy and -geography at Utrecht in 1906, professor in 1914. He founded a school of plant taxonomists which for a crucial period was the only one in the country; 20 or more botanists took their Ph.D. with him. His interest covered both the palaeo- and the neotropics, with increasing emphasis on the latter. He set up a 'Flora of Suriname' which became a major project of his institute, was editor of Nova Guinea, and author of a fine compendium of the terminology, nomenclature and classification of the spermatophytes. He retired in 1948.

He outlined the first plan for a Flora Malesiana; see there, i 5: (6)–(7), portr. (1958). Biographical appreciations in Bulletin Jardin Botanique Buitenzorg iii 16: 103–105 + portr. (1939), Meded. Bot. Mus. Herb. Utrecht 55: 1–5 + portr. (1939), Taxon 4: 54–57, portr. (1955), and the obituary by Lam: 1955a.

Slooten, D.F. van (1891, Amersfoort – 1953, Amsterdam).

Educated at Utrecht, took Ph.D. in 1919, on taxonomy of Combretaceae and Flacourtiaceae. Arrived in mid-1919 as botanist at the Herbarium Bogoriense, of which in 1931 he became Keeper. From 1934 to 1935 and 1940 to 1943 he was also acting director of the Gardens. During the War he was a prisoner, thereafter again Keeper of the Herbarium. In January 1949 he became director of the Gardens, the last Dutchman in that office, until the independence of Indonesia caused him to be replaced a year later. He stayed on as adviser until early 1952, then settled at Amsterdam where he could work at the Royal Tropical Institute, on the taxonomy of Dipterocarpaceae, which he had pursued since 1925, and on which he published some high quality papers. He was slow, meticulous, modest, orderly, honest and impartial.

Obituary in Reinwardtia 2: 367–372 + portr. (1954), with bibliography (41 items); Lam wrote an appreciation: 1953j.

Smith, J.J. (1876, Antwerp, Belgium – 1947, Oegstgeest).

Brought up at Amsterdam, educated as a horticulturist in a nursery; orchids captivated his interest early. He worked for one year at Kew Gardens, and two years in Brussels, one in an orchid nursery and one in the botanical garden. In 1887 he met Treub; as the latter had no position to offer, he went in 1891 on his own to become a planter, but in that same year was appointed at the Bogor Gardens, in 1905 at the Herbarium, of which from 1914 to 1924 he was Keeper. In 1910 he received an honorary doctorate at Utrecht.

Soon after return to Holland he became associated with the Rijksherbarium, where he worked for many years. He meticulously described and depicted many orchid species (also Ericaceae and Euphorbiaceae) and acquired fame among orchidologists and horticulturists.

Biography in Bulletin Jardin Botanique Buitenzorg iii xiv: 99–102 + portr. (1937), bibliography (420 items) ibidem, p. 102–114. Blumea Supplement 1 was dedicated to him, with appreciations and photographs on p. 1–11 (1937). See also Flora Malesiana i 1: 489–490, portr. (1950), and i 4: cxxxviii-cxl (1949). Obituary by Lam: 1947a.

Steenis, C.G.G.J. van (1901, Utrecht – x).

Educated at Utrecht; shortly after taking his Ph.D. on the Bignoniaceae of Malesia, he took up an appointment at the Herbarium Bogoriense, arriving late in 1927. He made many field trips, and also during his plant-geographical work (especially on the mountain flora of Malesia) he got to know the flora of the whole region extremely well. He and his wife spent many years in making the preparations for the Flora Malesiana, including the War period when they were enabled to continue their work. After the war, he made some travels abroad in connection with the project, to settle finally at the Rijksherbarium in 1950, as General Editor of the Flora Malesiana. In 1951 he became associate professor of tropical botany and plant geography at Amsterdam University, in 1953 also at Leiden, from 1962 to 1972 he was full professor at Leiden and Director of the Rijksherbarium; after his retirement he continued working. Author of many papers on the botany of Malesia, *The Mountain Flora of Java* (1972), and *Rheophytes of the World* (1981).

His collecting trips are accounted for in Flora Malesiana i 1: 499–503, portr. (1950), i 5: cccxxiii (1958); an appraisal of his life and works in Blumea 20: 1–24, 6 fig. + portr. (1972).

Vries, O. de (1881, Amsterdam – 1948, The Hague).

Son of the botanist Hugo de Vries, he became a chemist, Ph.D. Leiden (1908). In 1909 he went to Java to work at experimental stations, in 1925 became director of the rubber station at Bogor, in 1930 went back to Holland, and became director of the agricultural experiment station at Groningen, in 1943 chairman of the agricultural branch of the national council for applied science (TNO). He was president of the Fourth Pacific Science Congress in 1929, and professor of chemistry at the Medical School in Batavia.

Bibliography (c. 250 items) in Chemisch Weekblad 26: 192 seq. (1929); portrait in Chronica Botanica 1: 27 (1935).

Went, F.A.F.C. (1863, Amterdam – 1935, Wassenaar).

Studied with Hugo de Vries, Ph.D. at Amsterdam in 1886, then for short periods studied in Bonn, Paris, and Naples, was a schoolteacher for some time. A stay in Bogor, from March to July 1890, changed his life. From 1891 to 1896 he was director of an experimental station in central Java, where he did important work on sugarcane. From 1896 to 1934 he was professor of general botany at Utrecht. He devoted himself to teaching (he wrote an important textbook) and organisation rather than to personal research. He thus became the first botanist to establish a school; by attracting Pulle, he promoted Special Botany as well. He became very influential, adviser to the Government on many colonial and national affairs; as President of the Royal Netherlands Society of Arts and Sciences (1921–1931) he did much to enhance the scientific prestige of The Netherlands and the Indies. After his retirement, Baas Becking got him an appointment as professor at Leiden, but he died, shortly thereafter.

The best biography is in Ber. Deut. Bot. Ges. 53: 97–120 + portr. (1936), with bibliography (179 items), list of theses (59 items), and selected biographical literature (20 items). In German. See also Flora Malesiana i1: 566–567, portr. (1950), with reference to other biographies.

X. PUBLICATIONS

INTRODUCTION

In 1958 L. Vogelenzang, librarian of the Rijksherbarium, published a list of Lam's publications, to 1957 inclusive, in Blumea Supplement 4: 10–16. It contains 191 numbered items. These numbers are hereunder cited in the bottom line of each item, as V. 1, V. 2, &c. While it is fairly complete and accurate*, it lacks annotations which could convey an impression of the contents and significance of the publications enumerated.

It is only such annotations, however, that provide a reader with a ready clue to the work of this versatile author, who published mostly small to medium-sized papers, in different journals and various languages, and often devoted more than one paper to a subject, while developing his ideas over a number of years. Therefore it seemed natural to compile this bibliography in the present form. It is intended to serve as a part of the whole text.

An attempt has been made not to miss anything that could be called a publication. Newspaper accounts of his lectures, although mostly prepared by himself, have been disregarded. Of publication 1924i the authorship is questionable. Long titles of book reviews have been abridged, and the year of the book added in brackets. The sequence is chronological, as dictated by available evidence. The Annual Reports to Curatores, known as 'Verslag van de(n) Directeur', have always been inserted as the year's last item, from 1934 to 1962 inclusive. They covered the academic year, from 1 September to 31 August, and were published some time after that date. They have not been summarized here, but some facts in them have been selected for the 'Rijksherbarium Tidbits'.

---

* The following Vogelenzang numbers have not been incorporated: V. 24 may have been supplied by Lam, but was not signed by him, and was published by the editorial board of De Tropische Natuur, of which he was not a member; V. 43 was not written by Lam, but by the editorial board of Tectona; V. 82 was mimeographed for private circulation, and not available to the public; V. 169 was multiplied in carbon-copy, and cannot be considered a publication.

If Lam was co-author of a publication, the authors are here named in full, to specify senior and junior authorship. The language of a publication is indicated only when it cannot be surmised from the title and is neither English nor Dutch. Some bibliographical and other notes have been added in square brackets []. Cross references are made in some cases.

Of a number of publications, an English version exists as well as a Dutch one. They are, first, the Fragmenta Papuana, in Dutch 1927d, 1927e, 1928a, 1929c, 1929d, 1929e, all 1945a in English; also, respectively, 1934a and 1934b, 1943c and 1944c, 1948b and 1948c, 1950g and (in part) 1945e, 1952j and 1954d (second part), 1960f and 1961e (without map). There is also a dual version of 1963d in Dutch and 1963c in French.

The score of Lam's publications runs as follows: 1930e is the 50th, 1938j is the 100th, 1946e is the 150th, 1952b is the 200th, 1957d is the 250th, 1965c is the 300th, and the last one, 1971c, is the 310th.

CHRONOLOGICAL LIST

1916

1916a. **Over adventief-planten.** – Levende Natuur 20: 417–418.

Following a publication by the amateur botanists P. Jansen & W.H. Wachter, the author, at the time in military service, scanned his notes on adventive plants made in the summer of 1914 at Rotterdam. In the port area, stretches of sand in a country of clay and peat resemble ecological islands, populated by sand-loving species, indigenous and alien, from as far as southern Germany. Seeds must have arrived in grain transports by rail, or blown onto the cars by wind. Genera and species are named, not in detail. — V.1

1916b. [H.J. Lam (ed.)] **Gids voor studeerenden in de philosophische faculteit, 1e jaargang / Cursus 1916–1917.** – (W.P. van Nieuwenhuijsen, Utrecht) 70 p.

Guide for students of the natural sciences at Utrecht university. According to the preface this one, the first such at Utrecht, followed examples set elsewhere. It supplies general information about institutes, lectures, practicals, books and exams, also expressing the hope that it may promote contact between professors and students.

1918

1918a. H.J. Jordan & H.J. Lam, **Ueber die Darmdurchlässigkeit bei Astacus fluviatilis und Helix pomatia.** – Tijds. Ned. Dierk. Ver. 16: 281–292.

On the permeability of the intestine in a lobster and a snail. Experiments were made with a salt solution, and by comparative weighing. Literature survey; discussion.

In German. — V. 3

1918b. **Callicarpa L.** – Meded. Rijks Herb. Leiden 37: 32–34.

In H. Hallier's paper on the plants of J. Elbert's Sunda Expedition. Family Verbenaceae. Material is worked up, 6 new varieties described.

In German. — V. 2

1919

1919a. **The Verbenaceae of the Malay Archipelago / together with those from the Malayan Peninsula, the Philippines, the Bismarck-Archipelago, and the Palau-, Marianne- and Caroline-islands.** – Thesis Utrecht (printed M. de Waal; Groningen), [ii +] 370 [+1] p. + 2 pl.

Taxonomic revision, with keys, references, descriptions, and specimens cited, based on material at Utrecht, Leiden and Berlin only, due to war conditions. Number of genera 28, number of species 307; many novelties. Subdivision of the family in accordance with A. Engler (1897). At the end, some notes on relationships of genera and an analysis of distribution are given; otherwise, there is no general part.

Some, but not all, taxa under *Callicarpa cana* and *C. pedunculata* had been published in 1918b.

Motto: "The world is so full of a number of things / I'm sure we should all be as happy as kings", from R.L. Stevenson, *A Child's Garden of Verses*.

Added are, as was required according to ancient custom, a number of 'propositions', here 18. The more remarkable ones read, in translation:

6) It is necessary that international science preserve all type specimens in one central world Herbarium.

7) Taxonomic research should be based to a greater extent, or possibly altogether, on living material to investigate the hereditary characters of the 'species'.

15) The shape of the cells in a honeycomb results from purely mechanical forces and has nothing to do with some sort of 'intelligence' of the animals.

18) Many obscure points in geology and biogeography find their natural explanation through Wegener's theory of continental drift. — V. 4

1920

1920a. **Ueber den Bau und die Verwandtschaft der Protannelis Meyeri, nov. gen., nov. spec., eine neue Archiannelide.** – Tijds. Ned. Dierk. Ver. ii 18: 44–84, 5 fig. + 1 pl.

The only known specimen of a worm from the North coast of Java, badly preserved, was cut into slices 10 μm thick, to reconstruct its anatomy. The contents of the intestine were examined. Comparisons were made with *Protodrilus* and *Polygordius*. Primitivity of characters is discussed. Named in honour of Ed. Meyer, who in 1891 theorized on segmentation and origin of the annelids. References 100.

In German. — V. 5

1921

1921a. H.J. Lam & R.C. Bakhuizen van den Brink, **Revision of the Verbenaceae of the Dutch East-Indies and surrounding countries.** – Bull. Jard. Bot. Buit. iii 3: 1–116 + i-iii.

Bakhuizen Senior dealt with the Bogor material of *Avicennia, Callicarpa, Clerodendron, Congea, Geunsia, Gmelina, Priva* and *Teysmanniodendron*, independent of 1919a which he did not know to be in preparation because of World War I. Lam worked up the other genera, as a supplement to 1919a, with the novelties inserted in the keys.

Either author, unwilling to share the responsibility with the other, signed his own contributions. Bakhuizen reduced several of Lam's taxa in *Callicarpa*, while in *Clerodendron* he scarcely incorporated Lam's work, listing many species as "unknown to me, or doubtful".

The area covered is wider than in 1919a and differs from one genus to another. The added pages i-iii give corrections. — V. 7

1921b. **Iets over de botanische resultaten van de Noord-Nieuw-Guinea-Expeditie 1920.** – Teysmannia 32: 289–326 + 9 illus.

Brief account of the New Guinea expedition. Collections, itinerary. Emphasis on botany (e.g. *Boerlagiodendron* with spurious fruits during anthesis). Many plant names were corrected in later papers. Figure 3 gives a profile diagram in a very embryonic and fragmentary form. This paper is the *Fragmenta Papuana* in a nutshell.

See also 1922a. — V. 6

1922

1922a. **Rectificatie.** – Teysmannia 33: 52.

Correction to 1921b. Not *Myrmecodia*, but a *Hydnophytum* (both Rubiaceae) harbours other animals besides ants in its tubers. — V. 12

1922b. **Nieuw-Guineesche aspecten.** – Tropische Natuur 11: 38–45, 10 illus.

Brief, lively account of the New Guinea expedition. — V. 10

1922c. R.C. Bakhuizen van den Brink & H.J. Lam, **Index Verbenacearum quae anno 1921 in horto botanico bogoriensi coluntur.** – Bull. Jard. Bot. Buit. iii 4: 283–287.

List of 107 taxa with their garden number(s). — V. 13

1922d. **Iets over den akkerbouw bij een papoeastam in centraal Nieuw-Guinee, benevens eenige opmerkingen over land en flora van dat eiland.** – Hand. Tweede Ned.-Ind. Natuurwet. Congr. Bandoeng 11–14 Mei 1922, p. 156–161.

Agriculture with the newly discovered Uringgup tribe in central western New Guinea. *Ipomoea* (Convolvulaceae) is the staple food; tobacco and sugarcane are also known. Weeds number 20 species of which 10, perhaps 19, are of western origin; most are known from Java. — V. 9

1922e. **Een bestijging van den Goenoeng Api (Banda).** – Tijds. Kon. Ned. Aardr. Gen. ii 39: 597–604, sketch map + 3 phot.

Excursion during a stay in the Moluccas on return from New Guinea. Decline of the nutmeg plantations described. The mountain climbed is an active volcano, largely bare, 600 m high. Author went up in 85 minutes, down in 55. Comparison with R.D.M. Verbeek's description.

Reviewed in Petermann's Geogr. Mitt. 69: 180 (1923). See also 1937a. — V. 8

1922f. **Notiz ueber Vitex.** – Bull. Jard. Bot. Buit. iii 5: 175–178.

Verbenaceae. Additions to 1921a; some new taxa. In German — V. 11

1923

1923a. **Verslag van den 1sten secretaris.** – Ned. Ind. Ver. Natuurbesch. Verslag over 1920–1922, p. 7–27 + 2 phot.

Secretary's report on the Netherlands Indies Society for Nature Protection, during the years 1920–1922. The reorganization of the administration is explained, a list is given of existing and projected nature reserves, each with a brief description, and an account of action on other projects.

See also 1924e, 1929a.

1924

1924a. **Die Verbenaceae von Mikronesien.** – Bot. Jahrb. 59: 24–29.
Names and Berlin specimens which are already in 1919a, listed for Micronesia.
In German. — V. 18

1924b. **Verbenaceae der Flora von Papuasien.** – Bot. Jahrb. 59: 87–98. ,
Names and Berlin specimens which are already in 1919a, listed for north-eastern New Guinea and the Bismarcks.
In German. — V. 19

1924c. **Aanteekeningen betreffende een bestijging van den G. Slamet.** – Tropische Natuur 13: 17–25, 6 fig., incl. map.
Ascent, from Purwokerto, of Mt. Slamet (3432 m), a volcano in central Java, in November 1922. The trip, weather, and some plants are reported on. — V. 14

1924d. R.C. Bakhuizen van den Brink & H.J. Lam, **Verbenaceae.** – Nova Guinea 14 Bot.: 167–172.
List of collections from western New Guinea, the genera divided between the authors as in 1921a. — V. 17

1924e. **Verslag van den Eersten Secretaris.** – Ned.-Ind. Ver. Natuurbesch. Jaarverslag over 1923, p. 3–9.
Similar in scope as 1923a. See also 1929a.

1924f. **Vegetationsbilder aus dem Innern von Neu-Guinea.** – In G. Karsten & H. Schenck (ed.), Vegetationsbilder 15. Reihe. Heft 5/6 [10 p. unnumbered, 2 fig. (under the heading Einleitung) +] pl. 25–36 (under the heading Die Vegetation des Hochgebirges), with explanatory text.
Brief introduction about the expedition in general, followed by fine photographs mostly taken at high altitude, with a brief caption. In German. — V. 16

1924g. **Vegetationsbilder aus dem Innern von Neu-Guinea.** – In G. Karsten & H. Schenck (ed.), Vegetationsbilder 15. Reihe. Heft 7 (under the heading Myrmekophyten und Insektivoren) [1 p. unnumbered +] pl. 37–42, with explanatory text.
Fine photographs with description and discussion of *Hydnophytum* and *Myrmecodia* (both Rubiaceae) and *Nepenthes* (Nepenthaceae). In German. The man on plate 38A, narrower in ears and shoulders than Lam, is presumed to be H.J.T. Bijlmer; compare our Photo 8. — V. 16

1924h. **Index Sapotacearum quae anno 1924 in horte botanico bogoriensi coluntur.** – Bull. Jard. Bot. Buit. iii 6: 158–160.
List of 47 taxa, with their garden number(s). — V. 15

1924i. [authorship not completely certain] **Flora.** – In [anonymous (ed.)] Handbook of the Netherlands East Indies / Edition 1924 (Department of Agriculture, Industry and Commerce, Java; Buitenzorg), p. 9–13, phot.
Popular account of the plant world of Indonesia. The mixed forests look quite uniform, except in mangroves and on the high mountains, also monsoon forest in the seasonal regions. Life forms are briefly discussed.
Revised text in 1930d.

1925

1925a. **Een bestijging van den G. Tjareme.** – Tropische Natuur 14: 2–10, 1 photo, 1 sketch map.
Ascent in December 1922 of Mt. Cerimai (3078 m), a volcano in west-Java. Plants, a swallow-inhabited cave, and conditions are described. A comparison is made with accounts by F. Junghuhn and others. — V. 21

1925b. **The Sapotaceae, Sarcospermaceae and Boerlagellaceae of the Dutch East Indies and surrounding countries (Malay Peninsula and Philippine Islands).** – Bull. Jard. Bot. Buit. iii 7: 1–289, 65 fig.
Taxonomic revision, with synonyms, keys, descriptions, distribution, specimens examined [the Garden ones, however, in 1924h], variability, with copious notes. Based on material in Bogor, Manila, and Singapore. Venation patterns in the leaf and types of embryo are discussed. The system of M. Dubard is adopted. Genera 15, species 215, also many additions at the end. Sarcospermaceae (monotypic) and Boerlagellaceae (with *Boerlagella*, poorly known, and new genus *Dubardella*) are described as new families. — V. 23

1925c. **Nieuwe natuurmonumenten.** – Tropische Natuur 14: 31.
Tjibodas in west Java and Anak Krakatau in Sunda Strait have been declared nature reserves. — V. 22

1925d. **Verslag van den Eersten Algemeenen Secretaris.** – Hand. Derde Ned.-Ind. Natuurwet. Congr. Buitenzorg 1924, p. 3–11.
Report of the secretary of the Society for the Dutch East Indian Scientific Congresses, on mostly coordinating activities.

1925e. **Ademwortels bij palmen.** – Hand. Derde Ned.-Ind. Natuurwet. Congr. Buitenzorg 1924 [not 1924], p. 318–335, 7 fig.

Anatomy of pneumatophores in a palm, probably a *Calamus*, from New Guinea, sticking out of the mud. Comparison with other plants, mostly palms. — V. 20

1926

1926a. **Flora.** – In Th. Ligthart e.a. (ed.), De Indische bodem, p. 79–97, incl. maps and phot. (Volkslectuur; Weltevreden).

Popular account of the plant world of Indonesia, with history, vegetation, influence of man.

[Some photographs were apparently added without Lam's knowledge.] — V. 26

1926b. **Concise revision of the Sarcospermaceae.** – Bull. Jard. Bot. Buit. iii 8: 18–24, 2 fig.

Monotypic family, 9 species; of most no material was seen. Key, check-list, novelties given. — V. 25

1927

1927a. **Some remarks on the genetic phytogeography of the Malay Archipelago.** – Ann. Jard. Bot. Buit. 37: 33–48 + pl. 5–20.

Distribution, with maps, of Sapotaceae (larger genera only) is examined to put Wallace's and Weber's lines to a botanical test. Richness of the various islands is discussed; Java and Celebes are relatively poor. Isolated position of Malaya and the Philippines is asserted, the latter connected by the Sulu bridge with Celebes. Van Kampen's line is proposed, separating Java from Sumatra and Borneo. References 15, among them E.D. Merrill and R.E. Dickerson's works on Philippine biogeography.

Reviewed in Bot. Centralbl. 152: 314 (1927). — V. 32

1927b. **Further studies on Malayan Sapotaceae, I.** – Bull. Jard. Bot. Buit. iii 8: 381–493, 29 fig. + tab.

Additions to 1925b, based on new collections mainly from Malaya and Sumatra. Genera now 17 (*Aulandra* new), species 226. Distribution is tabulated anew, after the (much delayed) publication of 1927a. Fresh literature was also incorporated: references 76. — V. 31

1927c. **Een plantengeografisch dorado.** – Hand. 4e Ned. Ind. Natuurwet. Congr., p. 381–397 + 1 phot.

Vegetation and flora of Mt. Piapi (500 m) on Karakelang, Talaud Is. This mountain consists of serpentine rock with shallow soil, with rather poor primary forest. List of vascular plants: 19 are forest ones, 22 of drier places, 6 coastal, 10 montane. Distribution is very varied. Affinities and vernacular names are discussed. Plant-geographic considerations are hardly given. — V. 27

1927d. **Fragmenta Papuana. Inleiding** [p. 110–111]. **I. Chronologisch overzicht van de Mamberamo-exploratie in het algemeen en van de expeditie naar centraal Nieuw Guinea 1920–1922 in het bijzonder** [p. 111–130 + 2 maps]. **II. Eenige meteorologische gegevens, verzameld gedurende de centraal-Nieuw-Guinee-expeditie 1920–1921** [p. 130–138]. – Natuurk. Tijds. Ned. Ind. 87: 110–138 + 2 maps [Reprints bear an additional pagination 2–30].

History of exploration on the Mamberamo River in west New Guinea, northern part. Itinerary of the present expedition. Author joined on 13 June 1920, after the preliminary expedition. He climbed Mt. Doorman (3350 m), reached the southernmost point halfway between Mt. Doorman and Mt. Wilhelmina (4750 m) on 24 November, left on 12 January 1921. The deputy-leader of the expedition was later commissioned to make another try for Mt. Wilhelmina, and succeeded.

In the second part [published together with the Preface and the first part], records of temperature, humidity, air pressure and rainfall, collected during the expedition, are tabulated.

See also 1921b, 1924f, 1924g, 1927e, 1928a, 1929c, 1929d, 1929e, 1945a. — V. 28, 29

1927e. **Fragmenta Papuana. III. Indrukken uit het Neder-Mamberamo-gebied.** – Natuurk. Tijds. Ned. Ind. 87: 139–180 + fig. 1–13 [Reprints bear and additional pagination 31–72].

Comparison between Mamberamo, Rhine, and Amazon rivers. The expedition reaches the river. Collections made by all botanists there to date are listed. The rain forest is viewed as an organism. A complete profile diagram is given. Protero- and deutero-hemi-epiphytes are distinguished (p. 167) [1945a, p. 34]. Ruderal plants in isolated campsite amount to 16 species. Life forms in the forest described. — V. 30

1928

1928a. **Fragmenta Papuana. IV. Meervlakte en heuvelvoet.** – Natuurk. Tijds. Ned. Ind. 88: 187–227, with illus. 15–26 [Reprints bear an additional pagination 73–113].

The marshy plain between the Van Rees-Gauthier Range and the Central Range is described. Geomorphology, vegetation, population, pneumatophores in *Calamus* (Palmae), ant-plants. The simultaneous hatching of millions of day-flies (Ephemeridae) from the river is described. Living off the forest is possible in the lowlands, not in the mountains. — V. 34

1928b. **Miangas–the disputed isle.** – Inter-Ocean 9: 195–201, maps, phot.

Situated between Mindanao and Talaud at 05°35'N 126°30'E, size 2.5 by 1.6 km. General description. The original vegetation had been virtually destroyed.

The island was disputed between the United States and The Netherlands; therefore author's two days' visit in June 1926 was secret. In 1928 the International Court of Justice assigned it to The Netherlands.

Summarized in De Indische Gids 50: 1095–1097 (1928). — V. 36

1928c. **Flora.** – Inter-Ocean [9] : 673–678, phot.

[Much the same as 1926a, but more popular and shorter.] — V. 33

1929

1929a. **Verslag van den 1sten Secretaris.** – Ned.-Ind. Ver. Natuurbesch. Verslag over de jaren 1924–1926. In: Verslag over de jaren 1924–1928, p. 3–23 + 4 pl.

Report over two years, by the First Secretary of the Netherlands Indies Society for Nature Protection. Similar in scope to 1923a and 1924e.

1929b. **Burseraceae.** – Univ. Calif. Publ. Bot. 15: 116–119.

In E.D. Merrill, Plantae Elmerianae Borneenses, where A.D.E. Elmer's collections from North Borneo are written up. *Hemisantiria* is described as a new genus [it was reduced in 1931c to *Dacryodes*] . — V. 37

1929c. **Fragmenta Papuana. V. De noord-helling van het Centrale Gebergte.** – Natuurk. Tijds. Ned. Ind. 88: 252–324, with illus. 27–43 [Reprints bear the pagination 115–187] .

Describes the northern side of the Central Range in western New Guinea. Marshland; rheophytes (here called stenophyllous plants); hydrology; moss growth; terraces; *Boerlagiodendron* (Araliaceae); camp life; up the ridge; mossy forest; the boundary at 1200–1300 m; the factors involved; ecology; bird fauna; slow regeneration; vicariousness in *Argostemma* (Rubiaceae); phosphorescence in litter; ferns; conifers; ant-plants and the variety of animals inside their tubers; upper limit of the forest; view of the plain — V. 35

1929d. **Fragmenta Papuana. VI. Boven de boschgrens: de Doormantop en zijn begroeiing.** – Natuurk. Tijds. Ned. Ind. 89: 67–140, with illus. 44–64 [Reprints bear an addittional pagination 189–262].

Summit area of Mt. Doorman. Account of earlier collections. Geology. Ant-plants here terrestrial, and perhaps inhabited by frogs. Alpine vegetation and micro-climate. *Casuarina* (Casuarinaceae); conifers; bogs; ravines with moss-cover; rocky slope; view from the summit; considerations on xerophytism; light at high altitude; summary of ecological factors.

Families collected; plant-geographical analysis of the collection, with species lists; migration considered. Life and view at high altitude; upper and lower altitudinal limits of 70 taxa. List of taxa above the forest limit, mosses and ferns included. — V. 39

1929e. **Fragmenta Papuana. VII. Land en volk der Dika- en Toli-dalen** [p. 291–381]. **Aanhangsel 1. Literatuur, 2. Statistiek der verzameling, 3. Addenda en corrigenda** [p. 382-388]. – Natuurk. Tijds. Ned. Ind. 89: 291–388, with illus. 65–93 [Reprints bear an additional pagination 263–360].

Description of the newly discovered Timorini (also called Uringgup) tribe, in the Swart Valley between Mt. Doorman and Mt. Wilhelmina. Scarcity of carriers; the descent; fear among the Dyak personnel of the Timorini; peaceful contact with them. The shells they possess; cultivated plants there and in the plains [see also 1922d]. Weeds different from those at the lower camp site, their origin and means of dispersal. Comparison with other tribes and with Europeans; material culture; language.

Appendix: list of publications about the expedition and its collections so far (43 items); statistics of the collection (1730 numbers of plants, including cryptogams; 467 numbers identified belong to 285 species, of which 103 new) with main families, also those collected by L.S.A.M. von Römer and G.M. Versteeg. Additions and corrections. — V. 40

1929f. **Conspectus of institutions of pure and applied science in or concerning the Netherlands East Indies.** – In L.M.R. Rutten (ed.), Science in the Netherlands East Indies, p. 383–432 (Koninklijke Akademie van Wetenschappen; Amsterdam).

Contains 63 items, of which 23 on societies. Each gives the name with English equivalent, date of foundation and sometimes historical information; scope of activities; present state, with names of board and scientific staff members with their specialties; publications; 100 serials are listed at the end. — V. 38

1930

1930a. **Ervaringen en gedachten van een bioloog in en over den Indischen Archipel.** – Indische Mercuur (12 March), reprint 5 p. [original not seen].

Author's summary of a lecture in Amsterdam on 12 March 1930 [elaborated by him in 1930c].

1930b. [Closing speech at the farewell dinner.] – Proc. 4th Pac. Sc. Congr. [Batavia-Bandoeng] 1: 163–165.

By the First Secretary of the Fourth Pacific Science Congress. He compares the congress with a river through its course.

1930c. **Het genetisch-plantengeografisch onderzoek van den Indischen Archipel en Wegener's verschuivingstheorie.** – Tijds. Kon. Ned. Aardr. Gen. ii 47: 553–581, 3 fig. + 2 maps.

Elaboration of a lecture [see 1930a]. E. Irmscher's early understanding of A. Wegener's theory of continental drift is recognized [but see also under 1919a]. Significance of the double arcs of mountains and/or islands in Malesia, as understood by G.L. Smit Sibinga. Since biogeographers, fascinated by lines to subdivide Malesia, have been slow to apply Wegener's ideas there, a first such attempt is here made with regard to the flora and its distribution, in order to establish the study of plant geography in relation to speciation. The flora of islands is to be analyzed into its various elements. [See footnote on p. 64].

History of Australia through the geological eras; New Guinea's intrusion into the Malay Archipelago, which thus became a biological meeting ground. Importance of the Celebes-Philippine bridge between East and West Malesia. The central position of Celebes. Comparision between the high-mountain flora of Java (which is Asia-related) and of Mt. Doorman in New Guinea (antarctic-related), the latter far richer in endemics and therefore considered older.

At the end, it is noted that botanists rather than foresters are qualified for taxonomic and plant-geographic work, and that pure and applied sciences should interact [see 1930e].

Summary in English on p. 577–580. — V. 42

1930d. **Flora.** – In [anonymous (ed.)] Handbook of the Netherlands East Indies, p. 18–31, illus. (Department of Agriculture, Industry and Commerce; Buitenzorg).

General influences on composition and distribution of the plant world in Indonesia; miscellaneous data; principal types of vegetation; influence of man. A popular account.

[Note. The title of the article is 'Flora and Nature Reserves'. It is anonymous, but the manuscript survives among Lam's papers. As nature reserves are not dealt with in it, this final paragraph (p. 31–34 in the book) is presumably by someone else.

In a letter, reference is made to a contribution, apparently also by Lam, in an earlier edition (listed here as 1924i). The present text is a new one]. — V. 41

1930e. **Samenwerking van houtvesters en botanici.** – Tectona 23: 1119–1131, also in Tijds. Kon. Ned. Aardr. Gen. ii 48: 931–933 (1931).

Reply to an unfriendly editorial in Tectona 23: 983–987 (1930) which was reprinted in Tijds. Kon. Ned. Aardr. Gen. ii 48: 270–273 [V. 43, mistakenly attributed to Lam]. The editors of Tectona took issue with a remark by Lam in 1930c, p. 575–576, quoted by them.

In the present paper, author again in friendly words defines the specific abilities of botanists, welcoming all contributions of proper quality. — V. 44

1931

1931a. **Enumeration of the Sapotaceae, thus far known from New Guinea.** – Nova Guinea 14 Bot.: 549–570 + pl. 94–129.

Deals mainly with K. Krause's paper of 1923, hitherto unknown to Lam, who while on leave studied the Berlin specimens which Krause had examined. Keys, names, descriptions of novelties, notes, and index to specimens are given. Genera 11 (*Krausella* new), species 47, of which 35 are endemic. — V. 51

1931b. **Botanische aanteekeningen over de Minahasa.** – Tropische Natuur 20: 209–219, 6 fig. + 1 pl.

General account of a stay in the northeastern tip of Celebes on the way to Talaud and Morotai in 1926. Many plants are named, partly with collectors' numbers. On the basis of 49 species, 6 categories of plant distribution are discerned. [Some minor corrections were made by F.K.M. Steup, Tropische Natuur 22: 109 (1933).] — V. 45

1931c. **Beiträge zur Morphologie der dreizähligen Burseraceae-Canarieae I. Aestivation, Meiomerie und Pleiomerie.** – Ann. Jard. Bot. Buit. 42: 23–56 + fig. 1–46 on pl. 5–8.

Investigations into the morphology of the 3-merous genera *Canariellum, Canarium, Dacryodes, Haplolobus* (new), *Santiria, Scutinanthe* from Malesia, particularly the corolla aestivation and variation in numbers of the floral parts; the latter feature is attributed to the influence of growth hormones lately discovered by F.W. Went.

In German [The second part is 1932b.] — V. 28

1931d. **Kroonaestivatie, meiomerie en pleiomerie bij Canarium decumanum Gaertn.** – Hand. Zesde Ned.-Ind. Natuurwet. Congr. Sep. 1931 Bandoeng, p. 378–380, 1 fig.

Burseraceae. Author's summary of a lecture. A greater number of floral parts is seen as an atavism. The correlation between calyx and androecium is explained by the vascularization of the flower. — V. 46

1932

1932a. **Miangas (Palmas) / Scattered annotations.** – (Indisch Comité voor Natuurwetenschappelijke Onderzoekingen; Batavia), 66 p. + 3 maps, 20 phot.

Elaboration of 1928b, amplified with new data supplied by others. The trip (in 1926) had been made at the suggestion of E.D. Merrill to clear up the plant-geographical position of this island between the Moluccas and the Philippines.

List of 88 species; of the 73 wild ones, 62 are widespread. The remaining 12 are mostly Moluccas-connected, the others to Celebes. Population, government and history are also discussed. References 29.

Reviewed in Mitt. Geogr. Ges. Wien 75: 200–201 (1932) by L. Bonchal and (somewhat scornfully because of the repetition after a long time) in Indische Gids 54: 574–575 (1932) by G. N[ypels]. — V. 52

1932b. **Beiträge zur Morphologie der Burseraceae / insbesondere der Canarieae II. Weitere Tendenzen in Blütenstand, Blüte, Frucht und Vegetationsorganen; Anatomisches; Schlussbetrachtungen und Zusammenfassung.** – Ann. Jard. Bot. Buit. 42: 97–226, fig. 47–53, 104o, 116c, 123c, 138 + 54–134 on pl. 11–16, + fig. 135–137.

The second part of 1931c. It deals mainly with position and reductions of the androecium; the disk; reductions in the gynoecium; the stipule-like reduced basal pair of leaflets is held to be more original than the actual ones, here called meta-stipules. For angiosperms in general, two types of compound leaves are indicated: progressively incised, in many herbs on the one hand, and reduced from a leafy twig, in many trees, on the other; the Burseraceae have the latter.

Altogether, 24 phylogenetic tendencies from primitive to advanced are identified and tabulated, for the genera from *Protium* (primitive) to *Canarium*. It is held that no difference in taxonomic value of characters between family, genus, or species level can be maintained. Characters evolve separately. Morphology is more reliable than distribution as a basis for classification. Convergence is not sharply segregated from affinity. The system of recently evolved living things can be symbolized by a sponge.

Added is a disk-like diagram of gross evolution, and an appendix of the Malesian taxa, with many novelties proposed and concisely described [elaborated in 1932e].

In German. Summary. Reviewed in Zeitschr. Botanik 26: 177–178 (1933) by E. Irmscher, Fortschr. Botanik 2: 55–57 (1933) by J. Mattfeld. — V. 49

1932c. **Natuurwetenschap, botanie en mensch.** – (Archipel Drukkerij; Buitenzorg), 25 p.

Inaugural address as Professor of Botany Extraordinarius in the Medical School, Batavia [now Jakarta].

Botany is viewed in connection with medicine as a province in the natural sciences. The various aspects of botany are discussed. Pure and applied science are seen as the two ends of one spectrum. Representation of phylogeny or of a biological system by a tree is rejected in favour of a meshwork, as was first advocated by B. Hayata in 1921, or still better it is to symbolize it by a sponge. Reticulate affinities are also found in chemistry and among languages. — V. 54

1932d. **A monotypic plant order new to the Philippine flora.** – Philip. J. Sc. 49: 143–146.

The genus *Apoia*, originally described by E.D. Merrill under the Myrsinaceae, is transferred to *Sarcosperma* (Sarcospermaceae), an idea of Mr. Sapiin, a local identifier of plants at the Herbarium Bogoriense. — V. 53

1932e. **The Burseraceae of the Malay Archipelago and Peninsula / With annotations concerning extra-Malayan species, especially of Dacryodes, Santiria and Canarium.** – Bull. Jard. Bot. Buit. iii 12: 281–561, 95 fig. on 14 pl.

Taxonomic revision, based on materials from Berlin, Bogor, Kepong, Kew, Kuching, Leiden, Manila, Singapore, Utrecht. General part: enumeration of characters by species; subdivision of the whole family into (sub) tribes, in line with A. Engler's; distribution in relation to phylogeny (from the Neotropics via Africa to Malesia, a pattern strikingly similar to that of the Sapotaceae [see 1927a]); on species delimitation, B.H. Danser's views are followed rather than those of E. Du Rietz.

Special part: synonyms, keys, descriptions, distribution, specimens examined, variability, copious notes. Genera 8, species fully treated 99, besides those from other areas which are treated concisely or listed. Identification list of Rumphius's taxa is given, so are indexes to collections, native names, and botanical names.

Reviewed in Bot. Centralbl. 165: 32 (1933) by [P.] Cretzoiu. — V. 50

1933

1933a. **Over indeeling, verwantschap en verspreiding der planten.** – (M. Nijhoff; 's-Gravenhage), 39 p.

Inaugural address as Professor of Botany Extraordinarius at Leiden University.

The system of plants is still problematic, down to its foundations. Convenience is the foremost criterion in systematics. Morphological taxonomy developed into evolutionary and phylogenetic thinking, almost at the same time. The reticulate kind of affinities necessitates taxonomy to draw on other disciplines; interaction is recommended.

Genetics has a different scope. The species concept and its problems are discussed in view of this. Palaeogeography may help to predict recent distribution patterns. Ecology is an aid to taxonomic distinction. Following the death of the phylogenetic tree, taxonomy is looking for new pathways. Phylogeny remains the ideal of taxonomy.

The significance of the Rijksherbarium as an archive is explained, and its good fortune to be part of the university. Contact with other disciplines is essential. Relations with Bogor should be strengthened. Kind words for J.W.C. Goethart and W.A. Goddijn. Students are encouraged.

Reviewed in Vakblad Biologen 15: 84 (1933) by M.J. Sirks. — V. 55

1934

1934a. **Voorrede.** – Blumea 1: 1–3.

Preface to the new journal Blumea, which replaces Meded. Rijks Herb. Leiden (70 issues, from 1910 to 1933). Fresh emphasis will be placed on the botany of the Netherlands Indies, in cooperation with the Herbarium Bogoriense [on p. 7–9 its director, D.F. van Slooten, also wrote a preface].

The vignette of C.L. Blume, founder of the Rijksherbarium, on the wrapper, was drawn by W.A. Goddijn. See also 1934b. — V. 57

1934b. **Editorial.** –Blumea 1: 4–6.

English version of 1934a.

1934c. **Materials towards a study of the flora of the island of New Guinea.** – Blumea 1: 115–159, 3 fig.

A plant-geographical analysis, based on published data. The main vegetation types are outlined (with sketch map). The dry southern part is compared with Australia and the Lesser Sunda Islands.

Families are listed with numbers of genera (total 834) and species (total 6872), mainly based on C.A.G. Lauterbach. Numbers and names are listed of genera endemic: 81 = 11.6% and subendemic: 25, together 15.3%; species endemism is 84.7%. Species-rich or remarkable families are listed. Families and genera are grouped according to area.

There is no relic-endemism, but neo-endemism is strong. Asiatic elements prevail, even on the mountains; Polynesian ones come next, Australian-Antarctic ones are weak. Western affinities are strongest with the Moluccas, the Philippines, and Celebes.

The plant-geographic history is explained by means of A. Wegener's theory of continental drift. Moving northwards in front of Australia from colder regions into the tropics, and not carrying an important flora, New Guinea was pushed into the eastern Archipelago in three orogenic thrusts which reverberated in the Moluccas; the strongest push was in the Upper Miocene.

Added are a list of important collectors, and of the main literature.

Reviewed in Bot. Centralbl. 169: 99 (1935), by [A.] Donat. — V. 56

1934d. **Verslag omtrent het Rijksherbarium te Leiden gedurende het tijdvak 1 September 1933 t.e.m. 31 Augustus 1934.** – (Rijksherbarium; Leiden), 11 p. [mimeographed].

Annual report of the director of the Rijksherbarium.

1935

1935a. **Een halve eeuw Krakatau-onderzoek.** – Vakbl. Biologen 16: 161–166.

Essay review of the memoir by A. Ernst, 'Das biologische Krakataupro-blem' (Viertelj. Naturf. Ges. Zürich 79 Beibl. 22, 187 p. + 8 pl. 1934).

Fifty years after the famous eruption of this volcano in Sunda Strait,. botanists still differ on the question whether all life was then destroyed, which would mean that thereafter all life was newly immigrated. C.A. Backer maintained that not all life was destroyed. Numbers of species found in consecutive years, from data supplied by W.M. Docters van Leeuwen, are given, with their dispersal agents. It is agreed with Ernst, that no full certainty can be obtained.

[See also 1936h.]. — V. 58

1935b. **De vegetatie en de flora van Nieuw Guinee.** – In W.C. Klein (ed.), Nieuw Guinee 1: 187–210, fig. 36–43, 1 sketch map.

Semi-popular account of the plant world of New Guinea, in an all-round handbook. Seven vegetation types are very briefly mentioned; emphasis lies on the flora. Endemism occurs at generic, not family level. Large average numbers of species per genus (nearly 8) and per family (nearly 81) point to a young flora. The lowland flora is mainly Asiatic, the mountain flora mainly southern temperate (percentages compared). Continental drift might explain most floristic problems, if we know more about migration. The main economic plants are discussed; a list of food plants, with origins, is given. Many sources and other references.

Summary in English on p. 205–206. — V. 61

1935c. **The national Herbarium (Rijksherbarium).** – In M.J. Sirks (ed.), Botany in The Netherlands, p. 10–13, 1 phot.

In a booklet for the participants of the 6th International Botanical Congress, Amsterdam, the main facts of history, staff, collections, publication, policy, and exchange are given. — V. 59

1935d. **A.F.W. Schimper, Pflanzengeographie auf physiologischer Grundlage, 3rd edition, revised by F.C. von Faber.** – Vakbl. Biologen 17: 35–36.

Review. Von Faber, who read Dutch, entered many data on the Netherlands Indies. Detailed criticism is given, in positive vein.

In Dutch. — V. 62

1935e. **Phylogeny of single features / as illustrated by a remarkable new Sapotaceous tree from British Malaya (Madhuca Ridleyi, n. sp.).** – Gard. Bull. 9: 98–112, 7 fig.

Development of thought on the subject is followed, from B. Hayata to W. Zimmermann and L.B. Smith. Harmony is sought between the tree-model (divergence) of phylogeny and the slime-mould model (meshwork). Evolution might mean: "a certain, yet undiscovered, trend in the way in which features cling together or in which certain combinations succeed each other" (p. 99).

In the group of genera *Burckella, Gaŋua, Madhuca,* and *Payena*, the distribution and number of parts in corolla, androecium, and gynoecium was examined. The highest numbers, considered a primitive feature, occur in the centre of the distribution area, the lowest occur in the remotest parts (tabulated). *Madhuca ridleyi* thus turns out to be a very primitive species, in the former Sunda Land. A block diagram is added.

Reviewed in Fortschr. Botanik 6: 36, 42 (1937), by J. Mattfeld. — V. 60

1935f. **Verslag omtrent het Rijksherbarium te Leiden gedurende het tijdvak 1 September 1934 tot en met 31 Augustus 1935.** – (Rijksherbarium; Leiden) 20 p. [mimeographed].

Annual report of the director of the Rijksherbarium.

1936

1936a. **Dr. K.B. Boedijn en J.R. Kuperus, Plantkunde voor de Indische Middelbare Scholen, I (1933), II (1935).** – Vakbl. Biologen 17: 138–139.

Review of a botany book for secondary schools in Indonesia. It is rated a worthy counterpart of W.H. Brown, A Textbook of General Botany (1925), in some respects even better, although several errors and imperfections need correction.

1936b. **Burseraceae.** – Bull. Misc. Inf. Kew, p. 17.

Material of the Oxford expedition of Sarawak of 1932 is worked up. One record. — V. 64

1936c. **Sapotaceae.** – Bull. Misc. Inf. Kew, p. 17–19.

The same in scope as 1936b. Four records, one new species, described by K. Griffioen & H.J. Lam. The former was working as a student. — V. 64

1936d. **Symbolische voorstellingen in de phylogenie.** – Natuurwet. Tijds. 18: 81–82.

Summary of a lecture held at Ghent, Belgium, on phylogenetic symbols [worked out in 1936j]. — V. 69

1936e. Beer, Eva & H.J. Lam, **Archboldia, a new verbenaceous genus from New Guinea.** – Blumea 2: 31–33, 1 fig.

Described, with one species, *A. ericoides*. — V. 63

1936f. Bok, Marie B. & H.J. Lam, **A new Amorphophallus from Celebes.** – Blumea 2: 33 + 1 phot.

A. plicatus. — V. 65

1936g. **C.G.G.J. van Steenis, Maleische Vegetatieschetsen.** - Blumea 2: 111–115 (under Bibliographical and Miscellaneous Notes).

Review. Contents given. An alternative frame of presentation is proposed. Welcomed as a pioneer work.

In English. — V. 73

1936h. **W.M. Docters van Leeuwen, Krakatau 1883–1933, Botany (1936).** – Blumea 2: 115–116 (under Bibliographical and Miscellaneous Notes).

Review. This book complements the one by A. Ernst [1935a].

In English. — V. 72

1936i. **Podostemonaceae in New Guinea?** – Blumea 2: 116–118 (under Bibliographical and Miscellaneous Notes).

Speculation that L.M. d'Albertis observed *Torrenticola* in the Fly River, mentioned in his book on New Guinea 2: 93 (1883).

[The genus has indeed been found in southeastern New Guinea; see Fl. Males. i 4: 68 (1949).] — V. 67

1936j. **Phylogenetic symbols, past and present / (Being an apology for genealogical trees).** – Acta Biotheor. A 2: 153–194, 33 fig. [according to the given numbering].

"Dedicated to the memory of Bunzô Hayata's noble spirit." English version of a lecture to the 29th Flemish Science Congress, on 17 April 1936, at Ghent, Belgium.

The first part is historical and gives a critical account of diagrammatic representations of phylogeny, with the original illustrations reproduced. The earliest was the tree conceived by E. Haeckel (1866). Altogether 26 kinds are briefly analyzed for their method; 5 were invented by Lam, and several ones by other authors are worked out by him in three dimensions. His own ultimate concept is a spherical, gradually expanding system which expresses the all-important factor time, as well as differences and relationships (at various levels in time), and numbers of species involved.

The second part is theoretical, being an effort to catch the processes of differentiation at species level in diagrams, inspired by K. Faegri's words (1935): "A species is a momentary realization of a line of evolution." Following E. Hennig's observation (1927) that the ancestors of a given, very large recent group cannot be sought for in one particular individual or even species (hence the inadequacy of the fossil record to understand phylogeny), author here introduces the -rheithrum concept, to denote a stream of rather scattered potentialities which travels in time through organisms.

On page 180, A. Meyer's terms taxa and phyla (1926) are mentioned, but without explanation. B. Hayata is credited with having introduced dynamism into taxonomic and phylogenetic thinking.

German and French summaries at the end. — V. 66

1936k. **Sapotaceae.** – Bish. Mus. Bull. 141: 163, fig. 93 [on page 162].

In A.C. Smith, Fijian Plant Studies. *Northia vitiensis* H.J. Lam & E. van

Olden, new species, is described, and illustrated in fig. 83a-c; fig. 83d–e shows *Mimusops* for comparison.

[In 1941c *Northia* was reduced to *Manilkara*.]. — V. 68

1936l. Beer, Eva & H.J. Lam, **The Verbenaceae, collected in Papua by L.J. Brass for the Archbold Expedition. / (American Museum of Natural History), 1933–1934.** – Blumea 2: 221–228, 3 fig.

Three new species, several records. — V. 70

1936m. **C.A. Backer, Verklarend Woordenboek van Wetenschappelijke Plantennamen (1936).** – Blumea 2: 235–236 (under Bibliographical Notes).

Review, in English. — V. 71

1936n. [Signed: The Editor of "Blumea"] **Contributions to the history of botanical science.** Blumea 2: 74.

A word of welcome to historical papers in the journal, on the occasion of the description, by W.J. Lütjeharms & S.J. van Ooststroom, of a 15th century manuscript discovered in the Rijksherbarium (page 75–85).

1936o. **Verslag omtrent het Rijksherbarium te Leiden gedurende het tijdvak 1 September 1935 tot en met 31 Augustus 1936.** – (Rijksherbarium; Leiden), 20 p. [mimeographed].

Annual report of the director of the Rijksherbarium.

1937

1937a. Tamat [pseudonymous signature], **De goenoeng api en de toean kambing.** – Algemeen Handelsblad (2 April).

Article in a daily newspaper. Two dignified Dutch lawyers had climbed the volcanic Peak of Banda, when they learnt that a youngster just back from New Guinea had done the same earlier in the day, walking up as fast as a goat. Immodesty first seemed a problem when they met him, but later they made peace.

[The text suggests that Tamat had previously written in the same paper about the same ship of which the name was 'Windhond'.]

1937b. **Joannes Jacobus Smith.** – Blumea Suppl. 1: 9–11.

Brief biographical account of the former Keeper of the Herbarium Bogoriense, to whom this special volume of Blumea was dedicated, on the occasion of his 70th birthday. Highlights of his career are listed.

[Lam communicated some biographical data to a daily paper, De Telegraaf, published on 30 June 1937, in an account of the celebration. More details of Smith's career in 1947a.] — V. 74

1937c. W.C. van Heurn & H.J. Lam, **On fertility, pleiomery and meiomery in the fruits of some Canarium species.** – Blumea Suppl. 1: 97–106, figs.

Canarium commune (Celebes, Moluccas) and *C. mehenbethene* (Ceram, New Guinea, Solomons) were studied. The latter has fewer locules in the fruit, and is therefore supposed to be more advanced in phylogeny, also farther away from the centre of diversity in the genus. Van Heurn, who was with Lam in New Guinea, collected the fruits from cultivated trees in Java.

[In line with 1935e.] — V. 75

1937d. **On a forgotten floristic map of Malaysia (H. Zollinger, 1857).** – Blumea Suppl. 1: 176–182 + map.

The map was published in the German but not in the Dutch version of Zollinger's paper on the concept and size of a Flora Malesiana; the term is his. The paper itself is not discussed. The map, based on data from F.A.W. Miquel's Flora Indiae Batavae, unbiasedly and in a very modern manner takes Malesia as one entity. Its oblivion is attributed to the contemporary divide through the Malay Archipelago segregating an Asian from an Australian part, which captivated 19th century minds. — V. 76

1937e. **Verslag omtrent het Rijksherbarium te Leiden gedurende het tijdvak 1 September 1936 tot en met 31 Augustus 1937.** – (Rijksherbarium; Leiden), 28 p. [mimeographed].

Annual report of the director of the Rijksherbarium.

1938

1938a. **Sapotaceae.** – Bull. Bish. Mus. 154: 34–37, fig. 10.

In E. Christophersen, Flowering Plants of Samoa. Two species are described and annotated. — V. 84

1938b. **Haplolobus celebicus, nov. spec. / (Burseraceae).** – Blumea 3: 113, 1 fig.

The notes are in English. — V. 79

1938c. **Studies in phylogeny I. On the relation of Taxonomy, Phylogeny and Biogeography.** – Blumea 3: 114–125.

Taxonomy is static, phylogeny is dynamic. The term genorheithrum is introduced to denote 'a stream of potentialities' as a phylogentic unit in time [see also 1936j]. Taxonomic units are cross-sections through genorheithra, separated by discontinuities. Similarly, biogeography has a static component, namely floristics, faunistics, and a dynamic component, namely migrations.

The 'Age and Area' concept of J.C. Willis (1932) is acknowledged and criticized; it was one of the first studies in which the factor time was taken seriously. Areas disappear through loss of genetic potentialities, or through dissolution into new areas.

Examples and references are given in 1938d, which complements this paper. — V. 85

1938d. **Studies in phylogeny II. On the phylogeny of the Malaysian Burseraceae–Canarieae in general and of Haplolobus in particular.** – Blumea 3: 126–158, 3 maps, 1 fig.

Application of the principles set forth in 1938c, to a well-analyzed family, of which *Haplolobus* is regarded as the most advanced genus, phylogenetically (it is derived from *Santiria*) and geographically (the family is taken to have invaded Malesia from the West, and *Haplolobus* occurs in New Guinea).

Twelve criteria for phylogenetic consideration are formulated. A 5-point scale of 'advancement' is adopted. As taxonomy does not yield the solution, geography is called in, building forth on E.D. Merrill's conclusions (1936). Three ancient foci of diversification are indicated: the central part of the Sunda Shelf, the Philippines, and the Sahul Shelf. These are connected, in this order, by ancient migration tracks, the eastern one through northern Celebes and the northern Moluccas (which, during their chequered history, acted as a sieve for potentialities). This is checked against geological evidence. A chronology in 9 stages from Eocene to Present is outlined. References 36. — V. 86

1938e. H.J. Lam & W.W. Varossieau, **Revision of the Sarcospermataceae.** – Blumea 3: 183–200, map.

New monograph [see 1926b], based on more material from Southeast Asia. Recognized are 6 species (no novelties, one reduction), excluded are 2 species. Key, descriptions, notes on taxonomy and distribution; specimens cited and indexed.

[Additions in 1936g and 1941b.] — V. 83

1938f. H.J. Lam & A.D.J. Meeuse, **Faradaya chrysoclada K. Schum., a synonym of Deplanchea tetraphylla (R.Br.) v. Steenis.** – Blumea 3: 201.

Bignoniaceae, from New Guinea and Queensland. — V. 78

1938g. **Manual of Pteridology, edited by Fr. Verdoorn** (1938). – Blumea 3: 201–202.

Brief review, in English. — V. 87

1938h. **Over de eenheid der bijzondere plantkunde.** – Vakbl. Biologen 19: 201–213.

Elaboration of a lecture. Taxonomy, phylogeny, and biogeography are united by the factor Time. Taxonomy deals with one moment in phylogeny; likewise, biogeography has a past and a present aspect. The word taxon (first coined by Adolf Meyer, 1926) is mentioned, tentatively, to denote any taxonomic unit.

Discontinuity is defined as a concept. Characters can be represented in two ways, a) each with its variability range, no more than two characters at a time, b) all characters simultaneously, on a presence-absence basis.

Characters as well as areas change through time. Within a genorheithrum [see 1936j] gene combinations may recur in different individuals (polytopy), or they may be present in different genorheithra (polyrheithry). Area-taxon-genorheithrum form a trinity. Examples and references are scarcely given.

[Continued in 1939a.] — V. 81

1938i. **Aulandra cauliflora H.J. Lam / Sapotaceae. Tribus Palaquieae.** – Hook Ic. Pl. t. 3360 + text, 2 p.

New species from Borneo. — V. 77

1938j. H.J. Lam, in collaboration with B.J.D. Meeuse, **Monograph of the genus Nesoluma (Sapotaceae) / A primitive Polynesian endemic of supposed Antarctic origin.** – Occ. Pap. Bishop Mus. Hawaii 14: 127–165, 114 fig. in 5 pl.

An amplified description is given. Characters are discussed, mainly the reproductive ones. A new subdivision of the family is proposed [improved in 1939f]. Phylogeny is briefly discussed, then the 3 species treated, *N. polynesicum* [hitherto mostly placed in *Chrysophyllum*] with 2 varieties, 6 formae, 4 subformae (several new), with index to specimens. [See also 1954b.] — V. 80

1938k. **Verslag omtrent het Rijksherbarium te Leiden gedurende het tijdvak 1 September 1937 tot en met 31 Augustus 1938.** – (Rijksherbarium; Leiden), 26 p. [mimeographed].

Annual report, on behalf of the director of the Rijksherbarium signed by J.Th. Henrard.

1939

1939a. **Over de theorie der arealen (chorologie).** – Vakbl. Biologen 20: 77–87.

Announced as a sequel to 1938h. Analysis of ambiguities in the 'Age and Area' theory of J.C. Willis (1922): many facts, presented in a romantic sweep (Hayata, too, was a romantic) of pseudo-clarity. Willis's theory is aprioristic, deductive. Local species originated through mutation are his starting material. Areas of species should not be taken as one.

The primary shape of an area is spherical. In author's view, an area is determined by external and internal factors [i.e. phenotypic and genotypic] which, through positive or negative action, make an area expand or shrink. The 'law of Beyerinck': all is everywhere, modified by Baas Becking: but the environment selects, applies rather to potentialities than to organisms. Like genorheithra, areas will first grow, then either shrink and their taxa become more isolated, or break up into neo-areas and their (polytopic) taxa will become difficult to delimit. — V. 92

1939b. H.J. Lam & A.D.J. Meeuse, **A new Vitex from Malaysia.** – Blumea 3: 248–254, 1 fig.

Vitex cymarioides (Verbenaceae) from the islands off Java: Madura, Bawean, and Kangean. Extensive description. Comparision with *Cymaria acuminata* (Labiatae). — V. 89

1939c. H.J. Lam & D.A. Kerpel, **On two new or noteworthy Sapotaceae from China.** – Blumea 3: 255–260, 3 fig.

Madhuca subquincuncialis n.sp., and *Planchonella* (formerly *Sarcosperma*) *pedunculata*. — V. 90

1939d. H.J. Lam & W.W. Varossieau, **Additional notes on Sarcosperma.** – Blumea 3: 261–262.

Sequel to 1938e. More material from Yunnan and Celebes; no novelties. — V. 88

1939e. **Plantengeografie.** – In Th. Weevers (ed.), Het Leven der Planten (De Haan; Utrecht), p. 280–333, 5 fig. + 12 phot. + 1 col. pl.

Chapter on plant geography in a high-level popular book on plant life. [It contains an outline of a much larger book on which the author was working, but which was never published. See Professor: Textbook on Special Botany.] Here is a synopsis of the main contents.

Introduction on problems and concepts.

Ecological plant geography.

Factors and the effect of their intensity: light, temperature, water, air, wind, soil, biotic factors including man, importance of the 'law of minimum'.

Factors and their influence on the plant form: light, water (succulents).

Life forms: ecotypes, adaptation, homology/analogy, the Raunkiaer system (criticized).

Syn-ecology: climatic influences (Köppen, Raunkiaer, Humboldt).

Sociology: general concepts, woody vegetation (types 1–9), grasslands and other herbaceous vegetation (types 10–18), desert (types 19–20), weed vegetation (type 21), aquatic vegetation (types 22–25).

Floristic plant geography.

Historical. Taxa and areas (sampling; shape of areas; origin, growth, and decline of areas; disjunctions, between continents, poles, and mountain regions. Migration (diaspores; time; chance dispersal); Krakatau; migration tracks; history of floras; ice age; flora elements in The Netherlands). Endemism (new and ancient endemism; island floras; vicariousness).

The present floras. Floristic kingdoms: Holarctis, Neotropis, Palaeotropis, Australis, Capensis, Antarctis.

Many examples are given. References 17. Reprinted in 1965a. — V. 93

1939f. **On the system of the Sapotaceae, with some remarks on taxonomical methods.** – Receuil Trav. Bot. Néerl. 36: 509–525.

Critical comment on C. Baehni's memoir of 1938, the author admitting an imperfect knowledge of several genera. Discussion on the purpose of classification, also on ovule position and on value of the calyx as a diagnostic character. Author's observations on the various genera are full of admitted uncertainties and lack of documentation. Three new combinations are proposed on p. 521 under a generic name of less than clear status, and without mention of the basionym.

A subdivision of the family is given [see the synopsis on page 60] with several alterations of the preliminary one in 1938j. The assignment of genera is still incomplete, however, and the descriptions are not always in comparable wording. "But I must stipulate that my knowledge in this field is still extremely scanty. As far as the American and African genera are concerned, the scheme is very incomplete and likely to be prone to alteration" (p. 523). — V. 91

1939g. **Verslag omtrent het Rijksherbarium te Leiden gedurende het tijdvak 1 September 1938 tot en met 31 Augustus 1939.** – (Rijksherbarium; Leiden), 20 p. [mimeographed.]

Annual report of the director of the Rijksherbarium.

1940

1940a. **Mensch en natuur.** – De Natuur [jubileum-nummer] 1 (?): 12–13, portr.

On destruction vs. conservation.

[The portrait is the Kamerlingh Onnes drawing, head only.] — V. 96

1940b. **C.A. Backer & O. Posthumus, Varenflora voor Java (1939).** – Blumea 3: 583–584.

Review. Scope of the book. It should have been in English and less bulky. — V. 99

1940c. **Some notes on the distribution of the Sapotaceae of the Pacific region.** – Proc. 6th Pac. Sc. Congr. (California) 1939, vol. 4: 673–683, 4 fig.

An evolutionary phase index is announced, which rates selected characters on a 5-point scale according to 'advancement degree'. The Asian-Polynesian members of the family emerge as more primitive than the American and African ones.

Isoflores (i.e. lines which enclose areas with similar numbers of species) are given on two maps, and are elaborated for *Planchonella*. Patterns of distribution are discussed. A list of wild species is added [preliminary to 1942c]. — V. 98

1940d. **A. Ginzberger, Pflanzengeographisches Hilfsbuch (1939).** – Vakbl. Biologen 21: 255–256.

Review of a book primarily intended for geographers; the botanical contents were found of uneven value.

1940e. **The life of Gronovius.** – Chronica Botanica 6: 28–30. For the reprint, the letterpress was re-arranged.

A paper subsequent to M.L. Fernald's on the *Flora Virginica* of Gronovius, ibidem p. 27–28, to commemorate the first edition, published at Leiden in 1739.

Very little on the life of J.F. Gronovius (1690–1762) is given. His five known publications are listed, with their location in libraries at Leiden. Of L. Rauwolff's herbarium, preserved in the Rijksherbarium, volume 4 contains the collection described by Gronovius in his Flora Orientalis (1755). Of Gronovius's one preserved letter, dated 15 July 1732, to J. Gesner, on American plant specimens, the first part is reproduced facsimile, with transcription [printing errors are corrected in the Leiden copy of the present paper], and English translation. — V. 95

1940f. **Een botanische studiereis naar Madagascar.** – Voordr. Maatsch. Diligentia 's-Gravenh. n.s. 18: 112–137, 2 fig. + phot. 3–5.

Text of a lecture about the journey to Madagascar, before the Society 'Diligentia' which had supported it. The aim was to study the plant-geographical relationships with Malesia.

A geographical and historical digest is given. Words are listed to show the resemblance of the Malagasy language with Malay. Eastern and western plant worlds are discussed, with areas and numbers of species. The history of the flora with its 6 elements is briefly discussed, with age, affinities, and examples. References 9. — V. 94

1940g. **Verslag omtrent het Rijksherbarium te Leiden gedurende het tijdvak 1 September 1939 tot en met 31 Augustus 1940.** – (Rijksherbarium; Leiden), 16 p. [mimeographed].

Annual report of the director of the Rijksherbarium.

1941

1941a. **Plantengeografisch beeld van Nederlandsch-Indië.** – Eenentwintigste koloniale vacantiecursus voor geografen / Gehouden te Amsterdam 27 en 28 December 1940, p. 12–22 (Published by the 'Comité voor Indische Lezingen en Leergangen' [Colonial Institute; Amsterdam]).

Lecture in a course for teachers in geography. Brief sketch of the main vegetation types in Indonesia, particularly the rain forests, with reference to C.G.G.J. van Steenis's works, and floristic features of Indonesia, in relation to physical and historical factors.

The word 'taxon' is freely used. — V. 97

1941b. **Sarcosperma in New Guinea.** – Blumea 4: 322.

Sequel to 1938e. Area of *S. paniculata* extended. New records of 2 other species from India. — V. 102

1941c. H.J. Lam, in collaboration with B.J.D. Meeuse & R.A. Maas Geesteranus, **Note on the Sapotaceae-Mimusopoideae in general and on the Far-Eastern Manilkara-allies in particular.** – Blumea 4: 323–358, 9 fig.

Of *Manilkara*, a taxonomic revisión is given of the 15 species distributed between India, Hawaii, and Fiji; with key, descriptions, and specimens cited. Several novelties are proposed, partly in the name of the collaborators [students at the time].

Points of difference between *Manilkara* and *Mimusops* are tabulated, also of the 11 genera in Manilkareae and the 5 in Mimusopeae; most African and

American data were derived from literature. In view of the difficult generic delimitation, *Northiopsis* is maintained for practical reasons.

New combinations from outside the region covered by the present paper are listed at the end, followed by an Index to names. — V. 101

1941d. **Een historisch-plantengeografisch probleem van den Stillen Oceaan.** – Hand. 28ste Ned. Natuur- & Geneesk. Congr. 1941, p. 132–134.

Summary of a lecture at a national scientific congress. The genera of Sapotaceae in the Pacific area are either outliers of Malesian genera and recent, or endemic, ancient, and probably of Antarctic origin. Their mode of dispersal is still problematic. — V. 100

1941e. **Dr. Ph.H. Kuenen. Kruistochten over de Indische Diepzeebekkens** (1941). – Vakbl. Biologen 22: 196.

Review of a popular travel book, by an oceanographer, in Indonesia.

1941f. **Verslag omtrent het Rijksherbarium te Leiden gedurende het tijdvak 1 September 1940 tot en met 31 Augustus 1941.** – (Rijksherbarium; Leiden), 15 p. [mimeographed].

Annual report of the director of the Rijksherbarium.

1942

1942a. **Dédicace.** – Blumea Suppl. 2: 1–2 + portr.

Letter to Mrs. Dr. A.A. Weber-van Bosse, algologist born on 27 March 1952, in acknowledgement for her herbarium of over 50,000 specimens given to the Rijksherbarium, where Miss J.Th. Koster is taking good care of them. This volume is dedicated to Dr. Weber-van Bosse.

In French. — V. 102

1942b. **Indeeling, verwantschap, afstamming en verspreiding.** – In M.J. Sirks (ed.), Het Leven Ontsluierd (De Haan; Utrecht), p. 279–326, fig. 162–178.

A chapter in a high-level popular book on general botany. It reviews the contributions to theoretical systematics in relation to genetics and phylogeny, by B.H. Danser, A. Engler, J.S. Huxley, A.N. Sewertsow, W. Zimmermann and others. It deals mainly but not exclusively with plants.

A natural classification compels workers to probe the structure of their objects. It is life-cycles that we classify. A character is an expression of a potentiality. Constant characters are the most ancient. Long ago environmental pressure led to distribution of the major potentialities over the various families.

The species is the smallest taxon for clear definition, and the largest open to experimentation by nature and by man. Best understood are those taxa whose way of origin we can reconstruct. Larger taxa are usually remnants of the past, originated from smaller taxa.

Micro-evolution is a matter for science to study, macro-evolution for philosophy. Ontogeny creates phylogeny rather than recapitulating it. Only a series of well-preserved fossils can document the origin of a taxon.

[1943e is a second edition.] — V. 105

1942c. H.J. Lam, in collaboration with B.J.D. Meeuse, J.E. Boeke & E. van Olden. **A tentative list of wild Pacific Sapotaceae, except those from New Caledonia.** – Blumea 5: 1–46, 9 fig.

Based on material from 14 Herbaria. The treatment differs per species, but is in many cases elaborate; keys are always given. Specimens are often cited, index at the end.

Burckella has 8 species [but see 1952a], *Manilkara* 6, *Mimusops* 1, *Nesoluma* 3, *Northiopsis* 1, *Palaquium* 7, *Planchonella* 11, with *P. sandwicensis* most extensively treated. Several novelties are proposed. Index to names given. — V. 106

1942d. L.B. Holthuis & H.J. Lam, **First contribution to our knowledge of the flora of the Talaud Islands and Morotai.** – Blumea 5: 93–256, 9 fig.

Situated between Halmahera and Mindanao, explored by Lam in 1926; map with 12 localities visited by him is given. Morotai, the richest island with the tallest forest, was but briefly visited.

The General Part (by Lam) accounts for the physiography, with plant-geographical analysis. Species are grouped according to gross distribution. Talaud is revealed as "part of the narrow migration track from Celebes to New Guinea through the Philippines ..." (p. 125). Under each locality, species are listed by habitat. A substantial chapter is devoted to languages, the Talaud one is of Philippine affinity; plant names are listed by habit.

The Systematic Part (by Holthuis, with assistance of some specialists) is an elaborated list of identifications down to species (final and tentative ones printed in different type), 524 for Talaud and/or Morotai, 87 for Morotai alone. Doubtful identifications, endemics, and novelties are listed separately. — V. 104

1942e. **In memoriam Dr. A.A. Weber-Van Bosse (27 Maart 1852–29 October 1942).** – Vakbl. Biologen 23: 121.

Obituary note [see 1942a].

1942f. **Verslag omtrent het Rijksherbarium te Leiden gedurende het tijdvak 1 September 1941 tot en met 31 Augustus 1942.** – (Rijksherbarium; Leiden), 18 p. [mimeographed].
Annual report of the director of the Rijksherbarium.

1943

1943a. **Trois nouveaux Planchonella de la Nouvelle Guinée avec une note sur Krausella.** – Boissiera 7: 91–99, fig. 5, 6.
Sapotaceae. *Krausella forbesii* is a new combination for *Sideroxylon f.* S. Moore. Three other novelties are proposed [for their fate, see 1943b].
In French. — V. 110

1943b. **Note on Pouteria (Sapotaceae).** Blumea 5: 336–338.
Critical remarks about C. Baehni's work of 1938 and 1942 in the same family. In correction to 1943a (which could not in time be recalled from the press), four species of *Planchonella* are transferred to *Pouteria.* — V. 109

1943c. **Hedendaagsche opvattingen over evolutie en phylogenie.** – Vakbl. Biologen 24: 73–81 [Reprint paged 1–9].
Essay review of G. Heberer (ed.), Die Evolution der Organismen: Ergebnisse und Probleme der Abstammungslehre (Jena 1943).
Phylogeny deserves recognition as a speculative discipline. What cannot be proven needs not be false. The time is near to integrate macro- and micro-evolution, possibly through extrapolating the results of the former.
The three ways to explain evolution are: autogenesis (of innate trends irrespective of environment), Lamarckism (response to environment), and Darwinism (selection and isolation); only the third can be verified experimentally. Typology (i.e. working from an image which contains the essential features) is valuable, but not without the factor Time.
Author welcomes this book for a comparison with his own views, and finds much in common. All chapters are critically summarized. References to other cited publications amount to 31; several more are noted as lacking in Heberer's work.
[English translation: 1944c.] — V. 107

1943d. **Dr. G.L. Funke, Experimenteele Plantensociologie** (1943). – De Gids 107(3): 145–147.
Review, claiming attention for biotic influences among plants. — V. 111

1943e. **Indeeling, verwantschap, afstamming en verspreiding.** – In M.J. Sirks (ed.), Het Leven Ontsluierd, 2nd ed. (De Haan; Utrecht), p. 280–328.

[Second edition of 1942b, with some corrections and additions, which are inserted in author's personal reprint of the first edition.] — V. 108

1943f. **In memoriam B.H. Danser.** – Vakbl. Biologen 24: 119–120.

Obituary. Lived 1891–1943. After education at Amsterdam, taxonomist at the Herbarium Bogoriense (1925–1930), in 1931 Professor at Groningen. An outstanding botanist, who might be compared to J.P. Lotsy; both were deeply interested in the species concept, which they approached by experiment. Danser adopted idealistic morphology and eventually typology; as a practical taxonomist he made revisions of Loranthaceae, Nepenthaceae, Polygonaceae.

1943g. **Verslag omtrent het Rijksherbarium te Leiden gedurende het tijdvak 1 September 1942 tot en met 31 Augustus 1943.** – (Rijksherbarium; Leiden), 19 p. [mimeographed].

Annual report of the acting director of the Rijksherbarium, since author had resigned as Professor-Director.

1944

1944a. **Ir. J.H. Jager Gerlings, Boschbouw** (1943). – Vakbl. Biologen 24: 15.

Review of a popular textbook on forestry. It seems poorly informed on the biological aspects.

1944b. G.L. Funke & H.J. Lam, **Leerboek der Algemeene Plantkunde, onder redactie van Prof. dr. V.J. Koningsberger, deel 1** (1943). – Vakbl. Biologen 25: 15–16.

Review. An admirable book, but too difficult for undergraduates. A lack of coherence is felt; some chapters were adopted from a textbook by the late F.A.F.C. Went.

[See also 1949c, 1965c.]

1944c. **Contemporary opinions concerning evolution and phylogenetics.** – Resumptio Genetica 16: 161–174.

[English translation of 1943c, verbatim.] References 36. — V. 112

1944d. **Knut Hagberg, Carl Linnaeus, de Bloemenkoning** (1944). – Vakbl. Biologen 25: 61.

Review, appreciative but critical of the Dutch translation.

1944e. **Rijksherbarium Leiden / Herbarium Lugduno-Batavum / Verslag van den Beheerend Directeur over het tijdvak 1 September 1943 – 31 Augustus 1944.** – (Rijksherbarium; Leiden), 19 p. [mimeographed].

Annual report of the acting director of the Rijksherbarium.

1945

1945a. **Fragmenta Papuana / Observations of a naturalist in Netherlands New Guinea / Translated from the Dutch by Lily M. Perry.** – Sargentia 5: i-iv + 1–196, 2 maps, 32 fig.

[English version of 1927d, 1927e, 1928a, 1929c, 1929d, 1929e. When World War II touched on New Guinea, it was decided to have this translation made. The text is virtually complete, with incorporation of the published additions and corrections. See also the explanatory words by E.D. Merrill and by the translator.] Indexes have been added. In the very last sentence, Christmas Day is wrong for 5 December.

Reviewed in: Amer. Midl. Natural. 34: 287 (1945), by K.P. Schmidt; Quart. Rev. Biol. 20: 383–384 (1945), by H.M. Raup; Ecology 26: 423 (1945), by H.J. Oosting; New Phytologist 44: 236 (1945), by P.W. Richards; Amer. J. Sc. (Feb. 1946) p. 148, by S.C. Ball; Isis 36: 222 (1946) by G. Sarton. — V. 114

1945b. **Freedom regained.** – Blumea 5: 423–425.

Dated 5 May 1945, the day of liberation from the German occupation. Regret about the decline of German civilization since August 1914. Indonesia is still to be liberated from the Japanese. C.A. Backer's Flora van Java [emergency edition] seems a good step towards a Flora Malesiana, which shows the way ahead. — V. 115

1945c. **The Rijksherbarium during the war.** – Blumea 5: 426–436.

Extract from the Annual Reports covering May 1940 to May 1945. None of the personnel committed heroic deeds, but all opposed the enemy. Two young technicians lived in hiding in the building for a long time. Small means were shared and made most of. The Director resigned his professorship in the protest action of 1942. Part of the collections had to be moved to a safe place. Work went on as far as possible; results are tabulated. Staff put many things in order (17 items). For each scientist, accomplished work is recorded and publications listed. — V. 117

1945d. H.J. Lam c.s., **Contributions to our knowledge of the flora of Celebes (coll. C. Monod de Froideville) and of some other Malaysian islands.** – Blumea 5: 554–599, 12 fig.

Plants of the above collection have been worked up, with the aid of specialists, and extensively annotated. Pteridophytes are included, Leguminosae left out. Number of species 148, of which 13 are new to science, 20 to Celebes. Material of these species collected by others is also included, and areas given in detail.

A list of novelties, index to collections, and index of names are given at the end.

[See also 1950g.] — V. 113

1945e. **Notes on the historical phytogeography of Celebes.** – Blumea 5: 600–640, 4 fig.

Work of P. & F. Sarasin and E.D. Merrill is reviewed, the central position of this yet neglected island explained. Data (carefully screened) were taken from the Monod collection [see 1945d], from literature, and from the orchids worked up by J.J. Smith (a comparison is made with R. Schlechter's work of 1925). Total number of species 734, of orchids 263.

Relations with the surrounding islands are analyzed, in 25 categories of distribution; species named. Anomalous areas are discussed separately: 135 species, of which 54 endemics.

Conclusions are given in 10 points. A main connection, postulated in 1938d, is confirmed to have existed between Borneo through Mindanao, through northern Celebes, central and eastern Celebes, and the Sula Islands to New Guinea. Another one directly connected Mindanao, Halmaheira, and New Guinea. Southwestern Celebes had connections with Java. Southeastern Celebes is a dead end.

A list of 45 references is given, and one of many collectors. — V. 116

1945f. **Rijksherbarium Leiden / Herbarium Lugduno-Batavum / Verslag van den Directeur over het tijdvak 1 September 1944 – 31 Augustus 1945.** – (Rijksherbarium; Leiden), 13 p. [mimeographed].

Annual report of the director.

1946

1946a. **"Planning" in de wetenschap.** – Vakbl. Biologen 26: 82–86.

Pure and applied science are fundamentally different. Planning hinders a proper development of free scientific research led by curiosity, which trives particularly well in the older centres of learning, and should be enabled to be conducted in isolation if necessary.

This paper was written in defense against M. Polanyi, The planning in science, Political Quarterly, reprinted as Occasional Pamphlet no. 4 (Feb. 1946) of the Society for Freedom in Science at Oxford [not seen].

[See 1948g.] — V. 121

1946b. **Evolutie / Een Poging tot Synthese in Algemeen Begrijpelijke Vorm.** – (Universitaire Pers; Leiden), 92 p., 1 + 10 fig.

Elaboration of six lectures on evolution for the Studium Generale at Leiden University, during the 1945–1946 term, and of one address to open the 8th congress of science students in The Netherlands, held at Leiden in the Easter holidays of 1946. Dedicated to the memory of L.M.R. Rutten, palaeontologist at Utrecht, who in 1941 declared that an explanation of phylogenetic trends will, if ever, be found in living organisms, not in fossils.

Contents of the chapters:

1) Introduction. Phylogenetic trees and other important concepts.

2) Evolution as a series of facts which together are convincing, as the life cycle of an oak can be read in an oak forest. The fossil record as a sample of macro-evolution. Slow speciation in animals.

3) Variability. Graphs of Quételet. Phenotype and genotype, with regard to selection.

4) History of investigations. Quotations from Linnaeus show a shift in his opinions about species constancy. Lamarckism: environment is decisive. Cuvier's theory of catastrophes. Orthogeneses beyond utility, Darwin and Wallace: selection, competition, isolation; openness of these processes to experiment. Bishop Wilberforce defeated by T.H. Huxley. Extreme Darwinism gave way to neo-Lamarckism. Rediscovery of Mendel's work. Neither mutations (De Vries) nor hybridization (Lotsy) added materially to our understanding of evolution. Genetics and ecological taxonomy are discussed. Differentiation in each group of animals greatest in one period, smaller in all others. Autogenesis is discussed. Gap between macro- and micro-evolution still very large. Holism, metaphysics, and materialism are mentioned; author prefers a materialistic monism.

5) 'Synthesis': a summarizing list of the (sometimes conflicting) viewpoints.

6) Related problems. Dollo's 'law of loss', and atavism in zoology, in relation to orthogeneses. Complex phenomena like mimicry in *Ophrys* (Orchidaceae) and pollination in *Aristolochia* (Aristolochiaceae).

7) Concluding reflections. Evolution seems inherent to all matter, an enclave in the continuum of lifelessness. Viruses may be a link. Significance of W.C. Darrah's 'foreshadowing of coming characters'. Imaginary confrontation between a materialist and a metaphysicist. Neither wins, as the concept of causality is elusive. Time differs in magnitude between macro- and micro-evolution. Hereditary adaptation to environment is crucial but unexplained. Lack of specialization is the strength of man in evolution. Man's mind and culture are also subject to evolution; in civilization, orthogeneses

can be detected. Manipulation of chromosomes may help to improve man's ingenuity. We oscillate between science and religion.

Review in Vakbl. Biologen 27: 128 (1947) by M.J. Sirks. — V. 119

1946c. **A letter from the editor.** – Blumea Suppl. 3: 1–3 + portr.

To J.Th. Henrard, longtime staff member of the Rijksherbarium, born on 16 October 1881 and now retiring, to whom this volume is dedicated. A pharmacist by training, he specialized in grasses, nomenclature, and the regional flora.

[Subsequent papers in the same volume give more details and a bibliography.] — V. 120

1946d. **A Dutch tribute to Merrill's work.** – Natuurwet. Tijds. Ned. Ind. 102: 153–155.

In honour of E.D. Merrill's 70th birthday. He understood that Macassar Strait as a plant-geographic demarcation must have been outflanked in the North and South by migration tracks, and he gave the name Wallacea to the geologically unstable area between the Sunda- and the Sahul-shelf. His talent for organisation of work and facts, and interpretations of old botanical works are commemorated. "The Malaysian Linné and the Rumphius of our days." — V. 118

1946e. **Rijksherbarium Leiden / Herbarium Lugduno-Batavum / Verslag van den directeur over het tijdvak 1 September 1945 – 31 Augustus 1946.** – (Rijksherbarium; Leiden), 19 p. [mimeographed].

Annual report of the director.

1947

1947a. **In memoriam Dr. J.J. Smith.** – Vakbl. Biologen 27: 17–18.

Obituary. Joannes Jacobus Smith, born on 29 June 1867 at Antwerp from Dutch parents, died 14 January at Oegstgeest [near Leiden]. After some schooling in Holland he went into horticulture. At Treub's bidding he went to Bogor in 1891, eventually to become Keeper of the Herbarium; in 1924 he returned to Holland. A man of great modesty, a superb photographer. His nearly 450 papers mostly deal with orchids, which he described in minute detail. Honorary doctor of Utrecht University in 1910. — V. 122

1947b. **E.V. Wulff, An Introduction to historical Plant Geography, translated from the Russian** (1943). – Vakbl. Biologen 27: 46.

Review, appreciative, although literature coverage is necessarily uneven.

1947c. **Over het geografisch en oecologisch verband der voornaamste plantenformaties.** – Biol. Jaarb. Dodonaea 14: 73–87, 2 fig.

Outlines of a system of the world's vegetation types, to be elaborated in a future textbook [which was never published]. It is based on A.F.W. Schimpers main subdivision into forest, grassland and desert, as worked out by H. Brockmann-Jerosch and E. Rübel, and for the tropics also on J. Burtt Davy's work. A list of 55 main types is given, followed by a discussion on tree limits. Differences between West and East sides of continents are given in a diagram; so are water/temperature relations with regard to vegetation types. — V. 123

1947d. **Rijksherbarium Leiden / Herbarium Lugduno-Batavum / Verslag van de directeur over het tijdvak 1 September 1946 – 31 Augustus 1947.** – (Rijksherbarium; Leiden), 23 p. [mimeographed].

Annual report of the director.

1948

1948a. **Classification and the New Morphology.** – Acta Biotheoretica 8: 107–154, 19 fig.

Elaboration of a lecture to the British Association for the Advancement of Science, at Dundee, on 28 August 1947*.

In a brief historical account, the tendency in botany from 1850 onwards, to look towards organisms lower-placed in the systems for the solution of morphological and taxonomic problems, is followed and emphasized.

Leaves are either enations or axile systems; the latter are far more successful, although the leaf in the Lycopsida is still lacking an interpretation. Primitivity of dichotomies is asserted. In accordance with an analytic approach called 'the New Morphology' by H. Hamshaw Thomas (1932), vegetative and reproductive structures are viewed as (combinations of) sterile and fertile telomes. This concept is worked out for the main groups of vascular plants. The term stegophyll is proposed for a structure which secondarily subtends or protects a sporangium (p. 123).

B. Sahni's concepts of Stachyospermae and Phyllospermae (1921) are extended and renamed Stachyosporae and Phyllosporae. In the former, more primitive, the sporangia are placed at the end of axes; in the latter, more derived, they are placed on leaf-like structures.

On the basis of this distinction, a new system for the Cormophyta is proposed, in the form of a key with systematically contrasted characters.

* In the journal of the Association, Advancem. Sc., neither the text of the lecture nor an abstract was printed.

Thus are distinguished 4 main groups, viz Eo-, Palaeo-, Meso-, and Neocormophyta, with altogether 9 classes, of which the names mostly end in -opsida; none of them is treated in detail.

A. Engler's Protangiospermae is newly defined as a group, to contain the Gnetales, *Casuarina* and, provisionally, *Sarcopus* [but see 1959b]. A comment on *Sarcopus* is given on p. 151 in a note.

No claim to originality is made. Anatomy and ontogeny are admittedly neglected. Homage is paid to F.O. Bower, O. Lignier, and H. Potonié. — V. 124

1948b. **De invloed van de "nieuwe morphologie" op de indeling der Cormophyten.** – Vakbl. Biologen 28: 3–15, 2 fig., 27–39 [Reprint paged 1–25].

Dutch version of 1948c, with fewer illustrations and references. — V. 126

1948c. **A new system of the Cormophyta.** – Blumea 6: 282-289, 1 fig.

The system is presented as in 1948b, slightly amended. A comparison is made with that of R. Wettstein (1935); diagram given. Terms are explained. H. Hallier f. (1902) is credited for having perceived the nature of plants as essentially consisting of telomes. Obsolete names and origin of some current ones are discussed.

[In an ensuing paper, distributed together with this one in a common wrapper, L. van der Hammen (Blumea 6: 290–301, 49 fig. 1948) reports on dichotomies found by him in many plants, listed by organ. Conclusions are drawn to the effect that the pattern of stachy- and phyllospory in angiosperms is more intricate than was at first expected.] — V. 128.

1948d. **Burseraceae.** – In C.A. Backer, Beknopte Flora van Java (nooduitgave) VIB, fam. 147: 1–6. – (Rijksherbarium; Leiden) [mimeographed].

Taxonomic treatment for Java: 4 genera, 10 species. In Dutch.

1948e. **Sapotaceae.** – In C.A. Backer, Beknopte Flora van Java (nooduitgave) VII, fam. 166: 1–11. – (Rijksherbarium; Leiden) [mimeographed].

Taxonomic treatment for Java: 9 genera, 18 species. In Dutch.

1948f. **Geografie der planten.** – In Eerste Nederlandse Systematisch Ingerichte Encyclopaedie [ENSIE] 5: 227–233, 8 fig.

Article in a high-quality encyclopaedia. Plant geography in Carboniferous, Mesozoic, Tertiary, Quaternary; palynological history of The Netherlands. The 6 main floristic kingdoms, after A. von Hayek, are outlined. — V. 125

1948g. **Naschrift op het artikel van Dr. D. Mulder.** – Kameleon / Orgaan der Leidse Biologen Club 7(3): 22–23.

Cooperation between pure and applied science is desirable, provided the former is given its due.

In reply to a paper by D. Mulder in the same issue on p. 19–21, who discussed 1946a, emphasizing the value of applied science. — V. 127

1948h. **Sarcospermaceae.** – Flora Malesiana i 4: 32–34, 1 fig.

Taxonomic treatment for Malesia. The only genus is *Sarcosperma*, with 2 species. — V. 129

1948i. **Botany.** – In B.J.O. Schrieke (ed.), Report of the scientific work done in The Netherlands on behalf of the Dutch overseas territories during the period between approximately 1918 and 1943 (North Holland; Amsterdam) p. 44–59.

Account of published work in 10 categories, systematics being the most substantial. The value of this paper is limited owing to the constraint expressed in the title, requiring that the work was done within The Netherlands.

1948j. **Rijksherbarium Leiden / Herbarium Lugduno-Batavum / Verslag van de hoogleraar-directeur over het tijdvak 1 September 1947 – 31 Augustus 1948.** – (Rijksherbarium; Leiden), 27 p. [mimeographed].

Annual report of the director.

1949

1949a. **Opmerkingen over een reis naar de Stille Zuidzee.** – Kameleon [journal of the society of Leiden students of biology] (May 1949) p. 1–7, (July 1949) p. 1–5 [mimeographed].

Popular account of the 7th Pacific Science Congress in New Zealand, early in that year. — V. 135

1949b. **Flora Malesiana, Series I, vol. 4, part 1** (1948). – Tijds. Kon. Ned. Aardr. Gen. ii 66: 587–589.

Review, on the occasion of the first published part, explaining the scope of the whole work. — V. 137

1949c. **Leerboek der Algemene Plantkunde, onder redactie van Prof. Dr. V.J. Koningsberger en Prof. Dr. E. Reinders, deel I, 2e druk** (1949). – Vakbl. Biologen 29: 189–191.

Review of the new edition of the textbook dealt with in 1944b, now thoroughly revised and forged into an entirety. Reinders, the chief author of the volume under review, is an experienced teacher, now a professor at Wageningen. New ideas are cautiously incorporated. The wording is sometimes peculiar. Some minor points of criticism are made, but admiration prevails.

[See also 1965c].

1949d. **Biosystematiek: over indelingseenheden in de natuur.** – Hand. 31ste Ned. Nat. Geneesk. Congr. 1949, p. 111–112 [Reprint paged 1–2].

Summary of a lecture printed in full in 1949f. — V. 130

1949e. **Natuurwetenschap in de Stille Oceaan.** – Leids Universiteitsblad 15 (parts in the issues of 21 October, 4 November, 18 November, 16 December; each issue separately paged) [Reprint from re-arranged letterpress and without the headlines, pages 3–16].

An account on science in the Pacific, for the Leiden University public. History of research efforts by Pacific nations, in view of the world's turmoils, and what is going on nowadays. Roles of Japan and the United States. The Pacific Science Board and its Standing Committees, the South Pacific Commission, its headquarters in New Caledonia, and some information about the Institut Français d'Océanie. Business of the 7th Pacific Science Congress in New Zealand; its recommendations for research. The Pacific: a world in motion! — V. 134

1949f. **Biosystematiek: over indelingseenheden in de natuur.** – Biol. Jaarb. Dodonaea 16: 144–156.

On the value of taxa in nature. Taxonomy as a method is applicable to all sorts of objects. A natural system is an ideal. What we classify is the genome of the life cycle of organisms. Discontinuities are real, so are taxa. Less clear are the limits between the ranks. The species level, where hybridization possibilities end, separated macro- from micro-taxonomy, with their different methods. That discontinuities start small and subsequently widen, is unproven but likely. Above the species level, loss of genetic potential is predominant. Preserved material permits only macro-taxonomy, with 'wide' species; efforts to penetrate with macro-methods the field of micro-taxonomy are futile. What is a species, differs from case to case, since different mechanisms give rise to species. — V. 131

1949g. C.J. van der Klaauw, H.J. Lam & G.O.E. Lignac, **Woord vooraf.** – In Eerste Nederlandse Systematisch Ingerichte Encyclopaedie [ENSIE] 6: 1.

The three editors of this volume in a high-quality encyclopaedia, devoted to Biology, Anthropology, Medicine, and Pharmacy, briefly explain the scope.

1949h. **Theoretische systematiek, nomenclatuur, verwantschapsbetrekkingen, taxogenese.** – In Eerste Nederlandse Systematisch Ingerichte Encyclopaedie [ENSIE] 6: 28–37, 3 fig.

Article [see 1949g] explaining the principles of taxonomy, nomenclature, affinities, and species concepts. — V. 136

1949i. **Morfologie der planten.** – In Eerste Nederlandse Systematisch Ingerichte Encyclopaedie [ENSIE] 6: 37–48, 8 fig.

Article [see 1949g] explaining the history of plant morphology; giving the classes of plants with numbers of families, genera and species; reproduction in thallophytes; structure of cormophytes; racemose and cymose inflorescences; flower structure; fertilization. — V. 136

1949j. H.J. Lam & V. Westhoff, **Inleiding.** – In Eerste Nederlandse Systematisch Ingerichte Encyclopaedie [ENSIE] 6: 127–129.

Introduction on plant ecology and -geography [see 1949g]. — V. 136

1949k. **Floristiek.** – In Eerste Nederlandse Systematisch Ingerichte Encyclopaedie [ENSIE] 6: 129–136, 14 fig.

Article [see 1949g] on plant areas in the course of time, migration, endemism. — V. 136

1949l. **Formatiekunde.** – In Eerste Nederlandse Systematisch Ingerichte Encyclopaedie [ENSIE] 6: 149–157, 6 fig.

After a brief introduction on p. 143, this article [see 1949g] deals with F.H.A. von Humboldt as a pioneer in geobotany; drought and cold as factors in limits of vegetation; forests, grassland, deserts, epiphytes, secondary vegetation, water plants. — V. 136

1949m. **Evolutieleer.** – In Eerste Nederlandse Systematisch Ingerichte Encyclopaedie [ENSIE] 6: 181–190, 4 fig.

Article [see 1949g] on evolution. Mechanicism vs. vitalism discussed; scepticism and probability; differentiation; fossils; orthogeneses; macro- and micro-evolution; Lamarckism; Darwinism; mutation; what is a gene?; innate striving for perfection; phylogenetic trees; influence of the environment. — V. 136

1949n. **Fylogenie der planten.** – In Eerste Nederlandse Systematisch Ingerichte Encyclopaedie [ENSIE] 6: 190–197, 6 fig.

Article [see 1949g] on plant phylogeny, dealing with the telome theory and related theories, stachyo- and phyllospory, followed by a brief discussion of the possible origin of all main groups. — V. 136

1949o. **Voorrede.** – In E.D. Merrill, De Plantengroei van de Maleise Archipel, transl. J.Th. Koster (Sijthoff; Leiden), p. 7–12.

Preface to the Dutch translation of *Plant Life of the Pacific World* (1945). This book was written on instigation of the U.S. army to make soldiers interested in their temporary new environment, and to stimulate them towards amateur biological work. A sketch of Merrill's life is given, with his merits for Malesian botany; in 1938 he became an honorary member of the K.N.B.V. and K.N.A.G., and in 1948 was appointed by the Queen as Officer in the Order of Oranje-Nassau.

Lam arranged for the original text to be translated and adapted to Indonesian conditions.

1949p. **Rijksherbarium Leiden / Herbarium Lugduno-Batavum / Verslag van de hoogleraar-directeur over het tijdvak 1 September 1948 tot en met 31 augustus 1949**. – (Rijksherbarium; Leiden), 29 p. [mimeographed].

Annual report of the director.

1950

1950a. **Flora Malesiana, vol. 4, part 1** (1948). – Blumea 6: 544–545.

Review. History and scope of the work. Contents of this instalment. — V. 145

1950b. **Flora Malesiana, Series I, vol. 4, part 2** (1949). – Blumea 6: 545.

Review. Contents of this instalment. Praise for H.C.D. de Wit's chapter on the History of Malaysian Phytography. — V. 145

1950c. **Toespraak van Prof. H.J. Lam bij de begrafenis van Mej. Hingst.** – Orgaan van de Vereniging van Oud-leerlingen der Meisjes-tuinbouwschool "Huis te Lande". Herdenkingsnummer bij het overlijden van Mejuffrouw Hingst, p. 2–3.

Speech at the funeral of the first director of the Horticultural School for Girls, Miss J. Hingst. Some biographical details, her strength of chracter and idealism.

1950d. **Het voetspoor van Mauri en Pakeha.** – Natuur en Techniek 18: 244–248, 4 fig.

History of New Zealand, destructive influence of man on the vegetation, slow progress of conservation. Pakeha is Maori name for white man. Popular account for the general public. — V. 143

1950e. **Land, volk en wetenschap in de Stille Oceaan (Nieuw Zeeland, Fiji, Nieuw-Caledonië, Hawaii).** – Natuurk. Voordr. Maatsch. Diligentia 's-Gravenhage 1949–1950, p. 85–125, 15 fig.

Elaborated text of a lecture for a well-educated public. Development of science in the Pacific Basin. New Zealand: physiography, vegetation, flora, plant geography and the work of C. Skottsberg, role of Antarctica, relations with Malesia exemplified by areas of *Euphrasia* (Scrophulariaceae) and *Nothofagus* (Fagaceae), some notes on the fauna, the declining culture of the Maoris, degradation of nature by man, tourism. Some sources are listed. — V. 133

1950f. **Het Zuidpoolland als schakel tussen vastelanden.** – Natuur en Techniek 18: 379–384, 6 fig.

Antarctica as a plant-geographic link between continents, with special reference to New Zealand. Popular account. — V. 144

1950g. **Proeve ener plantengeografie van Celebes.** – Tijds. Kon. Ned. Aardr. Gen. ii 67: 566–604, 3 fig. + 7 phot.

Brief history of botanical exploration in Celebes. Outlines of the vegetation, in relation to drought. Floristic notes, by region; many common species are named.

Historical plant geography is dealt with; earlier work is reviewed, with comments by the geologist R.W. van Bemmelen.

Summary in English on p. 601–604. [Partly a recapitulation of 1945e.] — V. 140

1950h. **Evolutie in de biologie.** – In W. Banning e.a. (ed.), Encyclopaedisch Handbook van het Moderne Denken, 3rd ed. p. 242–249. (Van Loghum Slaterus; Arnhem.) [Reprint paged 1–7.]

Difference between evolution and systematics. Lamarckism, Darwinism (now unified); genetics; mutations; hybridization. The genome is primary, the environment secondary. Problems: the direction of evolution, the genetic processes, relation between macro- and micro-evolution.

[Exposé for an educated public.] — V. 138

1950i. **Systematiek.** – In W. Banning e.a. (ed.), Encyclopaedisch Handboek van het Moderne Denken, 3rd ed. p. 726–731. (Van Loghum Slaterus; Arnhem.) [Reprint paged 1–5.]

Historical sketch of the philosophy and methods of systematics. The foundation lies at micro-level. While taxa have reality, the ranks are artificial.

[Exposé for an educated public.] — V. 142

1950j. **Nederlands Nieuw-Guinee op de tweesprong.** – (Centrale Vaderlandse Kring; Schiedam), 18 p.

Pamphlet making a plea for the retention of western New Guinea, which had been exempt from the transfer of sovereignty to Indonesia.

The declared aim is the good of the people, impartially to be administered. Looking at the past, it is held that the 'Leiden school' of colonial administration exerted a progressive idealistic influence in Indonesia; in practice, this met with difficulties, and ran counter to conservatism in the business sector. Lack of a synthesis resulted after World War II in an ambiguous government policy, which was insufficiently corrected by the Dutch State.

Looking at the future, it is held that Indonesia will colonize New Guinea. The danger of communism looms over Indonesia; the wisdom of the United Nations may prevent this. The Netherlands faces a noble challenge to civilize unspoilt New Guinea, with positive effects on economy and morale in the homeland. — V. 139

1950k. **Organisatie** [p. 211–212]; **Sectie Systematiek van Phanerogamen** [p. 213–214]. In J. Lanjouw, Het zevende internationale botanische congres te Stockholm. – Vakbl. Biologen 30: 209–232.

Contributions to a report on the 7th International Botanical Congress, where Lam chaired the section on taxonomy of phanerogams and delivered a lecture [elaborated in 1950l]. He also reported on the organization of the congress.

1950l. **Stachyospory and phyllospory as factors in the natural system of the Cormophyta.** – Svensk Bot. Tidsk. 44: 517–534, 2 fig. + 1 fig.

Application of these concepts to the angiosperms. Across dicots and monocots, orders are grouped under Angiospermae Stachyosporae (4 categories), and Angiospermae Phyllosporae (2 categories).

H. Neumayer (1924) is credited with similar thoughts; other arguments to disclaim originality are also forwarded.

[In author's personal reprint, photographs are inserted with corrections to the main illustrations.] — V. 141

1950m. **Preface.** – Flora Malesiana i 1: vii–viii.

This volume, the Cyclopaedia of Collectors, is a link with past and future scientific endeavours. The importance is stressed of observing Malesia's natural floristic boundaries. Natural and cultural heritage of Indonesia, now independent; the wisdom to proceed on this work. Practical value of the Flora, which is recommended as a worthy enterprise.

[A passage in praise of H.C.D. de Wit, History of Malaysain Phytography in Volume 4, was cancelled by the Editor.]

1950n. **Rijksherbarium Leiden / Herbarium Lugduno-Batavum / Verslag van de hoogleraar-directeur over het tijdvak 1 September 1949 tot en met 31 Augustus 1950.** – (Rijksherbarium; Leiden), 31 p. + table [mimeographed].
Annual report of the director.

1951

1951a. **Over de aard en het ontstaan van natuurlijke eenheden van organismes.** – Ned. Tijds. Geneesk. 95: 1118–1120.
Summary of a lecture [largely similar to 1950h]. — V. 147

1951b. **Introduction au problème de l'évolution.** – Compt. Rend. Soc. Néerl. Zoologie, janvier 1949-décembre 1950, p. 568–571.
A lack of synthesis prevails in thinking on evolution, namely between genetics, paleontology, taxonomy, and ecology, also between macro- and micro-evolution. Causality must perhaps be reviewed in a super-causal order.
French summary of a lecture held at Utrecht at a symposium on evolution. — V. 132

1951c. **Opening van het academisch jaar – Faculteit der Wis- en Natuurkunde, 4 October 1951.** – (Rijksherbarium; Leiden), 15 p. [mimeographed].
Address of the Dean of the Faculty of Science to the freshmen, to open the academic year in the Faculty.
The value of critical doubt is explained. In the university we play intellectually, under the strictest rules, for the sake of science. The distinction between humanities and sciences is set forth, both having knowledge of man as their highest aim. Academic elders are fellow-players. In view of the triad: matter, life, and spirit, a brief characteristic is given of physics, geology, biology, pharmacy, and medicine. In the academic universe, freedom and harmony prevail. The ultimate goal of it all is summed up in the Chinese proverb: Seek the happiness of mankind / Discover the secret of the universe. — V. 148

1951d. **Rijksherbarium Leiden / Herbarium Lugduno-Batavum / Verslag van de hoogleraar-directeur over het tijdvak 1 September 1950 tot en met 31 Augustus 1951.** – (Rijksherbarium; Leiden), 31 p. [mimeographed].
Annual report of the director.

1952

1952a. H.J. Lam & P. van Royen, **Revision of the Sapotaceae of the Malaysian area in a wider sense, II. Burckella Pierre.** – Blumea 6: 580–593, 3 fig.

In supplement to an earlier revision [1942c], a new key is given, a discussion on affinities and distribution, and altogether 11 species are now recognized. Indexes to specimens and names are given. — V. 155

1952b. **Flora Malesiana, Vol. 1** (1950). – Blumea 6: 596.

Short review, about the scope of the work, and the careful preparation. — V. 158

1952c. J.Th. Koster & H.J. Lam, **Taylor, William Randolph, Plants of Bikini and other northern Marshall Islands** (1950). – Blumea 6: 596–597.

Review. Scope of the work, some facts, also on cryptogams, are related. — V. 159

1952d. **L'évolution des plantes vasculaires.** – Année Biologique 28: C 57–C88, 18 fig.

Text of a lecture, with ensuing discussion, at the Colloque International on evolution held at Paris in May 1952.

On the basis of eight ways of modification among telomes, phylogeny is discussed, for the main groups of cormophytes, stachyo- and phyllosporous. The ligule in the Lycopsida is interpreted as the vestige of a double dichotomy.

Stachyospory holds a potential towards phyllospory, the latter being a mixed condition of fertile and sterile telomes. Stachyospory prevails in the Monochlamydeae (whose flowers were hitherto regarded as pseudanthia), phyllospory prevails in the Polycarpicae and their derivatives. Axile placentation points to stachyospory, marginal placentation to phyllospory. Parietal placentation is explained by a fusion of an axis with its supporting stegophyll. *Najas* (Najadaceae) seems typically stachyosporous.

The criticisms of A.J. Eames are hardly applicable, since they ignore dynamic typology, an attitude which leads to absurdities.

References 29. Discussion animated. — V. 152

1952e. **Colloque International sur l'évolution végétale.** – Vakbl. Biologen 32: 135.

Report of this pleasant and fruitful meeting, held at Paris [where the text of 1952d was delivered].

In Dutch. — V. 149

1952f. H.J. Lam & P. van Royen, **Concise revision of the Sarcospermataceae.** – Blumea 7: 148–153, 1 map.

Key to all 7 species, and new observations on Paris material from SE. Asia. — V. 151

1952g. A.M. Husson & H.J. Lam, **Revision of the Burseraceae of the Malaysian area in a wider sense** [Announcement of this series on p. 154], **III. Scandent Burseraceae (Dacryodes and Canarium).** – Blumea 7: 163–167, 1 fig.

Canarium acutifolium is listed as climbing, on authority of a collector, so is *D. scandens*, new species, compared with *D. rugosa* var. *virgata*. [See Fl. Males. i 5: 282 (1956).] — V. 153

1952h. A.M. Husson & H.J. Lam, **Revision of the Burseraceae of the Malaysian area in a wider sense, IV. Dacryodes in New Guinea.** – Blumea 7: 167–170, 1 fig.

One new species is described and named; one incompletely known described but not named. — V. 154

1952i. **G. Erdtman, Pollen Morphology and Plant Taxonomy – Angiosperms (An Introduction to Palynology. I).** – Blumea 7: 305–306.

Review. Scope of the book explained. Criticism of elaborated terminology. Relative value of palynology for taxonomy. — V. 157

1952j. **De coniferenkegel / Een boeiend hoofdstuk uit de dynamische typologie.** – Pharmaceutisch Weekblad 87: 619–626, 2 fig.

History of interpretation of the female cone of the Pinaceae. R. Florin's solution is accepted, and acknowledged as a corollary of the telome theory.

[In the author's personal reprint, fig. 2 is replaced by a photograph of a modified version, printed in 1954d, fig. 1.] — V. 150

1952k. **Wat, waardoor, waarom?** – (Rijksherbarium; Leiden), 12 p. [mimeographed].

Address by the Dean of the Faculty of Science to the freshmen, to open the academic year in the Faculty.

All citizens of the academic community struggle and often fail, nevertheless keep reaching for the truth, however elusive. The true university aims at shaping personalities in wisdom. Value of the 'Studium Generale'.

The three stages in research are: what? how? why? Observation is a cardinal activity. Cause and purpose are not to be confused. Between opposite ideas, a synthesis is often needed, under guidance of metaphysics in science, and of religion in the humanities. The former has failed to understand spirit, the latter to understand matter. Above them, there must be a superior unifying principle. To the scientist, God is the ultimate axiom; this is clarified with regard to the question: why is the sky blue? Special reference is made to C.F. von Weizsäcker, The History of Nature [transl. 1951]. — V. 156

1952l. **Rede van de decaan van de faculteit der wis- en natuurkunde (H.J. Lam).** – Meded. Civitas Academica Lugduno-Batava (October 1952), p. 2–6, portr.

Address to honour W.A. Goddijn, from 1909 to 1934 on the Rijksherbarium staff, then to become professor of pharmacy, now retiring.

1952m. **Rijksherbarium Leiden / Herbarium Lugduno-Batavum / Verslag van de hoogleraar-directeur over het tijdvak 1 September 1951 tot en met 31 Augustus 1952.** – (Rijksherbarium; Leiden), 30 p. [mimeographed].

Annual report of the director.

1953

1953a. **Dynamic paleontology.** – Compte Rendu 3ième Congrès Stratig. Géol. Carbonifère, Heerlen 1951, p. 385–395, 5 fig.

Evolution, phylogeny, genealogical tree, typology &c. defined. Gap between research on macro- and micro-evolution. The rise of new large groups is hardly mysterious. Processes in the telome theory, like fusion, webbing, &c. described for some groups of cormophytes. An analytic terminology of organs needs acceptance. Stachyo- and phyllospory are two ancient trends in angiosperm phylogeny; commonly accepted characters do not always hold perfectly. — V. 146

1953b. **Een merkwaardige parallel.** – Oost en West 46: 7–11, 8 fig.

Analogies between Madagascar and New Zealand, in position, winds and currents, precipitation, the big birds *Aepyornis* and *Diornis*, population immigrating from the Northeast. Influence of T. Heyerdahl's Kon Tiki theory acknowledged.

[Popular story for a wide public.] — V. 160

1953c. H.J. Lam & P. van Royen, **Proposal no. 19.** – Taxon 2: 12.

To conserve the name *Manilkara* over *Achras* (Sapotaceae). — V. 161

1953d. S.T. Blake, H.J. Lam & P. van Royen, **Proposal no. 20.** – Taxon 2: 112–113.

To conserve the name *Planchonella* over *Hormogyne* (Sapotaceae). — V. 161

1953e. **Voorspel tot de welvaart.** – Elseviers Weekblad (3 October) p. 3, 3 phot.

History of botanical exploration in New Guinea, which necessarily preceded exploitation and prosperity.

[Article series in the nation's leading conservative weekly. Followed by 1953f and g.]

1953f. **De flora wijst Mercurius de juiste weg.** – Elseviers Weekblad (10 October), p. 15, 1 phot.

Recent exploration in New Guinea. The Forestry Service.

[Continuation of 1953e.]

1953g. **Geheimen van Guinea.** – Elseviers Weekblad (17 October), p. 7.

Surprising botanical discoveries in New Guinea illustrate the great task ahead of us.

[Conclusion of 1953e and f.]

1953h. **Report of Standing Committee on Pacific Plant Areas.** – Proc. 7th Pac. Sc. Congr. [New Zealand] 5: 5–12 [Reprints paged 1–8].

After the author at the 1939 Congress had set up this committee, war prevented activities, although E. Quisumbing in Manila made some efforts.

The plan is to compile maps of genera from monographs, "in as far as their areas may be considered significant in relation to their history." The 164 taxa of which maps have been prepared are listed under 8 main categories.

[Next report in 1957i.] — V. 162

1953i. A.M. Husson & H.J. Lam, **Revision of the Burseraceae of the Malaysian area in a wider sense, V. Haplolobus.** – Blumea 7: 413–458, 15 fig.

Based on (yet insufficient) material from 12 Herbaria. Recognized are 21 species, with many novelties and a few reductions. The area extends from Borneo to Samoa. A complete key is given, and many critical notes, an index to specimens and one to names.

[See also 1955f.] — V. 163

1953j. **Dr. D.F. van Slooten†.** – Blumea 7: 473–474.

Obituary. Lived 1891–1953. Took his Ph.D. with A.A. Pulle at Utrecht early in 1919, then went to Bogor where he became Keeper of the Herbarium in 1931, sometime acting director of the Botanical Gardens, and Director from 1 January 1949 to 1 February 1950, the last Dutchman to hold this post.

His work, mainly on the taxonomy of the Dipterocarpaceae, was meticulous and reliable. He knew his limits as a scientist and as a person, but within these he stood firm, in strict honesty and impartiality, living up to his motto: Quidquid agis, prudenter agas et respice finem. — V. 164

1953k. **Good, R. The Geography of the Flowering Plants, 2nd ed.** (1953). – Blumea 7: 474–475.

Review. Something between a textbook and a handbook, improved after the first edition. Well-founded, and up to date. Shortcomings minor. — V. 165

1953l. **Rijksherbarium Leiden / Herbarium Lugduno-Batavum / Verslag van de hoogleraar-directeur over het tijdvak 1 September 1952 tot en met 31 Augustus 1953.** – (Rijksherbarium; Leiden), 40 p. [mimeographed].

Annual report of the director.

1954

1954a. **Exploratie van een uitgestrekt floragebied.** – Elseviers Weekblad (6 March), p. 5, 2 phot.

Article in weekly [see 1953e] on the departure of P. van Royen to western New Guinea for botanical field work. Support from various sources is acknowledged.

1954b. **Nesoluma and Planchonella from the Hawaiian Islands (Sapotaceae).** – Occ. Pap. Bish. Mus. 21: 209–212.

In either genus, one species; a few infra-specific taxa. [Supplements 1938j and 1942c.] — V. 170

1954c. **De exploratie van het plantenkapitaal.** – Elseviers Weekblad (3 April) p. 7, 2 phot.

Method of collecting plants; use of a Herbarium, with special reference to New Guinea.

[This article bears the number 2. The first must be 1954a, since in between no other article by Lam was found by the weekly's archivist.]

1954d. **Again: the New Morphology – elucidated by the most likely phylogeny of the female coniferous cone.** – Svensk Bot. Tidskr. 48: 347–360, 1 fig.

I. The theory of Stachyospory and Phyllospory, viewed as an extension of the telome theory. In retrospect, reactions are evaluated. Misunderstanding arose through 1) and undue emphasis by the critics on angiosperms, "which admittedly form the weakest link in my theory", 2) refutation of a phylogenetic theory with ontogenetic arguments.

As opponents are named I.W. Bailey, H. Baum & W. Leinfellner, J.E. Canright, A.J. Eames, L. van der Pijl, W. Rothmaler, R. Soó, and C.L. Wilson; their objections are discussed. Sympathetic authors are briefly mentioned.

II. The phylogeny of the female coniferous cone [much like 1952j]. Again, a tribute is paid to R. Florin who solved the problem. However, "he is, in some cases, attached to – one would even say, dominated by – the antiquated (and often hesitating) terminology, even to the extent of causing confusion." Moreover, he "in his concluding chapter, only hesitatingly applies the telome theory." The unbroken series of steps towards the present conifer cone represents a fine orthogenesis.

References 35. — V. 166

1954e. **Evolutie.** – Natuur en Techniek 22: 420–422.

Essay review of J.S. Huxley, Evolution in Action (1954) which centres on man. His views are democratic, anti-dogmatic, anti-totalitarian. God is rather the creation than the creator. — V. 168

1954f. **Antarctica: the craddle of angiosperms?** – Vegetatio 4: 431–436.

Review of L. Croizat, Manual of Plant-Geography (1952). Extensive and varied criticism of style, method, and facts; some admiration for the human aspects, but fundamental disagreement. — V. 167

1954g. **A new Premna (Verbenaceae) from New Guinea.** – Blumea 7: 553–556, 2 fig.

Premna brongersmai. [Author's personal reprint bears the inscription "= *P. cowanii*".] — V. 171

1954h. **Holttum, R.E., Plant Life in Malaya.** – Blumea 7: 622.

Review, favourable. — V. 173

1954i. **A. Engler's Syllabus der Pflanzenfamilien** (1954). – Blumea 7: 623.

Review of the edition by H. Melchior & E. Werdermann. It is well up-to-date, but in danger of growing out to textbook-size. — V. 172

1954j. **Rijksherbarium Leiden / Herbarium Lugduno-Batavum / Verslag van de hoogleraar-directeur over het tijdvak 1 September 1953 tot en met 31 Augustus 1954.** – (Rijksherbarium; Leiden), 35 p. [mimeographed].

Annual report of the director, with facts on his journey to Australia.

1955

1955a. **In memoriam Prof. Dr. A.A. Pulle.** – Vakbl. Biologen 35: 65–67.

Obituary. 'The master' of the largest school of Dutch plant taxonomists, at Utrecht, was a gifted teacher and talker. Unobtrusively and amicably he strived with tenacity for long-term goals. He created the *Flora of Surinam,* and did much organizing work, effectively and harmoniously. Author is his oldest living pupil. — V. 176

1955b. **Het Rijksherbarium.** – Algemeen Handelsblad, Bijvoegsel ter gelegenheid van het 76ste lustrum van de Rijksuniversiteit te Leiden, p. 20, 21, 3 phot. [photographs 1 and 2 must be interchanged].

The Rijksherbarium is viewed as a 'working museum', the collection as an archive of preserved plants. History, present place of the world's largest Herbaria (9th). Flora of The Netherlands, Flora Malesiana, exploration, cryptogams, identification, teaching; value of systematics.

[A general newspaper article, in an extra on the occasion of the 380th anniversary of Leiden University.] — V. 177

1955c. H.J. Lam, J.H. Boeke, I.M. van der Vlerk & J.A. Beukering, **Kort rapport nopens het IIe congres van de Pan Indian Ocean Science Association (P.I.O.S.A.) / Gehouden 17–24 Augustus 1954 te Perth (W. Austr.).** – Rapp. Afgev. Ned. Reg. Kon. Ned. Akad. Wet. [Amst.] 7: 66–75.

Report on the 2nd PIOSA-congress, to the Royal Netherlands Academy of Arts and Sciences, which had sent the four authors as delegates. After F.A. Vening Meinesz, who was to be the leader of the delegation, was unable to go, Lam took his place, and on 19 August 1954 received an honorary doctor's degree of Perth University.

The 7 sections of the congress are listed. The course of events at the congress is described, and a list of suggestions for improvement given; social affairs and excursions were better organized than was the scientific part. Proceedings in 8 booklets are to be published.

The first PIOSA congress had been held at Bangalore in 1951, a third was planned in Madagascar in 1957. — V. 175

1955d. **Comments on two charts relative to the phylogeny of the Cormophyta, with some remarks of a general nature.** – Acta Bot. Neerl. 4: 410–428, 2 fig.

Chart 1 depicts the author's view on the phylogeny of all groups, with reference to stachyo- and phyllospory, through time. It updates the version in 1948c. Chart 2 shows relations between fertile and sterile telome combinations.

The name Stelophyta is proposed to replace Trache(id)ophyta; under the Cormophyta they should be called Stelocormophyta (as opposite to Astelocormophyta), with prefix Palaeo-, Meso- and Neo- consecutively; the name Eocormophyta is to be dropped.

Work of M. Chadefaud (1952) on algae and of H. Gaussen (1946) on Cycadophyta is discussed, but decisive fossils are lacking. L. Emberger's

Praephanerogamae (1952) do not belong to one and the same phylogenetical line.

The Hydropteridales are dissociated from the Pteridospermales. *Sarcopus* is dropped from the Protangiospermae.

Heterospory evolved independently in different groups. Analogy is but un unknown homology, in manner of speaking.

Angiosperms are admittedly the weakest spot in author's theory, since their flowers have been insufficiently checked with the telome theory, and the old idea about the carpel may be wrong.

Comments are given on Th. Eckardt's well-intentioned work on Phytolaccaceae (1954). Papers by J. Parkin (1955), Th. Eckardt (1955), and A.U. Dänicker (1954/5) are discussed in a postscript.

[On page 428, the 9th line should be the 1st.] — V. 174

1955e. **Nelson, E. 1954. "Gesetzmässigkeiten der Gestaltwandlung im Blütenbereich, ihre Bedeutung für das Problem der Evolution."** – Phytomorphology 5: 475.

Review. A somewhat narrow-based but refreshing book. Morphogenesis is hardly extant as a discipline yet. See also 1955g. — V. 180

1955f. **Revision of the Burseraceae of the Malaysian area in a wider sense, Va. Haplolobus.** – Blumea 8: 175–180, 3 fig.

Some novelties and new records. [Supplement to 1953i. See also 1958b.] — V. 178

1955g. **Flower morphology, a source of evidence for evolution as a physiological process.** – Blumea 8: 195–199.

Essay review of E. Nelson, Gesetzmässigkeiten der Gestaltwandlung im Blütenbereich, ihre Bedeutung für das Problem der Evolution (1954).

The writer, an artist who became a botanist, is praised for his originality of thinking and the quality of his drawings, although he rather ignores phyllospory. His book is rated an important contribution to thought about flower evolution. — V. 179

1955h. **Rijksherbarium Leiden / Herbarium Lugduno Batavum / Verslag van de hoogleraar-directeur over het tijdvak 1 September 1954 tot en met 31 Augustus 1955.** – (Rijksherbarium; Leiden), 37 p. [mimeographed].

Annual report of the director.

1956

1956a. **Haplolobus.** – Flora Malesiana i 5: 238–246, fig. 16.

Burseraceae. Taxonomic revision of only this genus in the family. Recognized are 21 species.

[See also 1958b. P.W. Leenhouts, author-in-chief-of the family, published another revision of this genus in Blumea 20: 283–310 (1972); he ended up with 13 species.] — V. 182

1956b. **Thomas H. Goodspeed, The genus Nicotiana** (1954). – Vakbl. Biologen 36: 57–58.

Review. This book could have been the ideal of J.S. Huxley's New Systematics (1940). Author saw Goodspeed's nursery in California. The latter's far-reaching conclusions on relationships and distribution are summarized. The workings of cytogenetics are clearly shown and greatly contribute to alpha-taxonomy. — V. 183

1956c. **E. Nelson, Gesetzmässigkeiten der Gestaltwandlung im Blütenbereich, ihre Bedeutung für das Problem der Evolution** (1954). – Vakbl. Biologen 36: 71.

Review. Emphasis on orchids, to illustrate flower evolution. Rather Lamarckian and not touching on macro-evolution. An abridged, Dutch version of 1955g. — V. 184

1956d. [Contribution to a discussion, in the form of a letter, with several hand-drawn sketches.] – Trans. Proc. Geol. Soc. S. Afr. 59: 226–232, 5 fig.

To follow a paper by Edna P. Plumstead, On *Ottokaria*, the fructification of *Gangamopteris*, p. 211–236, fig. + pl. 33–39, with expl., wherein the identity is established between the above plants from the Lower Permian and *Glossopteris*, members of widespread flora in Gondwanaland.

In an extensive comment, Lam concludes that, on the evidence supplied in the paper, the Glossopteridaceae must be placed in a monotypic order under the Pteropsida; he rejects an affinity with the angiosperms. — V. 181

1956e. **Rijksherbarium Leiden / Herbarium Lugduno Batavum / Verslag van de hoogleraar-directeur over het tijdvak 1 Sept. 1955 t/m 31 Aug. 1956.** – (Rijksherbarium; Leiden), 49 p. [mimeographed].

Annual report of the director.

1957

1957a. **J. Lever, Creatie en Evolutie** (1956). – Vakbl. Biologen 37: 80–81.

Review. The writer is a Calvinist, who explains 'creationism' as the doctrine of evolution in a world suffused by a personal God. Lam welcomes this vision of an open-minded scientist against a background of religion, to which in some respects he almost feels party.

[On page 81 left column, bottom line, add: '(*Pleurococcus* is)'.] — V. 191

1957b. **Carolus Linnaeus (1707–1778).** – Nieuwe Rotterdamse Courant (18 May) p. 5, 3 fig. [Reprint p. 5–11].

Biographical article in the country's top quality daily. — V. 185

1957c. **Revision of the Sapotaceae of the Malaysian area in a wider sense, IVb. Ganua Pierre ex Dubard (2nd Supplement).** – Blumea 8: 510–513.

Some data additional to previous papers by J. van den Assem (1953, 1954). — V. 187

1957d. M.P.M. Herrmann-Erlee & H.J. Lam, **Revision of the Sapotaceae of the Malaysian area in a wider side** [!], **VIII. Krausella H.J. Lam.** – Blumea 8: 446–451.

Taxonomic monograph, with key, descriptions, notes, and specimens examined (8 in all). Species 4 (one new comb.), and 2 imperfectly known, all from New Guinea. — V. 188

1957e. **Comments on Greguss's phylogenetical tree of plants.** – Blumea 8: 528–532, 2 fig.

A chart published by P. Greguss in his book Xylotomischer Bestimmung der heute lebenden Gymnospermen (1955) is reproduced next to author's one of 1955d. The comment is very critical. [The book was later translated into English.] — V. 186

1957f. **What is a taxon?** – Taxon 6: 213–215.

First use of the term, in 1936j, is recollected. At Utrecht in 1948, during preparations for the Stockholm Botanical Congress, the term was 're-invented'. Author also suggested it as a name for the present journal. Proper use of the term is advocated.

[See also 1938h, 1941a.] — V. 190

1957g. **Welcome and introduction.** – In [Anonymous] Linnaeus Commemorated / 1707 – May 23rd – 1957 (Communication no. 103 from the National Museum for the History of Science, Leyden), p. 5–10.

Address by the President of the Memorial Committee, delivered at the Academic Session in the Town Hall of Haarlem, in translation.

Some details of previous commemorations. Facsimile of the entry with Linnaeus's name in the Album Studiosorum of Leiden University. [See also 1957h.] — V. 189

1957h. **Epilogue.** – In 1957g, p. 33–35.

Closing of the ceremony, at the Hartekamp estate, of which a plan is added depicting the situation of 1736. — V. 189

1957i. **Memorandum on behalf of the Standing Committee on Pacific Plant Areas.** – Proc. 8th Pac. Sc. Congr. [Manila] 4: 9–10.

Sequel to 1953h. Publication of the maps is proposed.

1957j. **Rijksherbarium Leiden / Herbarium Lugduno-Batavum / Verslag van de hoogleraar-directeur over het tijdvak 1 Sept. 1956 t/m 31 Aug. 1957.** – (Rijksherbarium; Leiden), 52 p. [mimeographed].

Annual report of the director.

1958

1958a. **Palaeobotanie als bron van kennis van de morfologie en fylogenie der Cormofyten.** – Hand. 35e Ned. Nat. Geneesk. Congr. Maastricht, april 1957.

Summary of a lecture, on the significance of fossils for phylogeny, exemplified by dichotomies, modes of protection, features of early angiosperms.

1958b. **Revision of the Burseraceae of the Malaysian area in a wider sense, Vb. Haplolobus, a revised revision.** – Blumea 237–272, 6 fig.

New material from New Guinea induced the author to re-examine other specimens, many of which are here assigned to species different from before (listed on p. 271).

Name changes of taxa, 18 in number, are listed on p. 238. Relationships are discussed afresh. A new key is given, and a treatment supplemental to previous papers, now recognizing 17 species. Several new taxa are proposed.

[See also 1956a.]

1958c. **Rijksherbarium Leiden / Herbarium Lugduno Batavum / Verslag van de hoogleraar-directeur over het tijdvak 1 Sept. 1957 t/m 31 Aug. 1958.** – (Rijksherbarium; Leiden), 47 p. [mimeographed].

Annual report of the director, signed by S.J. van Ooststroom, acting director.

1959

1959a. **De Groene Blos onzer Aarde / (Een geleide Droom).** – (Universitaire Pers; Leiden), 24 p., 7 fig. Leidse Voordrachten 32.

Address by the Rector Magnificus of Leiden University at the 384th Dies Natalis, 8 February, (held this year on the 9th).

The biosphere is a green blush on the face of the Earth, a passing feature. Diversity in leaves discussed. Fossils are the key to phylogeny. How plants may have colonized the land. Telomes and their modifications; development of protective structures. There must be a directive principle in living matter.

1959b. **Some fundamental considerations on the "New Morphology".** – Trans. Bot. Soc. Edin. 38: 100–134.

On ovule protection in phylogeny. Some principles are explained anew. Homology grades into analogy.

Work by I. Roth (1957) is discussed, on homology between integuments and fern indusia, but absence of a vein in the latter precludes certainty.

Author's own interpretation of the Psilophyta sporangium (1953a) is withdrawn.

Telome combinations have evolved in the way of equal branching or of overtopping. The concept Mixed Protective Bifurcation Unit is proposed for a combination of sterile and fertile components. The term stegophyll is proposed for an association lately formed of a sporangium and a sterile structure. In the Sphenopsida these gave less adequate protection than in the Lycopsida, hence the better survival of the latter. A Mixed Bifurcation Unit of fertile and sterile elements (e.g. in Ophioglossaceae, Osmundaceae) has no such protective function. Sterile Protective Bifurcation Units, developed as an evolutionary tendency in all phanerogams, protect vegetative buds.

On account of pteridosperms and many gymnosperms, the inner integument is interpreted as a specified and modified telome system; this may hold for all integuments. As early as 1920, H.R.M. de Haan [a pupil of J.C. Schoute at Groningen, who became a medical man] drew conclusions in this direction.

The protangiosperms [see 1948a] are abandoned as a group. *Casuarina* (Casuarinaceae) is placed back in the angiosperms.

A 29-point summary is given on p. 128–132. Many references.

1959c. **Taxonomy / General principles and angiosperms.** – In W.B. Turrill (ed.), Vistas in Botany (Pergamon Press; London), p. 3–75.

Classification is exemplified on vehicles. Difficulties in defining a character are set forth. Terms, their background, connotations, and consequences are discussed. The scope of taxonomy is widening.

The basis of taxonomic work is preserved specimens; phyto-chemistry and experimental taxonomy also have potential. Homology intergrades into analogy. Importance of characters is decided through intuition. The limit between structural and adaptive characters is vague. Whether a feature is primitive or advanced depends on phylogenetic philosophy. The typological method is rooted in Goethe's idealistic morphology; subjectivism endangers interpretation.

The term taxon is explained in its dual meaning of nomtaxon (in the nomenclatural sense) and nattaxon (for an actual group of organisms, of any rank). The polymorphic ('Linnaean') species form a level of demarcation between two taxonomic realms. Keys are important for identification; they clearly differ from systems. Systems should be visualized in three dimensions. Origin of taxa; possibilities in selection discussed.

Fossils are indispensable, but only recent material can provide the basis of a system. Reduction should not be confused with retention of an original state. In reflecting on characters through time, lines should not be confused with levels.

Angiosperms are perhaps not mono-rheithric; authors who advocate this are discussed (for euanthium and pseudanthium), and so are those who adopt a mono-rheithric origin (Lam amongst them). Certain structures may be intermediate between stachyo- and phyllospory, and then are called stachyophylls.

Eight fields of future research are named. References 196.

1959d. **C. Linnaeus, Species Plantarum.** – Blumea 9: 629–630.

Review of the 2-volume edition by W.T. Stearn, published by the Ray Society (1957, 1959).

Background, contents and significance of the Introduction are explained; references to Holland mentioned; some printing errors spotted in the lively and scholarly text.

1959e. **Morfologie en fylogenie der planten.** – Eerste Nederlandse Systematisch Ingerichte Encyclopaedie [ENSIE] 11: 332–333, 1 fig.

Supplement to 1949i and 1949n. Protective Bifurcation Units; stachyo- and phyllospory; derivation of the female coniferous cone.

1959f. **Een persoonlijke herinnering aan Dr. H.J.T. Bijlmer.** – Nieuw-Guinea Studiën 3: 161–165 + portr.

Personal recollections of the late anthropologist who was author's best friend during the New Guinea expedition: "I was immediately charmed by his fresh masculine openness and youthful cordiality." He never quite lost his Amsterdam accent. Born in 1890, he became a medical man at 23, who developed into an anthropologist. A quotation is given from Fragmenta Papuana [1929e], on Bijlmer's taking hair samples from the native population, swapping them for his own, but when on second thoughts they did not want the deal, Bijlmer returned the precious samples as a good loser. He became a high-level organizer of medical care in Indonesia and New Guinea.

In a book on the evolution of man (1946) he expressed his optimistic philosophy. His manner was simple, cordial and straightforward. He difficultly understood the changes of the time.

References to other obituaries are given.

1959g. **Toespraak tot de aanstaande eerstejaars studenten, in de Pieterskerk, op 3 September 1959.** – Meded. Civitas Acad. Lugd. Bat. (September), p. 1–13.

Address of the Rector Magnificus of Leiden University, to the freshmen.

Three dates to remember: 3 October 1574, liberation from the Spanish siege; 8 February 1575, foundation of the University; 26 November 1940, protest against dismissal of Jewish professors by the Germans.

The University is a place of plenty, to discover things and men, waiting for open minds and hearts. Speaker remembers his pride when as a young student he realized that he could learn anything he wanted to, of humanities and sciences. The relativity of truth is discussed.

The stages of investigation are: what, how, why? Importance of personal judgement. The true scholar does not seek himself, but God, in his own manner. Quoted a few lines in French:

Si tu veux forcer ton destin
Travaille!
Si tu veux que sur ton déclin
Ton frère te tende la main
Travaille!

[by Xavier Privas, c. 1900.]

1959h. **Rede, uitgesproken door de Rector Magnificus Prof. dr. H.J. Lam bij de overdracht van het rectoraat aan Prof. mr. J.E. Jonkers op 21 september 1959.** – Jaarboek Rijksuniv. Leiden 1959, p. 94–124.

Public address by the outgoing Rector Magnificus, on the state of affairs of the University during last year.

The categories are: deaths, resignations, appointments, honours, anniversaries, foreign relations, scientific work, institutes, education, public relations within the country, buildings and construction, students, the Civitas Academica, the Praesidium Senatus in its new structure. In conclusion, two stanzas are quoted from 'The Calender and the Oak', by the botanist W.H. Camp.

1959i. **De wetenschappelijke expeditie naar Nederlands-Nieuw-Guinea.** – Verolme-Nieuws / Personeelsorgaan van Verolme Verenigde Scheepswerven (September-October) p. 10–14, 3 phot.

History, goals, preparations, participants, of the Star Mountains Expedition to New Guinea; brief account of field work, and gratitude to Mr. C. Verolme, who saved the enterprise by giving financial support.

1959j. **A tale of two cities: Singapore and Leiden.** – Gard. Bull. 17: 166–170 + pl.

On the occasion of the centenary of the Singapore Botanic Garden. Its relation with Kew resembles that of Bogor and Leiden.

Gardens as foci of plant introduction were extended with Herbaria. From 1948 to 1959, Leiden sent to Singapore 1300 sheets on loan and 2600 duplicates, and received 6700 sheets on loan and 21,000 duplicates; this illustrates the value of cooperation.

The plate shows the Rijksherbarium building and wooden annexe.

1959k. **Morfologia, evolucion y filogenià en el reino vegetal.** – Revista Univ. Madrid 8: 81–126, 10 fig.

Terminology and interpretation; homology and analogy; the concept 'leaf'; static and dynamic morphology. Individual; taxon, characters; organs; origin of taxa; phylogeny of characters; differentiation of telomes, and protection of ovule; stachyo- and phyllospory. The major groups are reviewed under these aspects. The angiosperms remain mysterious in their origin and may not be a natural group: not even the double fertilization is an absolute character.

[Translation of a text in French, which survives in type-script; it was apparently prepared for this occasion.]

1959l. **Preface.** – Persoonia 1: v-viii.

New mycological journal, published by the Rijksherbarium. It owes its existence to a long-standing cooperation between this and the Netherlands Mycological Society, established in 1908. Names and tenures of all mycologists on the Rijksherbarium staff are given, so are the serials issued by the Society. Basic data on C.H. Persoon are also given.

1959m. **Rijksherbarium Leiden / Herbarium Lugduno-Batavum / Verslag van de hoogleraar-directeur over het tijdvak 1 sept. 1958 t/m 31 aug. 1959.** – (Rijksherbarium; Leiden), 48 p. [mimeographed].

Annual report of the director.

1960

1960a. **H.H. Zeijlstra, Melchior Treub (1851–1910)** (1959). – Blumea 10: 319.

Brief review, rather favourable.

1960b. **J. Hutchinson, The Families of Flowering Plants, 2nd ed.** (1959). — Blumea 10: 319–320.

Review. Comparison with the first edition; cautious criticism on splitting and uneven documentation.

1960c. **Flora Malesiana – Series II, Vol. 1, part 1** (1959). – Blumea 10: 320–321.

Review. Scope explained in relation to Series i. Execution mildly criticized.

1960d. **In memoriam Prof. dr. W.M. Docters van Leeuwen.** – Tijds. Kon. Ned. Aardr. Gen. ii 77: 264.

Short biographical note, with the essential facts. Lived 1880–1960, director of the Bogor Botanic Gardens 1918–1932.

1960e. **H.C.D. de Wit (Ed.), Rumphius Memorial Volume** (1959). – Nova Guinea, Bot. 1: 8.

Review. This work does not make the memorial one of 1902 superfluous, nor duplicates it. All 14 contributions seem to be high-standard, notwithstanding a few errors.

1960f. **Het botanisch onderzoek van Nieuw-Guinea in verleden, heden en toekomst.** – Schakels / Nederlands Nieuw Guinea NNG 38: 9–27, phot. (Ministerie van Binnenlandse Zaken; 's-Gravenhage).

After author's preface ['Ten Geleide'] to the whole booklet [35 p. + map] on p. 1–2, he explains the relations between science and its applications as demonstrated in the sago palm *Metroxylon* and the diversity in this genus. Collecting of material for botanical research, and its later examination. A brief history of exploration is given, also for the eastern part of the island, and the current state of botanical knowledge. A Flora of New Guinea is desirable.

The added Vegetation Map, scale 1 to 5,000,000 (1938), in 4 colours, covers the whole island.

[English version, without the map, in 1961e.]

1960g. H.J. Lam & P.W. Leenhouts, **Ten years Foundation Flora Malesiana, twenty-five years of work.** – Blumea 10: i-xxvi + portr.

This anniversary paper consists of three parts; 1) Introduction, by Lam, p. i-vi, 2), The results, by Leenhouts, p. vii-xxv, which is a systematic bibliography of over 450 items, 3) Present staff, by both, p. xxv-xxvi.

The Introduction gives a detailed and admiring appraisal of the work, its scope, its editor C.G.G.J. van Steenis (including a comment on shortcomings) and his wife [both are on the portrait], and publications related to the work.

1960h. **Rijksherbarium Leiden / Herbarium Lugduno-Batavum / Verslag van de hoogleraar-directeur over het tijdvak 1 sept. 1959 t/m 31 aug. 1960.** – (Rijksherbarium; Leiden), 53 p. [mimeographed].

Annual report of the director.

1961

1961a. **Wezen en herkomst der angiospermen.** – Kon. Ned. Akad. Wet. Amsterdam, Versl. Afd. Natuurk. 70: 111–114.

Lecture to the Royal Netherlands Academy of Arts and Sciences, on angiosperm phylogeny. Euanthium and pseudanthium theory; stachyo- and phyllospory; Protective Bifurcation Units. Angiosperms must (by exclusion) have originated from the Pteridospermae in the Upper Devonian to the Middle Jurassic.

1961b. **Spermatophyta.** – In P. Gray (ed.), The Encyclopaedia of the Biological Sciences, p. 953–962 (Reinhold; New York).

The name depends on the definition of seed. Basic structure of a seed is outlined. Types of life cycles, and reductions of the gametophyte are discussed, for the various groups. The first 'seed' is projected in reconstruction. Protection is discussed, ovule and seed in gymnosperms and angiosperms. Phylogeny of the phanerogams.

1961c. **Evolutie, de huidige stand van het vraagstuk, door de hoogleraren J.C. Dorst ... I.M. van der Vlerk** (1960). – Vakbl. Biologen 41: 46–47.

Book review; collection of essays contributed to a symposium at Amsterdam in 1959. Interesting but fragmentary, and not enough botany in it.

1961d. **Reflections on angiosperm phylogeny / Facts and theories.** – Proc. Kon. Ned. Akad. Wet. Amsterdam C 64: 251–276, 11 fig. [Because of a length limit in this journal, this article was published in two instalments, but this has no bibliographic significance.]

A critical discussion of the 'gonophyll theory' of R. Melville (1960) who views all angiosperms as stachyosporous (while W. Zimmermann views them all as phyllosporous).

The angiosperms are accepted as having a two-fold origin. A stachyosporous line produces pseudanthia and has a tendency towards cymose inflorescences; a phyllosporous line produces euanthia and has a tendency to racemose inflorescences. In both types, the double fertilization must be of very ancient origin.

The concept Mixed Protective Bifurcation Unit is worked out for the Sphenopsida and the Lycopsida. Early in phylogeny, a fertile and a sterile element must have united serially, to form a dual organ; diagrammatic constructions are given. Sterile Protective Bifurcation Units are assumed to be at the bottom of the axillary ramification of angiosperms. Pteridosperms are discussed in connection with the origin of angiosperms, but this problem is still unsolved.

References 43.

1961e. **Botanical exploration of New Guinea in the past, present, and future.** – Schakels / Netherlands New Guinea NNG 44: 9–27, phot. (Netherlands Ministry of Home Affairs; The Hague).

English version of 1960f, also of author's Introduction on p. 1–2 to the whole booklet of 34 pages, which is entitled 'Botanical Research'. [It lacks, however, the vegetation map.]

1961f. **Frank Kingdon-Ward, Pilgrimage for Plants** (1961). – Blumea 11: 231.

Review. Background and scope of the book. In English.

1961g. **Henry N. Andrews Jr., Studies in Paleobotany** (1961). – Vakbl. Biologen 41: 248–249.

Review. Very much a descriptive book, little coherent. Some imperfections indicated. In Dutch.

1961h. **Denkbeelden over het onstaan der angiospermen.** – Med. Kon. Vlaamse Acad. Wet. België, Kl. Wet. 23(5): 3–7 [Reprint thus paged, which seems to be original].

Summary of a lecture on the origin of the angiosperms. The New Morphology is applied to all cormophytes. Stachyo- and phyllospory; euanthium and pseudanthium, between which in the angiosperms intermediates may occur.

1961i. **Rijksherbarium Leiden / Herbarium Lugduno-Batavum / Verslag van de hoogleraar-directeur over het tijdvak 1 sept. 1960 – 31 aug. 1961.** – (Rijksherbarium; Leiden), 59 p. [mimeographed].

Annual report of the director.

1962

1962a. **Tradenda / Mijmeringen bij een afscheid.** – (Universitaire Pers; Leiden), 39 p. + portr.

Farewell address. Importance of the factor time, and its neglect in classical morphology. Stimulus towards reflection was practical taxonomic work at Bogor, and teaching at Leiden. Stachyo- and phyllospory are briefly explained; belief in the New Morphology is affirmed. Growth of the Rijksherbarium. Professorship and directorship should remain combined. Role of the Rijksherbarium.

Speeches were made by G. Sevenster, Rector Magnificus; D.J. Kuenen, Dean of the Faculty of Science; W.K.H. Karstens for the sub-Faculty of Biology; S.J. van Ooststroom for the Rijksherbarium; A.D.J. Meeuse for Lam's pupils; W. Robijns for the foreign botanists; J.J.H. Storms for the students. All of them are printed in full, followed by Lam's reply to each.

1962b. **Rijksherbarium Leiden / Herbarium Lugduno-Batavum / Systematische Plantkunde / Verslag van de hoogleraar-directeur over het tijdvak 1 sept. 1961 – 31 aug. 1962.** – (Rijksherbarium; Leiden), 71 p. [mimeographed].

Annual report of the director.

1963

1963a. **Preface.** – In C.A. Backer & R.C. Bakhuizen van den Brink Jr., Flora of Java 1: ix–x.

Background of the work. Its progress at the Rijksherbarium during and after World War II. Backer's character. [See also 1963b.]

1963b. **Postscript.** – In C.A. Backer & R.C. Bakhuizen van den Brink Jr., Flora of Java 1: xxiii.

Recollections of a last meeting with Backer, in the face of death still unrepentant of his quarrel with S.H. Koorders in 1913. [See also 1963a].

1963c. **La Morphologie Nouvelle et son influence sur nos notions du système des Cormophytes.** – Biologie XXe Siècle 6: 15–42, 18 fig.

[The French version of 1963d; see there.]

1963d. **De Nieuwe Morphologie en haar invloed op onze inzichten in het systeem der Kormofyten.** – Biologie XXe Eeuw 6: 15–42, 18 fig.

Text of a lecture for a graduates course given at Brussels, Belgium.

The plant systems according to the Old and the New Morphology are compared, in relation to processes of differentiation and protection, as vindication of the telome theory. Stachyo- and phyllospory, pseudanthium and euanthium are discussed, and several new publications listed. [Dutch version of 1963c.]

[Notes: 1. Belgium being a bilingual country, it is customary to issue texts both in French and in Dutch. 2. The figures in this paper make a very representative array, and together well illustrate author's ideas. Some have here been reproduced.]

1964

1964a. **P. Maheshwari and R.N. Kapil, Fifty Years of Science in India** (1963). – Acta Bot. Neerl. 13: 323–324.

Review, politely worded.

1964b. **J.W. Lindeman en A.M.W. Mennega, Bomenboek voor Suriname** (1963). – Acta Bot. Neerl. 13: 325–328.

Review of a book describing the best-known tree species of Surinam or Netherlands Guyana. While the scientific background is good, it suffers from some heterogeneity, due to differences in morphological and anatomical treatment. Examples illustrate these points.

1965

1965a. **Plantengeografie.** – In J.C. van der Steen (ed.), Uit de Plantenwereld, p. 239–287, 10 fig. (De Haan; Zeist, e.a.).

New edition, with slight alterations only, of 1939e; the illustrations sometimes differ.

1965b. **P. Maheshwari (ed.), Recent Advances in the Embryology of Angiosperms** (1963). – Acta Bot. Neerl. 14: 245–248.

Review, explaining background and contents, in a mildly critical vein.

1965c. **E. Reinders (red.) en R. Prakken, Leerboek der Plantkunde** (1964). – Acta Bot. Neerl. 14: 253–257.

Essay review about the 5th edition of the main textbook on structural botany for Dutch universities. After the 2nd edition [see 1949c], it has even been improved and now stands as a monument to its editor [Prakken contributed cytology and genetics].

The treatment of the subject matter is in two rounds, which may be a relic from Reinders's teaching career in a grammar school, where biology was taught in grades 1 and 2, 5 and 6 only.

Acute observation and keen self-criticism are his strength, but make him less perceptive to new ideas. Induction too much outweighs deduction, and valid lines of thought are thus discontinued. The text is written with splendidly pondered precision, completely reliable in its abundance of facts, but somewhat old-fashioned.

All this characterizes the differences in thinking between Reinders and Lam; the latter sees morphology as a momentary view of a dynamic process.

1967

1967a. **Leeft Satan nog?** – Elseviers Weekblad (3 June), p. 60.

Letter to the editor of the nation's most prominent conservative weekly, as a reaction to a cover story of the question whether Satan is still alive.

This question amounts to the one about the existence of God. Both God and Satan are extremes of man's nature, and manifest themselves in man's behaviour. Man tends to make these concepts as absolutes, which as such have brought immeasurable evil. Satan is seen as the personification of evil in man.

1968

1968a. C.E.B. Bremekamp, M.A. Donk, J. Lanjouw & H.J. Lam, **Verslag van de Commissie ter beoordeling van het manuscript "Die Gattung Escallonia MUTIS ex L.f." van Dr. H. Sleumer, aangeboden ter opname in de Verhandelingen.** – Kon. Ned. Akad. Wet. Amsterdam, Versl. Verg. Afd. Natuurk. 77: 57.

Report on a manuscript submitted for publication.

1969

1969a. **Anak Krakatau.** – Elseviers Weekblad (11 October), p. 19–21, 1 phot.

Letter to the editor [see 1967a], in comment about an article on the new volcano Surtsey, off Iceland. Some data on the new Krakatau volcano are given, under mention of the new chances it offers to plant geographers to learn about dispersal, which again have been but partly used.

1969b. C.E.B. Bremekamp, M.A. Donk, H.J. Lam & J. Lanjouw, **Verslag van de Commissie ter beoordeling van het manuscript Monograph of the Marine Angiosperms van C. den Hartog.** – Kon. Ned. Akad. Wet. Amsterdam, Versl. Verg. Afd. Natuurk. 78: 65.

Report on a manuscript submitted for publication.

1970

1970a. C.E.B. Bremekamp, H.J. Lam & J. Lanjouw, **Rapport van de Commissie voor de beoordeling van het manuscript van de heren P.A. Theunissen en J.T. Wildschut, getiteld "Vegetation and flora of the Savannas in the Brinkhill Nature Reserve, Northern Surinam", dat is aangeboden ter opname in de Verhandelingen van de Akademie.** – Kon. Ned. Akad. Wet. Amsterdam, Versl. Verg. Afd. Natuurk. 79: 17.

Report on a manuscript submitted for publication.

1970b. **Problematiek der plantengeografie.** – Jaarb. Kon. Ned. Bot. Ver. 1969, p. 51–52.

Author's summary of a lecture about the relation between climate types and vegetation types, all derived from the Tropical Rain Forest (according to H. Brockmann-Jerosch, 1919–1928). Plant areas and their vicissitudes.

1970c. C.W. Drooger, H.J. Lam & J. Lanjouw, **Verslag van de Commissie ter beoordeling van het manuscript van de heer David K. Ferguson getiteld: "The Miocene flora of Kreuzau, Western Germany I. The leaf-remains" aangeboden ter opname in de Verhandelingen.** – Kon. Ned. Akad. Wet. Amsterdam, Versl. Verg. Afd. Natuurk 79: 130–131.

Report on a manuscript submitted for publication.

1971

1971a. M.A. Donk. H.J. Lam & A.J.P. Oort, **Verslag van de Commissie ter beoordeling van het manuscript van Dr. R.A. Maas Geesteranus, getiteld "Hydnaceous fungi of the eastern Old World", dat is aangeboden ter opname in de Verhandelingen van de Akademie.** – Kon. Ned. Akad. Wet. Amsterdam, Versl. Verg. Afd. Natuurk. 80: 8–9.

Report on a manuscript submitted for publication.

1971b. **Prinses September en haar Vogeltje.** – A tale by W. Somerset Maugham, in "The Travel Books" (1930), translated by H.J. Lam (printed for author), 16 p. Drawings by Ed Vijsma.

Dedicated to the translator's granddaughters Marja and Thera Mertens, in remembrance of their grandfather.

The Translator's Introduction on p. 2–5 sets forth the background of the story, which was written while Somerset Maugham was recovering from an attack of malaria.

1971c. **Onderwijs en onderzoek onscheidbaar.** – Acta et Agenda / Informatieblad der Leidse Universiteit 4 (21 October), p. 141–142.

In the weekly of the University, author takes issue with a suggestion by historian I. Schöffer, to segregate research from teaching. Students should quickly learn about research, its requirements and limitations, and in doing so will develop a critical attiude. How are otherwise research institutes to be manned? Mutual inspiration is vital.

XI. SOURCES

INTRODUCTION

The sources used for this work in some or other way have been listed under three headings.

Published Texts. These have been arranged in chronological order, and are referred to in the previous text by year(s). If the publications are likely to be rare or not available in botanical institutions, their location has been given.

Published portraits. These, too, have been arranged by year of publication. If one occurs in a published text, it has been listed here all the same.

Unpublished Sources. These have been numbered in a rather arbitrary way. All these items are in the Rijksherbarium archives, unless indicated otherwise.

PUBLISHED TEXTS

1911–1917 Utrechtsche Studenten Almanak.
Yearbook of the Utrecht Student Corporation. — Sociëteit PHRM, Utrecht.

1919 J.D. Jansen, **In memoriam Dr. A. Lam.** Gemeente Rotterdam, Keuringsdienst van Voedingsmiddelen, Jaarverslag 1918, p. 1–3. — Keuringsdienst van Waren, Rotterdam.

1920–1929 Jaarboek van het Departement van Landbouw, Nijverheid en Handel / in Nederlandsch-Indië.
Contains the annual report of the Bogor Botanic Gardens, including that of the Herbarium Bogoriense. — Rijksherbarium, library.

1924 F.A.F.C. Went, **Het Universitaire Leven in Nederland**, viii + 71 p. ('s-Gravenhage).

Concise but very good overview of university organization and academic life in The Netherlands. — University Library, Leiden.

1930 Proceedings of the Fourth Pacific Science Congress / Java, May-June 1929, 4 volumes in 5 books (Pacific Science Association; Batavia, Bandoeng).

The congress is described in vol. 1 on p. 1–379. Photograph of the Executive Committee on pl. ii opp. p. 4.

The participants were given a set of *Excursion Guides*, a copy of L.M.R. Rutten, *Science in the Netherlands Indies*, and of K.W. Dammerman, *Preservation of wild life and nature reserves in the Netherlands Indies* (all 1929).

1930–1932 Jaarverslag van 's Lands Plantentuin.

Continuation, in mimeographed form, of the 1920–1929 Jaarboek, for the Bogor Botanic Gardens.

1931 W.A. Goddijn, **'s Rijks Herbarium (l'Herbier de l'État) 1830–1930.** Meded. Rijks Herb. Leiden 62a: 1–6 + 5 phot.

Concise history of the Rijksherbarium, in French. Photograph of the building.

1931 W.A. Goddijn, **'s Rijks Herbarium 1830–1930.** Meded. Rijks Herb. Leiden 62b: 1–53.

Detailed history of the Rijksherbarium, in Dutch. A contribution by J.W.C. Goethart described the period of his own directorship, and the curatorial system. A list of the main accessions after 1900 is given, a list of papers published in the Mededeelingen van 's Rijks Herbarium, and a list of exchange relations concerning this journal.

1934–1962 Jaarboek der Rijksuniversiteit te Leiden.

Yearbook of Leiden University, published every September. — Academisch Historisch Museum, Leiden.

1934–1962 Jaarverslag van de(n) directeur.

Annual reports of the Director of the Rijksherbarium. These have been listed as Publications, as the last item of every year. — Rijksherbarium, library.

1936 J. Bierens de Haan et al. (ed.), **Het Utrechtsch Studentenleven / 1636–1939** (Utrecht).

A history of student's life at Utrecht. On p. 372–374 a chapter on the Christiaan Huygens Society. — Biohistorisch Instituut, Utrecht.

1938 A.A. Pulle, **De Inventarisatie van het Erfdeel der Vaderen / Rede, gehouden bij de opening van het vergroote en verbouwde Laboratorium voor Bijzondere Plantkunde en Plantengeografie van de Rijksuniversiteit te Utrecht op 31 Mei 1938**, 38 p. + plan. Meded. Bot. Mus. Herb. Utrecht no. 50.

Address delivered on the opening of the new wing of the Utrecht Herbarium (see Director: Main Influences, and Leiden and Utrecht).

1938 H. Veendorp & L.G.M. Baas Becking, **1587–1937 / Hortus Academicus Lugduno Batavus / The development of the Gardens of Leyden University**, 218 p., [30] illus. (The Leyden Hortus Foundation; Leyden).

On the half-title page, the printers' office is mentioned: Harlemi / Ex Typographia Enschedaiana, i.e. the firm of Enschede at Haarlem. Only the announcing folder clearly cites the publisher.

1940 A.A. Pulle, **Overzicht van de Lotgevallen en de Werkzaamheden van de Maatschappij in de eerste Halve Eeuw van haar Bestaan**. xv + 84 p. + phot. + map (Brill; Leiden). Maatschappij ter Bevordering van het Natuurkundig Onderzoek der Nederlandsche Koloniën, Bulletin 99.

History of the Treub Society, 50 years old.

1945 P. Honig & F. Verdoorn (ed.), **Science and Scientists in the Netherlands Indies**, xxiv + 491 p. + 134 illus. (Board for the Netherlands Indies, Surinam and Curaçao; New York City).

1946 R.D. Kollewijn, **The Dutch Universities under Nazi Domination.** Ann. Amer. Acad. Polit. Social Sc. 245: 118–128.

The author was professor of Law at Leiden. This chapter is one of 21 in a whole issue devoted to 'The Netherlands During German Occupation', edited by N.W. Posthumus, v + 230 p. — Academisch Historisch Museum, Leiden.

1947 **Gedenkboek / Jubileum-uitgave ter Gelegenheid van het 100-jarig Bestaan van de Nederlandsche Botanische Vereeniging / op 15 Augustus 1945.** Nederlandsch Kruidkundig Archief 55, 188 p.

History of the KNBV.

1948 **Buitenzorg Scientific Centre / A description of the scientific institutions at Buitenzorg, with a map, two diagrams and twenty-six illustrations**, 64 p., illus. (Archipel Drukkerij en 't Boekhuis; Buitenzorg). — Bibliotheca Bogoriensis, Bogor.

1949 H.C.D. de Wit, **Short History of the Phytography of Malaysian Vascular Plants.** Flora Malesiana i 4: lxx–clxi, illus.

In this comprehensive, outstanding essay, a paragraph is devoted to Lam's contributions (p. cxlii, portr. on p. cvi); his name is mentioned in a few other places.

1950 J. Lanjouw (ed.), **Botanical Nomenclature and Taxonomy / A Symposium ......** Chronica Botanica 12: 1–87.

Account of the meeting at Utrecht where the term *taxon* was introduced into botanical nomenclature (see p. 12).

1950 M.J. van Steenis-Kruseman, **Lam, Herman Johannes.** Flora Malesiana i 1: 308–309, portr.

Item in the Cyclopaedia of Collectors. Concise account of career, collecting localities and itineraries, collections, literature, biographical data. Summary account of Lam's trips in Malesia.

It is stated that according to the name lists in the Bogor Herbarium – where this work was compiled – the collecting on Doorman Summit took place daily between 1 October and 18 November, which does not agree with the interruption recorded in literature. Examination of the field books in Leiden (numbers 1408 on 28 September to 2087 on 26 November 1920) reveals a steady collecting at various altitudes on the ridge which goes up to Mt. Doorman from 200 m, at the base of Doorman Summit, the Summit itself (on 19 and 20 October, reaching 3250 m), and the southern slope of Mt. Doorman, down to 1250 m.

1952 **Grote Erasmiani. Prof. dr. H.J. Lam / Prof. in de Botanie en Directeur van 's Rijks Herbarium te Leiden.** Tolle Lege / Maandblad van het Gymnasium Erasmianum (September).

Biographical note, anonymous, in the monthly of Lam's former Grammar School at Rotterdam — Rijksherbarium, biographical file.

1955 **Editorial.** Nova Guinea n.s. 6: i–ii.

History, continuation, editorship of this journal.

1958 **Prof. dr. Herman Johannes Lam.** Blumea Supplement 4: 4–8 + portr.

Signed 'the editorial committee'. Main facts of his career. Comparison of Rijksherbarium staff in 1933 and in 1958. In English. On p. 6–8 there is a list, compiled by P. van Royen, of scientific names, given to 42 plants and one mollusc, in Lam's honour. Among them are the genera *Lamechites* Markgraf (Apocynaceae), *Lamiodendron* Van Steenis (Bignoniaceae), and *Lamiofrutex* Lauterbach (correctly *Vavaea*, Meliaceae).

[In addition to this list, several names occur in the Flore de Madagascar (to which Professor A.D.J. Meeuse kindly drew my attention). They are:

Calopyxis lamiana H. Perrier (Combretaceae), *Commiphora lamii* H. Perrier (Burseraceae), *Gravesia lamiana* H. Perrier (Melastomataceae), *Maba lamiana* H. Perrier (Ebenaceae), *Polyalthia lamii* Cavaco & Keraudren, and *Xylopia lamii* Cavaco & Keraudren (both Annonaceae).]

1958 A. Dilmy, **H.J. Lam, 25 Years Director of the Rijksherbarium.** Blumea Supplement 4: 9.

1958 M.J. van Steenis-Kruseman, **Lam, H.J.** Flora Malesiana i 5: ccxciv. Brief supplement to 1950.

1958 L. Vogelenzang, **Bibliography.** Blumea Supplement 4: 10–16. Number of items 191, not annotated. See Publications: Introduction.

1961 **Early Leyden Botany**, 63 p. (Universitaire Pers Leiden / van Gorcum – Assen). Leidse Voordrachten 37.

This booklet presents bibliographical problems. As the author, W.T. Stearn is commonly cited. Actually, the editor was C.G.G.J. van Steenis. The title page reads: The *Influence of Leyden on Botany in the seventeenth and eighteenth centuries* / Lecture delivered at Leyden University, November 11th, 1960 / by Dr. W.T. Stearn / to which are added the Addresses by Dr. C.G.G.J. van Steenis and Dr. W.T. Stearn / on the occasion of the Inauguration Ceremony / during which the Doctorate honoris causa was awarded by Leyden University to W.T. Stearn earlier on the same Day. *Early Leyden Botany*, without indication of an author or editor, appeared only on the cover and half-title page.

The lecture by W.T. Stearn was reprinted, under the same title, although in a slightly modified and enlarged form, in The British Journal for the History of Science 1: 137–158, 1 fig. (1962).

1961 **Netherlands Foundation for the Advancement of Research in New Guinea (WONG) / Stichting Wetenschappelijk Onderzoek Nieuw-Guinea (Wong) / Report for the years 1957–1960**, 26 p. + 2 pl.

Very full data, in English. — Rijksherbarium archives, Source 45.

1962 N.F. Hofstee, **De Universiteit.** In P.C.N. Baesjou et al., Leiden 1860 –1960 (Leiden), p. 15–71.

Nice historical sketch of Leiden University during a century, covering many aspects, with a valuable list of sources. — Academisch Historisch Museum, Leiden.

1962 C.G.G.J. van Steenis, **Bij het Aftreden van Lam.** Leids Universiteits Blad 27(31) 65–66, with portr.

Account in the University weekly, popular, concise, touching on many aspects, on the occasion of Lam's retirement. — Rijksherbarium biographical file.

1962 **Verslag van de Huldiging.** In 'Tradenda' (Lam 1962a), p. 24–37.

On pages 24–32 have been printed the addresses delivered to Lam on the occasion of his retirement, by: W.K.H. Karstens, D.J. Kuenen, A.D.J. Meeuse, S.J. van Ooststroom, W. Robyns, G. Sevenster, J.J.H. Storms.

1963 S.S. Taylor & M. Spruytenburg (ed.), **Lam, Herman Johannes.** In their book Who is Who in The Netherlands (Amsterdam), p. 431–432.

Many facts of life and work, supplied by Lam himself. — University Library, Leiden.

1970 **Van Floristiek tot Moleculaire Biologie,** 18 p.

Anonymous pamphlet issued on the 125th anniversary of the KNBV, giving a concise account of its history, by year. — Rijksherbarium library.

1971 P. Smit & W.D. Margadant, **List of Archivalia concerning Persons, Books, and Documents present at the Exhibition at Nijmegen at the Occasion of the 125th Anniversary of the Royal Dutch Botanical Society K.N.B.V.** Acta Botanica Neerl. 20: 690–716.

Text in Dutch, only the title being bilingual, and there is a summary in English. It enumerates nearly all important documents concerning the history of the KNBV.

1974 R. Schrader, **Honderd Jaar Koninklijk Nederlands Aardrijkskundig Genootschap / 1873–1973.** Geografisch Tijdschrift KNAG n.s. 8: 234–402, 54 fig.

A history of the Royal Dutch Geographical Society, with some notes on the significance of Lam and Niermeijer.

1974 M.J. van Steenis-Kruseman, **Lam, Herman Johannes.** Flora Malesiana i 8: lix.

Brief supplement to 1958. The suggestion that H.J. Lam participated in a UNESCO expedition in Malaya is erroneous. Flora Malesiana Bulletin (18) 984–985 (1963) mentions a H.C. Lam as such, presumably a Chinese, of whom no details could be found.

1975 R.E.O. Ekkart, **Athenae Batavae / De Leidse Universiteit / The University of Leiden / 1575–1975**, 111 p., 202 illus. (Leiden).

A picture book about the four centuries of the University's history, bilingual in Dutch and English. — Academisch Historisch Museum, Leiden.

1976 P. Dullemeijer, **Van zoötomie tot zoölogie / Een historische schets van de Leidse algemene dierkunde**, viii + 114 p. + 22 phot. (Universitaire Pers, Leiden).

History of the development of general zoology, research and teaching, at Leiden, which began in 1749, on the occasion of the centenary of the zoological laboratory, with many facts. — University Library, Leiden.

1976 C.G.G.J. van Steenis, **Dedication.** Flora Malesiana i 7: (6)–(14), portr.

A rather full account of Lam's career, through the somewhat critical eye of his fellow-taxonomist and successor as Director.

1977 [L.D. Brongersma,] **Herman Johannes Lam.** Versl. Gew. Verg. Afd. Natuurk. Kon. Ned. Akad. Wet. Amsterdam 86: 17–18.

Obituary, by a fellow-member of the Royal Netherlands Academy of Arts and Sciences, published anonymously. — Rijksherbarium, biographical file.

1977 [M. Jacobs,] **Lam, H.J.** (1892–1977). Flora Malesiana Bulletin (30) 2793–2740.

Obituary note.

1977 C. Kalkman, **In Memoriam prof. dr. H. Lam.** Acta et Agenda (24 February), p. 474, portr.

Obituary note in the University weekly. — Rijksherbarium, biographical file.

1977 C. Kalkman, **In Memoriam Prof. dr. H.J. Lam.** Vakbl. Biologen 57: 153, portr.

Obituary note, in Dutch. – Rijksherbarium, biographical file.

1977 C. Kalkman, **In Memoriam Professor H.J. Lam.** Blumea 23: 203.

Obituary, with brief, balanced sketch of his work, in English.

1977 H. Prins, **De direkteur over de direkteur.** De Personeelskronkel [Personeelsorgaan van de Keuringsdienst van Waren, Rotterdam] 4, no. 15, p. 5–7. — Source 34.

1978 **Bij het Afscheid van de Leidse hofstee / Liber Amicorum /Aangeboden aan Mr. N.F. Hofstee / Bij zijn afscheid als Secretaris van de Rijksuniversiteit te Leiden / op 29 mei 1978,** [iv +] 217 p. + portr. Preface signed by K.J. Cath, D.J. Kuenen, C.P.Chr.M. Oomen. [No publisher cited, presumably Leiden University. ISBN 90 238 0928 9.]

Hofstee was Secretary of the University from 1955 to 1978, the period of reforms, on which 16 authors comment.

1978 J. Lanjouw, **Levensbericht van Herman Johannes Lam (3 januari 1892 – 15 februari 1977).** Jaarboek Kon. Ned. Akad. Wet. 1977: 172–176.

Obituary, in Dutch. — Rijksherbarium, biographical file.

1978 M.W. Heslinga, **In Memoriam prof. dr. H.J. Lam (1892–1977).** Geografisch Tijdschrift KNAG n.s. 12: 184.

Lam's work as a plant geographer briefly outlined, together with the shift in emphasis from this discipline in geography. His merit for the Royal Dutch Geographical Society are, of course, mentioned. — Rijksherbarium, biographical file.

1978 P.J. Idenburg, **De Leidse Universiteit 1928–1946 / Vernieuwing en Verzet**, xx + 426 p., 30 fig. ('s-Gravenhage).

Memoirs of the Secretary of Curatores, describing the re-organization of the University before World War II, and the development of resistance against the Germans, well-documented. — Academisch Historisch Museum, Leiden.

1978 **Jaarboek van de Koninklijke Nederlandse Botanische Vereniging over het jaar 1977**, p. 5.

Brief obituary note to commemorate Lam as a member of the KNBV.

1978 F.A. Stafleu, **Dedication.** Flora Malesiana i 8: (6)–(16), portr.

Biographical sketch of F.A.W. Miquel, and his significance for Malesian botany.

1979 C. Bas et al. (ed.), **150 Jaar Rijksherbarium**, 64 p. + covers, many illus. TCHAF [extra issue, voorjaar 1979].

Very nice, well-illustrated popular account of the many activities of the institute, with some historical notes, in Dutch.

A special issue of TCHAF, uitgave van de Vereniging van Leden van de Technisch/Administratieve Staf der Rijksuniversiteit te Leiden. — Rijksherbarium, library.

1979 C. Kalkman & P. Smit (ed.), **Rijksherbarium 1829–1979 / A Jubilee Volume.** Blumea 25: 1–140, illus.

After a discussion of the scientific and social conditions which influenced the foundation of the Rijksherbarium, by P. Smit, a general historical overview, by C. Kalkman, and a detailed account of the collections acquired, by M.J. van Steenis-Kruseman, eight essays by staff members elucidate developments in the various fields. Portraits of all Directors are given, scientific personnel is listed in an appendix.

1979 J.A. Tasseron, **Iets uit de geschiedenis van de Vereniging TAS.** TCHAF nummer 61, p. 4.

Notes on the history of the association of technical and administrative personnel of the University. — University Library, Leiden.

1981 M. Gunn & L.E. Codd, **Lam, Herman Johannes (1892–1977)**, in their book Botanical Exploration of Southern Africa (Cape Town), p. 216, portr.

Brief outline of career; localities in S. Africa visited with A.D.J. Meeuse in 1938, with dates and numbers of collections taken.

1982 W.K.H. Karstens & H. Kleibrink, **De Leidse Hortus / een botanische erfenis**, 191 p., illus. (Zwolle).

History of the botanical garden at Leiden; description of the garden.

PUBLISHED PORTRAITS

1930 Proceedings of the fourth Pacific Science Congress 1: pl. II. 'The Executive Committee'. Group photograph 128 × 191 mm.

1935 Chronica Botanica 1: 27. 'Committee and Recorders of the Sixth Congress'.

A collection of passport photographs of Dutch botanists, among them J. Jeswiet, W.J. Jongmans, H.J. Lam (34 by 35 mm, contemporary), A.A. Pulle, J.C. Schoute, M.J. Sirks, Th.J. Stomps, O. de Vries, F.A.F.C. Went.

1938 Annales du Jardin Botanique de Buitenzorg 14: pl. iii. Photograph 75 by 58 mm, head and bust. Before 1933.

1949 Flora Malesiana i 4: cvi. Contemporary photograph, 41 by 29 mm, head and bust, rather unsharp.

1950 Flora Malesiana i 1: 309. Photograph, 75 by 63 mm, head and bust, from the 1920's.

1958 Blumea Supplement 4: 5. Contemporary photograph, 142 by 100 mm, in the Senate Room of Leiden University, in professorial attire, holding spectacles in right hand; head and bust, somewhat posed. Signature added.

1962 Leids Universiteits Blad 27(31): 5. Contemporary photograph, 80 by 63 mm, upper half of the body, behind lectern, profile, with béret. — Our photo 32.

1962 H.J. Lam, **Tradenda**, frontispiece. Photograph, 170 by 140 mm, of a contemporary portrait in oil, 89 by 74 cm, painted on the occasion of his retirement. It is on display in the Rijksherbarium conference room. Inscribed 'Herman Johannes Lam, Aetatis suae 70, Ao. 1962, J.G. Hofker'. Seated, legs half visible. The suit is uncharacteristically violet. While the likeness of the hands, as seen from some distance, is good, the eyes at close range show something of Lam's look, but the face is less satisfactory, looking more ordinary than he actually was, lacking the elements of doubt and introspection.

1975 R.E.O. Eckhart, **Athenae Batavae** (Leiden), fig. 182. Photograph, 57 by 95 mm, of the professor's club 'De Turk', taken in 1948, showing nine members. — Our photo 26.

1976 Flora Malesiana i 7: (6). Photograph 145 by 110 mm, head and bust, with Oranje Nassau Order and horse-fly, age about 65. The same portrait, slightly larger, is on display in the staff room of the Rijksherbarium, in the series of director portraits.

1977 Acta et Agenda (the Leiden University weekly), p. 474, the issue of 24 March. Photograph, head and shoulders, age about 70.

1979 Blumea 25: 82. Photograph 167 by 118 mm, head (three quarters from the left, worried look) and bust. A fine portrait, dated c. 1941. On a tie-pin he wears a coin in which the metal between the Queen's head and the edge has been removed. During World War II, this was a sign of patriotism in The Netherlands.

1979 TCHAF (extra issue, see Sources, 1979), fig. 11. Photograph, 110 by 80 mm, head with béret, obliquely from the left, looking intently over glasses, cigarette butt in mouth. A very good one, age about 70.

1981 M. Gunn & L.E. Codd, **Botanical Exploration of Southern Africa**, p. 216. Photograph 47 by 34 mm, a reproduction (reduced) of the Kamerlingh Onnes portrait of 1937, our Photo 22.

UNPUBLISHED SOURCES

Unless otherwise indicated, all items on the following list are in the Rijksherbarium Archives.

1. **Aantekeningen leerboek plantengeografie.** A large bundle of folders containing notes and drafts of Lam's projected textbook on plant geography.

2. **Acad. actie Nieuw Guinee.** A grey folder, containing the papers of an action initiated by Lam in 1951, to persuade the Dutch government and parliament that western New Guinea must be retained, for which he tried to rally support in the academic world.

3. **Africa 1938.** Documents, letters, reports, and newspaper clippings about the journey to South Africa and Madagascar.

4. **Akademie.** Five ordners containing all communications and correspondence received and sent by Lam during the period of his membership. Destroyed.

5. **Album Donatorum.** Format and execution similar to Bibit dari Lam. The letters are in gold on the spine. Title page reads: 'Het Boek Lam / Zijn Familie / Zijn Vrienden / en Zijn Kennissen'.

   It contains a large collection of signatures of persons who contributed to his farewell, interspersed with witty illustrations by Rijksherbarium artists, and several photographs. Mrs. J.H. Lam-van Drunick.

6. **Albums with photographs**, 17 in all. The arrangement is sometimes haphazard, but all are provided with captions and dates. A selection has been made for reproduction here. Most albums are with Mrs. E.H. Mertens-Lam, Beverwijk.

7. **Batavia.** A folder with correspondence and notes relating to Lam's professorship at the Medical School, 1932–1933.

8. **Bibit dari Lam.** Seven volumes, 26 by 19 cm, bound in grey cloth, green leather. The Malay words of the title mean: what has been planted by Lam, and refer to his pupils. Six volumes, plus the Album Donatorum (see there) were presented to Lam on the occasion of his retirement on 1 June 1962.

Volume 1 contains a photograph of each of his pupils who published work under his direction, together with anecdotes, appreciations, and recollections in writing. There are 37 chronologically numbered entries, here placed in alphabetical order: Adelbert, A.G.L. 12; Assem, J. van den, 27; Bange, G.G.J. 25; Barkman, J.J. 37; Bas, C. 29; Beer, Eva Bakker- 2; Boeke, J.E. 14; Bok, Rie Mooi- 3; Borssum Waalkes, J. van, 32; Bruggen, A.C. van, 31; Brummelen, J. van, 36; Erlee, M.P.M Herrmann- 30; Grutterink, Loes H. Lignac- 15; Hammen, L. van der, 17; Heel, W.A. van, 34; Hoek, C. van den, 33; Hoogland, R.D. 22; Holthuis, L.B. 11; Husson, A.M. 24; Jeuken, M. 21; Kalkman, C. 28; Kanis, A. 35; Kerpel, D.A. 6; Koster, Jossie Th. 1; Leenhouts, P.W. 23; Lucas, J.A.W. 20; Maas Geesteranus, R.A. 10; Meeuse, A.D.J. 8; Meeuse, B.J.D. 5; Olden, E. van, 13; Perdeck, A.C. 18; Slootweg, A.F.G. 16; Varossieau, W.W. 7; Veldkamp, H. 19; Verdam, H.D. 4; Vink, W. 26; Zaneveld, J.S. 9.

From this source, the 'Appreciations from Pupils' were taken (see Professor). Mrs. J.H. Lam-van Drunick.

Volumes 2–6 contain collected reprints of publications written by or in collaboration with the above persons. Several papers incorporated, like algological or mycological ones, were obviously prepared without Lam's help or influence. Others, in which he did have a hand, like those on Sapotaceae by P. van Royen, were not included since Van Royen was not his pupil in the strict sense. The series can therefore hardly be regarded as reflecting his scientific cooperation work with juniors. Rijksherbarium library.

Volume 7 contains some publications from the period 1963 to 1966; it was added later to the series. Rijksherbarium library.

9. **Biol. Groep.** A thin blue folder, containing the minutes of 16 meetings of the professors of biology at Leiden. Most minutes were made by Lam. They cover the period 25 September 1934 to 25 May 1939.

10. **Biologische Raad.** Archives, kept at the Royal Netherlands Academy of Arts and Sciences, Amsterdam.

11. **Boek Lam.** A loose leaf book with in manuscript the pedigree of the Lam family, with genealogical notes, and also for many individual members a separate page with photographs and notes. Compiled by W.K.H. Mertens. — Mrs. E.H. Mertens-Lam, Beverwijk.

An excerpt of the pedigree follows here. Anske Abes Lam was married at Staveren in 1724 to Antjen Leins, one child: Douwe Anske Lam (baptized at Staveren in 1725), baker, married at Staveren in 1746 to Sijtse Haitzes, five children, the fourth: Haitze Douwes Lam (born at Staveren in 1759, died at Leeuwarden in 1836), pastry baker, married to Lutske Rinkes Nolledes (1764–1836), two children, the second: Anske Lam (born at Leeuwarden in 1802, died at Marssum in 1837), minister of the Dutch Reformed Church, married in 1828 to Lucia Wilhelmina Kijff (born at Groningen in 1801, sometime regent of the 'Pepergasthuis' at Groningen, died 1879/80), two (or three?) children, the second: Herman Lam (born at Marssum in 1834, died at Leeuwarden in 1895), apothecary, married in 1859 to Willempje Reilingh (born at Groningen in 1833, died at The Hague in 1907), six children, the first: Anske Lam (born at Leeuwarden in 1860, died at The Hague in 1918), chemist, director of the food inspection department at Rotterdam, married to Margien Winter (born at Groningen in 1865, died at The Hague in 1932), one child: Herman Johannes Lam (born at Veendam in 1892, died at Leiden in 1977), professor of botany and director of the Rijksherbarium, Leiden, married in 1922 to Cornelia Josephine Blanche Moorrees (born at Soerakarta in 1886, died at Leiden in 1965), one child: Ellen Hermine (born at Buitenzorg in 1925), in 1951 married to W.K.H. Mertens, economist, three children: Marja, Thera, and Willem.

The book also contains the following publications about Dr. A. Lam and the Rotterdam food inspection department: Nieuwe Rotterdamsche Courant 31 July 1918, 1 August 1918, 21 September 1918, 24 September 1918; Voeding 19: 283–292 (1958); IBB-nieuws 1: 10–14 (1963); Chemisch Weekblad 60: 91–92 (1964).

12. **Brieven van Herman Johannes Lam ...... aan Pieter Jacobus van der Feen ...... / met bijlagen.** A grey folder, containing Lam's letters to his longtime friend P.J. van der Feen. A main source of knowledge about Lam's life at Utrecht and early years at Buitenzorg. A few too personal letters were destroyed.

13. **Celeberrimo Viro Hermanno J. Lam / Doctori & Professori eximio.** A hard-cover folder containing ten pictures of plant species named after Lam, drawn by as many students, each in a different style, "in remembrance of your farewell address", in 1962. Added is the plate 'Evolutie' signed A.D.L. Akkermans.

14. **Curiosa.** Newspaper clippings, membership cards, announcements of lectures, letters of congratulation, some passports, &c.

15. **Dagboek Buitenzorg–Leiden I–II.** Exercise books, paper cover, 2 volumes, consecutively paged 1–223, written in pencil. Diary of his journey of 1933, from Buitenzorg by way of Japan and the United States to Leiden.

16. **Dagboek I-IV (New Guinea).** Exercise books, 21 by 16½ cm, hard cover, grey/blue, with wormholes. Four volumes, consecutively paged 1–761, written in ink, with a few sketches. Diary of Lam's journey to New Guinea in 1920–1.

17. **Dagboek I–IX (Rijksherbarium).** Volume 1 is 14 by 33 cm, the others are 22 by 33 cm. They are consecutively paged 1–590. The edges of volumes IV, VII and VIII were scorched during a fire in Lam's study. Writing is in pencil. In the left margin is the date, in the right margin, the subject. It has been kept with considerable regularity, covering the period of 1 October 1933 to 17 October 1948. It contains no journey accounts.

Private affairs are virtually absent as a subject; all is business. Papers and memos are scarcely mentioned; it deals with personal contacts. Most entries are about conversations, with authorities, colleagues, personnel, students, visitors. They describe the course of dialogues (with place and part of the day), mixed with personal impressions of the other, and briefly mention meetings and academic events attended. Subjects are Rijksherbarium affairs, appointments, teaching, editorships, expeditions, publications planned. Reflexions are scarce, and concern the possible intentions of others. Language is terse.

Lam, who lent them to me, told me that he wrote them to support his memory and used them for the Annual Reports, but his main purpose was to document his position for himself with regard to Baas Becking, to whom there are many references. Indeed when he stopped it ("because I did not like it any more"), Baas Becking was definitely out of his way.

18. **Dagboek Stille Zuidzee 1949.** Typescript, 58 pages; diary of Lam's journey to New Zealand and the Pacific. Several copies exist.

19. **Dagboek 1, 2. Talaud 1926.** Two exercise books, hard cover, yellow-brown with black binding, 21½ by 17 cm, consecutively paged 1–194, written in pencil. Diary of the Talaud-Morotai expedition.

For a version in typescript, see Talaud-Morotai.

20. **Dagboek en verslagen reis Australië 1954.** Typescript, 177 pages, the diary of Lam's journey to Ceylon, Australia, and New Guinea. Like perhaps the 1949 one, he sent the text piecemeal to the Rijksherbarium, where it was circulated among the staff. More copies exist. An official report on the journey is added.

21. **Dagboek Ver. St. 1939.** Exercise book, grey linen cover; 62 pages, followed by index and notes, written in pencil. Diary of a journey to the 6th Pacific Science Congress in California.

22. **Dagboek reis Z. Afr. Madag. 1938.** Two notebooks, 16½ by 20½ cm, consecutively paged 1–401, written in pencil. Diary of the journey to South Africa and Madagascar. At the end, there is a 26-page index, and list of localities where collected.

23. **Exercise Books,** four in number, paper cover, 21 by 17 cm, written in ink. Lessons and homework of mathematics, made while at secondary school.

24. **Flora Malesiana Foundation,** annual reports 1948–1950, 1959, and semi-annual reports 1951–1958.

25. **Fotografieën van H.J. Lam.** Exercise book, hard, brown cover, 21 by 17 cm, containing photographs, numbered 1–96 and a few more. Dated 1908– 1916, taken by Lam.

26. **Fourth Pacific Science Congress.** Minutes of the meetings of the executive committee, 13 in number, together with a set of programs, menus, badges, and other things issued.

27. **Fusieplannen.** A brown cover, containing documents about Lam's efforts to unite all Herbaria in The Netherlands, namely: a 9-page concept-plan, his opening speech at the meeting of 17 June 1947, minutes of the same meeting, comments from colleagues, and a summarizing letter to Curatores.

28. **Herbarium.** A pink folder, containing many documents and letters about the action of Goethart (see Director: Background), covering the period from 27 March 1931 to 19 December 1932.

29. **Herbarium conferenties.** Three folders, containing the minutes of 74 Rijksherbarium staff conferences, consecutively numbered, covering the period October 1933 to April 1954. The minutes, mostly made by Lam's secretary, are in typescript, c. 3–5 pages each.

30. **Hervorming der Universiteit.** A greenish folder with memos, circulars, and some printed articles on the intended reconstruction of the University, after World War II. The text of Lam's lecture on the subject, delivered on 24 April 1945, is in it. The file ends in September 1945.

31. **Interviews.** A multo-book with notes made by M. Jacobs, of conversations with J.J. Barkman, Wijster, on 28 May 1976; P.A.H. de Boer, Oegstgeest, on 2 November 1975; E.A.D.E. Carp, Oegstgeest, on 2 November 1976; P.J. van der Feen, Domburg, on 17 April 1977; L. van der Hammen, Leiden, on 12 May 1978; Mrs. L. Hesselink-Böhtlingk, Oegstgeest, on 24 February 1976; N.F. Hofstee, Leiden, on 11 November 1978; L.B. Holthuis, Leiden, on 12 May 1978; P.J. Idenburg, Oegstgeest, on 16 January 1976; F.P. Jonker, Utrecht, on 30 June 1976; D.J. Kuenen, Leiden, on 23 June 1978; P.H. van Laer, Leiden, on 8 September 1976; H.J. Lam, Leiden, on 27 December 1974, 30 January 1975, 18 March 1975, 28 March 1975, 30 December 1975, 29 January 1976, 2 February 1976, 20 July 1976, 4 September 1976, 17 October 1976, 24 October 1976, 8 November 1976; J. Lanjouw, Zijen, on 8 February 1976; A.D.J. Meeuse, Amsterdam on 1 November 1977; Mrs. E.H. Mertens-Lam, Beverwijk, on 14 June 1978; K. Wiersma, Leiden, on 11 December 1975; H.C.D. de Wit, Heelsum, on 16 May 1976.

All these persons (as well as, in many cases, their spouses) are gratefully remembered for their kindness to communicate facts and views; novelties were contributed by each of them. Staff members of the Rijksherbarium present and past contributed many items during occasional conversations. They, too, deserve many thanks.

32. **IVON.** A grey folder containing minutes and annual reports of the foundation for vegetation research in The Netherlands, established on 23 February 1930. The cover the period 4 November 1933 to 1 March 1942.

33. **Lam, H.J.** A pink folder containing portraits of various periods, some announcements, newspaper clippings, a 'curriculum vitae' by Lam himself with detailed references to official documents concerning appointments, and a memo by Van Steenis on Lam's significance for (plant)geography. Rijksherbarium biographical collection.

34. **Lamkunde correspondentie.** A green folder containing letters sent and received in connection with the present work. The author gave the above name to this new branch of scholarship in which he indulged for some time. Added are excerpts of letters from Lam to W. Vink, on 8 May 1959 and 10 January 1962.

35. **Lam's comment on the Dedication.** A yellow envelope containing two bundles of typescript, a 5-page one dated 2 June 1975, and an 8-page one dated 11 June 1975; they seem to represent two versions. In them, Lam supplied corrections, additions, and comments to the manuscript of the Dedication in Flora Malesiana i 8, which Van Steenis had sent him.

36. **Leiden.** An orange folder containing correspondence (mostly with Baas Becking) and notes relating to Lam's appointment in Leiden, from 20 August 1927 to 27 September 1933; a main source about the situation at the Rijksherbarium in that time.

37. **Letters to Broekman.** A yellow envelope containing excerpts and xeroxes of some letters written by Lam (not all of them mailed) to his friend R.W. Broekman, Oosterbeek; 9 items, from 16 February 1972 to 3 March 1976.

38. **Ned. Nieuw-Guinee / Expl. Comité.** A brown folder, containing the papers (mostly minutes of meetings) of a committee existing from 1945 to 1949, to promote the exploration of western New Guinea.

39. **Personalia H.J. Lam (Buitenzorg).** A blue folder containing a variety of letters, memos, and personal notes written during the Buitenzorg period. They offer many glimpses of Lam's relations with his superiors and colleagues.

40. **Rapport over het onderwijs en het onderzoek aan het Rijksherbarium / Maart 1941.** A typed report of 27 pages, signed H.J. Lam, to inform Curatores of the situation of the Rijksherbarium in past and present. A long excerpt has been given in translation (see Director: Background). More copies exist.

41. **Rectoraat.** Two green folders, containing invitations, speeches in several languages, addresses to new professors, some photographs and keepsakes, during the academic year 1958–9.

42. **Reis als lid Int. Visiting Committee for Tropical Herbaria 8.6.'63—12.7.'63.** Exercise book, paper cover, spiral binding, 14 p. Diary; see Visiting Committee.

43. **Rijksherbariumfonds Professor Lam.** Three folders containing documents about establishment of the Lam Fund and awards given. Director's file, Rijksherbarium.

44. **Schetsboek I–III (New Guinea).** Three sketch books, 21 by 13½ cm, hard cover, greenish, containing drawings in pencil, consecutively numbered 1–69, with extensive legends, sometimes written in ink. All were made during the New Guinea expedition from 15 June 1920 to 1 February 1921: plants, landscapes, plans of villages, natives, animals. Several found their way into the *Fragmenta Papuana*, after inking at a later date.

45. **SENNG, Sterrengebergte.** A large bundle of folders containing the papers related to the foundation for the exploration of western New Guinea and the expedition to the Star Mountains.

46. **Sixth International Botanical Congress.** A yellowish folder containing a variety of papers relating to the Amsterdam Congress of 1935; the Rijksherbarium contributed an exhibition. A number of press releases are enclosed.

47. **Sketches Moluccas Trip I–III.** Three sketch books, hard cover, grey-brown cloth, 15 by 9½ cm, containing 75 consecutively numbered sketches in pencil, nearly all of them outlines of mountains, a few of these made along the coasts of Java and Celebes, during the Talaud-Morotai expedition, 1926.

48. **Talaud-Molukken 1926.** Grey hard cover book, 30 by 21 cm, containing 77 pages of typescript, with some maps added in a pocket. Lam himself made this typescript from his Dagboek 1, 2.

49. **Toespraken.** A green folder containing the text or notes of speeches, c. 53 items, from the Leiden period, on all sorts of occasions (except those made by the Rector, see above). There are also Saint Nicholas poems delivered at the Rijksherbarium (222 lines in 1948, 310 lines in 1952), photographs, and a few curiosa. Speeches to the freshmen in various years, 9 items, are in a separate folder; they make interesting reading.

50. **Treub-Maatschappij.** Minute books of the period 1934–1955. Printed minutes of the period 1955–1972; they were distributed among members. Library, Zoological Laboratory, Plompetorengracht, Utrecht.

51. **Visiting Committee for Tropical Herbaria / Third annual meeting (Singapore, June 28–29, 1963).** Report by Lam, 73 p., mimeographed. This was a UNESCO mission; Lam visited the Herbaria in Burma, Malaya, the Philippines, Singapore, and Thailand. The report was confidential.

52. **Verzamelboeken.** Books containing field notes to collected herbarium specimens, and numerical lists. Numbers run from 1 up to 8016, the largest collections were made in Java, west New Guinea, Moluccas, S. Africa, and Madagascar.

Of materials collected before 1933, the first set was deposited in the Herbarium Bogoriense; of later collections, in the Rijksherbarium, Leiden. Duplicates have mostly been made during the expeditions to New Guinea, the Moluccas, and S. Africa-Madagascar, probably not in great profusion, and even fewer were made during the other trips. They were generally sent to host Herbaria, in acknowledgement for assistance received. For the collections made in Malesia, see Sources, 1950 and 1958.

53. **Voordrachten.** Texts or notes of incidental lectures, c. 106 items, from the 1920's to the 1960's. Lam lectured on many subjects, mostly the same as his publications were dealing with, but they were always newly worked up. His public consisted of professional or amateur scientists, educated laymen, or students at Leiden or other universities. At suitable occasions, he was careful to present a summary to the press; some of these texts are added in typescript, or in dippings.

54. **Zuid-America.** A hardcover book bound in grey, 30 by 21½ cm, containing the diary of his journey from 11 February till 12 June 1967, 111 pages of dense typescript.

55. **Zwitserland I-II / 1–10 Juli 1913.** Two exercise books, 23 by 15 cm, brown paper cover, no pagination, written in ink, with photographs numbered 1–55. Diary of an excursion to Switzerland, with the Utrecht students.

INDEX

Not covered are the chapters X (Publications) and XI (Sources).

Photo 1. Four Lam generations: great-grandmother Lucia Lam née Kijff (1801–1879/80), H.J. Lam, daughter Ellen, grandson Willem H. Mertens at about 8 (from a slide taken by son-in-law W.K.H. Mertens, probably late in 1976).

Photo 2. Dr. Anske Lam and Mrs. Margien Lam née Winter, H.J.'s parents (Source 6).

Photo 3. Herman Lam, aged 16 (Source 6).

Photo 4. Rag-time at Utrecht, September 1911. Freshmen with shaven heads in embarrassment. Front row, seated: G.J. van Oordt, H.J. Lam, P.J. van der Feen (Source 12).

Photos 5 and 6. At Utrecht. Left: in February 1914; right: in April 1919 (Source 6).

Photos 7 and 8. Top: Utrecht students of biology during an excursion to Switzerland, 1913. Mies Bremer, G.J. van Oordt, Greet de Waal, H.J. Lam. Bottom: staff of the Mamberamo expedition, New Guinea, 1921. J.F. van Heurn, zoologist: J. Kooy, administrative officer; H.J.T. Bijlmer, anthropologist; K. Drost, lieutenant; J. Jongejans, civil servant-ethnologist; H.J. Lam, botanist (Source 6).

Photo 9. Main building of the Herbarium Bogoriense, Buitenzorg, c. 1939. Lam's room was on the left side (commercial photograph signed G.F.J. Bloy, inscribed by C.G.G.J. van Steenis; Rijksherbarium, Leiden).

Photo 10. Study at Buitenzorg, probably in the early 1920's. In the background a rack with herbarium tins (Source 6).

Photos 11 and 12. Left: Mrs. C.J.B. Lam née Moorrees and assistants in the Herbarium Bogoriense, between the wooden racks with herbarium tins, about 1924. Right: Lam in his Buitenzorg years, date unknown (Source 6).

Photo 13. Staff of the Herbarium Bogoriense, 1933. Seated on chairs: C.G.G.J. van Steenis, Miss Belle, Mrs. Terlaak, D.F. van Slooten, H.J. Lam, R.C. Bakhuizen van den Brink Sr., K.B. Boedijn (Source 6).

Photo 14. H.J. Lam, his stepson Herman (Noes) Slangen, Mrs. C.J.B. Lam née Moorrees, Mrs. Smith, Dr. J.J. Smith (about to leave on retirement), 1934 (Source 6).

Photo 15. Rijksherbarium building, Hortus Botanicus side. For explanation, see Figure 9. This photograph was also published in Gardens' Bulletin 17, opp. p. 166 (1959).

Photo 16. Rijksherbarium staff, second quarter of 1934. J.Th. Henrard, botanist; W.A. Goddijn, botanist; W.J. Lütjeharms, mycologist; D.H.W. Everse, technical assistant; W. Wieringa, curator; D.N.F. Kiehl, technical assistant; J.P.M Biegelaar, draftsman; H.J. van der Reijden, technician; H.J. van der Hee, librarian, administrator; Mrs. J.M.J.F van der Horst-Zaalberg, charwoman; H.J. Lam, director; J. Hansen, technician; J.W.C. Goethart, former director; Miss F. Hupkes, secretary.

Photo 17 and 18. Left: P.J. Idenburg, Secretary of Curatores of the University, 1937. Right: L.G.M. Baas Becking.

Photo 19 and 20. Left: E.D. Merrill, New York Botanical Garden, 1933. Right: A.W. Kloos, amateur botanist, drawing made by Lam during an IVON meeting, c. 1934.

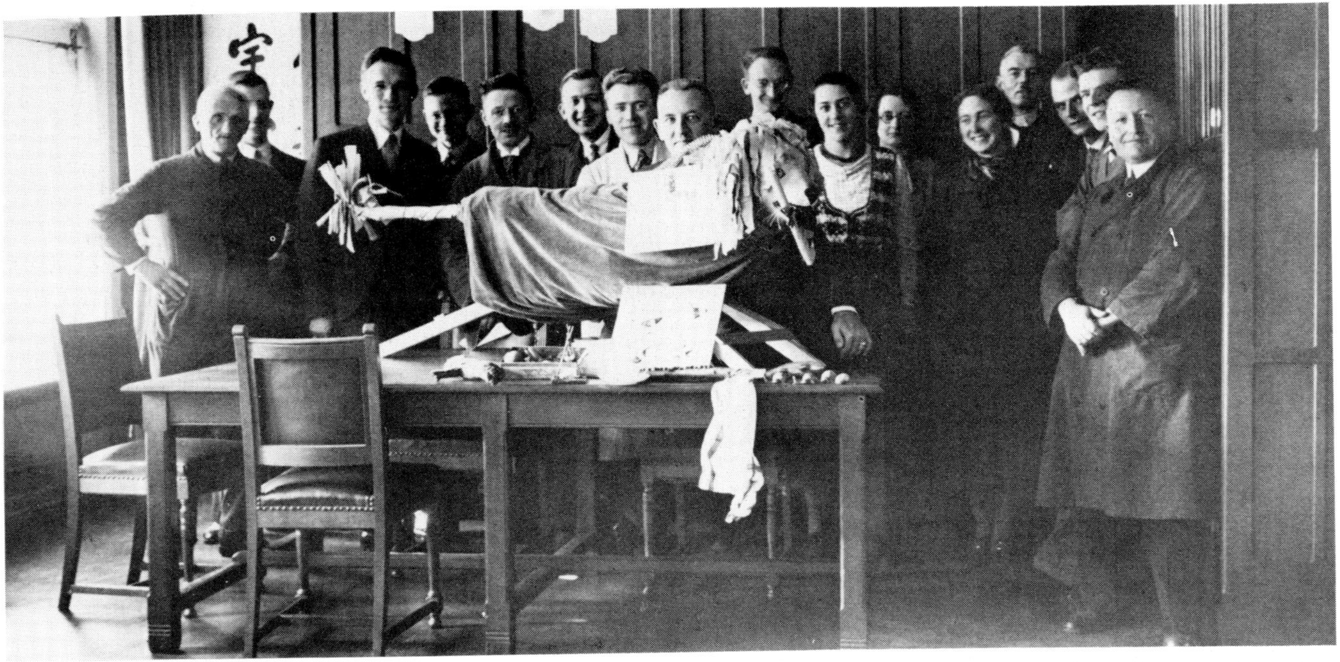

Photo 21. Saint Nicholas has just delivered presents and doggerel verse to the Rijksherbarium personnel, in the director's room, 5 December 1935. J.P.M Biegelaar, artist; E. van Olden, student; S.J. van Ooststroom, taxonomist; R.A. Maas Geesteranus, student; H.J. van der Hee, librarian; W.J. Lütjeharms, mycologist; W. Wieringa, curator; H.J. Lam, director; H.R. Sinia, student; Miss R. Schierbeek, student; Miss J.Th. Koster, phycologist; Miss J.G.J. van der Sluis, secretary; J.Th. Henrard, taxonomist; J.H. Croockewit, technician; C. Mulder, technician; H.J. van der Reyden, technician (Source 6).

Photo 22. Portrait by Harm Hendrik Kamerlingh Onnes, 1937. Original a pencil drawing, 312 by 235 mm, inscribed, top left: HHKOf, and top right: H.J. Lam Azn 1937, Academisch Historisch Museum, Leiden (Source 33). Two preliminary studies are also kept there, one in front, numbered 6269, which is mediocre, and one three quarters from the right, numbered 6270, which is quite good. The present one was apparently selected and finished; it bears no number. A portion of this portrait was also published in Sources, 1981.

At the initiative of Mrs. O.C.D. Idenburg née Siegenbeek van Heukelom, twenty professors commissioned the painter to do their portrait (at Dfl. 30), for the historical museum of the University, of which she was curator at the time.

Photo 23. The director of the Rijksherbarium in his swivel chair, c. 1938, at his roll-top desk, under the portrait of C.L. Blume, his predecessor (Rijksherbarium, biographical file).

Photo 24. Rijksherbarium staff, early in 1938. Back row: J.P.M Biegelaar, artist; C. Mulder, artist; Miss J. Th. Koster, botanist; Loes Böhtlingk, secretary; J. Knock, technician. Middle row: J.Th. Henrard, botanist; W. Wieringa, curator; H.J. van Hattum, technician; J. Croockewit, technician; S.J. van Ooststroom, botanist; H.J. Lam, director; W.J. Lütjeharms, botanist; R.A. Maas Geesteranus, botanist; H.J. van der Hee, librarian. Front row: H.J. van der Reijden, technician; Mrs. J.M.J.F. van der Horst-Zaalberg, charwoman; A.K. Groenewegen, technician (Source 6).

Photo 25. Ice-skating, 1939. From Amsterdam on the IJsselmeer northwards to Edam, then back by way of the canals, in company of H.B.G. Casimir and Niko Tinbergen, who took the photograph (Source 6).

Photo 26. Professors' club 'De Turk', 1948. From H.J. Lam on the right, clockwise: R.P. Cleveringa, J.A.J. Barge, C. de Boer, G.J. Heering, G.G. Kloeke, G.E. Langemeijer, J. van der Hoeven, B.G. Escher (Source 6). This photograph was also published, in much smaller size, in *Athenae Batavae* (Sources, 1975).

Photo 27. Camp Holtekang, near Hollandia, western New Guinea, 1954. J. van Baal, then governor; his aide; H.J. Lam; C. Leefers, forest officer; H. Schrijn, forester (photograph F.W. Rappard, The Hague).

Photo 28. Study at home, Rijnsburgerweg 127, Leiden, 1958 (photograph Ding Hou, Leiden).

Photo 29. Professor at Leiden University, 1958. The cap and gown are now in the Academisch Historisch Museum, Leiden (photograph C.L. Marks, Leiden; Source 6).

Photo 30. Mrs. C.J.B. Lam née Moorrees, wife of the Rector Magnificus, welcomes Baron J.E. de Vos van Steenwijk, President Curator of Leiden University, on his way to receive the degree of Doctor of Law *honoris causa* of Leiden University, 21 January 1959. On the left: Mrs. Jonkers née Huygens and Mrs. Rypperda Wierdsma née van Traa; on the right: Mr. N.F. Hofstee, Secretary of the Curatores and *Paranymphus Secundus* at the ceremony (Source 41).

Photo 31. Cover of the menu card of the annual dinner at the *Dies Natalis* of Leiden University, presided over by the Rector Magnificus, 9 February 1959 (the regular date is 8 February). Herbarium Bogoriense, phylogeny, the Rijksherbarium, with Lam himself, whose hobbies are piano playing and vacationing in his house-boat, against a background of stachyo- and phyllospory. Drawing by Professor A.G.H. Bachrach (Rijksherbarium, biographical file).

Photo 32. Professor Lam lecturing on the Chlamydospermae, in the Botanical Laboratory, Leiden, c. 1960 (photograph A. A. Hartman). Part of this photograph was also published in 1962.

Photo 33. Rijksherbarium staff, Hortus Botanicus, 31 March 1962. 1, W.A. van Heel, plant morphologist; 2, Ine van den Berge, typist; 3, Joke H. van Drunick, secretary; 4, Janny van Nieuwkoop, typist; 5, Ruth van Crevel, artist; 6, H.J. Lam, director; 7, Elly Vink, assistant librarian; 8, Joséphine Th. Koster, phycologist-taxonomist; 9, Joke van Weerden, domestic service; 10, Bep Cornet, domestic service; 11, M. Jacobs, taxonomist; 12, M.M.J. van Balgooy, plant geographer; 13, H. Verkuil, administrator; 14, H. Kuperus, porter; 15, A.K. Groenewegen, curator; 16, J. Bekooy, technician; 17, H. Boeff, bookbinder; 18, Th.J. Reichgelt, botanist European flora; 19, R.C. Bakhuizen van den Brink, Jr., taxonomist; 20, C.G.G.J. van Steenis, editor Flora Malesiana; 21, Ding Hou, taxonomist; 22, P. van Royen, taxonomist; 23, R.A. Maas Geesteranus, mycologist; 24, J. van Brummelen, mycologist; 25, A. Hendriksen, technician; 26, M.A. Donk, mycologist; 27, C. van den Hoek, phycologist; 28, L. Vogelenzang, librarian; 29, C. Bas, mycologist; 30, I.J.J. Werk, technician; 31, J. Riethoven, carpenter; 32, H. Klay, technician; 33, Ph.F. van Gijzen, technician; 34, P.W. Leenhouts, taxonomist; 35, A. Kanis, teaching assistant; 36, C. Kalkman, taxonomist; 37, S.J. van Ooststroom, botanist European Flora and deputy director; 38, J.H. Kern, taxonomist; 39, E. Hennipman, teaching assistant; 40, H.J.T. Tammel, artist; 41, W. Wieringa, chief curator; 42, ?; 43, C.W.J. Lut, assistant librarian; 44, J.H. Wieffering, teaching assistant; 45, D.N.F. Kiehl, administrator; 46, C.L. Marks, artist; 47, C.T. de Groot, assistant librarian; 48, R.M. van Urk, librarian European flora (photograph C.L. Marks).

Photos 34 and 35. Left: 70th birthday, 3 January 1962. Adorned by festive béret, made by the secretaries on the occasion of Saint Nicholas, the month before. On the right: Miss Joke H. van Drunick (photograph Ding Hou, Leiden). Right: passport photograph, December 1965.

Photo 36. The UNESCO Visiting Committee for Tropical Herbaria, together with local botanists, at Singapore, 28 June 1963. T.C. Whitmore, M.E.D. Poore, F.R. Fosberg, H.J. Lam, G. Taylor, A.C. Smith, L. Mattsson of UNESCO, H.M. Burkill, W. L. Chew (photograph Straits Times, Singapore; Source 42).

Photo 37. *Evolution.* Composed by A.D.L. Akkermans (now at Wageningen) on the occasion of Lam's retirement, in June 1962, and kindly made available by him. The explanatory text, in translation, reads: "Time has been symbolically represented as a spiral: in this, matter in the wide sense exists and evolves. Periods before the Devonian are inaccessible to us: the door. The Carboniferous, the period of the greatest vegetable development, has been represented as a square, surrounded by pillars of *Sigillaria.* From the centre of the square, a new aeon emerges, towards its destiny: the birth of man, inseparably connected with his past. Nevertheless in every man there originates a genuine new Life, which like a Phoenix arises from his past & present."

SUMMARY

This is a biography of a botanist who mainly worked on the Malesian Archipelago, first as a plant taxonomist (Verbenaceae, Sapotaceae, Burseraceae), then developed into a plant geographer (concentrating on New Guinea and Celebes), and eventually became a phylogenist.

Educated at Utrecht, he worked at the Herbarium in Buitenzorg (now Bogor) in Java, from 1919 to 1933, when he became Director of the Rijksherbarium in Leiden and professor of descriptive botany, which posts he held till 1962. Under his directorship, the Rijksherbarium was revived and developed into one of the world's leading botanical institutes. He also held several other functions, and struck people as a remarkable personality.

His achievements can be summarized under four headings. 1. Discovery. *Fragmenta Papuana* is the well-known account of his explorations in New Guinea, and he continued to promote further work on this island. But he also retained an interest in people, and was always open to new ideas; in the present book he is characterized as a traveller in the sublime sense. 2. Administration. He organized the Fourth Pacific Science Congress, held in 1929 in Java. How he acted as Director of the Rijksherbarium is here revealed on the basis of diaries and reports, from one year to another. He also contributed to the communication within the University. 3. Dynamism in scientific thought. Life and its distribution on earth was to him the outcome of long historical processes; he viewed taxonomy, biogeography, and phylogeny as three aspects of one unity, documented by extensive analyses of characters of Burseraceae and Sapotaceae. 4. Phylogeny of the Cormophyta. He subdivided the vascular plants in phyllosporous groups (with sporangia borne on leaf-like structures) and stachyosporous groups (with sporangia borne on axile structures) and extended this to the Angiosperms which were considered to be biphyletic.

A complete bibliography is given, with the contents of each item summarized. Background sketches are given of the situation at Bogor in his time, of academic life in The Netherlands, of the Rijksherbarium as he found it, and of some outside influences on its history, particularly during World War II, which is regarded as "a blessing in disguise" to the institute. Published and unpublished sources are listed; much original material was supplied by Lam himself during his lifetime, including photographs, of which some are reproduced, and figures to illustrate his thinking.